华风鲲影话台湾

taiwan

赵颐柳/著

人民东方出版传媒
東方出版社

图书在版编目（CIP）数据

华风鲲影话台湾 / 赵颐柳著 . —北京：东方出版社，2015. 2
ISBN 978-7-5060-8522-9

Ⅰ . ①华…　Ⅱ . ①赵…　Ⅲ . ①台湾省 – 概况　Ⅳ . ① K925. 8

中国版本图书馆 CIP 数据核字（2015）第 269901 号

华风鲲影话台湾
（HUAFENG KUNYING HUA TAIWAN）
赵颐柳　著

责任编辑：杜丽星
出　　版：東方出版社
发　　行：人民东方出版传媒有限公司
地　　址：北京市东城区朝阳门内大街 192 号
邮政编码：100010
印　　刷：北京捷迅佳彩印刷有限公司
版　　次：2015 年 12 月第 1 版
印　　次：2015 年 12 月北京第 1 次印刷
开　　本：710 毫米 ×1000 毫米　1/16
印　　张：28. 25
字　　数：446 千字
书　　号：ISBN 978-7-5060-8522-9
定　　价：68. 00 元
发行电话：（010）64258117　64258115　64258112

目　录

CONTENTS

鲲岛纷呈

信仰传承

土风民颂

古镇访幽

史苑漫话

岁月流连

英贤俊杰

山英海魂

前 言

享有热带高山之岛盛誉的台湾，以秀美的山川风貌、奇特的地理特征、壮美的自然景观闻名于世，它是一座卧游在太平洋上的瑰丽宝岛，是一颗闪耀在中华大地东南沿海边上的璀璨明珠。

台湾岛与祖国大陆一水相隔，风浪不大时，一叶小舟在海上行驶一个昼夜，便可从福建省到达台湾。1970 年，考古学家曾在台南左镇的菜寮乡发现距今一万至三万年前、与华北“山顶洞人”相当时期的头顶骨化石。考古专家还考证，四千年前，台湾就已有远从黄河流域迁徙而来的居民了。我国古籍中，记载了三国时期，吴王孙权派浩大船队到台湾，之后各代均有往来，尤其是明清时期。

然而横亘在大陆与台湾岛之间的台湾海峡，最深处虽然只有 48 米，但它掀起的狂浪，却足以使偌大的渔船望而生畏。四百多年前，福建、广东等沿海人民，为寻求新的生存之地冒死出航，他们迎风朔浪，把舵扶帆，九死一生，落岸在台湾岛的西海岸。

初到岛上的民众，来不及庆幸航海成功，便开始应付纷至沓来的荒蛮、瘴疠之气以及原住民族的袭扰纠纷。先民们艰苦垦拓、筚路蓝缕，加上岛上原生态的沃土良田、丰饶植被，使渡海而来的闽、粤移民很快便有了基本生存的保障。消息传回大陆，一批又一批沿海民众相继来到岛上。

大量涌入的移民，不仅将华夏先进的农业生产技术带到了台湾，也将古老的中原文化和闽、粤等地民间的生活习俗带到了台湾。于是，岛上居民说的是与大陆家乡一样的方言，住的是与祖籍地一样的房屋。一样的风俗，一样的文化，甚至连庙宇也仿照大陆寺庙的规格进行建制，庙里供奉的神明都是从大陆“迎请”过来的。

但台湾岛却在世界性动荡的环境下，成为众强盗列国觊觎的对象，在不算长的四百多年间，竟先后遭到荷兰、西班牙的入侵和盘剥，法国人的进攻和破坏，直至近代受到日本占领者的统治和蹂躏。饱受外国侵略者压榨和欺辱的台湾同胞，深感丧国之辱、切肤之痛；反过来，更激起他们对祖国家乡深深的怀念和热爱。

台湾同胞不畏强暴，以坚持中华民族的语言文化，坚持中华民族的风俗习惯，坚持中华民族的宗教信仰，坚持中华民族的伦理道德的坚定行动，表现了他们不屈不挠、铮铮铁骨和可歌可泣的赤子之情，使得曾染指台湾的外国列强（尤其是曾占领台湾达 50 年的日本人）试图改变台湾同胞信仰理念、宗教文化的各种尝试，通通化为泡影。台湾同胞对祖国对家乡的拳拳爱国之心，在台湾的历史上书写了灿烂辉煌的篇章。尽管也受到一些西方文化和日本殖民文化的影响，但中华文明文化仍深深扎根在台湾民众的心中，长久流传，发扬光大。

正因如此，随着海峡两岸合作的日益紧密，每年都有成千上万的大陆游客来到台湾岛，追踪跌宕不凡的岁月痕迹，寻觅原生态下的风情美景，探访岛上民间与大陆之间那割舍不断的亲缘、地缘、情缘。

本书从神奇宝岛、华风古韵、鲲岛纷呈、信仰传承、土风民颂、古镇访幽、史苑漫话、岁月流连、英贤俊杰、山英海魂这十个方面，以简明的叙述和点睛的图片，向大陆人民多方位、多视角、较系统地介绍台湾的自然风景、风土民情以及人文景观，为人们了解台湾、亲近台湾，提供一个窗口和平台。

神奇宝岛

缅瀛海于鸿蒙，
环九州而莫穷，
览形胜于台郡，
乃屹立乎海中。
丛冈锁翠，
巨浸浮空；
南抵马矶，
北发鸡笼；
绵亘三千余里，
诚泱泱兮大风。

（清）王克捷：《台湾赋》

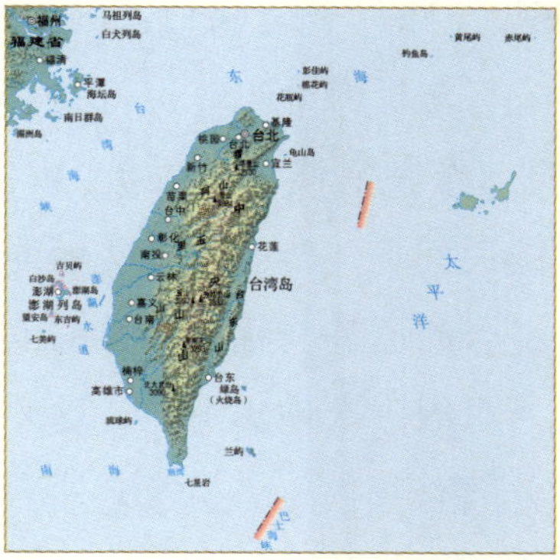

紧连大陆的海上屏障

台湾省是中国一个由岛屿组成的省份，位于我国东南海域，在东海与南海之间。它东临太平洋浩渺烟波，西隔台湾海峡与福建省遥遥相望。台湾海峡长约 300 公里，宽不及 200 公里，最窄处仅有 130 公里。一阵急风，就可以把台湾西岸的竹筏、独木舟刮到泉州湾；风顺浪平时，厦门港的帆船一昼夜可驶抵台湾安平港。

台湾省由台湾本岛和周围属岛以及澎湖列岛两大岛群共 80 余个岛屿组成。陆地总面积为 35989.7573 平方公里。其中台湾本岛南北长 394 公里，东西最宽处 144 公里，面积为 35788.0908 平方公里，是我国最大的岛。澎湖列岛总面积约 126 平方公里（其中最大的马公岛约 64 平方公里），其余附属岛屿（包括龟山岛、绿岛、兰屿、钓鱼岛等在内）的陆地面积总计约 140 平方公里。台湾省陆地面积不大，但诸岛所分布的海域却非常辽阔。

目前，中国台湾地区的行政区域有台北、新北、桃园、台中、台南、高雄 6 个“直辖市”，有基隆、新竹、嘉义 3 个市，还有宜兰、新竹、苗栗、彰化、南投、云林、嘉义、屏东、台东、花莲、澎湖、金门、连江 13 个县。据台湾当局统计，台湾地区人口在 2014 年 8 月已达 2340.8 万人。

自古至今，闽、台两省地理上紧相依临的关系，早就引起了人们的注意。古人认为台湾的山岭是从大陆东南“展根”出去的。宋代大儒朱熹曾登临福建鼓山，见福州“五虎山入海，首皆东向”，由此推断闽省群山“气脉渡海”，

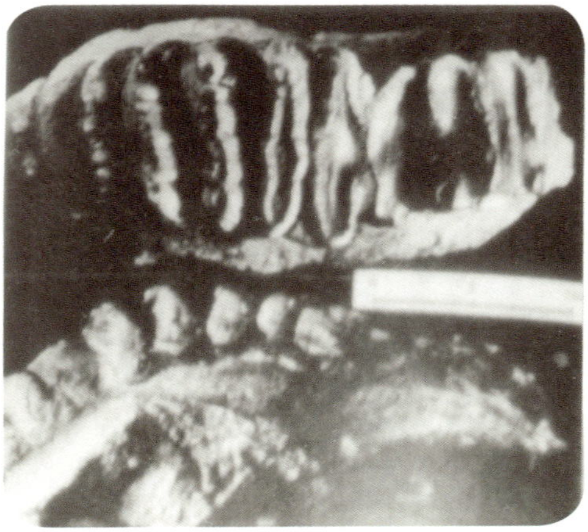

台南左镇出土的剑齿象臼齿化石

贯连台岛诸峰，于是叹曰：“龙渡沧海！五百年后海外当有百万人之郡！”（见《赤嵌笔谈》一文）。闽、台两省的民间更流传着许多美丽的神话，说台湾原是与福建相接的滨海山地，只因一次地震海啸，这才“坼裂”而漂浮出去。

这些说法现已被科学研究所证实。现代地质学家们经过考察研究，证实了台湾山脉自古就是大陆东侧的“界缘山脉”，台湾本岛本来就是“华夏古陆”的一部分。

考古学家们经过近百年间在台湾的考古发掘，已经出土了数以万计的文物。其中有在台南左镇菜寮溪和高雄林园凤鼻头山等地发现的大量化石，包括生存在 200 万年前古中国大陆的大型哺乳类动物，如普通象、剑齿象、犀牛、野牛、剑虎、大角鹿以及中国大陆特有的动物“四不像”等的化石。这些大型哺乳类动物在那个时期是不可能游过宽达一百多公里的台湾海峡的。

植物学家在调查台湾北部的植物分布时，发现台湾固有树种与大陆南部及海南岛通有者达 68 属 81 种之多（而与日本、琉球通有者仅 16 属 18 种）。

地质学家也发现：台湾东部大南澳片岩的成分，与华中、华南古生代晚期的海相地层大致相同，片岩所含大理石内有纺锤虫、希氏虫、新希氏虫和瓦氏珊瑚等化石，这些化石曾普遍发现于华中、华南二叠纪的栖霞期至茅口期的地层中。

地理地貌学家和勘探者们发现了台湾山脉的走向与大陆东部沿海山脉的走向完全一致（呈东北—东南走向）。闽、台之间台湾海峡的两岸海岸线均较简单、平直。海峡一半以上水域深度在 50 米左右，最深处不超过 110 米，但台湾东海岸外仅 10 余公里处，太平洋突然下降为 2000 米深沟，愈往东则沟愈深，甚至达 4000 米以上。再往东更是一片汪洋！

科学家们经过详尽研讨，终于得出一个共同的结论：台湾本来就是“华夏古陆”的一部分，台湾山脉是“华夏古陆”东侧的“界缘山脉”。大约 18000

年前，即地质学上的“更新世”后期，大陆冰川因全球气候转暖而融化，致使海平面上升 100 多米，将台湾山脉与福建山脉间的低平谷地逐渐淹没，于是出现了早期的台湾海峡，在距今 5000 年前后，形成了接近目前状况的最深处约为 80 米的台湾海峡，台湾成为一座大海岛，一座连接在大陆架上的海岛。

更深入的考察进一步说明了宝岛土地的“根”自古至今都紧连着大陆。1965 年，由美国、加拿大和台湾的七位学者组成的考古小组在高雄林园乡凤鼻头山发掘到百余件新石器时代的黑陶、彩陶、红陶、灰陶等五十余件完整的石器，还有许多骨器、角器。据考证，其中黑陶及彩陶在考古意义上的特征与我国华北出土物完全一样，它们都是相当于大陆“龙山文化”形成期的器物。这些出土物代表的文化便被称为“凤鼻头文化”，其时代约在公元前 17 世纪至前 20 世纪或更早。当时学术界的结论是：4000 年前，台湾就已经有远从黄河流域迁徙而来的居民了。

后来，考古学家又对在台北八里乡大坌坑遗址发掘出来的大量赤陶、粗砂陶、绳纹陶及一些黑陶进行深入研究，发现这些出土物与江西万年县一些出土物同属于公元前 50 世纪至前 40 世纪的“仰韶文化”的器物，由此推断出：距今 6000 至 7000 年前，华北居民的文化就已传播到台北大坌坑一带。

1970 年，考古学家在台南左镇菜寮溪发现一块人类头骨化石，经鉴定是距今约 1 万至 3 万年前，一个 20 岁左右青年的头顶骨，其时代与华北“山顶洞人”相若，于是命名为“左镇人”。那时台湾海峡还是一片狭长的山谷平原，也许，这个年轻人，跟其他大哺乳动物一样，经过长途跋涉，才从大陆来到台湾生活。因此，专家们认为以前对台湾“人文渊源”研究的结论又要修正，大陆文化播入台湾地区的时间比以往所知的要更早。

还有，台东长滨八仙洞发现过 15000 万年前人类聚居活动的遗物 2 万余件，有石器、兽骨、鱼骨，甚至有小块木炭。人们甚至怀疑“长滨人”与“左镇人”会不会是“堂亲”“乡亲”或“表亲”，或是“祖孙”。

数以吨计的出土物是台湾“洪荒史”的“物证”。国际考古学家们公认“台湾人”在 15000 年前的“先史时期”（即未有文字记载历史的时期），就已经是中华民族大家庭的一员。

是的，台湾文化的“源”来自滔滔黄河。

从空中俯瞰整个亚洲东部及太平洋区的地理形势，就会发现形若芭蕉叶的台湾本岛，静静安卧于东海与南海之间，东西紧临太平洋，南隔巴士海峡与菲律宾群岛遥遥相望，北凭彭佳屿、钓鱼岛、黄尾屿等岛屿；而澎湖列岛正是著名的“远东海上走廊”——台湾海峡之要冲，扼“走廊”之咽喉。这个地区是欧、亚、美各国在太平洋西岸进出的三角点，是中国与太平洋区各国之间的交通孔道。

从军事战略上看，台湾北联海坛、马祖、大陈以至舟山群岛，南接东山、南澳、海南岛以及南海诸岛，一系列相衔若链的岛屿构成一座弧形的海上长城，成为我国东南各省的天然海上屏障，而台湾正位于其中心。台湾又因在我国岛屿中面积最大、人口最多、资源最丰富而显得特别重要，所以素有“东南锁钥”“七省藩篱”之称。清代名臣蓝鼎元（字玉霖，福建漳浦人）在其《台湾近咏十首　呈巡使黄玉圃先生》中指出：“台湾虽绝岛，半壁为藩篱，沿海六七省，口岸密相依。台安一方乐，台动天下疑……”这的确是远见卓识。

数百年来，台湾一直是帝国主义殖民者觊觎的对象。它曾两度沦为外国列强的殖民地，又曾被外国驻军称为“西太平洋炸不沉的航空母舰”。直至今日，仍然是全球密切关注的对象。

奇山峻岭的“高山之岛”

面积仅为35759平方公里的台湾岛，却有着近三分之二的地域是高山和丘陵。在这个美丽的海岛上，千万座山组成五条南北纵列平行延伸的山脉，分别为中央山脉、雪山山脉、玉山山脉、阿里山山脉和台东山脉。这么多的高山集中在一个面积相对不大的海岛上，局促竞立，逼胁争高，形成许多奇特而壮丽的景观：或以积雪称奇，或以云海擅胜，或峭拔而险，或盘桓而秀，高低迷离，叠嶂辉映，无不别具风姿，让人叹为观止！于是台湾岛被人们誉为“高山之岛”“海上翠微”“海上玉柱”；于是人们来到岛上观光时更多的是“观山”，而“看海”反而成为其次了；于是清水大断崖、太鲁阁大峡谷、玉山、阿里山等就成为台湾山色壮美的代名词，吸引了无数的观光客。

东海岸的清水大断崖是临海悬崖相连而成的大块断崖，有“世界第二大断崖”之称，前后绵延21公里，其绝壁成90度角的悬崖直直插入太平洋中，高度均在800米以上，气势雄伟，震撼人心。这段断崖由片麻岩和大理石组成，质地坚硬，不易风化崩坠，千万年来始终巍然矗立在海岛东岸，成为一堵抗阻太平洋惊涛骇浪打击的坚固石墙，犹如英勇的士兵驻守着宝岛秀美河山。尤其是清水山东南一带的大断崖，峭拔险峻，绝壁临海，自海面拔地冲天而起，凌霄独立，睥睨狂澜，是世界罕见的大断崖。台湾同胞在距海面数百米高的断崖腰上开凿出一条公路，公路随着断崖突向海面、参差若锯齿的岩面曲折而转，盘旋若龙，似缠绕在危崖中部的腰带，又像摩天大楼高层上一道没有护栏围护的悬空阳台走廊，坐在车中向外望去，一边是峭壁插天，一边是临海危崖，胆量不足的人恐怕要心惊肉跳了。

被誉为“世界第二大峡谷”的太鲁阁，长达20公里，两侧为近千米高的石壁，其间急湍奔漱，处处怪石嶙峋。它的景点主要包括：掩映在苍松翠绿中、沿着悬崖向下宣泄的瀑布，气势磅礴，声震如雷；高插云天的笔直大断崖，像一座无比巨大的屏风垂直竖立在奔腾湍急的溪水边；其中有一段2公里的长峡，峭壁相对若巨斧劈成，崖上累累小洞里，上千万只燕子在此卜居，但见燕翔狭谷，羽影交织如网，呢喃啾鸣不绝于耳，蔚为天下奇观；“迎宾峡”是峡中之峡，其中一扇“峡门”拔地冲天而起，高达1660米，像支锐利长剑直刺青天，这就是驰誉中外的全大理石断崖——“锥麓大断崖”。在被称为“虎口观天”的地段，可欣赏到太鲁阁山脉中最险峻、最刺激、最壮观的“一线天”“九曲洞”等自然奇观，这些“经典”景观吸引了无数游客来到太鲁阁。

冠名“宝岛屋脊”的玉山山脉纵贯台湾中部，最高段有五座高山簇拥而立，横空出世，其中傲然兀立的，就是岛上第一高峰——玉山主峰。玉山有三大突出特点，一是“高”：在五座高山中，竟有四座的高度达到3920米以上，最低的也在3528米，主峰高达3997米，峨嵋仅及其肩，泰山只及其半，谓之沿海东南万山之王。二是“雪”：玉山高耸云天，气温很低，长年有雪，从每年10月至次年3月降雪不断，甚至在夏季，山顶背面仍有积雪，成为世所罕见的“热带雪山”。三是“险”：五峰之间，乱山重叠，断崖壁立，深壑纵横，枯林迷乱，若非攀登好手，绝难达到巅峰。

玉山独有景观——白木林

玉山如此之高如此之险，使它成为千万攀登者心中的“圣地”。每年都吸引许多“勇敢者”前来一试身手。在登攀途中，要冒险闯过有名的五个“关口”：第一关是遇到或年久腐朽，或凌于深渊的栈道和独木桥，登山者常要手足并用地爬过，或坐在其上慢慢挪过去。第二关在海拔2900米的高山地带，这里气温骤降，山林肃杀，岩石狰狞，最险处为一段羊肠小道，是沿着断崖凿出的一条小“径”，最窄处仅容一足插立，人要面对崖壁用双手抓住石角一步步挪过，百丈高崖，万一失足，绝无生还。第三关是通过一片白树林中的号称“十八拐”的艰险山路，不过却可在迂回曲折中见到大片的桧木林耸立于云间，远眺玉山主峰雄伟侧影，从中感受登山乐趣，使紧绷的神经得到片刻松弛。第四关即为通过玉山“风口”。这风口在风来时飞沙走石，山摇地动，人若不慎即会被吹落深渊；强风每隔几分钟就会停几秒钟，人只能利用这宝贵的几秒钟疾速通过风口。最后一关也是最险的一关，名曰“哭坡”，这是一段碎石坡，斜度极大，兼有薄冰，稍有不慎便会与大量碎石一同滑落，堕至1000米以下的谷底，游人过此无不心惊胆战，常有人因胆怯进退不得，坐在坡上放声大哭。但当经历一道道险关，终于登上峰顶之时，那种“振衣千仞岗”“极目天下舒”的感觉让人无以用语言来表达。

阿里山

一曲《阿里山的姑娘》让阿里山闻名海外，其实阿里山并非单指一座山，而是由包括大武峦、祝山、塔山等18座大山组成的阿里山风景区。主峰阿里山高2481米，因具有云海壮丽、林涛神木、遍野樱花、祝山日出这四大胜景而享誉世界，是台湾诸山中最具代表性的“风景之山”。如果说人们从其他的名胜山川中对云海、樱花及日出已经有了一些印象，那么，乘坐小火车去看阿里山神木的经历，将会给人留下至深难忘的记忆。阿里山铁道及小火车以其“螺旋形铁道”和“伞形齿轮直立汽缸式火车头”，展现了铁道史上大胆的创举，堪称世界铁路建筑史上的“奇迹”。人们将阿里山的森林铁道与阿里山的四大胜景合称为“阿里山五奇”。一句“不到阿里山，好比没有到过台湾”，就足以说明阿里山在台湾群山中享有的荣誉和地位了。

至此，我们已大致领略了台湾那种“于碧海上突兀而出奇峰”的独特风光。台湾宝岛被称为“海天玉柱”“奇峰若林”，的确是名不虚传。

形态迥异的峡谷飞瀑

台湾是个多山多河的岛屿，巨瀑特别多是岛上风光特色之一。其成因是大多河流发源于高山上，悬崖陡峭，急流如矢。有些河水从断崖直泻而下，形成雄伟多姿的瀑布。岛上群山林立，山峻崖直、河短水丰。数十条河流发源于中央山脉、玉山山脉，它们从几千米高的“台湾屋脊”以天河决堤之势奔泻入海，形成数以百计千姿百态、风采各异的瀑布。

岛上瀑布各具特色，独领风骚：有的从百米高处飞流而下，如白练悬空，声若雷鸣，晨昏云雾弥漫，水从云中腾出；有的珠花飞溅，犹如巨大的白色浓雾向空中喷涌，受到阳光照射时，便呈现出七色彩虹，旖旎如画；有的飞瀑纵流，远眺犹如白色巨柱擎天，构成“天工奇景”，被称为“旷世奇观”；有的远看如身着白纱，立于碧玉屏风前的婷婷玉女，神态优美动人；有的在断崖两壁夹着一股巨流，活像一条张牙舞爪的银龙当空飞舞，气势非凡。这些瀑布或如天龙飞腾、激昂飙怒，或如素练悬空、绰约飘逸，或如凤羽披垂、轻纱扬风，或如天女散花、飞珠进玉。哪里有瀑布，哪里就能使人心旷神怡，流连忘返。

台湾很多名瀑属直泻型，瀑布从天而降，势如飞龙，高度动辄在百米以上，六十米左右高的算是平常。有些瀑布为层叠型，是急流连续遇到层台绝壁而成，有三层、五层乃至九层者，如嘉义县桃源瀑布（白杞瀑布）有五层，全高两百多米。位于嘉义县的蛟龙瀑布更惊人（有人说它是全台瀑布之冠，是台湾最大的瀑布），它从一千多米削直的绝壁泻下，跌宕四层，宽近百米，一层高度也有五百多米，水花飞溅，两百米内人身难以靠近。此外，还有珠帘型、曲型、多瀑并列型（如嘉义三龙瀑布为三瀑并列）等。有些则是近邻几十条瀑布集中在河、谷的某一段形成“瀑布群”，壮丽奇观。最负盛名者是新北市的乌来大瀑布，有“云来之泷”的美称，同市的十分寮瀑布（大华瀑布）以其水量丰沛、瀑面宽广、声若雷之气势而享有“台湾的尼亚加拉瀑布”之美名。

蓬莱瀑布

阳明山温泉区，层峦叠嶂，处处有飞泉瀑布。著名的阳明第一瀑布，直泻百余米，状如白练悬空。云林县古坑乡的蓬莱瀑布，最适合上午8点至9点，或者下午3点至4点观赏。此时飞瀑直下，珠花四溅，受朝阳或落日的照射，呈现出斑驳陆离的各种颜色，犹如七色彩虹从天而降。位于宜兰的五峰旗瀑布自崖顶分三层飞泻而下，犹如素练悬空，绚丽多姿。沿观瀑路线，由下而上可一边缓缓攀登，一边细细观赏。下层瀑布是由中层瀑布散失的水汇集而成，气势磅礴，水溅生花，伴随着隆隆的响声。中层瀑布最为雄伟，高达30米，水势澎湃，溅花飞白。上层瀑布从一个狭窄的山谷中直泻而下，长约40米，跌落在岩石上，水花四溅，雾气腾腾。上、中、下三层瀑布互相映衬，既浑然一体，又显得层次分明。站在山崖之下，仰望瀑布似素练自空而下，闪闪银光与四周黛山碧林相映，风姿独具。在中层瀑布旁边筑有一座观瀑亭，朱檐红瓦，十分好看，四周遍植花卉，姹紫嫣红，同瀑布的雄伟气势恰成鲜明对照。

在南投县埔里镇周围的山谷中，分布着几处著名的瀑布，如观音瀑布、能高瀑布、梦谷瀑布、狮头坑瀑布等。观音瀑布分为三层，落差六十余米，因银白色的瀑花和激流，在高峻的岩壁上构成形若观音神像的幻影，故而得名。能高瀑布汇聚了顶猴洞山的许多山涧溪流，自数十米高处冲过岩壁飞泻而下，如天怒神吼，声势浩大，水量丰富，终年不竭，是台湾十大瀑布之一。

浊水溪流域是台湾大瀑布分布较多的地区之一，其中又以陈有兰溪谷及其附近地带较为集中。在陈有兰溪西侧，阿里山脉北端的凤凰山谷，有一个水势浩大的二层瀑布，名叫凤凰瀑布，瀑布由悬崖之间直落深潭，上下两层各为二十多米，称为大泷和小泷。瀑下的深潭称为隐潭，故又名隐潭瀑布。附近有凤凰谷风景区，名胜众多，景色秀丽，特别是每当午后时分，总是烟雾迷荡，令人神往。在凤凰山东麓还有一个木瓜坑大瀑布，全长两百多米，流水终年不息，上下共分四层。因三、四层地形极为险峻，无路可通，目前游客只能到达一、二层。木瓜坑瀑布声势浩大，景色壮观，对面有一座被削成平面的石崖峰，是观瀑的最佳处所。

在陈有兰溪上游溪畔、望乡山山脚下东埔村的后山腰，有一条远近闻名的彩虹瀑布，清泉由百尺高的山顶上直泻下来，水花四溅，每当正午时分，在阳光照射下，形成一道美丽的彩虹，映照得周围苍翠欲滴的山谷色彩缤纷，十分耀眼，被誉为台湾岛上最壮观的瀑布。

云龙瀑布和玉女瀑布也很著名。云龙瀑布处在 1400 米高的山上，断崖两壁夹着一股巨流，凌空奔泻而下，恰如空中飞舞的银龙，不断地喷云吐雾，雨后气势更加雄伟，煞是好看。玉女瀑布分为上下七段，原名七丝瀑布，一缕清水顺岩石流下，两旁绿草如茵，远望恰似身穿白纱的玉女亭亭玉立在碧玉屏风之前。此外，较有名的瀑布还有宜兰县的金盈瀑布、南投县的雌雄瀑布、高雄市的崎流瀑布和白水泉瀑布、屏东县的阿乌瀑布、台东县的加拿瀑布……

多姿多彩的美林奇树

台湾是个森林资源非常丰富的海岛，一向享有“森林之海”的美誉。岛上植被发育极佳，所有山岭都覆盖着翠绿的森林，可谓无山不青、无岭不翠。因山岭多陡峭高耸，在很短距离间海拔差距很大，气候条件变化也很大，所以植物种类也特别繁多，从而形成森林风姿多变的奇观。在二三百年前，岛上的山地和大部分平原，几乎都被茂密的森林所覆盖。经过多年的砍伐，尤其在殖民时期被强令进行的掠夺式砍伐，使原有森林面积大为缩小，但现在仍占全省土地总面积的一半以上，是我国森林覆盖率最高的一个省份，比山林之国瑞士的森林面积还大一倍。全岛分布着许多林场和森林，其中台北的太平山、台中的八仙山和嘉义的阿里山是台湾最著名的三大林区，最为人欣赏者便是阿里山原始森林。油杉、肖杉、台湾杉、红桧和峦大杉被称为“台湾五木”，列为世界第一等良材。台湾开发迄今仅数百年，所以原始森林几乎都还保持着旷古风貌，千岁神木比比皆是，有些二三千岁的“神木”至今翠绿繁茂，在全球也难得一见。

阿里山原始森林林区东西长 46 公里，南北宽 36 公里，总面积达 3.1 万多公顷。其间林木茂密，树种繁多，是个巨大的森林宝库。从山脚至山顶短短数十公里，垂直分布着热带、亚热带、温带和寒带等景观绝异的林木，游客在短短几小时内便可欣赏到北半球各种各样的植物景观。在诸多有名的神木中，有一棵高 40 米，树龄 1900 余年的千年桧，因它最早生长于汉光武年间，故被称

"光武桧"神木

为"光武桧"。沿阿里山林场北行约 20 公里，有一片台湾最著名的林区——溪头台湾大学实验林。这里环境幽雅、景致清新，面积约 2500 公顷，以柳杉和台湾杉数量最多。在溪头有一棵红桧神木，高 46 米，树龄约 2800 年，顶端碧绿青葱，其特点是树干呈中空状态，肚子里却有一块比树洞还大的石头，不知"它"是如何来到这里，令人费解难猜，十分有趣。在溪头和阿里山之间，还有一棵"眠月大神木"，树高 48 米，树围约 7 米，据推测，它已经活了 4100 多年，人称"台湾树王"，其树龄之长，在世界上也名列前茅。南投县的仁爱乡，有一片面积达 10 公顷的纯枫树林，是全省现存最大的枫树林，每年秋季成为观赏红叶的最佳去处；这片树林的附近，有一棵高约 50 米，树围 16 米，胸径 5 米的大樟树，树龄已达 3000 余年，是全省最老的"樟树神木"。在高雄市境内有一片原始的桧木原始森林，由于这里地处偏僻，人迹罕至，很少遭到采伐破坏，成为目前台湾保存最完好的原始桧木森林，一棵棵高大粗壮的桧木，昂然挺立，高耸云天，十分壮观。

在淡水河口附近，有一片珍贵的红树林，说它"珍贵"，是因为这些树木具有呼吸根或支持根，种子可以在树上的果实中萌芽，待成小芽后，再脱离母株，下坠插入淤泥中发育成在为新株。每到夏天，树上缀满多雄蕊的白色花，随后结成圆锥形的果实，等深秋过后，果实的一端有小小的突起，这就是胎生现象，之后逐渐长大加粗，最终长成身高 20 厘米左右、形状像一支支直立水笔的小苗，故被称为"水笔仔"。水笔仔是目前世界少数仅存的胎生植物之一，非常珍贵。现在，淡水河口的红树林已经成为宝贵的自然资源，供人们观赏和研究。

在岛上，不仅那些原始森林充满着迷人的魅力，一些人工种植的园林，也吸引着无数游人。岛上最南端的恒春半岛，有一个盛名远扬的去处，叫作"垦丁热带植物园"，相传清光绪三年（1877 年），清政府为开发这里，特地从广东潮州一带募集民众来此垦荒、种植，慢慢地，这里就被称为"垦丁"了。垦丁热带植物园的面积不到台湾省面积的千分之一，但它拥有的植物种类却占到了全省植物种类的三分之一以上。园内一派天然生态景象，四处遍布热带植物，有的笔直高耸、粗不可围；有的盘根错节，枝繁叶茂；有的藤蔓虬结，附着寄生在其他植物上；有的花香四溢，争奇斗艳。这里共有 1230 多个树种，有台湾本岛的，也有从其他地区和国家引进的，其树种之丰富，真可谓洋洋大观。园内许多苍老巨大的榕树、银叶树、茄冬神木、菲律宾贝壳杉等树木，都在其他地方难得一见。茄冬树也叫重阳木，具有较高的药用价值。垦丁热带植物园的自然林中有一株茄冬神木，据说已有 1000 多年的树龄，这株茄冬神木和阿里山红桧神木一样有名；还有一株茄冬神木高达 16 米，树围 7 米，树龄已有 300 岁以上，茄冬横向而卧，树干里面已空，活像一只小孩睡的摇篮，被称为睡茄冬。人们称这株茄冬为“神木”，是因为它树龄很大，却依然枝繁叶茂，生机盎然。

“五福临门神木”

在台湾中部社寮角的村头，由相思树、楠树、榕树、樟树、朴树五棵树种合抱而成的巨树，原名“土地公树”，现名是 1975 年蒋经国先生特地改的，为台湾奇树景观之一。

植物园的银叶树区有一株巨型银叶板根树，高十多米，叶背呈银白色，树根呈放射状伸展，露出地面。这些树根宽仅几厘米，但隆起高度达一米多，恰似从树干伸出一道道木板栅栏，常引来游人好奇的抚摸。据说这株银叶板根树不但在垦丁热带植物园中独一无二，在全省也仅此一株。

拥有这么多的奇树美林，难怪人们在工作之余闲暇之时会走进大森林，呼吸森林中沁人心肺的清新之气，隔绝世俗中人事纷争的喧嚣之声；将森林中特异景致收入眼中，将生活中各种烦恼抛却心外。难怪人们痴情于森林之中访奇探幽之乐，陶醉于密林之处超凡脱尘之情。

竞溢横流的温冷奇泉

台湾山上多瀑布，山间地下多温泉。且不说那些人所不知道的山间泉眼，单就人所共知的温泉，就足以使人击节赞叹了。岛上温泉分布极广，各地都有，最密集的是北部火山地带。其中以台北北投温泉、阳明山温泉、屏东四重溪温泉和关子岭温泉为代表。

北投温泉风景区是台湾温泉之冠。它距台北市 12 公里。这里温泉密布，隐现于岩谷溪涧之间。北投有三大温泉区：北投、阳明山和金山。这三处温泉各有特点：北投温泉水色粉白，多少带有脂粉气；阳明山温泉水色浓绿，有很重的硫磺味；金山温泉水色清澈，可浴亦可饮。

北投温泉区有三类泉源：一是单纯土类泉，泉质透明，略带酸味，泉温 59℃，被称为“铁汤”，因在泉水中夹杂着赤褐色沉淀物，故而得名。实际上，“铁汤”本身是透明无色无臭的，患有神经痛、肠胃病的人，适于在此类温泉中沐浴。二是酸性绿矾泉，为无色无味透明液体，略具酸性，泉温 65℃，俗称“泷汤”，经常沐浴能治疗癞疮和溃疡等顽症。三是酸性硫化氢泉，水色浊白，略带硫磺味，泉温 48℃，俗称“腥汤”，患皮肤病和妇科疾病的人，则可沐浴酸性硫化氢泉。“铁汤”“泷汤”和“腥汤”三种温泉，对患有不同疾病的人，各具疗效。

北投公园内的温泉水池曲径环绕，亭榭小桥点缀其间，布景玲珑，引人入胜。北部山中有一条微呈黄色的小瀑布竟是温热的，所以被称为“北投温瀑”。沿旁侧的幽静小道上坡行进约半个多小时，“地狱谷”三个大字便赫然入目，这里是北投众多温泉溪流的发源地，地狱谷略呈椭圆形，面积约三四十亩。谷底泉孔密布，大如掌，小似珠，终年有热水涌出，久而久之汇成一个热水湖。湖中偶尔喷出十多丈高的白烟，磺气蒸腾，似云雾缭绕而上，灼热逼人，泉温高达 90℃，将生鸡蛋放在流动的温泉水中，15 分钟即可煮熟。吃在嘴里，有股淡淡的硫磺味。“地狱谷”终日烟雾迷蒙，给人一种虚无缥缈的神秘感。偶尔一阵清风吹过，人们才能一窥美景的庐山真面目。每当夜幕降临时，整个“地狱谷”笼罩在一片迷雾之中，显得既迷人又恐怖。传闻过去曾有一位游客失足掉进热水湖中烫死，“地狱谷”这个带有恐怖色彩的名字，便由此传开。后来，有关部门觉得其名不雅，将其改称为“玉泉谷”，却并没有叫起来，“地狱谷”早已“名声在外”了。

阳明山温泉是单纯硫化氢泉，溢成溪流，人们称它为北投的姐妹泉。这里风光秀丽，春天，樱花绚丽，杜鹃吐红；夏天，清风习习，松涛阵阵，为避暑胜地。这里还建起了集温泉、浴室、旅馆于一体的“阳明山庄”。庄前约一百米有一处低洼地，有阳明山温泉最大的泉眼，沸汤腾涌，隐隐有声，四周岩石都因绿色泉水的浸洇而成了淡绿色。温泉流量大，常年不绝，经取用后导入大石渠，冒着热气泻入紫明溪。

金山温泉位于新北市金山区水尾村。据传说，清同治六年（1867 年），金山地区发生了一次大地震，其南部有磺泉涌出，从此得名“金山温泉”。

四重溪温泉属台湾南部屏东县车城乡，与阳明山、北投、关子岭三大温泉齐名。四重溪温泉水属优良的碱性碳酸泉，泉水清澈透明，既可饮用，也可沐浴，作为饮料可说是上乘的矿泉水，洗浴时却腻滑得像奶油一般，是难得的名泉。这里的泉水水温会随季节而变化：春冬水热，约为 60℃，夏秋之季则为 50℃左右，这个特点使四重溪温泉有着其他温泉所无之妙。泉水水量极为丰富，终年不断，一年四季都可以饮用。温泉区钻井可得，当地居民都拿温泉水沐浴和饮用。温泉水含有大量重碳酸钠，浴后皮肤润滑，可治疗皮肤病、关节炎等症。

关子岭温泉位于台南市关子岭北麓的滚水溪左岸，泉水从山后岩石中涌出，富含矿物质，硫磺味相当浓，泉水有清、浊两种，浊泉水温 80℃，清泉水温 54℃，是盐类碳酸泉，呈乳白色，浴后肤滑若脂。两泉均有很高医疗价值，尤其浊泉疗效更佳，对神经痛、皮肤病、关节炎、神经衰弱等均有奇效，饮用清泉还可治胃肠病，过去曾被称为“仙奶泉”。如今，泉水通过人工水道被引入旅馆，供游人沐浴。因水质良好，且周围景色宜人，所以关子岭温泉号称台湾南部第一温泉。

从关子岭沿枕头山下的环山道路向南行进，有一处举世罕见的天然奇景——水火同源。来到这里，只见一股清泉从崖壁中涌出，汇集成一池清水，池底不断冒出气泡，点火即燃。火焰腾起高达丈余，而池水依然清冽甘美。

关子岭“水火同源”

自康熙四十年（1701 年）福建高僧参彻和尚发现此景至今三百多年来，此处一直甘泉不断，烈焰不息。俗语说“水火不相容”，这里却水火同存共生，实为罕见。以前人们对这现象不能做出科学解释，认为这是“阴阳调和”的“神泉”，于是在池边烧得黝黑的岩壁上立一石碑，供人膜拜。现在则有人设茶座、开水果店，以铁管引火烹泉水，生意兴隆。游客在这里品茗远眺，看烈焰熊熊不息，甘泉汩汩难绝，相容相济，叹为观止。

除上述四大温泉之外，岛上还有许多温泉也各有特色，蜚声远扬。

宜兰县北的礁溪温泉，雾气氤氲，泉水清澈。也是台湾闻名的温泉风景区，只要掘井数十尺，就有热水涌出。因此家家掘井，户户有泉，被誉为“温泉乡”。泉水为盐类质，无色，味微咸，可饮可浴，水温为 60℃左右。可以治疗皮肤病、神经痛、伤痛、胃肠痛等疾病。礁溪温泉发现甚早，昔日称为“汤围温泉”。其形态与一般溶泉不同，普通温泉多由山麓石缝或河谷乱石中自然泻出，而礁溪一带地层深处曾有侵入岩浆潜伏或火山岩浆活动过，地温甚高，地热丰富，加上热源上方有多孔的热冰储集层，所以地下尽是热水，只要凿井，穿透蓄水层上方致密的覆盖层，热水甚至蒸气就会源源不断上升，成为“人工温泉”。这里的居民家家有温泉，终年取之不尽，用之不竭。温泉水导入浴室后，其温度在60℃左右。呈微碱性反应，近似中性。泉水清澈无臭，纯净可饮，水中含有氯化钾、硫酸钠、重碳酸钾、重碳酸铁、重碳酸钠、硼酸以及有机物和游离酸等矿物质，不仅可以洗澡，兼有治疗皮肤病、神经痛、肠胃病的功能，还可利用温泉水养热带鱼。这里的温泉水经过加工处理，变成富有营养、味道甘美的矿泉水，是深受人们欢迎的饮料。

旭海温泉位于恒春半岛东侧海岸，是碱性碳酸泉，水温终年为44℃，泉水自地下源源冒出，水量丰富，居民有的建了浴室，有的围成浴池，积泉水以供沐浴。台中市的谷关温泉，处于幽谷深山之中。一进泉区，但闻泉水淙淙，令人心旷神怡。八仙山麓的谷关是台中三大名胜（谷关、八卦山、日月潭）之一。它是群山环抱中的一块小平地。谷关以大甲溪中涌出的温泉出名。泉水无色无味，含有盐分和硫磺，泉温为58℃，对治关节炎及皮肤病等有特效。水质之佳，为台湾中部所仅有。金山海岸是一片风沙地带，这里的温泉叫磺港温泉，水温约60～80℃，泉水呈赭色，能治肠胃病、皮肤病和妇科病等。

另外如苗栗县虎山温泉、泰安温泉，花莲县瑞穗温泉、安通温泉，台东县知本温泉，等等，都是温泉名胜之地。许多温泉水带硫磺质，涌溢而流入山溪，使溪水带硫磺味而长年温暖、烟雾蒸腾，人们称为“磺溪”。旅行者常在无意中遇上磺溪，欣然濯足，一享奇趣。

至于与温泉恰恰相反的“冷泉”（低温矿泉），世界上只有罕见稀少的几口，而台湾这“热岛”却偏偏占了两个。一个是位于新竹县北埔乡的北埔冷泉，一个是位于宜兰县苏澳镇的苏澳冷泉。北埔冷泉为自然冷泉，夏日水温为15℃左右，冬季为10℃左右，对治疗香港脚、

苏澳冷泉

顽癣等皮肤病具有良好的疗效。苏澳冷泉在宜兰苏澳市区，泉温保持在 21℃，是呈弱酸性的碳酸质矿泉水，具有治疗各种皮肤病的。泉水自池底卵石床上夹着许多气泡冒出来，犹如汽水一般。身浸池中，皮肤上便布满水泡，全身冷冰冰的，但过两分钟后，便觉身体发热，使人感到舒畅愉快。利用冷泉水制成的汽水，饮用时只需加香料和糖，既经济实惠，又能治疗消化不良症。苏澳冷泉与礁溪的温泉同县邻乡，却冷热竞涌，形成鲜明对比，令人惊叹大自然的奇妙。

台湾的温泉比比皆是，数不胜数，用“台湾处处有温泉”这种话来形容，一点也不为过。台湾岛上温泉丰富，是因为台湾岛在地质上尚是“年青的海岛”，它处于世界最大的西太平洋火山环带上，200 万年前，在这里地底岩浆沸滚，火山活动相当剧烈，地面便多见温泉磺溪。现在，虽然大规模的火山喷发已看不见了，但昔日火山活动遗留下来的热气滚滚的温泉，却把台湾岛点缀得更加美丽。

风情别样的热带海滨

台湾岛四面环海，海域广阔，东濒太平洋，西临台湾海峡，北面是东海，南接南海和巴士海峡。台湾本岛周长1139公里，由于地质的多变性、复杂性以及地形的多样性，四面海岸的地质、地形各具特色：

（一）山峦壁立的东部海岸

台湾东部海岸有许多陡峭的断崖和大大小小的奇岩怪石，景象险峻，绮丽多姿，加上波涛汹涌的太平洋以及沿岸聚集成群的海岸植物，构成丰富多彩的自然景观。因而人们把东部海岸誉为“海滨公园”。

东部海岸自台湾岛东北角的三貂角为起点，向南至旭海村的牡丹湾，濒临太平洋，沿岸水深浪大，多岩石暗礁，除几处河流入海口外，整段海岸峻峭如墙，有的地方高达500米以上，是全省海岸最雄险的一段。离岸数公里外，海底即倾斜急剧下降，海水深达1000～2000米，离岸数十公里，海水深度则超过3000～4000米。

东部海岸最具代表性的景观莫过于苏花公路及“清水大断崖”。

东部海岸从苏澳到花莲一段，崖高300～1200米，北回公路苏花线就开凿在这段峭壁上。断崖高出海面800米，凌霄壁立，面对狂澜，为世界罕见之奇景。苏花公路在断崖腰间如一横带，峦环岭回，瞳岩险峻，一面悬崖耸立，一面大海浩瀚，为台湾最惊险壮观的公路。在台湾东岸沿海铁路建成前，这条公路曾是连接宜兰县的苏澳与花莲县的主要陆路交通线，全长118公里，皆沿断层海岸修筑。一路除悬崖峭壁、山岩巍立外，惊涛拍岸、碧海万里的壮丽景色也时入眼帘。途中所经“清水断崖”，更是举世罕见的海岸断崖奇观。早在清代，“清水断崖”就被誉为台湾八景之一。《花莲县志》对清水断崖有如下的记载：“清水断崖全景，包括和平、清水、崇德诸山临海直降之断崖，公路在半崖蜿蜒横空。其间，清水站迤南之清水山东隅大断崖尤为险峻，高出海面800余米、凌霄壁立，睥睨狂澜，为世界罕见之海崖。苏花公路在崖腰一线横悬，依势伸曲，绾交通于绝崖鲸波之际，车行自此，上摩危岩，下临大海，形势雄伟，气象万千。”

（二）热带风光的南部海岸

台湾岛南部海岸自枋寮向南，绕过最南端的猫鼻头和鹅銮鼻，向北至牡丹湾，濒临南海、巴士海峡和太平洋，为珊瑚礁海岸。由于珊瑚礁经海水长年侵蚀，沿岸浪蚀岩柱、海蚀壶穴分布极广。

打开地图来看，台湾岛最南端有两个小小半岛伸向巴士海峡。西边的小半岛长约5公里，稍呈圆形，宽约3公里，名叫“猫鼻头”。另一个半岛则在台湾岛南端的东南角，名叫“鹅銮鼻”，宽1～3公里、长约5公里。这两个半岛就像台湾的一对触角伸向南方大洋。

猫鼻头是台湾海峡与巴士海峡的一个分界标志。沿岸珊瑚礁连绵，曲折延伸，其中一块靠近海边的礁石，形状如猫蹲踞，猫鼻头之名由此而来。登猫鼻头，看那洁白的浪花吻吮着沿岸绛色的珊瑚石，万顷碧波衬托着蓝天白云，使人顿时觉得无比的爽快。

鹅銮鼻是台湾岛的最南端，和猫鼻头东西遥遥相对。中央山脉蜿蜒南来，到这里形成一条山脊，直插波涛汹涌的巴士海峡，鹅銮鼻是南海、巴士海峡和太平洋的分界线，海底深度虽不及东部沿海海域形成陡降，但离岸数十公里，海水深度已达1000米以上。

南部海岸的旖旎风光

鹅銮鼻附近海域景色清新秀丽，这里有一座大灯塔，使它中外闻名。鹅銮鼻灯塔高21.4米，塔顶装有新式大型四等旋转透镜电灯，经过大型旋转透镜后，光力达 180 万烛光，每 10 秒一闪，光力可达 27.2 海里，凡航行于台湾海峡和西太平洋的船只，经过鹅銮鼻附近的海域，都可凭借这一灯光确定航向。据说，鹅銮鼻灯塔是远东地区最大的海上灯塔，有“东亚之光”的美称。

台湾南部热带风光的典型景观是位于恒春半岛的南湾海滨。南湾海滨包括猫鼻头至鹅銮鼻之间的一段海岸，三面环山、一面濒海，是台湾最南部的海湾，故名南湾。海滨总长约二十公里，这里有许多沙滩。其中介于潭子湾和青蛙石之间的垦丁海滩长约两公里，宽近五十米，整个沙滩由细软的珊瑚沙、贝壳沙和少量的石英砂、长石砂组成，沙质洁白。风平浪静时，海水清澈，白沙见底，被辟为著名的垦丁海水浴场。

南湾水域海底生物种类繁多，堪称“海底牧场”和“海底博物馆”。这里水草丰富，海底动物如海星、海参、寄生蟹等都在此繁殖生长，还有各种各样的石珊瑚、海绵、海百合、海藻、贝类和虾蟹等。这些海洋生物把南湾海底点缀得五光十色。据说，南湾海域光是珊瑚礁鱼类（即热带鱼）就达四百五十余种。海底的软珊瑚林连绵不断，是世界著名的软珊瑚产地之一。喜好潜水的人，来南湾探海更觉妙不可言。潜入海底，会发现多达二百七十多种五颜六色的软珊瑚和热带鱼密布于深海之中，令人扑朔迷离。这极为奇特神秘的景色又被人称为“台湾的海神殿堂”。

南湾的热带海岸林和遍布在珊瑚礁上的各种热带海岸植物，构成植物界的特殊景象，巨大、深绿、肥厚的叶片，具有革质和蜡质的表面，在阳光下闪着油亮亮的光辉，如莲叶桐、榄仁树、棋盘脚以及银叶树等，有的还开放出绚丽的花朵。这里被称为热带林的美丽故乡。

近年来南湾已成为恒春半岛最美的渔村，一座座楼房鳞次栉比，街道整洁，又有热带林和珊瑚、金沙点缀，远眺可望见海上白浪涛涛，船帆点点，风景十分优美。

（三）沙滩绵长的西部海岸

西部海岸自淡水河入海口的南岸，向南至屏东的枋寮，濒临台湾海峡，全长 300 多公里，为上升隆起的海岸。海岸单调平直。低潮时沙滩宽达 1 ~ 6 公里，近岸水深 5 米左右，平均潮差 2.5 米，沙滩低平。和东部海域相反，台湾海峡海底较浅，几乎都在100米以内，大部分水深仅50米。陆上丘陵、平原相间，地形开阔，交通发达，是兵家必争之地。

多山的台湾岛只有不足三分之一地区是平原，且集中在西岸，其中最大的是台南平原（嘉南平原），次为屏东平原。海滨平原由于自然条件好，是台湾开发最早的地区。在狭长的平原上，城乡密集，人口众多，以古迹多而闻名。台湾最重要的城镇如台北、台南、台中等都集中在这一边。但西岸地理变化甚巨，海港淤积、河道更改，一些古迹也荡然无存或面目全非，如台南安平“台江”港，仅经300年便完全填成陆地，昔日海岸城堡“安平古堡”“赤嵌城”已完全改观，深“居”城区之中。300年前的大湖沼“大加纳”，如今已是一片盆地平原，并在平原上建起台北市。沧海桑田，地貌快速改变，是台湾地理的一个特点。

西岸平原日渐扩展，西部海岸线愈趋平直，水净沙白的海滩也愈来愈多、愈长。从台北河口到南端的恒春半岛几百公里海岸线，除少数几处盐场、渔港阻断外，便是一个接一个充满热带气息的海滨泳场。这些泳（浴）场水质清、沙粒细白、海床平缓，极宜泳浴，岸上多是花繁叶茂的热带植物林，别具一种诱人的魅力：阳光、椰林、白浪、轻风，充满热带海滨情调！在西部漫长的海岸线上，起伏相连的弯弯沙丘，与蓝天、白云、碧海及苍翠的山岭，构成独特的海岛景观。

海上浴场

连绵的海滩为开辟海上浴场提供了充足条件。比较著名的如通霄海水浴场，连绵十几里的白沙滩与翠山、碧海相互辉映，成为岛上最美的一段沙滩，亦是台湾中部最大的海水浴场。大安海水浴场位于通霄海水浴场以南，规模不大，但风景绝佳。背依郁郁苍苍的铁砧山，面向白浪翻腾的海峡，沙滩上松软的细沙如天然地毯，人们来到这里，顿感胸襟开阔，精神爽快。

台湾岛四面环海，利用海水晒盐有取之不尽的资源。由于东部岩岸陡直，北部多阴雨连绵的天气，只有西部海岸，海滩平直，地势缓斜，且冬半年干燥少雨，日照充分，季风强劲，对晒制海盐十分有利，成为台湾唯一晒制海盐的地带。台湾著名的五大盐田都分布在这里。领略盐田风光，最好探访一下台湾最有名的布袋盐场，这里一块块盐田环绕着布袋镇，盐水在一畦畦方格式的盐田里徘徊流连，一个个小丘似的盐堆，使海滨成了一片银白色的世界。

（四）奇岩怪石的北海岸

海岸风光最奇特的是北部海蚀地貌。北海岸西起淡水河口附近的油车口，东至三貂角的莱莱鼻，东临太平洋，北迎东海，西靠台湾海峡，海岸线长约八十五公里。因地质构造与海岸线接近垂直相交，在强烈东北季风带来的海浪侵蚀下，这里软弱的岩层部分被侵蚀，凹成海湾；而坚硬抗蚀力强的岩层，便相对凸出成为海岬。海岸凹凸曲折，岬湾相间，极富造型之美，因而北海岸一向以奇岩怪石著称。

地质奇观

富贵角是台湾省北端最西边的一个岬角。这里最引人注目的海岸地貌是由风蚀作用形成的风棱石。这种风棱石原本是一些安山岩，在重力作用下，从邻近的山坡上滚落下来，成为大小不等的砾石，堆积在沙滩上。冬季，强烈的东北季风把海滩上石英砂吹起，这些被强风携带的石英砂，好比成千上万把锋利的金刚刀，雕刻着海滩上的一切，连最坚硬的岩石也不例外。海滩上巨大的安山岩块在长期受到风蚀的作用下，逐渐蚀出平坦的风蚀面。如果风向发生改变，又可形成几个风蚀面，面与面之间有明显的棱线，如同神工鬼斧所劈，成为大自然的杰作。

让游客感兴趣的还有基隆港外和平岛的海岸奇观。和平岛北面临海，海滩上布满奇岩怪石，其中以石菇、豆腐岩和蜂巢岩最为著名。

在台湾北海岸众多的名胜中，野柳岬因聚奇岩怪石之精华于一处，被称为一座奇特的海岸地貌博物馆，现已成为台湾岛北部海岸最著名的自然风景区之一。

气候宜人的丰腴宝岛

奇美的自然风光固然是使台湾驰誉五洲的重要原因，然而气候宜人、山海秀结、丰衍膏腴同样是它吸引游人的重要因素。

北回归线从台湾中部横过，北部为亚热带气候，南部为热带气候：太平洋拥抱着宝岛，多数地区为温湿海洋性气候。岛上大部分地区从 4 月到 11 月是夏季，长达 200 天（恒春半岛夏长 290 天，为全省之最），但最热月份平均气温也不过 27～28℃，绝无长江中游的闷热。每年 12 月至次年 3 月是台湾凉爽的“冬季”，但在最冷的季节中，即使最北的台北盆地，月平均气温也有 15℃左右，简直是宜人的春天；南部恒春的“冬天”月平均气温仍约 20℃，有若哈尔滨的夏天了。个别的例外是若逢大陆有强大寒流南下到台北，大屯山一带才出现 0℃左右的气温，这是多年才会有一次的现象。

这种长夏无冬的气候特点，在《台湾府志》概述得很准确：“台僻东南隅，地势最下，四面环海，遥隔重洋数千里，其气候与内郡悬殊，大约暑多于寒。钟鼎之家，狐貉无所用之，细民无衣无褐，亦可卒岁。花卉则不时常开，木叶则历年未落，瓜、蒲、蔬、茄之类，虽穷冬亦华秀……”清人齐体物［正黄旗人，康熙三十三年（1694 年）奉旨任台湾府知府］曾作《台湾杂咏》多首，其中谈台湾气候的诗十分具体形象，诗云：“春盛绿玉荐西瓜，未腊先看柳长芽，地尽日南天气早，梅花才放见荷花。”可见台湾真是一年皆夏！

不过在台湾岛中部的高山地区，由于海拔高，气候与平原区和其他地区大不相同，属于大陆性气候。而玉山、合欢山等海拔 3000 米以上的高山上甚至有颇长的积雪期，类似寒带高山气候。

台湾全年多雨。在北部，冬季阴雨连绵，每年有 160 ～ 180 个雨天，多在冬季，这与大陆上春天多雨的特点完全不同。北部年平均降雨量约为 2000 毫米，南部恒春地区则有 2200 ~ 3000 毫米，是全岛雨量最丰沛的地区。但最多雨的“点”却是北部的基隆，年平均降雨量达 2900 毫米以上，平均每年下雨 214 天，比有“天漏”之称的四川雅安还多 32 个雨天，故基隆号称“雨港”，市内连水果摊都兼卖雨具。西部平原年平均降雨量为 1500 ~ 1800 毫米，每年有 100 ~ 150 个雨天，而且显著集中于夏季（占 80%），形成“冬干夏湿、干湿分明”的特点，每年有 200 多个天朗气清的日子，宜耕宜游，尤以台中一带气候最佳，故有“人生只合台中住”之说。至于海峡中的澎湖列岛，却是全省雨量最少的地方，年平均降雨量仅 1000 毫米左右，秋季尤干。

台湾地区台风较多。通常夏季有西北季候风，冬季有东北季候风及西南季候风，这是正常而有益的。但由于菲律宾群岛海面是著名的台风产生区，夏、秋间常有台风产生，形成后猛扑台湾，台湾海峡便成了台风通道。澎湖列岛受风害最烈，那里把台风叫作“火烧风”，挟海水而为雨，害得澎湖草木难活。幸而台湾山多，东海岸多巨崖绝壁以挡风势。花莲、基隆受风害重些，但台风自南刮到岛北时，风势已被众高山所削弱，所以倘能对台风有准确预报与防范，大多数农业区仍能避免风神肆虐。

台湾自然条件优越，农、林、渔、牧产品极为丰富，矿藏亦多，故素有“宝岛”之称。前人说台湾是“山海秀结之区，丰衍膏腴之地”，绝非溢美之词。

台湾农业条件好，盛产大米，素有“米仓”之称，稻米一年可两熟、三熟，产量高，米质佳，尤以西部嘉南平原为冠，俗有“台地一年耕，可余七年食”之说。省内甘蔗种植面积和制糖工业皆为全国之首，早年台湾曾被称为“亚洲糖库”。水果品种之繁也是全国第一,四时不断，盛产香蕉、凤梨、柑橘、芒果、木瓜等，又有龙眼、荔枝、柿、槟榔、椰子、桃、李、梨、葡萄、草莓、洋桃、樱桃等。全年任何时候都有鲜果应市。齐体物有一首诗讲台湾水果及果制品之盛，曰：“酿蜜波罗摘露香，倾来椰酒白于浆，相逢歧路无他赠，手捧槟榔劝客尝。”另外，台湾乌龙茶早已驰名海外。“鹿谷冻顶茶”则是乌龙茶的极品，茶园主要在北部（如台北、新竹）。台湾种茶技术是300年前由福建传入的，现在已有新发展。

台湾是森林的海洋，所有山岭无不披覆着茂密蓊郁的森林，森林覆盖率居全国之首。根据中国台湾省第三次（1993年）森林资源及土地利用调查资料：台湾省面积为357.6万公顷。林地面积为210.24万公顷，其中森林面积为195万公顷；活立林蓄积为3.587亿立方米，森林蓄积量为3.582亿立方米；单位面积森林蓄积量为184立方米／公顷。另外台湾省还有竹林15.23万公顷。林地面积占全岛总面积58.79%，森林面积占54.5%。台湾是我国第一流的森林宝藏。经济价值高的树种达300种，主要有红桧、台湾杉、肖楠、樟、松、榕、桉、合欢树、相思树等；其中樟树极多，被称为世界最大樟树带，而被称为“台湾五木”的代表性树种为油杉、肖楠、台湾杉、红桧、峦大杉，更被列为世界一等良材。孟宗竹也是台湾名产，主要盛产于新竹、南投等县，故台湾竹器工艺水平很高，在山区，以竹建屋是常见的。此外还有一些珍贵的稀有的树木，例如植物界中唯一以“胎生”方式繁殖的“红树”，在台湾淡水河口还有留存的林带，弥足珍贵。至于广袤的原始森林中种类多至难以统计的珍禽异兽，如帝雉、蓝腹鹇、云豹、台湾熊、长鬃山羊（鬣羚）、水鹿等，均是世界稀有动物。但台湾从来没有发现过猛虎、豺狼的踪迹，也未见热带象或狮子，但在台中地区发现过古象的化石，说明数万年前有象到过台湾。

茂密的热带植物

台湾岛四周渔场广阔，是我国渔业资源最丰富、生产条件最优越的省份。台湾海峡属于寒暖流交汇处，台湾岛西岸平原河流多，供给海峡大量有机物，所以台湾所产鱼类特别多，据称不下500种，经济价值高的也超过100种。产量最大的是鲔（金枪鱼），次为虾，盛产的尚有鲷鱼、鲨鱼、鲻鱼（闽、台人称之为“乌鱼”）、蛆鱼（又分大、小等多品种，“沙丁鱼”为其中之一）、鳗鱼以及鱿鱼、章鱼、乌贼等。海边渔场又有养殖的虱目鱼、吴郭鱼，据说是郑成功及其部属从福建引入的鱼种。西岸高雄、屏东沿海盛产龙虾及鲻鱼，渔民捕活龙虾养于海水中销售到香港、日本，甚至欧洲，捕获鲻鱼后取其腹中卵块制成“乌鱼子干”，畅销欧美，是台湾著名的特产之一。东岸花莲一带海域飞鱼很多，当地雅美人有以飞鱼为主食者，甚至每年举行盛大的“飞鱼祭”活动。东岸又多体型大的鱼，成功镇居民以大块鱼肉制成日本式的“柴鱼”（熟的鱼干），即台湾特产之一的“成功柴鱼”，在日本尤为畅销。台湾贝类亦极多，蚝（牡蛎）、蛏、蛤、蚌之属应有尽有，尤为著名的是“西施舌”（海蚌，仅产于台湾海峡两岸）。藻类中的海苔、紫菜、海带、梅石花等品种早已达到可外销的水平，还有海人草（即驱蛔药“鹧鸪菜”）、海芙蓉（治风湿及关节炎药）等药用植物，更为珍贵。至于珍珠、珊瑚、文石等则多产于附属岛屿群，尤以珊瑚为盛，约占世界产量80%，故台湾有“珊瑚王国”之号。台湾所产的盐色泽洁白，颗粒晶莹，产量又高，数十年前已号称为我国的“东南盐库”。

民间重视养牛，但无论汉人或少数民族均不以牛肉为主要肉食，因从前台湾无耕牛（耕牛是荷兰人从印尼及明郑政权从福建引进的黄牛），养牛多作为畜力用于农业生产，一百多年前少数民族围捕野水牛，驯化后卖给汉人作耕牛用。台湾人也不善养羊，民间少食羊肉者。但古时台湾野鹿极多，荷兰人大量购鹿皮，以致野鹿濒于灭绝，民间便改猎鹿为养鹿。从前火烧岛（今绿岛）居民家家户户豢养梅花鹿，台南市、台中市及新竹县都有些乡村以养鹿为主业的，据说已有百余年养鹿史。

台湾岛不算大，却无“能源不足”之虞。除了因山高水急而拥有丰富水利电力资源外，还有煤、石油、天然气及地热资源。煤藏量在我国东南各省中居首位，约有2亿吨。石油及天然气的蕴藏量甚丰，据初步勘察资料估计，石油储量约为25亿升，天然气储量约为290亿立方米，钓鱼岛海域及台湾海峡大陆架均为蕴藏区域。北部火山地带常见地热喷口，经年不断喷吐着高温水汽，蔚为奇观，可建地热电厂。其他种类的矿产则有金、银、铜、铁、锰、汞、镍、铬等金属及大理石、白云石、蛇纹石、石灰石、云母石、石英石、长石以及硫磺等。其中金矿藏量约百万吨，大理石藏量为世界之首；铁与硫磺是本省重要资源，主要产于北部地区。此外，滑石石棉、陶瓷粘土等也很丰富。有人说，台湾除“铀”矿外，几乎什么都有。多年前台湾大力引进核电设备，目前核电力已跃居世界前列。

由于自然条件优越，台湾的工业、农业、渔业及其他经济领域的发展速度都很快，潜力也大。如利用海港条件建立“中国造船厂”(可造百万吨级油轮船坞，同时建造三艘45万吨级油轮)、发展石油化工工业、建炼钢厂等，都是较显著的例子。

华风古韵

风俗之成，或数百年，或数十年，或远至千年，潜移默化，中于人心，而萃为群德，故其所以系于民族者实大。

……

连横（雅堂）：《台湾通史·风俗志》

辞旧迎新“过新年”

过年，指中华民族传统意义上的农历新年，是海内外中国人共同的节日。在世界各国人们的眼中，“中国新年”就像是华人的象征一样。

即使在台湾被日本侵占的50年里，尽管日本当局强令只许过阳历新年，不许台湾人民过农历新年，台湾人民依然遵照中华民族的传统习俗欢度农历新年。

古人将每年农历十二月的最后一天称之为“穷年”，也叫“过年”(过了这一天，一年就过去了)，过年的这一天晚上，叫作“除夕”(意思是过了这一晚，明天就是新年了)。俗话说：“新年头，旧年尾”，表明人们特别重视过年的除夕，因为它是一年中最重大的日子。而为了迎接和欢度这个重要的日子，人们在过年之前，就已开始准备和忙碌起来。

在早期的农业社会里，从冬至起，人们就开始酝酿过年的气氛了。冬至又称为“冬节”或“亚岁”，在过去是和“过年”一样重要的日子，有“冬至大如年”的说法。现在，台湾各地在冬至的这一天，全家要聚在一起吃红、白两色的小汤圆，所以也有称冬至为“冬圆节”。过了冬至，人们就开始陆续置办年货，准备过年了。从冬至到过年的这段时间，被称为“忙年期”。在“忙年期”里，台湾民间还有两项非常重要的活动，即农历十二月十六日的“尾牙”和十二月二十四日的“送神”。

在中国民间传统习俗中，每逢正月以外的初二、十六两天，都要准备牲礼祭拜土地公，称为“作牙”。农历二月初二是一年当中第一次作牙，叫作“头牙”，而十二月十六日是一年中最后一次作牙，就称为“尾牙”。在以前，每到“尾牙”时，商铺老板就会宴请员工聚餐，同时也是决定员工是否继续留用的时刻：若尾牙宴上鸡头对着某位员工，就意味着下一年将不再留用他了；若老板不打算解雇任何员工，那鸡头就会对着老板自己。现在，“尾牙”这天多会有各机关团体邀请员工聚餐，犒劳员工的活动。

做“尾牙”一周后，台湾民间将十二月二十四日称为“送神”的日子。传说这一天，所有神祇都会回到天庭中报告人间的情况，家家户户都要准备供品为灶神“饯行”，称为“祭灶”。台湾“祭灶”的供品多为麦芽糖、汤圆等甜食，人们希望“灶神”吃了这些甜头之后，在玉皇大帝面前多为人们说些好话。

“送神”之后，即开始忙活一年一度的大扫除了，这称为“扫年”。在台湾民间也有称“清尘”的，有扫除家中晦气的意思。中国民间有一首传统民谣说：“二十三祭灶王，二十四扫房子，二十五做豆腐，二十六杀猪牛，二十七宰鸡鸭，二十八蒸馍馍，二十九炸油饼”，台湾民间的活动和歌谣中说的差不多，只是在现代社会中，人们已不用自己动手宰杀或蒸制熟食，而是到商场或集市上去购买。这个时期，无论是商场或是集市里，都挤满了购买年货的人，吆喝声、叫卖声此起彼伏，交织成一幅热热闹闹的繁忙景象。这种充满欢欣喜悦的场面，正是中国人“忙年”心境的最好写照。

台湾民间所准备的年货中，最重要的当属年糕了。年糕象征“年年高升”。在过年祭品中通常摆放在上层。台湾的年糕以甜粿、发粿为代表，还有包仔粿（也称菜包粿）及广东风味的萝卜粿（也叫菜头粿）也很受欢迎。甜粿是用糯米粉拌糖蒸熟，有的还要加上红枣、红豆、花生等甜料，表示甜头甜尾、甜蜜喜庆的意思；发粿是用粳米磨粉，加酵母粉蒸熟，表示发展发达、发财富贵的意思；包仔粿是以猪油、虾米、菜脯等做馅，以粿为皮，再用竹叶包裹着，因它的形状和包子相似，故名“包仔粿”；萝卜粿是用粳米磨粉并加萝卜丝混合蒸熟，表示“好彩头”。所以，台湾俗语中有：“甜粿过年，发粿发钱，包仔粿包金，菜头粿吃点心”的讲法。另外，还有一些年货如水仙花、橘子、春联等吉祥物都是不可缺少的。“除夕”那天，家家户户都会贴上大红的春联，将节日的气氛提升到最高点。

除夕的下午要辞年，即辞别旧年。除准备一般的牲礼及年糕、发粿等各式甜点外，还要准备平时不常见的“橘子塔”和“春饭”。柑橘代表甘甜美好，春饭则是在饭上插一支贴有红色“春”字的竹签，取闽南语中“春”与“剩”的谐音，象征“岁有余粮年年食不尽”。辞年一般在下午 3 点左右进行，先面向门外拜天公，再转过身来拜祖先，另外用“五味碗”拜门口和地基主，用春饭拜灶及床母。

围坐在一起吃年夜饭

夜色降临了，辞年之后就是一家人坐在一起吃年夜饭。这是中国人一年中最重要的一餐饭，在外面求学、工作的家人，都要力争赶回家来吃这顿团圆饭。台湾早年吃年夜饭时会在桌子下面放一个火炉及一些铜钱，取温暖财旺的好兆头，这称为“围炉”。“围炉”时一定要让火光熊熊，表示一家兴旺。现在，许多家庭会在年夜饭时吃火锅，一家人围着暖暖的火锅，亦不失围炉的本意。

年夜饭不但菜色丰盛，而且每道菜都有吉利的含义。如：鱼象征着“有余”；鱼丸和肉丸等圆形食品象征“团圆”“圆满”；韭菜象征“长久”；用芥菜和肉煮成的“长年菜”象征“长寿”；鱼丸、肉丸、虾丸象征“三元及第”；萝卜象征“好彩头”；油炸食物象征家运兴旺；等等。最后，还要剩下一些“隔夜饭”留到第二天吃，表示“有余”。

围炉后，长辈依照惯例赏给红包，发压岁钱。之后，全家围坐在炉旁，闲话家常，一直不睡，直到 12 点“开正”后，这称为“守岁”。这个习俗的用意，一是“守住旧岁”，为父母增寿；二是因古人将“睡”也叫作“困”，不睡即不困，除夕整夜不睡，是取“不穷困”或“不困厄”的意思，祈求新的一年能充裕富足。

台湾和大陆一样，将大年初一称为“新正”。新年的序幕是由“开正”仪式开始的，意为新的一年将会有一个堂堂正正的开始。“开正”之礼非常隆重，厅堂灯火通明，门口张灯结彩，供桌上摆列年糕、牲礼、柑橘、茶酒、四果、香烛等，家家户户燃放鞭炮，全家老少聚在一起，祭拜祖先，祭祀神明，然后依序向长辈问安行礼。

“开正”典礼后，全家人换穿新衣，由一家之主燃香开启大门，称为“开财门”，燃放大串的鞭炮称为“开门爆仗”，表示除旧迎新、康祥迎吉，之后，大家相互拜年，晚辈向长辈跪拜，祝福尊长健康快乐，而长辈通常准备红包赏赐给小孩，由于“开正”时刻大多在半夜子时（晚上 11 点至凌晨 1 点），所以一家人从除夕开始守岁、聊天、看电视……全家老小一起熬夜，直到“拜年”完毕，才去休息。

初一一大早到庙里“行香”

除夕的第二天就是大年初一。这一天，人们多到长辈或朋友家互相拜年，称为“贺正”。现代人因为事务繁忙，多流行电话拜年，以节省时间。还有许多男女老幼，穿着新衣，携带牲礼、金纸、香烛，到各个庙宇礼佛拜神，祈求一家大小平安，这称为“行香”。而各个庙宇也会准备光明灯、平安灯等，让信徒拈香祈愿。台湾民间认为正月初一开天门，烧头柱香祈愿特别灵验，所以一些著名的庙宇每当年关刚过尚在子时之际，就立刻会涌入人潮，以素食净果焚香祷告。

正月初二是出嫁的女儿回娘家的日子，在台湾称为“做客”，客家人称为“转嫁妹”。过去在台湾农村，娘家会准备两支“挂尾蔗”和两只活的“带头鸡”，让女儿女婿带回家种植与饲养。所谓“挂尾蔗”，就是红甘蔗，前有蔗叶，后有蔗头茎，用红带子绑住两支甘蔗，意祝女儿女婿同甘共苦，白头偕老；那两只“带头鸡”，是希望女儿女婿像鸡一样多子多孙。只是这样的习俗现在已不多见了。

正月初三是台湾民间的“赤狗日”，传说“赤狗”是“熛怒之神”，遇到它的人会不吉利，“赤”在闽南语中是“贫”的意思，赤狗会带来贫穷，故这一天不宜外出也不宴客。还有民间传说初三是“老鼠娶亲”的日子，依照旧俗，当晚各家各户都要提早上床休息，据说是怕打搅老鼠办亲事。这个传说来自大陆。实际上，经过“忙年”“过年”“初一”“初二”，人们都会有些体力不济了，到了初三这一天，可以晚些起，早点睡，补补觉，养养神，有利于身体健康。

正月初四是“接神”的日子，返回天庭的诸神都会在这一天回到人间，执行并考核人类的祸福、善恶。因此家家户户都在厅堂上供奉牲礼、糖果，燃放鞭炮，焚烧金纸等，恭恭敬敬迎接诸神下凡。也有商家在这一天开始营业，顺便迎接财神的到来。台湾有句俗语说：“送神早，迎神迟”，是说腊月二十四那天，清晨就要举行送神仪式，而正月初四这天，要午后才举行迎神仪式，且越晚越好。早年，人们凌晨送神，黄昏迎神，至于为什么，似乎没人说得清真正的原因。

正月初五俗称“财神日”。依照台湾民间行事，到了初五，人们就该“隔开”前几天的玩兴，准备开始工作了。故初五普遍成为开张或开工的日子。商家会择定吉时，以香烛、供品祭神，祈愿新的一年大发利市，然后大放鞭炮，鞭炮越长越好，以期爆仗越长越能大发利市，热热闹闹庆贺开张大吉。在家中，初五是撤供的日子，将除夕祭拜时用的各类供品撤去，开始恢复正常生活状态；而从初一积累下来的垃圾，也可从屋内清扫到屋外，总之，正月初五须完成除旧布新的工作，隔绝年节，故称“隔开”。

在随后一直到农历二月初二的一段时间里，虽然还会有各种不同的庆典日，如元宵节等，但真正过年的意义和气氛将逐渐淡化，人们也慢慢走出过年的心境，开始新的一年里的工作和生活，并期待着（对孩子们来说尤其是这样）下一个年的到来。

正月十五闹元宵

元宵节是中国人民一个重要的传统节日，产生于两千多年前的汉朝，经由宫廷而传入民间，并逐渐推广至全国。以闽粤移民为主体的、自几百年来持续不断到台湾岛上开发、生存，并将台湾岛建设成为一个美丽富庶家园的台湾人民，在每年的正月十五元宵节到来的时候，也同祖国大陆一样，张灯结彩，燃灯放焰，喜猜灯谜，共吃元宵，合家团聚，同庆佳节。

元宵节在民间被认为是春节的最后一天，之后生活将恢复正常，因此，民间会在这一天里热烈庆祝，素有“小过年”之称。台湾同胞也沿袭这个风俗。一般民间会在清晨祭拜天官大帝，祈求赐福，之后就是做元宵，以元宵敬祖先，再阖家团聚吃元宵，象征着团圆幸福。民间组织还举办游艺活动，舞龙舞狮，锣鼓喧天，其热烈气氛不亚于春节的热闹。到夜晚，元宵节的重头戏——赏月、观灯、猜灯谜、放焰火等活动，更将节日的气氛推向高潮。

台湾民间称传统“花灯”为“鼓子灯”。因过去孩子们手中提的灯多类似“鼓锣”而得名。花灯的种类很多，如彩灯、走马灯、儿童的鼓仔灯等，但基本归为两大类，一是形象灯，如关公灯、兔子灯、水果灯等，另一类为活动灯，是依据民间故事编制的，多为电动花灯，如状元游街、八仙贺寿、桃园结义等，表现中华民族传统文化精神。自 1992 年起，台北市在每年元宵节都会举办大型灯会，制作各种大型花灯，将传统花灯展示给民众。目前，一年一度的“台北灯会”已形成规模，入夜，所有精心制作的各式各样、千姿百态的花灯齐绽放，摇曳闪亮，一时间，犹如天上银河降落人间，璀璨的灯光与天上的皓月遥相辉映，令摩肩接踵前来观赏的人们宛如步入美轮美奂的宫殿，又似来到流光溢彩的仙境，不由得心境大畅，乐不思返。同时，台北灯会还将传统花灯、现代电动花灯、国际花灯展示、民俗艺术展示、传统民间小吃和动态的民俗艺阵表演等结合起来，让前来观灯的人们欣赏到更多的美景，品尝更多的美食，得到更多美的享受。因此，每年的台北灯会吸引了越来越多的岛内外观光客。

鲲岛的元宵节之夜，除了全岛各地有着与祖国大陆一样的风俗习惯之外，由于其特殊的地理位置、人文环境及社会因素，在不同地区，还有一些特别的民间习俗。而这些别具一格的习俗，同样给元宵节增添了许多欢乐的气氛，也吸引着大量的游光客前去一饱眼福。

在台湾东部，炮轰寒单爷是元宵节很重要的地方盛会。传说中的寒单爷俗称武财神，是商代的武官赵公明，周伐商时在阵前殉职，死后在天界专管财库，与生前的四位部属合称“五路财神”。因为寒单爷怕冷，当其出巡时，民众便投掷鞭炮为他驱寒。据说台东的寒单爷是一户养鸭人家从台西地区带来的。有一年遭遇大水，附近人家尽被大水冲毁，唯独供奉寒单爷的养鸭人家安然无恙，自此寒单爷的名声传开。后来养鸭人家离去，临走时将寒单爷留下，并嘱咐乡民每年元宵节时要让寒单爷出巡，以消灾解厄，并带来财富。从此，元宵节炮轰寒单爷的习俗便流传下来。人们在元宵节之夜来到台东县时，会看到真人装扮的寒单爷赤裸着上身站在“神轿”上，在台东县的大街小巷中出巡，接受民众不断地用鞭炮去炸，所到之处，店家百姓无不热烈地投以鞭炮。在民间的传说中，鞭炮炸得越多，新的一年将越发红火，因此人们猛烈炮炸寒单爷；而寒单爷仅持一把榕树叶护脸，在震耳欲聋的鞭炮声中，在硝烟弥漫的浓雾中，只见寒单爷的身影若隐若现，面不改色，神气十足，极具独特的地方色彩。

炸“寒单爷”

在台北市内湖区，有一座祭祀土地神的福德祠，每年元宵节夜晚，当地百姓都要将土地神像从庙中请出，安置在神轿中，然后，围聚在四周的商家、住户等许多民众纷纷将点燃的鞭炮投掷到神轿上。这项活动已有一百多年的历史了，它始于日据时期。那时，人们不满清王朝的无能和日本侵略者的统治，心中愤恨无以发泄，于是有人在元宵节的晚上，将庙中土地公请出，一阵鞭炮猛炸，宣泄心中怨气。此举得到大家的响应，这项活动得以延续了下来，直到台湾回到祖国的怀抱。不过人们依旧在元宵节之夜如法炮制，只是活动的意义慢慢转向祈求平安，祈愿来年财运更旺的内容而流传至今。现在，已由原来向神轿投掷鞭炮逐步演变成将一串串鞭炮堆放在神轿上，炮手一点燃，顿时火光四起，炮声大作，人们在震耳的炮声中欢呼雀跃，祈求幸福。之后，人们请土地公下轿净身，再将沐浴后的土地公入庙安座，而此时，人们早已将街道上的炮屑扫得干干净净，因为炮屑代表财富，扫回来的越多，来年的财运将会越多。

澎湖元宵节的"乞龟"习俗既有趣又神秘，使观光的人们大开眼界。

每年的元宵节一到，澎湖的各个庙宇内，就会摆放上各种各样的"龟"：有用糖和糯米粉制成的祈求平安的"芳片龟"，有用线面堆制而成的含有长寿寓意的"面线龟"……甚至还有用黄金打制成的"金龟"。蜂拥而至的乡民们点燃炷炷馨香，在融融烛光的照耀下，在一种神秘而热烈的气氛中，虔诚地举行"乞龟"仪式。

各种"面龟"已准备就绪

"乞龟"活动最早可追溯到殷商时代的祭祀文化。在殷墟出土的甲骨文中就有关于祭祀用的卜辞记载。在中国习俗和观念中，"龟"是代表长寿的灵性动物，被视为福禄寿喜财的吉祥象征而备受尊崇，加上澎湖地处海隅，四面环海，全岛几乎都是渔民，对"龟"这种吉祥的动物自然更有特别好感，更由于岛上居民的祖先多是从古代中原地区辗转迁徙而来，带来了中国古代龟祀文化的遗风，因此，澎湖从清道光年间开始，民间就有了以面粉制成“面龟”，供信徒乞求分食的活动，且日渐形成习俗和规模。通常，人们将在仪式中得到的所乞之“龟”带回家，分赠给亲友和乡民们“吃平安”(唯独“龟”头不能送给别人，以保留自家的祈愿和自享)。这项习俗也称为“祈平安龟”，意为祈求来年的平安顺利和福寿绵延。

“北天灯，南蜂炮”，说的是台湾元宵节中最有名的两大民俗活动。

北天灯是指新北市平溪区的“放天灯”，这项活动至今已有两百多年的历史。新北市平溪区的十分地区，地处偏僻，清道光年间，这里的胡姓人家经过数年胼手胝足，筚路蓝缕，逐渐使这里成为富足村落，但竟招来一批山贼出没于此，当时山区交通不便，官府鞭长莫及，人们为了保命，在每年冬至之后，村民便收拾细软逃入深山，直到元宵节前夕，才派人下山打探，确定安全后，释放天灯报平安。在日本统治时期，“天灯”又成了躲避日军搜捕的信号，直到台湾光复后，“放天灯”才成为人们娱乐、祈福的活动，并逐渐演变为平溪人元宵节之夜一种固定的民俗。

天灯是以竹圈为架、绵纸为体的中空篓状物，底层竹圈，以两条细铁丝十字交叉，中心点紧绑一叠沾有煤油的金纸，释放时，先点燃煤油金纸，并将灯座放置在地面上，等热空气充满灯内后，天灯便借着浮力飞向天际，直到底部的煤油纸烧完，天灯才会自动下落，当成群的天灯释放时，犹如一团团火球腾空飞起，令人目不暇接，叹为观止，等天灯升空一段距离时，又似一颗颗带火的陨石凌越夜幕，最后，天灯群幻化成点点繁星，逐渐消失在夜空之中，而它带给人们的遐想与情思，却仍在无尽之中……

台南市的盐水区，每年的元宵节都能吸引二三十万的游客前来观光，为的是一睹“蜂炮”的刺激、壮观和绚烂。

相传清道光年间，当地瘟疫流行，无计可施的民众只好恭请关帝爷绕境出巡，并沿途引燃大量爆竹，欲藉以驱逐瘟疫的横行，不曾想，肆虐多年的瘟疫竟因而消失。此后，元宵节大放鞭炮的活动就延续下来，至今已持续了一百多年。

当地有一座颇有历史的祭祀关公的武庙，蜂炮盛会就由这里发起。元宵夜，由庙方安排数顶神轿，几十个全副武装的轿夫推着神轿在街道中巡游，从途中遇到的第一座蜂炮起，当蜂炮的主人拉开盖着蜂炮的红布，将蜂炮点燃时，便揭开了这火树银花蜂炮之夜的序幕。蜂炮是由炮心相连的许多个冲天炮组成，人们用木条架起来，在底部用层层铁丝绕成几近蜂窝的网状，再插上数万乃至数十万只冲天炮，并把每只炮心连起来，只要点燃特别留下的炮心，转眼间，蜂架上的冲天炮立刻蜂拥而出，万炮连响，声光并作，震耳欲聋，在夜幕的衬托下撼人心魄，甚为壮观。由于万炮迸发的景观与速度，就犹如蜂群倾巢而出，故称之为“蜂炮”。近些年，盐水人更是费尽心思，将蜂炮设计成各种各样的外形，如城门、楼台、汽车、坦克等模样，在内容上，除了传统的冲天炮，更增添了火狮、火马、连对炮等这些种类不同的炮，再与特别的炮心连结方式相结合，燃放的效果也大为改观，著名的天女散花、龙凤呈祥、空中美人、双龙抢珠等形式，更说明盐水人在蜂炮文化中投下的心血和精力。

绮丽壮观的蜂炮

当蜂炮点燃后，神轿在四下乱窜、火光冲天、灿烂缤纷蜂炮之中不停地晃动，接受蜂炮的冲击洗礼，更多民众则躲在神轿后面穿行在漫天飞舞的蜂炮之中，感受蜂炮的威力，体验身临其境的惊险和刺激，那些站在较远处观看的人们，也压抑不住内心的狂喜奔向蜂炮的现场……此时，冲天炮万发齐放，五颜六色的火光把整个盐水镇照得绚烂夺目，天空呈现一片火树银花，在烟火弥漫中，神轿在万千人群中忽进忽退，神勇无比，耳中充斥着人们爆发的欢叫声、喧闹声，鼻息中闻到的是浓浓的烟硝味，这种种景致所构成的，正是壮观动人的蜂炮所给予人们的巨大魅力。令人惊奇的是，燃放如此密集大量的鞭炮，据说盐水镇却从未因此而发生火灾。那每一道五彩的光谱，那每一幕火光的瀑布，都是盐水蜂炮送给人们最动人的神奇光景。

清明扫墓同祭祖

冬去春来，当大自然进入草木返青，风和日丽，继而春暖花开，草长莺飞的秀美春光之际，中华民族古老而传统的节日——清明节，也踏着春天的脚步来临了。每当这时，举国各族人民都纷纷以相同的或独具民族特色的传统仪式，祭奠祖先，缅怀英烈，表达人们敬祖思亲的崇敬之情。两千多万台湾同胞，也同样依循中华民族的祖训，以与大陆人民共同的方式祭祖扫墓；人们面向祖国大陆，遥寄思乡之情，此情此景，令人为之动情，感慨万千。

在台湾，清明祭祖一般有两种形式：一为家祭，即在家中或祠堂内祭祖；一为墓祭，即去坟茔墓地或骨灰放置处或灵位前祭祖。有人是先进行家祭，而后再去墓祭；不过大多采用墓祭的方式，这或许是与清明处于仲春与暮春之交，万物“齐洁而清明”，天气晴好，适于户外活动有关。

墓祭的重要内容是除草和填土。因为中华民族的祖先把墓地看成是死者生活的场所，所以墓穴相当于房屋；坟墓上若长满荒草或坟土流失，就像房屋被毁坏一样，必须要除杂草，填新土，等于是对死者的房屋进行修缮。有条件的人家还修坟立碑。可见墓祭之重要。

在台湾，墓祭还很清楚地分为“挂纸”和“培墓”两种方式。

关于挂纸的起源，民间有种传说：相传唐高祖李渊在未得意时，流落他乡，很久都没有回家省亲，直到他被封为唐公之后，才回到家乡，不幸的是母亲已去世多年，葬在乱岗之中；唐高祖寻找很久也没有找到母亲的坟墓，悲痛至极，便把纸钱撕成帛，迎风散去，同时大声祈祷着："不孝尽勤王事，侍养未周，今幸获归来，而吾母久辞人事，葬处不明，何以奉祭牲醴？母尚有知，请纳儿帛。"祈祷完毕，忽见一张帛纸飘挂在一座土坟上，很大的风也吹不去，唐高祖就这样找到了母亲的坟墓。后人就以在坟墓上挂纸帛（后改为压纸帛）作为上坟的标志。在挂纸前，先铲除墓上丛生的杂草，再将墓纸两三张一叠折做波纹状，用小石块压在坟上。如果说坟墓是祖先死后居住的场所，那么压纸就象征着子孙们为祖先的居所所添的新瓦。挂纸后，还要准备简单的供品来祭墓，烧纸钱，儿孙们在祖先墓前跪拜行礼，既尽了子孙孝道，也祈求祖先护佑今后平安如意。这才算完成了"挂纸"的仪式。

"培墓"是较为隆重的祭墓仪式，就是民间俗称的"扫墓"，意为修墓和祭拜。用红笔将墓碑上的祖宗名号描红，清理杂草并加以整修，使其焕然一新。祖坟整修完后，开始祭拜：供上牲醴，烧香拜墓，将鸡蛋鸭蛋在墓碑上打碎，将蛋壳丢在坟上，象征着脱壳，表示新陈代谢生生不息，之后焚化纸钱，并在纸灰上洒酒，这称为"奠酒"，最后鸣炮以示礼成。

清明节祭祖扫墓就是通过这样的方式表达了人们慎终追远、缅怀祖先的意义。近年来，一些规划完善的公墓取代了传统的墓地。由于公墓雇有专人管理，整齐的景观代替了往日杂草丛生的现象；且大都以鲜花、水果作为祭品，上香鞠躬，礼仪简单而庄重。每到清明节，各处墓园都会涌入大批扫墓的人潮，中华民族慎终追远的精神绵延不绝。

因为台湾早期以漳、泉、粤的移民为多，因祖籍地的差异，扫墓的时间各有一些不同，像泉州人是在清明节扫墓；台湾地区的客家人是从正月十六日起开始扫墓，一直延续到清明节，其中又以正月十六扫墓的人最多。因为在开拓台湾的早期，客家移民到台较晚，大多客家子弟要离开家乡外出谋生，旧时交通不便，只能利用回家过年之际，顺便祭祖扫墓，再离家谋生；久之，便形成正月十六扫墓的习俗。而漳州人则在农历三月初三扫墓，据传当年郑成功在漳州见清明节人们纷纷扫墓，颇为感慨，认为"清明"二字是"清在上，明在下"，于是下令废除清明节，规定三月三为扫墓日，从此成为漳州地区的习俗，又被漳州移民带到了台湾。也有人称三月三扫墓为"敬祖节"，但仍与清明节殊途同归。

生活在海岛上的台湾同胞，从来也未曾忘记自己身体中延续着华夏民族的血脉，时刻思念着隔海相望的祖居之地。每到清明祭祖时，这种思乡念祖的心情就更加强烈，盼望回到家乡为祖先扫墓的愿望也愈为迫切。曾经有几十年的时间里，这种愿望只能深深地埋在心里，在清明时节祭祖敬祖的日子里，许许多多台湾同胞面对大陆，遥望故乡，热泪纵流，长跪不起，这种不能亲自在祖先墓前祭拜的悲痛，深深伤害了他们的情感。正如台胞在诗中所写："黥黥春难寐，乡音恨更长。近野人声闹，邻家麦饭香。清明愁里过，祖墓梦难忘。思亲千里外，空有泪双行。"许多人不惜付出很大代价，千方百计在清明节时赶回家乡，了却自己心中的夙愿。现在，随着两岸定期航班开通，越来越多的台胞得以在清明节返回家乡，祭祖扫墓。

陕西省黄陵县城北的桥山，山上古柏郁郁参天，山下沮水潺潺川流，这一处黄土簇拥下的青山，是中华民族的共同祖先轩辕黄帝的安寝所在。气势雄伟的黄帝陵，也是台湾同胞魂牵梦萦、心之神往的圣地。每年清明节，台湾中华伦理教育学会都会在台湾主办遥祭黄帝祖先活动，祭奠规模宏大，仪式庄严肃穆，参加者一律身着民族服装，上香敬祭，三跪九叩，几十年来，从未间断。自 1991 年起，中华伦理教育学会每年都要派代表前来黄帝陵参加清明祭祖盛典。中华伦理教育学会祭祖团的清明祭奠的祭文中写道："海外子孙，民德归厚，岁移序换，两岸交流。组团返乡，专程稽首，顶礼膜拜，虔诚祈求。维我民族，万世千秋，中华文化，天长地久。"

台湾同胞到黄帝陵祭奠华夏始祖

树有根，水有源，人有祖，谁无故园之恋？谁无思亲之情？中华民族正因有了清明节，才表现出其人伦感恩、不忘根本的优良品质，而台湾同胞更是通过清明节，表达了他们敬祖思亲、心系大陆的心愿，无论是大陆，还是台湾，还是海内外所有的华夏子孙，都会因在清明节时共祭民族共同的祖先而将手握得更紧，心贴得更近。

有一首诗表达了我们共同的心愿：

走进清明节
如走进古书拜读往昔
遥远的岁月
写满祖训和期冀
虽然听不见祖先的声音
却有一种看得见的言语
从历史的长河
流成世世代代思想的血液
纪念的鲜花
表达虔诚的敬意
后来者
出发于先烈闪光的足迹
在列祖列宗面前不是哀伤
应当演奏开拓前进的歌曲
一代胜过一代
才无愧是堂堂中华儿女
年年清明扫墓相聚
炎黄子孙血浓于水
永远不会忘记
花开四海
根在神州大地

古老传统端午节

在台湾，每年的端午节是一个很重要的日子。它与春节、中秋节、冬至一道，被并称为每年里的四大节日。

中国民间关于端午节的由来，大概源于屈原的故事当为大家最熟悉，另外，还有关于伍子胥等人的传说，除此以外，与大自然有关的因素也是一个相当重要的因素。农历五月正值盛夏，气候十分炎热，在医术不发达的年代，这段时间经常会流行各种虫害、疾病，伤及人畜，造成生命财产的损失，束手无策的人们以为这是鬼魅在作怪，便将五月视为“毒月”或“凶月”，其中五月五日更是百毒之首，将其称之为“毒日”或“恶日”，为对付百毒，民间便有在五月五日这一天插蒲艾、饮雄黄酒、戴香包等习俗，其实现在看来，这些都是为了消毒、防虫、防疫，以保障人们的健康。

中国民间在隋唐以前就有了端午节时悬挂菖蒲、艾草的习俗。菖蒲和艾草是带有特殊气味的药用植物，具有很好的驱虫、解毒功能，夏天使用，可减少疾病缠身的机会。在台湾，端午节时除了插菖蒲、艾草，许多人家还会再挂上一些榕树枝，合称为“艾榕苦草”，有所谓“插榕较勇龙，插艾会长命”的说法，因民间认为榕树枝是驱邪的植物，它与菖蒲和艾草都有令鬼魅和蚊虫退避三舍的功能，起到驱邪和消毒防疫的作用，令人们心神清明，充满生气和活力。

端午期间，台湾街头随处可见造型各异、精美别致的香包，香包又叫“香袋”或“香囊”，台湾话讲“香磬”。香包是用绸布做成的小布袋，里面装有

悬挂在门框上的艾、蒲及榕枝

檀香、丁香、茴香、白芷等各种香料及药材雄黄。雄黄是一种含硫化砷的矿物，具有消毒、驱虫、治疗疟疾等功效，过去民间常用来作为驱虫剂。随身佩带这样的香包，既可醒脑提神，又能驱虫避蚊，每逢端午节，商家都会销售这样的香包，有些香包还做成孩童们喜爱的卡通人物形状，为节日增添了许多乐趣。

与祖国大陆一样，粽子也是端午节最重要的应节食物。从临近节日起，台湾街头巷尾弥漫的阵阵粽香进一步渲染着端午气氛，每到这时，商家就会推出许多外貌、馅料大异其趣的粽子，最常见的是咸粽、甜粽和碱粽。

咸粽分北粽和南粽。南粽一般直接将泡过的糯米包入熟馅，再下锅煮熟；北粽则先将糯米蒸熟或炒至半熟，再加入调味料拌匀后包馅，然后放进蒸笼蒸熟。南粽因经过长时间水煮，味道特别香，北粽则因含水量低而便于保存。甜粽多包以红豆沙、枣泥或直接包入红枣。咸粽，闽南话叫“粳粽”，是端午节不可缺少的祭品，是把糯米和咸粉（粳油）相互搅拌均匀后，用竹叶包起煮熟，冷却或水凉之后蘸糖吃。还有一种客家的粄粽，是用糯米粉浆包上虾米、菜脯、猪肉等馅料制成的，口感极佳，与众不同，但因制作复杂，在市场上不易买到。

龙舟赛自然是端午节不可缺少的民间体育娱乐活动，台湾地区最早的龙舟赛据说是在清乾隆二十九年（1764 年）举行的，以后赛龙舟的习俗很快在全岛风行开来。台湾的龙舟通常用樟木或杉木制造，长约 9.5 丈，宽约 4.5 丈，高约 1～3 尺，船身两侧直接用彩色颜料绘出龙鳞，船尾装饰成龙尾的形状，龙头则另外雕刻，平时供奉在当地的龙山寺或水仙尊王的庙里，比赛时再固定在船头上，赛前要举行开光点睛仪式，比赛以最先夺取终点上的小旗为胜者。激烈、刺激的龙舟赛为端午节带来更多的欢乐和热闹。

除了上述与大陆别无二致的端午节习俗外，由于自身的环境和因素，岛上还有一些比较独特的端午节习俗。如，鹿港镇当地有座奉祀龙王的龙山寺，在端午节时会举行十分特别的“龙王祭”祭典。祭典时，由寺里道士在庙前广场请出龙王，旁人用红布蒙住龙王的眼睛，并在龙角上挂神灯、花圈和饼圈，燃香祭拜，然后由道士在船上贴咒符，众人簇拥着龙舟游行到江边。据鹿港民间传说，“龙王祭”很灵，“有祭就有雨”，因为龙王在中国民间传说中是负责兴云布雨的，因此这种天气的巧合，也被鹿港人视为龙王降临的证明。但这项“龙王祭”现在已日渐减少了。每到端午节期间，有许多民众还会到各处的“水仙尊王”庙里进香祭祀，“水仙尊王”庙里供奉的主神大都是大禹，有些还陪祀伍子胥、屈原、李白及王勃。大禹治水有功，被人们奉为水神；伍子胥是春秋时期的大将，因被小人陷害而获罪自尽，死后被吴王下令扔进江里；屈原是战国时期楚国投江自尽的忠臣；李白是唐代大诗人，据说是酒醉后跌入江中溺水而死；王勃是唐代的天才文人，28 岁时发生船难而溺死。因为他们都是了不起的杰出人物，他们的死亡都和水难有关，人们就将他们当成水神来敬奉，因此，他们会在端午节时受到人们的祭典。

紧张激烈的赛龙舟

凡此等等，可以看出海峡两岸人民对端午节的重视和恭敬。

浪漫七夕“成年礼”

农历七月七日被称为“七夕节”，也称为“中国的情人节”。其产生的渊源悠久美丽。在传统古老的神话中，天上的北斗星实际是七位织艺高超的仙女，她们能织出美如彩云般的“云锦天衣”，披在身上可以自由飞翔于天上人间。织女是七姐妹中最小的，她爱上了人间忠厚老实整日与牛相伴辛勤耕作的牛郎，便不顾天庭的禁忌下凡到人间做了牛郎的妻子。婚后两人幸福美满，并且有了两个可爱的孩子，不料此事被天帝知晓，派天兵天将将织女押回天上，牛郎闻讯急忙挑起箩筐，一前一后担着两个孩子追赶织女，眼看就要追上织女时，被天母娘娘（天帝之妹）拔下头上的金簪，在两人中间划出一条银河，隔绝了两人，从此牛郎、织女只能泪眼盈盈，隔河相望。后来，每到农历七月初七这一天，人间无数的喜鹊飞来，在银河上搭起一座鹊桥，牛郎和织女才得以相聚一次，因此，这一天就演变成天下有情人相会的日子，成为中国传统的“情人节”。

月下老人像

在中国传统社会中，七夕也是妇女和女孩子们的节日。她们在这一天会举行“乞巧”活动，向织女乞求智巧。期望自己能像织女那样心灵手巧，让自己的女红技艺也像织女那样巧夺天工，还根据自己不同的情况和心愿，向织女乞福、乞子、乞爱情、乞寿等，按当地习俗来表达她们追求心灵手巧、美丽迷人、期望自己能过上幸福生活的美好心愿。在乞巧前，要先祭拜牛郎织女，之后跪地祈祷，心中默念自己心愿，乞巧活动结束时，将供品一半投于房顶献给织女，另一半与大家分食享用。还有像在夜深人静时到葡萄架下、水井边倾听牛郎织女对话、月下穿针、丢花针等其他习俗。

在民间，还将七夕这一天赋予了其他的意义，如浙江嘉兴，人们用线香搭成一座桥，祈祷牛郎织女能够相会；山东的农民会在这一天感谢牛郎饲养的牛对牛郎织女的帮助；河南郏县的姑娘则流行一边唱着怀念牛郎织女的歌，一边举行为牛郎织女送饭的仪式……古代还有许多文人墨客，在七夕这天祭拜文昌魁星，祈求自己五子夺魁、状元及第、马上封侯；而在台湾民间，还有一个很独特的庆祝活动，即为年届16岁的少男少女们举行“成年礼”。

据说“成年礼”的渊源也来自牛郎织女的神话。传说织女的六位姐姐非常同情小妹，便暗中合力保佑织女的两个孩子，让他们平安健康，长大成人。于是，民间便将七位仙女合称为“七娘妈”，从此“七娘妈”成为民间信仰中庇佑保护孩童的“保护神”。通常婴孩在年满周岁前后，父母们便来到七娘妈的神像前许愿，让孩子给七娘妈当义子或义女，求得以古钱、银锁或银牌穿红绒线而成的“綦”，挂在孩子的颈上，直到年满16岁那年，到七夕节这天，来到庙里举行脱“綦”仪式，并答谢七娘妈多年来对孩子的庇佑。这就是台湾南部地区有名的“成年礼”。

“成年礼”产生于早期的农业时期，那时社会生产能力低下，环境卫生不良，加上孩子从小营养不足，有了疾病又不能得到及时有效的救治，导致幼童时常遭受疾病的折磨和颇高的死亡率，而手足无措的父母们，只有转而期待神明的庇护，保佑孩子能平安健康长大成人，因此，在七夕之日为孩子举行“成年礼”，成为每个家庭喜悦和感激并存的重要日子。在社会历史的发展进程中，“成年礼”原有的意义早已发生了根本变化，成为现代家庭对孩子寄寓“学业有成，人生顺利”希望的表达方式，因此在新的社会状态下，“成年礼”的仪式依旧年年延续了下来。

现在，七夕之日举行“成年礼”的仪式，仅保留在台湾中、南部地区，如新竹、台南、高雄等地，许多地方大多都在家里为孩子举行“成年礼”，唯有台南市中山路的开隆宫，每年都会举办隆重的“成年礼”，并因此成为当地民俗的一大特色。

七夕这天，年满 16 岁的少男少女们在父母的带领下来到开隆宫，进行“脱絭”仪式。首先向七娘妈献上麻油、鸡酒、肉粽、油饭、线面、红龟粳、水粉、胭脂、香花等祭品，答谢七娘妈多年来对孩子的保佑，之后父母抬着用彩纸扎成、装饰繁复的呈单面三角形、高为三层的“七娘妈亭”，让孩子从亭下穿过三次，表示过关长大成人了，这个仪式对男孩子而言叫“出乌宫”，对女孩子来说称为“出婆姐阁”。此外，少男少女们还要从七娘妈殿前的供桌下钻过，表示此后就可以出人头地了。完成祭拜仪式后，要把供奉的胭脂、水粉、香花等抛到屋顶，接着烧金纸、经衣（印有衣裳的金纸），同时将七娘妈亭焚烧，献供，并将挂在颈上的絭取下，谓之“脱絭”，此刻，即完成了“成年礼”仪式。

台南开隆宫在每年七夕举行的“成年礼”，主要表现在当孩子来到 16 岁这个由孩童转向成年独立的关键时刻，父母对子女未来的美好人生的殷殷期盼，也是 16 岁的少男少女们人生旅途中的一个重要里程碑，预示着他们将掀开一个独立自主的新篇章。因此不能不说“成年礼”是一项兼具民俗色彩又具有教育意义的活动。

无独有偶，2005 年 2 月，媒体上刊登了这样一个报道，中国民俗学家在一次野外实地调查中，意外发现地处偏僻的浙江温岭石塘箬有在七夕节时举办“小人节”的习俗，这个消息引起许多民俗学家极大的兴趣，同时也将石塘箬的“小人节”与开隆宫的“成年礼”联系了起来。据民俗学家的调查报告，石塘箬的“小人节”是在每年的七夕时为当地的 1～16 岁的孩子过生日，无论孩子是何年何月何日出生的，一律都在这一天过生日，从一周岁开始，直到十六岁为止，年年如此。他们祭拜的神明俗称“七星神”，也叫“七姑星”“七娘夫人”“七仙女”等，除了供奉的祭品外，也少不了用竹子和彩纸扎制成玲珑剔透、五彩缤纷的彩亭，也是立体的二三层楼台，在七夕的清晨，村民们各自在家门口设香台供桌进行祭拜，一般由母亲主祭，燃香点烛，求拜心愿，祈求七星神保佑孩子身体健康，学业优秀，也祈求家庭平安和睦，最后，全家共同祭拜，点放鞭炮，并焚烧“纸亭”献给“七星神”。海峡两地七夕习俗惊人地相似。

在民俗学家进一步的考证下得知，早在北宋的汴梁（今开封）和南宋的杭州，民间就已经有了七夕时节为孩童们举行庆贺活动了，这些史实，在《东京梦华录·七夕》《梦粱录·七夕》《武林旧事·乞巧》等史料中均有描述。但如同许多民俗一样，这个风俗也在中国千百年来的动荡风云中逐渐式微，几乎湮没在历史的风尘中。而石塘箬这个远离中原板荡，默默守着浩瀚海洋的孤僻小岛，竟守住了这个曾经风靡全国又几尽湮灭的“七夕”习俗，这是一个极其难能可贵的奇迹！值得一提的是，石塘箬居民的祖先三四百年前从闽南沿海一带迁居到此，围海造田，从此在这里安居乐业。也是在那个时期，大批闽南移民跨过台湾海峡，首先在台南地区垦荒种植，并繁衍生息下来，经历了三四百年历史的风雨之后，两地都还保留着如此相似的风俗习惯，是何等的弥足珍贵！

还要说明的是，台南的开隆宫创建于清雍正十年（1733 年），所供奉的主神七娘妈神像是由浙江省海宁县直接分香过来的，是台湾历史最悠久的七娘妈庙。在这里，借用台湾最有名的民俗学专家林衡道先生的一句话：“大陆有什么神，台湾就有什么神；大陆有什么庙，台湾就有什么庙。”

浪漫“七夕”是中国传统的情人节，现在的年轻人也许会用玫瑰花和巧克力来度过这个美丽的节日，“拜七娘妈”“出乌宫”和“出婆姐阁”的旧俗，或许不合现代人的口味了，但请不要忽视，16 岁的少男少女，正是一个由处处依赖父母转化为需要训练自己能力以及培养独立判断、承担责任能力的关键时期，也是一个情窦初开，憧憬爱情的重要时期，16 岁的少男少女对于情爱的认识，需要进行自我判断与反思，16 岁是一个要进入足堪大任的年龄，认识到这一点，必然要超越无数痴情梦幻的情爱，而这也正应该是“成年礼”所给予他们最重要的启迪吧！

台南开隆宫

海峡两岸共明月

八月十五过中秋节，是中华民族延续两千多年的传统习俗，它借助每年这一天所有中华儿女都能共同目睹的最大、最圆、最亮的月亮，寄托与抒发了人们思念亲情、祈求团圆的美好心愿，从而形成凝聚整个民族的向心力。正因如此，使得中秋节有了许多美丽的神话与传说，并受到民间格外重视和喜爱，也使得中秋之夜充满了丰富的内容和绚烂的色彩。与大陆一水相连的台湾同胞，也同样沉浸在中秋之夜的亲情与欢乐之中。

海峡两岸的人民同根同源，由于台湾民间的习俗是随着早期闽粤沿海移民入台带过去的，所以两岸中秋节的习俗也十分相像；而闽粤地区的早期居民大部分又是从中原腹地迁居过去的，他们自然也就将中原大地的民情风俗带到了闽粤地区。因此海峡两岸中秋节的风俗实际上可以说是整个中华文化的一个组成部分。从台湾人民欢度中秋佳节的习俗，可以看到古老的中原文化在台湾的承传与发扬。

民间的月神——太阴娘娘

台湾的中秋之夜是充满亲情的。在台湾，每逢重大节日，祭祖敬祖是必不可少的，中秋节也是一样，此以，台湾同胞还要敬土地神，因为传说中土地神的诞辰是这一天。因此，八月十五的白天，要先祭拜祖先，表示不忘祖宗，再拜土地神，期盼农业收获丰盈，日子兴旺。到了晚上，就准备祭拜月（亮）娘娘了。这时，家庭主妇们忙着在院子里摆设香案（方形小桌，专供祭拜用），置红烛，供新鲜水果（必须都是圆形的）、月饼等食品。中国社会自清朝以后，流传着“男不拜月”的一句话，所以直到现在，拜月也是妇女的一项专利。而此时的孩子们则依偎在家中长者的身旁，聚精会神地听老人讲着嫦娥奔月、玉兔舂米以及吴刚与桂花树的故事。老人讲述着娓娓动人的故事时，孩子们都渴望着在中秋之夜能拾到“月华”，成为最幸运的人，因为在传说中，中秋之夜，嫦娥姑娘会把一串串美丽的珍珠洒落到人间（这就是“月华”），只有最幸运的人才能够看到和拾到。

民间拜月，没有仪式，仅焚香和陈列瓜果。拜了“月娘娘”之后，一家人围坐在一起，一边赏月，一边分吃月饼。月饼取团圆之意，圆形的月饼象征着天上的满月，在这赏心悦目的时光吃月饼，隐喻了人们欲求得人生生命之圆满光辉的美好心愿，表达了愿自己的亲人们都能团圆美满的祈盼。因此，人们也把中秋节称为“团圆节”。

民间的“拜月”方式

台湾的中秋之夜还是热情的。除了这一夜家人团聚在一起之外，还有人喜欢设家筵，款待平日难得聚在一起的亲朋好友，一边欣赏良辰美景，一边品尝美味佳肴，其乐融融。这一天，人们喜欢吃的美食还有：螃蟹、水鸭公（水鸭子）、菜饼等，但在所有食品中，只有一样东西是不可缺少的，那就是芋头（在台湾几乎到了没有芋头不成节的地步）。台湾人常说：“吃米粉芋，有好头路”，取“芋”“余”和“路”“禄”的谐音来祈求得到好工作，过上好日子。至于中秋节吃芋头还有一个传说，汉光武帝刘秀起事时，有一次孤军被围困在山上，没有东西吃，王莽的军队放火烧山，情势非常危险，忽然大火中传来一阵香味，原来是许多野生芋头被烧熟了，大家掘来吃后，士气振奋，反攻大胜，这天正好是中秋节。后来，光武帝通令全国上下在过中秋节时必须吃芋头。还有一个比较流行的传说，当年抗倭名将戚继光在福建沿海打击入侵倭寇时，有一次受到了倭寇的袭击，退到山顶没了军粮，情况危急时刻，士兵们挖到了野芋头煮着吃，解决了暂时的缺粮危机，后来戚家军趁倭寇不备冲杀出去，大败敌人，这天正好是中秋佳节。为了纪念这次胜利，中秋节吃芋头成了习俗，这个习俗传到台湾并一直保留了下来。看来台湾人中秋节吃芋头，不管是出自哪一则典故，都与中华民族的深厚历史紧密相关。

与中华民族历史紧密相关的中秋之夜的活动还有一种叫作“博状元饼”，即在月饼上用红笔写出“元”字或点上红点，并将月饼依次分为状元、榜眼、探花、会元、进士、举人等不同名称，众人在一起掷骰子，以规定的点数赢得状元饼的为胜者，游戏紧张刺激，引人入胜，清澈皎洁的月光下不时传来阵阵欢笑声，为中秋之夜平添了更多的乐趣。其实，“博状元饼”的游戏据说还是民族英雄郑成功发明的，那时郑成功以厦门为根据地操练水兵，准备驱逐荷夷收复台湾，为排解士兵们中秋节思念亲人的乡愁，郑成功和军士们一起筹谋，巧设“中秋会饼”让士兵们在中秋之夜品茗谈天，赏月玩饼，当当“状元”“榜眼”“秀才”……这就是“博状元饼”的来历。直到现在，厦门一带仍会在中秋时节大量制作出售这种会饼，使中秋之夜充满无穷的乐趣。

台湾的中秋之夜也是寄情的。中国自古以来就有许多的文人墨客，喜爱在中秋之夜或登高山巅，或泛舟水面，或游览名胜，面对皓月，即景吟诗，古往今来，留下了数不尽的动人诗篇。宋朝苏东坡在《水调歌头》中写道：

明月几时有？把酒问青天。
不知天上宫阙，今夕是何年。
我欲乘风归去，又恐琼楼玉宇，高处不胜寒。
起舞弄清影，何似在人间？
转朱阁，低绮户，照无眠。
不应有恨，何事长向别时圆？
人有悲欢离合，月有阴晴圆缺，此事古难全。
但愿人长久，千里共婵娟。

这首词道尽了人世间缠绵不断的思乡别情，成为传世千古的绝唱。

每逢佳节倍思亲，台湾岛上也流传许多在中秋之夜抒发心中感念之情的诗篇。如一首《月夜思乡》中写道：

> 星稀月冷逸银河，万籁无管自箫歌；
> 何处关山家万里，夜来怅触客愁多。

另有一首《秋夜望乡》是这样写的：

> 中秋明月又当头，隔海相望愁上愁，
> 小女家乡今尚在，共看明月泪同流。

“海上生明月，天涯共此时。”当明亮美丽的满月又一次俯瞰海峡两岸的土地的时候，台湾同胞同大陆亲人共祝华夏儿女中秋佳节幸福美满，阖家欢乐。

光复节时祭英烈

对台湾人民来说，每年的10月25日是个不寻常的日子，因为这一天是台湾人民纪念台湾摆脱日本殖民统治，回归祖国怀抱的重要节日。

在中国近代史中，由于中日甲午战争的失利，台湾曾经被腐败无能的清政府割让给日本。1895年日本殖民者的铁蹄践踏台湾，灾难深重的台湾人民饱受了日本侵略者的政治压迫、经济掠夺和文化摧残。第二次世界大战日本战败，中国政府于1945年10月25日在台北举行了中国战区台湾省的受降典礼。从此，台湾重新回到祖国的怀抱，台湾人民为恢复中国国籍而欢呼，庆祝的锣鼓和鞭炮响彻城乡，经月不绝。为纪念这个历史性的日子，第二年的8月，台湾的行政长官公署颁布命令，正式将10月25日定为“台湾光复节”，简称光复节。每年的这一天，台湾人民都会以各种形式举行纪念活动。

近年，每当台湾回归祖国的纪念日，祖国大陆许多地方都会举办纪念活动，北京更是在人民大会堂举行隆重的纪念台湾回归祖国纪念活动，表达了中华民族不忘国耻，维护民族尊严和祖国统一的坚定信念。

其实，在每年的光复节这天，台湾的许多地方、台湾的同胞不光纪念那些为了使台湾能够回到祖国怀抱而不屈斗争、英勇殉国的许多英烈们，民间的百姓还在这天隆重纪念另一位不寻常的人物，这就是在中国古代历史上为了国家的统一挺身而出、殊死激战并慷慨赴死的英雄——张巡。

张巡（709—757年）是唐朝著名的军事将领。唐天宝十四年（755年）安禄山叛乱，大搞藩镇割据。唐至德二年时，张巡任清河县令，他与当时任睢阳（今河南商丘）太守的许远先后起兵抗击叛乱，维护国家的统一。张巡、许远共同抗击安史之乱，坚决不与叛乱者同流合污的行为，令叛军头领恼羞成怒，他们将睢阳团团围住，反复攻打，为了坚守睢阳，张巡和许远在十分艰苦的条件下，带领当地的百姓和士卒同叛军进行了四百余次的激战，有力地打击了安史叛军势力。最后，张巡和许远在断粮月余、马匹杀尽、寡不敌众的情况下，终被破城，张巡与部将 36 人一同慷慨赴死，许远也在之后死于叛军手中。张巡舍生取义，杀身成仁，浩然正气，光贯日月，受到举国上下黎民百姓的尊崇和爱戴，很快地，奉祀和祭奠张巡的庙宇和活动在全国各地建立和开展起来，百姓们为之立祠，奉之为神。位于中华大地东南边陲的福建省同样也厚奉张巡，明清之际，福建境内兴建了许多奉祀张巡、许远的双忠庙，相传在泉州有一双忠庙，是洪承畴之弟洪承峻所建，当时洪承畴已降清，其弟对其深恶痛绝，于是在该处建立此庙，而庙中的许远两个手指头正指向洪承畴家的大门。更有姓张和姓高的族氏，将张巡奉为保护神，以求得到对家族的庇护。后来，当大量的闽籍移民赴台垦拓时，便将对张巡的崇拜带到了台湾。

在台湾，由于当年的闽籍移民主要以泉州和漳州人氏为主，所以对张巡的崇拜也就分别被泉州人称为保仪大夫及漳州人称为元帅来祭祀，前者主要集中在台湾北部地区，后者则在台中的嘉义县地区。

在台北市的景美区，有一座建于清乾隆年间的庙宇，叫集应庙，这里供奉的主神，就是泉州移民所供奉的保仪大夫——张巡。相传在唐末，河南光州（固始）的高、张、林三姓族人为避战乱，向东南沿海一带逃亡，最后在福建安溪落脚生息，并在此地修建了祭祀保义大夫——张巡的庙宇，名叫“集应庙”。清乾隆初年，三姓族人渡过海峡到台湾开拓，临行前从家乡带来了“保义大夫”作为族人的保护神，并建庙祭祀，取名亦为“集应庙”。历经一百多年的世事变迁，几经更换，现在的庙宇修建

集应庙

于清同治六年（1867 年）。集应庙具备闽南传统庙宇的基本特征：两殿、两廊、两护龙均具标准格局，精美的燕尾及细腻的剪粘技艺是其一大特色。这座古香古色的庙宇，见证了早年闽籍移民在台湾北部的开拓历史。台北地区的民间也称保仪大夫为“翁公”，按照福建沿海民间的习俗，一般称自己的祖父为“翁公”，可见，泉州籍的移民们对张巡信仰之笃深。在台北地区，还有六七座供奉保仪大夫的庙宇，每到光复节这天，会有近数个台北地区的居民蜂拥前往这些庙宇里祭拜“翁公”，形成所谓的“南区大拜拜”，声势极为浩大。此外，像嘉义县的双忠庙里供奉的张元帅和许元帅，就是张巡和许远，庙中有一副对联写道：“国土无双双国士，忠臣不二二忠臣。”还有高雄市和云林县等许多地方，也都有纪念张巡和许远的庙宇。据不完全统计，全台湾岛上主祭张巡和许远的庙宇就有 13 座，其他的，以不同的形式和名义来进行祭祀的还有更多。在每年的光复节时节，居住在台湾不同地方的人们纷纷来到这些庙宇里，虔诚地祭拜。

每年的光复节，在台湾的许多地方，都会听到台湾同胞吟唱这样一首歌：“张灯结彩喜洋洋，光复歌儿大家唱，唱遍城市和乡村，台湾光复不能忘，不能忘，常思量，不能忘，常思量，国家恩惠……”

台湾孔庙巡礼

孔子（前 551—前 479 年），名丘，字仲尼，鲁国人。不仅是中国古代的政治家、思想家，也是中国古代的教育家。他打破“学在官府”的旧习，开创私人讲学的新风气，相传他有弟子三千，后形成儒家学派，孔子即是这一学派的创始人。儒家学说是统治中国两千多年封建社会的正统思想，历代统治者都为孔子的封谥选择了最高赞誉的字词，尊为“圣人”，奉为“万世师表”，直至“大成至圣先师”等，奉祀孔子的庙宇也遍及中国大陆。明清时期，随着民族英雄郑成功从荷兰殖民者手中收复台湾，大陆移民纷纷赴台拓垦和统治阶级对台湾的加强管理，儒学也随之进入了台湾，并对台湾的社会及文化教育产生了重大的影响。

有“全台首学”之称的台南孔庙落成于明永历二十年（1666 年），是全台湾建成的第一座孔庙，也是郑成功收复台湾后在台湾建立的第一所高等学府，在此之前，台湾没有任何比较正规的中国文化教育设施（如私塾、学校之类的），因此，台南孔庙的建立标志着儒学正式进入台湾，成为台湾教育发展史上的一个重要里程碑。它掀开了台湾教育史的崭新的一页，中华传统文化及教育由此在台湾岛上传播开来。在清康熙二十四年（1685 年）时改建孔庙为台湾府学，是全台湾童生入学之处，自此台南孔庙有了“全台首学”的称呼。

孔庙内设立“太学”，时任监军御史陈永华被嗣王郑经任命为“学院”，也就是太学的主持。由此在台湾岛上，开始建起较为完整的教育体系。最高为太学，相当于高等教育；府设府学，州设州学，为中等教育；乡设乡学，即乡塾，为初等教育。所学内容，以讲授《三字经》《千字文》和儒家经典为主。那时规定："凡民八岁入学，课以经史文章。"接着，台湾也开始实行科举制度：每三年州试一次，州试入选者又经府试、院试，取进者入太学；最后每三年一大试，成绩佳者即可入朝为官。

自此以后，台湾文风初开，古老的中国传统文化开始播撒在台湾的土地上，并逐渐大放光彩。随着清朝政府对台湾加强管理，历任的巡台长官都亲自兼任台湾的学政（教育长官），凡设立的府县均设立府县儒学。因儒学是地方政府的官办学校，大多设于各府县的文庙（即孔庙）内，所以孔庙就成为儒教的主要活动场所以及负责考试的机构。在台湾的孔庙中，最著名的就是台南孔庙和台北孔庙。

台南孔庙恢宏庄严，大成殿是全庙的建筑中心，殿为重檐歇山式传统宫殿式大殿，脊上饰有双龙与宝塔，燕尾高翘，八个燕脊也均饰以龙云图案。大殿内主祀孔子的灵牌，正上方悬有数块横匾，多为历代皇帝如康熙、雍正、嘉庆、道光、咸丰、同治、光绪等御笔所题。与一般的神庙不同，孔庙的大成殿内只有神位，没有神像，更没有香烟缭绕、酒肉陈杂的现象，充分体现孔子作为至圣先师的特点。后殿为崇圣殿，祀孔子五代神位，两侧建有书库，收藏典籍颇多。整个孔庙的建筑模型和配制，与大陆各地的孔庙别无二致。每年 9 月 28 日孔子诞辰日，台南市政府都在孔庙内举办盛大祭典仪式，前来参加祭典的官员、商贾、市民等近万人，祭典之盛不逊于台北孔庙。

台北孔庙又称"文庙"，始建于明末永历十九年（清康熙四年，1665 年）为郑成功参军陈永华倡建。在日本统治时期，这座已有两百多年历史的恢宏建筑，遭到侵占者毁灭性的破坏。1925 年，台湾人民不顾日本统治者的威压，决定重建孔庙，历经艰辛，终于在 1939 年竣工，又经多次修缮扩充，孔庙现已恢复昔日巍峨崇宏的面貌，被誉为"正统南中国式的孔庙"。因此，台北孔庙是

台南孔庙大成殿

台湾人民反抗外来文化侵略，坚持民族文化传统的见证。每年9月28日都会在此举行祭孔大典。祭礼由台北市政府主持，悉依古制进行，参祭者要穿古服，献牺牲，舞八佾，奏大雅之乐；整个祭奠肃穆、庄严、隆重。

1940年在台南孔庙前举行的祭孔大典

在孔庙的屋脊上，通常都有一对以上的圆形竹筒。竹筒代表着儒家士大夫的气节，所以孔庙中竹筒是不可缺少的。与一般宗教的寺庙不同，在历史上，孔庙从来都是从事教育活动的场所。中华民族的传统文化之所以能深深地在台湾扎下根，儒家学说在台湾的传播不能不说是一个重要原因。

除了台南孔庙和台北孔庙外，凡是清朝设有府治或县治的地方，像台中、新竹、彰化以及高雄、屏东、嘉义等地，都有孔庙。如彰化孔庙，始建于雍正四年（1726年），据志书记载，当时建有大成殿，东西两庑相连，前有甬道、戟门、东礼门、西义路，再前即为棂星门。大成殿后有崇圣祠，又建明伦堂于其右，作为儒学宫。清乾隆二十四年（1759年），彰化知县重修甬道，砌以砖石，移礼门、义路于棂星门以外，设立照壁，再以短墙围护，又建“白沙书院”于明伦堂右方。嘉庆二十一年（1816年），又在原明伦堂旧址兴建文昌祠，道光十年（1830年），又在崇圣祠左建名宦祠，右建乡贤祠、礼器库、乐器库等，彰化孔庙历经数次扩建修葺，更显得庙貌崇宏，可惜在第二次世界大战中被炸毁。但台湾人民却于1972年在旧址上重新建起了一座规模更加宏大、庙貌更加庄严的孔庙。由此看出台湾同胞对祖国传统文化的重视和敬仰。

如今，我们常会在台湾的城镇间看到许多辉煌壮观的孔庙，台湾同胞尊崇传承儒学的精神可见一斑。

1913年的彰化孔庙

两岸书院话兴衰

书院是中国封建社会特有的一种教育形式，起初是朝廷编纂典籍的地方（如唐玄宗时的丽正书院）。后来发展成学生读书的场所（以五代南唐时的白鹿洞书院为始例），最终成为中国封建时代最重要的教育机构的形式。书院是由地方官绅捐资合办或全部由私人出资营办的供人读书、讲学的处所。书院制度是中国古代社会中有别于官学的重要教育制度。它起源于唐代，最早的书院为唐玄宗设立的丽正书院，作为皇帝的典章学术顾问，兴盛于宋代，宋元时期的书院蓬勃发展，兴盛不已，达到讲学自由，经济独立的地步。后由于迭遭战乱等原因，书院的数量及质量悉数下滑，直至清雍正十一年（1733 年），清政府明令各省建设书院，此后书院大兴并遍及全国各地，顶峰时期全国的书院数量多达七千余所。其中，以江西九江的白鹿洞书院、湖南长沙的岳麓书院、河南登封的嵩阳书院、河南商丘的睢阳书院为闻名全国的四大书院。书院教育历时一千多年，虽然自 1901 年后将书院教育改制为学堂教育，但书院的教学体制、教学思想以及书院的藏书、章程、学规、楹联等，一直都是文化教育界

早期的澎湖文石书院

研究的重要内容。据统计，目前全国仍有四百余所古书院以学校、图书馆、博物馆等形式留存下来，成为各地文化教育场所和重要的文化景观，书院是中国教育发展史上的灿烂明珠。走进任何一所历史悠久的书院，都可以看到文化与自然、人文与景致的紧密相连，互为依存，都能感受到那份无以言表的庄重和人文氛围，使人产生一种舒适、朗爽、豁达的感觉，置身其中，拂去历史的尘埃，仿佛令人重新回到那年代久远的岁月。

福建漳州的松州书院

晚唐时，位于大陆东南一隅的福建省，由于少有战乱，政治稳定，经济发展，人民安居乐业，在中央政权重视教育的前提下，治闽的地方长官也十分重视学校的教育，社会形成了办学读书的良好氛围，除了官办学校外，私人办学渐成风气，书院即在此时应运而生，从中唐至五代时期，福建已有书院 16 所，这在当时就全国来讲，其书院的数量已位居前茅。至宋代，书院成数倍增加，达到 120 所，遍及福建全省各地，不光在数量上大大超过当时官办的郡、府、州、县学，而且主持书院讲学、教授者多为当时的名流学者，使书院由最初的启蒙、讲学，提高到研究学术和学术交流的更高层次。正是这个时期，产生了对中国历史深有影响的闽学，代表人物是朱熹。此时正是福建书院的鼎盛时期，虽然在元、明时期经历了战乱、动荡，但到了清代，福建的书院又达到了 115 所。不过由于统治者的需要，书院则渐由注重学术研究转为以科第为目的，但仍培养出一批匡时济世的优秀人才，如近代史上的著名人物林则徐、林纾、陈宝琛等，都是当时福州的鳌峰、凤池、正谊、致用这四大名书院中培养出来的。

书院制度以及书院的普及与兴盛，对以闽籍移民为主要人口的台湾省产生了重要影响。尤其是自 1683 年清政府统一管理到 1885 年台湾建省前，台湾省均按大陆传统设立各种学校，从事教育活动，除府县儒学外，还先后设立了许多书院，数量颇多且分布广泛，几乎重要的城镇中都有书院设立。台湾书院有府、县两种。最早的书院为康熙二十二年（1683 年）首建的西定坊书院，第一所规模完善的书院是康熙四十三年（1704 年）台湾知府卫台揆把府城义学改建

台南蓬壶书院旧址

成的崇文书院，直至日本侵略者统治台湾之前的清末，全台湾共建了44所书院，在当时的历史时期和社会条件下，这样的规模不能不说是盛极一时了。其中的学海书院曾经藏书逾万，成为当时全台最大的图书中心（可惜后来毁于兵火）。这些书院散布在岛上各个府县，仅彰化一个县就拥有13所书院，台湾县也有10所，所有的书院无论在教育思想、教学内容方面，还是在学规管理、建筑风格等方面，都依照大陆的书院制度与规范来运作；此外，还有不少的书院祭祀朱子（朱熹）以及在台湾传播中华文化的先驱者沈光文、王忠孝等，并以朱子为精神偶像，由此可见，台湾地区的文化教育受闽籍等祖籍地的影响之大。台湾众多的书院，为中华文化在台湾岛上的承传与弘扬，为台湾岛上的文教事业的发展，为台湾岛与祖国大陆文化的紧密相连，发挥了重要作用。

在经历几百年的历史变迁、世事动荡之后，目前在台湾地区留存下来的书院中，以彰化的道东书院、台中的磺溪书院、南投的登瀛书院、台北的学海书院、苗栗的云梯书院、台南的蓬壶书院等较为有名。

道东书院位于彰化县和美镇和西里，创建于清咸丰七年（1857年），以规模宏大雕饰豪华而著称。该书院俗称文庙，占地广达2000坪，其房屋的建筑风格和建筑用材，都非常考究和奢华，不仅是台湾中部著名的书院，也是台湾清代所建书院中保存较为完整的书院，书院由门厅、两厢和讲堂围成了一个四合院，讲堂是书院中最高大、最宽敞的建筑，简洁的方柱表现出书院崇尚朴实的风貌。

磺溪书院坐落于台中县大肚乡，建于清光绪十六年（1890年），甲午战争后曾沦为侵台日军的驻留所，日据时期遭受战火波及人为破坏，书院受到致命毁坏，变得满目疮痍，20世纪80年代对书院进行了大修，使书院得以重生。磺溪书院采用闽南式建筑风格，为一四合院式的格局，厅内供奉“文昌帝君”，附近的居民常常前来膜拜，祈求金榜题名。书院屋顶造型特殊，共分五个段落，中间的三段是分别独立的燕尾脊，两端则为歇山顶，屋顶上嵌有绿釉花砖，雕饰相当华丽，正厅两侧的剑环门造型独特，墙体雕刻精美别致，讲堂两侧的过水廊的花瓶门，瓶口雕花表现了精巧细致的砖刻艺术。所以磺溪书院在台湾建筑史上具有极高的艺术价值。

学海书院位于台北市龙山区，建于清道光十七年（1837 年）当年是淡北地区的最高学府，原名文甲书院，道光二十年（1840 年），闽浙总督巡视台湾，途经此处，应邀题额“学海书院”，于是书院更名至此；日本侵略者占领台湾时，为了扼杀中华文化在台湾的影响，将许多书院拍卖拆毁，当时许多姓高的人士不惜筹集资金将学海书院买下作为高姓祠堂，使得学海书院保留了下来。

远望登瀛书院

位于南投县草屯镇的登瀛书院，创建于清道光二十八年（1848 年），虽然历经岁月沧桑，但依旧崇殿矗立，有照墙，有参天古树，书院坐落在阡陌稻菽之中，苍然雅致，景色绝佳。创建于清嘉庆十一年（1806 年）的鹿港文开书院（即现在的鹿港文武庙），其名称是为纪念将中华文化传播到台湾的第一人沈光文（字文开）而命名的。建于清嘉庆十九年（1814 年）的云林县西螺镇的振文书院，殿内仍存有嘉庆年间所立的古匾，是西螺现存的重要古迹。还有台南的蓬壶书院、澎湖的文石书院、嘉义的罗山书院……历数着这些饱经岁月浸润的古老书院，遥想着当年从这里传出的读书声，不禁使人对这些曾致力于播种和传播中华文明文化的书院肃然起敬。

造型精美的牌坊

牌坊是中国古代社会对具有特殊节行人士进行表彰，用以旌表事功，褒扬孝节，立于井市街坊供人瞻仰效法的专有建筑物，也是唯有在中国大地上才会出现的一种具有浓郁中国特色的标志性建筑物。牌坊还是现代中国人发思古之幽情的建筑之一。

在中国传统社会中，统治阶级为了维护伦常，教化社会，对于具有忠孝节义和乐善好施等行为的人都制定有特别奖励的办法，即所谓的“旌表”，仅在清朝有关旌表的种类就分为：乐善好施、急公好义、节义、累世同居、百岁、五世同堂、亲见七代、夫妇同登耄寿、兄弟同登百岁共九种。旌表奖励办法称为“旌赏”，大约分为无形的捐职、有形的给赏、赐匾建坊三种不同的方式。千百年来，由历代统治阶级赐赏建立的牌坊遍布中国大地的各个角落，至今，在全国仍保留有三千多座牌坊，尤其是在中国南方的许多村镇乡间，还能看到历朝历代遗留下来的各种牌坊。

在祖国宝岛台湾，也还保存有大约十三座牌坊，都是石质的。据文献记载，台湾最早的牌坊立于明郑时期，是一座贞烈坊，而台湾现存最早的牌坊是台南的泮宫坊，修建于清乾隆年间，是为表彰郡县办学而建的。现存最大的牌坊是台南的接官亭，建于清乾隆四十二年（1777 年）。

在台湾的这些牌坊中，除了台南的萧氏坊为二柱一间外，其余均为四柱三间的形式，方形石柱的前后有夹杆石和石狮，柱子前后的身上都有歌颂的楹联，石雕的文字，深具教化意义。如在台北新公园内树立的“急公好义”牌坊的正、背两面都有题联两副，其中正面有一联写道：“培子孙数十世，种福之田，积善有余庆，旳看云初联甲第；体国家三百年，养士之德，博施宏素愿，匀邀日下沛恩伦。”

“急公好义”牌坊是清乾隆年间奉旨为洪腾云设立的。洪腾云，字合乐，祖籍福建晋江，清道光四年（1824年）在他13岁的时候，跟随父亲洪汝玺渡海入台来到艋舺（今属台北），帮着父亲开了一家米店，靠着细心筹算，经营有道，逐渐富裕起来，成了当地的一个大财主。但洪腾云不愿当守财奴，而是乐于施舍，更热心于支持公共事业。光绪十年（1884年），台湾议建大甲溪大桥，却因经费不足，迟迟无法动工，洪腾云得知后，立即自告奋勇，资助官方负责供应七十多名造桥工人的工资和相关费用，使得大甲溪桥顺利建成。他还捐款建造义仓、筑置义冢和赈济灾民，多次受到清政府的嘉奖。后来台湾建为行省，他又是捐献地皮，又是赞助经费，建造艋舺考棚，为此，清政府赐他“急公好义”匾，并于清光绪十四年（1888年）建石牌坊，以示褒奖。

“急公好义”牌坊

站在“急公好义”牌坊前，由下往上看，有雕刻考究的圭脚基座、平板状的护檐、竖板状的华板、长条鼓形的额枋、三角形的雀替等，雕刻非常精美。在内容上以人物、花草、书画为主，平面的整体设计，是依据当时的交通状况和工具而定的，通常是中间为马车行走，两边供行人使用。该牌坊给人以比例相当精巧、造型轻盈飞扬、寓意深邃悠远之美感。

被列为金门唯一的一级古物的邱良功母节孝坊也非常有名。立于清嘉庆年间的邱良功母节孝坊是为了旌表振威将军邱志仁之妻、邱良功之寡母许氏建立的，采用四柱三间五楼的形式，造型雄伟挺拔，石材全部是最昂贵的泉州白石和玉昌湖墨绿的青斗石，雕琢细腻美观，是台湾现存牌坊中最壮观的一座。邱良功母节孝坊完全以榫头嵌合，石雕造型优美，刻画细腻，将清嘉庆和道光时期的牌坊建筑的典型风格完美地表现了出来。

金门孝子坊

坐落于台中市大甲镇镇澜宫旁的贞节坊，建于清道光二十八年（1848年），是为表彰节妇林春娘而建的。传闻，林春娘自小嫁作童养媳，但未婚丈夫却溺水而死，她终身未再嫁，侍奉公婆长达数十年，之后更是抚养族人子弟延续香火。皇帝闻之感其孝节，乃下令建贞节牌坊加以表彰。贞节坊中楼顶上置有圣牌，雕刻的花纹清晰可见，石梁坚硬，石柱上楹联甚多，是为此牌坊的一大特色。

除了上述牌坊外，还有像建于嘉庆二十年（1815年）的台南重道崇文坊（这是台湾少数表彰兴学的牌坊之一）、新竹的李锡金孝子坊等牌坊，都堪称台湾牌坊的杰作。

作为宣扬道德、教化社会的一种方式，台湾的牌坊承袭了中华文化的传统道德风范和建筑风格，台湾的牌坊也目睹了台湾岛风风雨雨的社会历程。

传统民居建筑风格

在台湾，倘若走出繁华喧闹的都市，离开车水马龙的高速公路，流连于乡间稻菽的田埂之上，会不时发现翠竹丛林中掩映的房屋村落若隐若现，赤砖乌瓦与黄土绿竹相映相辉。信步走去，黄狗迎面阵阵吠叫，稚雅的儿童嬉笑相随，身边传来声声闽南乡音，袅袅炊烟笼罩着古老的民居，空气中弥漫着诱人的饭香。一时间，恍惚使人感到时空的错位，宛如此刻置身于福建闽南的青山碧水之中。

据厦门大学台湾研究所的专家讲，在台湾，有 85% 的人口是千百年来陆续渡海赴台垦拓发展的大陆人，在这些人口中，又有 85% 是闽南人。曾几何时，这么多的大陆移民背井离乡，渡海求生存，必然要将家乡的民俗与乡情，文化与理念随身携带，并在新的居住地表现出来。台湾早期的开发异常艰苦，移民们的生活水平也非常低下，随着他们的开发有了收获，日子也逐渐地好了起来，但是，随着家庭人口的增多、家庭规模的扩展以及几代同室的情况的出现，改善居住条件就成了当务之急的大事。于是，他们自家乡聘请工匠，甚至从家乡购买石材木料运至台湾，按照家乡的传统房屋形式建起一座座屋厝，移民们在台湾建造自己家乡的传统民居，既是为了排遣“移民他乡为异客，日日愁肠思故乡”的思乡之情，也是为了尊重自己的祖先和传统的文化。因为闽南人居多，所以在台湾的传统民居中以闽南传统民居风格为主要特色。就这样，中国南方沿海地区的传统民居建筑，随着早期赴台移民移植到了台湾。

祖国大陆传统的民居建筑文化是随着赴台移民的脚步逐渐深入台湾的。

澎湖是台湾移民的脚踏板，澎湖的住民属于泉州籍，而澎湖早在南宋时就已隶属于泉州府晋江县。澎湖的风俗文化与金门类似，其古厝就俗称为“金门厝”，许多移民是先来到澎湖，又自澎湖进入台湾的，留下了整村整落、古朴壮丽的屋厝，“留守”在艳阳高照、海风沐浴的海岛上。

金门的居民多为晋时避难迁入的中原士族，他们继承延续了先辈良好的简朴民风。金门多风沙，因而产生了拙壮浑厚的建筑。民宅的基本单元形态为三开间的三合院，其次是体制较大的四合院。金门的建筑属于闽南建筑体系，其民居自有一种古典而宁静的尊严与秩序。

马祖的民居多傍山而筑，形态因地制宜，建材多就地取材，与自然地景十分和谐。由于地理位置的关系，马祖民居属闽北传统民居体系，为五脊四坡屋顶，实为防风而设计的。

虽然也有许多粤东客家移民进入台湾，并将客家特色的民居带到了台湾，但由于进入台湾岛上的移民占相当大的比例为福建漳泉籍人士，故随着大陆移民入台开发的脚步由台南而台中而台北地望去，散布在全岛上的具有闽南特色的民居和村落比比皆是，因此，台湾岛上的传统民居建筑，在主体上属于中国闽南的传统民居体系。

总体上说，闽南的传统民居大致具有以下几个特点：(1) 对称的布局。闽南民居都有明确的中轴线，以厅堂为中心组织空间，左右对称，主次分明；(2) 民居外部材料多以红砖、白石构筑，内部材料多用木质构架；(3) 长于雕刻，无论是石雕、砖雕还是木雕，都能在民宅的各处见到；(4) 丰富生动的屋顶轮廓，闽南民居的屋顶呈现的层层叠叠、高低错落的轮廓、屋脊呈燕尾式的飞翘，交错叠映，最能体现闽南民居鲜明独特的民居风格。台湾的传统民居大都体现了这样几个特点，尤其是屋顶，舒展高跷飞扬的屋脊，更是与闽南传统民居毫无二致，许多典型的传统民居，例如台北陈氏祖宅、大溪李姓祖屋、麻豆林氏住宅等，都完好地表现了闽南传统民居建筑的风格特点。

无疑，闽南的传统民居建筑是隶属于中国传统建筑的一个分支。它在完整地表现了中国传统建筑的思想理念、群组布局、结构形态等内容与形式的同时，又由于其地理位置及气候条件，形成了自己独具特色的建筑风格。

因此，台湾的传统民居建筑实际上是秉承了中华民族博大精深的传统民居文化的精髓，同时保持和发扬了闽南传统民居的鲜明特色，将中国传统民居文化与闽南传统民居特点完美地结合和表现出来。

中国传统的建筑观念认为，大地是万物之母，是一切生命源泉之所在，虽然它的外表是静态的，但是内部却有运行不辍的理念，建筑位居其上，自然会受到这种理法的影响。

在各类建筑中，住宅无疑占有最重要的地位。住宅本质上是“家”的代名词，是家中成员生命的源头，是生命延续的过程，也是滋润家族生机的一股力量——即使他的躯体已经物化，但是其精神依然遗留在这座建筑中，成为处于同一屋檐下之子孙的生活指标及驱动力。住宅又是彰显祖德及荫佑子孙之所在，这两项意义，便是人们常说的“安身”与“立命”。因此，一座传统住宅，从它的选择建筑地点开始，到它的外观样式、内部格局，甚至装修装饰的材料与色彩，家具、防御物、辟邪物的选择与摆放，等等，无一不是在雍容静谧的外形之下隐喻着深刻的思想理念及延绵不断的家族生机之渴望。这些就是数千年深厚文化的结晶，也是中国传统民居建筑的真正价值之所在。

台湾的传统民居很好地继承了中国传统民居建筑的思想理念，从选址之初就注意因山因水决定其坐落和朝向，将自然山川与建筑空间相互融合，以达到人与自然的和谐，加上精心设计、精心营造，使整体建筑达到理想的模式并具有鲜明的特色。比较著名的如台北士林芝山岩杨宅、芦州的李宅、台北的林安泰古厝等，其中淡水忠寮的李宅更是充分地表现了这些特点。

中国建筑的审美功能，不仅仅在于取得感官上的愉悦，更重要的是要起到“成教化，助人伦”的作用。四合院的产生至少已经有两千年的历史了，它四方四正，里面暗含“井”字的格局，从远古时期的井田制到后来发展起来的宫殿、宗庙、住宅等建筑，始终使建筑艺术具有鲜明的社会性和伦理性。“井”字分割产生一个中心，中心对称、稳定、端庄、严肃，很容易附会出许多象征内容，先天八卦北为坤卦，坤为地，南为乾卦，乾为天，南北朝向即为“天地定位”，“乾坤之事”。顺应天道，住在四合院里的人，自然会大福大吉。

台湾的传统建筑中，有相当多的是四合院的建筑结构，以中厅为轴线，左右对称地建有左、右厢房（在台湾称厢房为护龙），加上门屋组成四合院（在台湾称为院落)。所有房舍的正面均朝向中厅，还有些家族庞大、人口较多或家族资产丰厚者，在基本四合院的基础上采用纵深递进或左右递增护龙的方法，扩大其住宅，形成“日”字型、“目”字型或“回”字型的四合院群落。

呈“目”字形的住宅

如竹山林氏敦本堂等是平面为“口”字型的“二进一院”式标准四合院；台北板桥林宅以三落大厝为平面，是“日”字型的“三进二院”式四合院；雾峰林宅景熏楼则是以“目”字型为平面的“四进三院”四合院。还有一些传统民居是大四合院套小四合院，形成“回”字型平面的双重四合院，雾峰林宅宫保第就是这样结构的四合院。

其实，在台湾的传统民居中，还有相当数量的民居，其结构并非四合院，而是分别形成平面上呈“一”字型、“L”字型或“门”字型的建筑形式。其中“一”字型俗称“一条龙”式建筑，其小型的为三开间，其次是五间，最后是七间；“L”字型的住宅则被称为“单伸手”，即在厅堂的左侧兴建厢房；“门”字型住宅也称“三合院”，三合院与四合院相似，已具有了伦理位序的尊卑之分，当家庭结构改变、人员增加时，常采用在厢房外增添护龙，或以大三合院套小三合院的方式，来扩大住宅面积。比较有名的如彰化永清陈厝余三馆即为三合院的制式，而彰化马兴益源大厝的主体部分就是大三合院套小三合院的组合。还有如桃源大溪的李宅，则为前是三合院后是四合院的独特组合。只是上述若干种民宅

有多重护龙的三合院

形式，或因家庭人丁较少或因财力不足，或因地势地形或其他原因所限，没能建成完整的四合院，然而拥有一套完美的四合院住宅，当是每一个中国人所神往的。

与大陆的情况相仿，由于城市的扩大和人口的增多，台湾的城市里已经很少能看到完好的传统民居建筑了，但在广大的乡村仍可看到许多传统民居，不少古老的传统民居得到很好的修缮和保留，还可以看到许多新的民居仍是按照传统的方式建造的。传统的具有闽南特色的民宅在台湾得到了保留，这与其说是怀旧，不如说是台湾人民怀根念祖情怀的写照。

风雨城门与炮台

在台湾现存的、具有中国古代建筑特色的传统建筑中，有这样一类建筑，它们既具有建筑方面的研究、保留价值，又在台湾社会发展进程中出色地发挥过捍卫祖国领土、维护民族尊严、保护人民生命财产安全的重要作用，这就是台湾的城池防御建筑。

所谓“城以盛民”，中国古代凡有都邑的地方，上自京城，下至省、府、厅、州、县等，皆筑有城池。台湾自从纳入清政府的版图、建立省治之后，由于社会管理逐步趋于规范，各级政府管理体制得到加强，作为保障人民群众生活安全、维护社会地方昌盛稳定的防御建筑设施也就应运而生，小至民宅的枪铳、刺竹、围篱，大到城门、城堡、城墙、炮台及城郭等，都是为了自卫而兴建的防御建筑体系。台湾历史上第一座具有中国特色的城池是清康熙年间所建的嘉义县城，后又陆续建了凤山县城和台南府城等。台湾的城池范围最大的是台南府城，第一座以土石砌筑的城池是凤山县旧城，彰化县城的城墙全是用砖砌成的，而台北府城的城墙则全部是用台湾当地的观音石建成的。除了城池，台湾还有一些专门用于防御的炮台，像澎湖的西台古堡、台南的亿载金城，台北的淡水炮台、基隆的海门天险等。

随着时光的流转，社会的动荡与变迁，这些防御性的建筑也受到不同程度的损毁，尤其是在被日本殖民的黑暗时期，许多城墙被拆除，致使原有城墙中仅留存若干城门，其余大部分建筑皆荡然无存。不过透过这些现存的建筑，仍可了解它们曾经有过的辉煌以及台湾人民与这些建筑一起英勇抗击外来入侵者，奋起保卫自己的家园的历史。

台湾目前尚存的城池有：台南府旧城遗址残留部分、台北府城旧城门、新竹竹堑城门、澎湖妈宫城城门、恒春古城城门及凤山县城古城城门。

清光绪元年（1875 年），钦差大臣沈葆祯奏请清朝廷设台北府获得恩准，光绪五年（1879 年），知府陈星聚筹建台北府城，其后巡抚岑春煊相继勘定基址，光绪八年（1882 年）开始招募粤籍工匠兴建，光绪十年竣工。台北府城周长逾 1500 丈，城开五门、东门景福门、西门宝成门、北门承恩门、大西门丽正门、小西门重熙门，五座城门建筑形式相似，其中东门景福门建得最牢固，石基高 16 尺，以方形石材堆叠而成，除小南门外，其余城门都采用封闭的形式，四周围以厚墙，仅留几个小圆洞或方洞窥敌。建成十余年后，日军侵占了台北，在 1905 年将西门毁坏，并将城墙悉数拆除，到后来，除了北门还保留有原貌之外，其余城门都因重修而失去原状。因此，台北府城北承恩门是台湾现存唯一能保存原貌的清代城门，门额题有“承恩门”，上面还有“光绪壬午年，良月吉日建”的落款。北门的城高二层，碉堡式的厚墙直接顶住重脊单檐歇山式的屋顶。城门基座采用一丁一顺的砌法，门开半圆拱形，城楼前、后、中央各开一圆孔居中、二方孔位居两侧的口。圆孔以砖砌成，方孔上下分别以石框条嵌成。圆孔和方孔的比例适中，且城门的半圆拱和上方圆孔两相呼应，使得原具有肃杀之气的碉堡城楼，反倒显得平稳、祥和。

台湾古城的残迹

凤山县旧城建于清康熙六十一年（1722 年）。当时凤山知县刘光泗开始修筑此城，周长 810 丈，高 1.3 丈，东、西、南、北各设城门，左倚龟山之腰，右接蛇山之脚，外浚壕堑，宽 1 丈，深 8 尺。乾隆二十五年（1760 年）在四门侧增建炮台四座，以加强防卫。道光五年（1825 年）又大力整修，城墙上有砖砌雉堞，非常壮观。凤山旧城城墙以硓硞石及三合土构筑而成，而城门则以花岗岩砌成半圆拱形，是台湾第一座以土石砌筑的城池。最具特色的是北门（拱辰门）外墙上的泥塑彩绘门神，因中国传说中认为东北方为鬼门，因此在北门上置门神，以驱恶煞，因其彩绘造型古朴，雕刻细致，不仅是道光年间流传下来的艺术品，也是台湾现存的孤例。南门题额“启文门”是道光五年（1825 年）所置，按照中国传统，南面朱雀主文运，故叫此名。目前凤山旧城尚存有东门、南门、北门几部分城垣、护城河，让后人感受昔日之宏伟气势。

竹堑城位于新竹县境内西部，据《竹堑城碑记》载，这里古时并无土城，而是种植刺竹护卫，就像刺竹造成的堑城，所以叫作“竹堑”。“新竹”之名是光绪元年（1875 年）改的。老竹堑直到嘉庆年间才构筑成土垣，道光七年（1827 年）才正式筑砖石城。竹堑城原有四座城门，上面筑有城楼。如今，刺竹林早已铲除，壕沟也已填平，只剩下东门——迎曦门独自屹立，迎曦门也成为台湾硕果仅存的清代淡水厅城（即竹堑城）的城门，门洞由来自大陆的花岗石砌成，门楼屋顶重檐歇山。伶仃残迹，径自阅尽千古斜阳。

恒春古城创建于清光绪元年（1875 年），由钦差大臣沈葆桢为加强台湾南部的防守兴建的，是台湾最南端的城池，所用的建材完全来自大陆，工程相当浩大。全城周长 880 尺，顶宽 1.6 丈，基厚 2 丈，外墙高 1.45 丈，内墙高 1.34 丈。城墙以灰泥夯土砌筑，门座以红砖砌筑，内外门洞皆用半圆拱，极具特色。城门有四座，上面原有城楼，后因风雨侵蚀坍毁，现在的南门城楼是经过考证后复建的，其特色是城楼前带轩亭，可以抵挡烈日强风。

如果说这些留存下来的城楼曾与台湾人民共同走过历史的风雨与变迁，那么，那些如今依旧依稀可见累累弹痕的炮台则更是与台湾人民一起浴血奋战，经历了抵抗侵略者、捍卫民族领土主权的枪林弹雨。

炮台仅供军事用途，实际上属于一种炮城，内部可驻扎军队，台南的“亿载金城”、澎湖的“西台古堡”、基隆的“海门天险”等均为现存较完整且规模较大的建筑实例。

基隆是台湾岛上北部最重要的港口，由于地形险要，在台湾历史上是兵家必争的“北台门户”，人称“海门天险”。清道光二十年（1840 年），中英鸦片战争爆发，当时的台湾道巡抚姚莹判断英军会来窥伺基隆港口，便在东岸的

"海门天险"古炮台

二沙弯建炮墩16座，铸大炮10尊，迁兵数百驻防，这就是二沙弯炮台初建的文献记录。因这座炮台居高临下，易守难攻，宛如铜墙铁壁，便被人们称为"海门天险"。1841年11月，正是鸦片战争激烈的时候，英军认为清政府无法顾及台湾的防务，便派遣"纳尔布达"号军舰驶入基隆港口，守城总兵达洪阿率领官兵奋勇回击，一时间炮声隆隆，战火连天，由于炮台相当隐蔽，英军的军舰被密集的炮弹击中，此战大获全胜；同年的9月和次年的3月，英军再度来犯，炮台守军在守将邱镇功的带领下以猛烈的炮火击退英舰，并俘获英兵两百多名。从此英军不敢再攻基隆，"海门天险"也因此声威大震。

清光绪十年（1884年）中法战争爆发，时任台湾巡抚的刘铭传命令加强防守，防止法军袭击，8月，法军在提出割让基隆港的无理要求遭到台湾守军的严词拒绝后，法军"远东舰队中将司令"孤拔亲自率领舰队猛攻基隆，"海门天险"的炮火大发神威，弹雨如注，大战持续了8个月，双方死伤惨重，炮台也被严重毁坏，但法军始终无法占领基隆，最终孤拔只好撤兵。战后刘铭传又重新修建了炮台，就是如今所见的炮台。

"海门天险"完全由中国人自行设计建造，仅此即显其弥足珍贵。炮台正面是用粗石围砌的城门，进入石拱门后，只见视野开阔，台地平坦、沟渠井然，台地上面的一层层阶梯，宽广壮观。门洞以石砌成，拱形门洞的中间留一段平顶以装设门扇，做法与中国传统式城门相同。现存的部分建筑如石砌的弹药库、炮墩残迹、两尊代表性的大炮以及清幽的炮台古道等，都各具特色，已被指定为一级古物，面对"海门天险"古城门，遥想当年波涛汹涌，炮火隆隆的激烈战争场面，经历了中英鸦片战争、中法战争洗礼的基隆民众抗敌作战的雄姿，恍惚仍在眼前。

在台南市安平区，有一处台湾省重要的一级古迹，即素有"抗日名城"之称的"亿载金城"，俗称"安平炮台"。该炮台始建于清同治年间，由清政府派福建船政大臣沈葆桢为钦差，前往台湾加强防务督建而成。于光绪二年（1876年）8月竣工。炮台整体成长方形，城垣不高，曲折多角，四隅有方形棱堡式的大炮台，四角突出，中央凹入，凸出的棱堡放置火力强大的阿姆斯壮大炮作为远攻之用，凹入的墙面设置枪手，以防近扑，后来又在向海的一面设置5门大炮，其余四面放置20磅和40磅的小炮各4门，增派炮兵和枪手驻守。城外四周挖掘壕沟引入海水以环护城垣，城门以红砖建造成西洋式的门楼，前有石桥横跨堑桥。城门向外的门额石匾上有“亿载金城”的题额，里面门额上有“万流砥柱”的题额，字体雄浑有力，均为当年沈葆桢的手笔。

“亿载金城”的建成，使台湾的军事海防能力大大增强，在台湾人民反帝斗争史具有光荣的历史。清光绪十年（1884年），在中法战争中发挥了威力无穷的大炮台功能，遏阻了法国军舰的侵犯。清光绪二十一年（1895年），一纸《马关条约》将台湾割让给日本，坚决抗日的台湾守兵在刘永福的指挥下，向游弋在安平海域的日海军舰队打炮，击中日舰，令日本当局狼狈不堪。刘永福在日军登陆后仍坚持抗日，终因众寡悬殊，弹尽粮绝，含恨离去。

当年鸦片战争爆发时，台湾道尹姚莹根据台湾地形，共设置了17座炮台，用于防卫。除上述的炮台外，另外还有位于澎湖的西台古堡，建于清光绪十二年（1886年）。由台湾巡抚刘铭传提出与建造，西台古堡规模宏大，当时配有大炮两尊和小炮数尊，营舍由圆拱甬道组成，构造坚固。城额由李鸿章题“西屿西台”，是台湾少见的李氏题额。位于台北县淡水镇的淡水炮台，建于清光绪十二年（1886年），原有炮台毁于中法战争，之后在刘铭传的督导下重建，设炮位数座，刘铭传引用其前任姚莹所著《东槎纪略》中“鸡笼（今基隆）为全台北门之锁钥，淡水为基隆之南之咽喉”，亲题“北门锁钥”于门额上。位于高雄市的旗后炮台，是钦差大臣沈葆桢督建的炮台，入口墙上用砖砌成“喜”字，门额题有“威震南天”四字，与港口北岸的炮台“雄镇北门”遥相对应。

无论是历经沧桑的城堡，还是满身伤痕的炮台，台湾传统建筑中这一类独具特色的防御建筑，在今天仍然以雄伟的英姿矗立在葱郁的宝岛之上，迎风沐雨，向人们述说着硝烟弥漫的往事。

鲲岛纷呈

……

我祖宗渡大海，

入荒陬

以拓殖斯土，

为子孙万年之业者，

其功伟矣。

……

连横（雅堂）：《台湾通史·自序》

台湾地名的由来

谈到“台湾”这两个字的省名，它是由过去在台南安平附近一个名叫“大员”（也有叫“岱员”）的聚落而得名的。

“大员”一词，是四百多年前的明朝万历年间出现的。那时，福建沿海的许多渔民，常会来到一水之隔的台湾南部沿海一带打渔作业，当时台湾的地形与现在不大一样，现在的台南市安平区，在那时还是一座浮在水上的大片绿洲，绿洲附近有平埔人的聚居部落，叫作“台窝湾”。波涛骇浪中日晒雨淋、辛苦捕鱼的渔民们，每当看到这片碧海浮翠、茂密蓊郁的绿洲时，都会欢呼雀跃地相告“到台窝湾喽！”因为这些渔民大多来自福建南部沿海，所说语言为“闽南方言”，而“台窝湾”的发音非常接近闽南语中的“大员”两字，于是叫着、叫着，日久天长，“大员”的地名便在闽南沿海地区叫开了，“大员”也就成为这个海岛的代名词。随着越来越多的闽南（还有粤东）地区的移民奔赴岛上拓垦开荒，筚路蓝缕，定居安家，当时的明朝政府为加强对该岛管理，要将海岛起名，就顺理成章地取用了“大员”作为岛名。

为什么从“大员”又转而被称为“台湾”呢？这还要追溯到清朝初期，清廷入关进驻北京故宫后，曾由于率兵赶走荷兰殖民者、收复祖国宝岛而被明朝皇帝赐姓为“朱”的郑成功父子便在台湾岛上亮起了“反清复明”的旗帜，一时间，大陆上许许多多不甘接受清朝统治的人士便纷纷慕名而来，这些人当中，不乏深具博大精深中华文化的名流志士，这些人大概觉得“大员”两字不够雅致，便取其谐音而改称为“台湾”了。不过，在郑成功收复台湾后，曾一度将台湾称为“东都”，其子郑经管理台湾时，又将台湾改称为“东宁”。但随着清政府正式接管台湾，“台湾”这个名字就一直延续到现在。

其实，“大员”并不是这个海岛的第一个名字，从两千多年前的前汉时期开始，在许多古代传说、史书和典籍中，都不乏有关台湾的记载。

在台湾出产的大米有个名字，叫“蓬莱米”，“蓬莱”就是指中国古代传说中的蓬莱岛。在《列子·汤问》中曾记述了“海外仙山”的秘闻，说是海上遥远的地方有五座山，名为“岱舆”“员峤”“方壶”“瀛洲”“蓬莱”，上面的居住者皆为“仙圣之种”，故事的神话色彩很浓，但它至少反映出古人对祖国大陆东、南海岸线外大量岛屿的一种朦胧认识，在《汉书·郊祀志》中，也用“蓬莱”描述了一处美丽而神秘的岛屿，后人根据书中的描述和实际地形的比照，认为只有台湾与书中的“蓬莱”最相近，尽管确凿的证据无法找到，但依据中国民间世世代代的传说和典籍中的描述，许多人都早已将台湾岛想象为蓬莱仙岛，更有人干脆把蓬莱当作为台湾的别称，将台湾岛称为蓬莱仙岛。

除了众所周知的“蓬莱”，在我国历史上，对台湾还有其他不同称呼：后汉时期称为“东鳀”，这可以从《后汉书·东夷传》中找到明确的记载：“会稽海外有东鳀人，分为二十余国……”；三国时期称为“夷洲”，《三国志·吴志·孙权传》黄龙二年条记载：“遣将军卫温、诸葛直将甲士万人，浮海求夷洲及亶州。”三国时代的吴国黄龙二年（230 年），孙权为扩大东吴势力，派遣大将军卫温、诸葛直率领一万官兵前往夷洲巡视，历时一年后，“得夷洲数千人还”，这虽是吴国的一次军事行动，但其规模之大、时间之长，在当时的历史条件下实属空前。这次上万人参与重大行动，使大陆人民对夷洲的认识大大深入一步，正由于这次军事行动，使当时任吴国丹阳太守的沈莹得以通过到达夷洲的官兵和由官兵带回的夷洲人，详细了解夷洲的情况，并据此写出《临

吴国船队到达夷洲示意图

海水土志》，从方位、地形、气候、物产、衣食、风俗等方面对台湾作了大量详细的记述，其中对岛上的风土所作的描述已很具体明晰，毫无神话色彩了，这是世界上有关台湾情况的最早记录。“夷洲”之后，“流求”“流虬”“琉球”等又成为台湾同音异字的名称。隋大业三年（607年），隋炀帝派遣朱宽考察流求，次年又派朱宽前往慰抚，又过两年，再派陈稜率军万人入流求，这使大陆对台湾的认识较之四百年前又大大进了一步。《隋书·流求传》对台湾的风物及少数民族社会生活均有翔实的记载，另据明何乔远《闽书》中记载，在福州福卢山（今福清县龙田西北），还有陈稜从台湾移来的遗裔五千户，陈稜被后世奉为“开山祖”，郑成功时曾建开山宫，纪念陈稜访台活动。在宋代人赵汝适的《诸蕃志》及后来的《宋史》中，都能找到关于“流求”的记载。另外，在《元史》中，“流求”已经变成了“琉求”，从隋代到明初的一些流传下来的书籍中，还有用“琉球”“流虬”来称呼台湾的。

因此，台湾自遥远的古代便成为中华民族的生活空间，这早已是不争的事实；岛上居住的人民就是中华民族大家庭中的一员，这也是任何人都无法抹杀的事实。

除了前面所述不同的地名，台湾省还有一个非常美丽的雅称——鲲岛。所谓鲲，是古代一种很壮大威武的鱼，《庄子》的“逍遥”篇中便描述到：“北冥有鱼，其名为鲲，鲲之大，不知其几千里也，化而为鸟，其名为鹏，鹏之背，不知其几千里也。”此外，宋代诗人陆游和林通也分别有过“时看云海化鲲鹏”和“鲲鹏懒击三千水”的名句。台湾岛横卧在太平洋的万顷碧波之中，傲视四周，恰似大鹏的神威，令人神仪，而鹏为鲲所变，所以鲲的神气更是任凭人们想象，将台湾岛比喻为鲲，称之为“鲲岛”，也是再贴切不过的了。

与郑成功有关的地名

朋友，如果你有机会到台湾去观光旅游的话，如果你在饱览岛上美丽的自然风光、特有的民族风情以及饶有风趣的民间风俗的时候，如果在愉快的旅途中稍加留意，就可以发现遍布岛上东西南北中有趣的地名文化现象。其中之一，就是台湾的许多地名与民族英雄郑成功有着极密切的关系。

台湾自明万历三十一年（1603 年）起，就不断遭受荷兰殖民主义的侵害。明崇祯天启二年（1622 年），17 艘战舰载着荷兰兵在澎湖强行登陆，福建巡抚南居益受命率海军登陆澎湖与荷军作战，生擒荷将高文律等 12 人，失去首领的荷军于天启四年（1624 年）狼狈逃离澎湖并乘虚进入台湾岛。自此，台湾遭受荷兰的统治达 38 年之久。

1661 年至 1662 年，在做了充分的准备之后，民族英雄郑成功率领 25000 名甲士，分乘 200 艘战舰，从福建金门料罗湾出发，浩浩荡荡挺进台湾，一举赶走了驻扎在岛上的荷军，并向荷军首领庄严宣告："台湾者，中国之土地也。久为贵国所踞，今予既来索，则地当归我！"从而结束了荷兰侵略者在台湾的 38 年的统治，收复了祖国领土台湾。

郑成功因此受到台湾同胞和全国人民的崇敬和爱戴。他去世后，台湾同胞为他建庙从祀，怀念他的丰功伟绩。据不完全统计，台湾各地恭祀郑成功的庙宇多达 58 座，其中以台南的延平郡王祠为规模最大。每当郑成功诞辰之时，延平郡王祠以及其他奉祀郑成功的庙宇都会举行隆重祭奠，表达对他的

奉祀郑成功的台南延平郡王祠

崇仰和怀念之情。不仅如此，台湾同胞还把郑成功的名字用作地名，表示永久的纪念。

在台湾，用郑成功命名的地方，主要是在乡、镇、区、村、道路和港口等方面，如成功镇、成功里、成功村、成功岭、成功水库、成功路等。其中成功镇位于台东县；叫成功里的有四个地方，分别位于彰化市、台东县的成功镇、宜兰县的罗东镇和新竹市；叫成功村的也有四个地方，分别在彰化县的溪州镇、台中市的大肚区、台南市的仁德区、澎湖的湖西乡。在台中市的乌日区有一个成功岭，成功水库则位于澎湖的湖西乡，在台北市、高雄市、云林县斗六镇等地方，都有被命名为成功路的街道，此外还有以郑成功的名字命名的大学——成功大学。

南明皇帝隆武帝为表彰郑成功收复台湾的壮举，曾赐郑成功为朱姓，改名成功，百姓都热情地称他为朱成功。因此，称国姓或赐姓，也是台湾同胞对郑成功的敬重。台湾有国姓乡、国姓里、国姓村等名称的地方。如国姓乡位于南投县，在南投县的国姓乡和新北市的万里区中，都各有一个名为国姓村的村子，台中市的清水镇，有一处名为国姓里的地方，彰化县的新化市，有个名为国姓里的地方以及在曾文溪的出口处有个名为国圣港的码头，也都是因郑成功而得名。

郑成功于明永历十二年（1658 年）被南宋王朝封为延平郡王，人们敬称他为“延平”。在台湾，用延平命名的地方有延平区、延平里、延平乡、延平村等。例如在台北市有延平区（现并入大同区），在彰化市、宜兰县、云林县的虎尾镇

郑成功弈棋听政图

和南投县的竹山镇，都各有一个名为延平里的地方，桃园市以及台南市的新营镇，都有名为延平路的街道，而在台东县还有一个延平乡的延平村。

台湾同胞还“爱屋及乌”，用与郑成功有关的事物作地名。如台南市的新营和与之毗邻的柳营，以前都叫作查亩营，这里原是郑成功屯田驻兵的地方。当年郑成功在鹿耳门登陆后，在集中兵力围攻荷兰人驻守城堡的同时，还采用“寓兵于农”即“屯田驻兵”的政策。当时，由军队开垦的田地叫作营盘田，后人为纪念郑成功及先民之业绩，就用当时军队的建制如营、镇、协、班、锋等字作为村庄的名字，到现在，依然存在的营盘田乡镇还有许多，像后营、大营、左营、中协、二镇、新营、前锋、五军营等，在台南市的官田乡二镇村，有一座供奉玄天上帝的庙宇，叫角宿公厝，“角宿”就是当年郑成功属下一支部队的名字，由公厝的名称就可知道此地曾是郑成功部队屯垦的地区，与此类似的还有台南市官田县官田村的“中协公厝”，现在里面供奉着“中坛元帅”(即哪吒太子)，这“中协”一词，也是昔日郑氏兵营的名称。

不难看到，民族英雄郑成功在台湾同胞的心中是何等重要，同时我们也看到了台湾同胞对郑成功的尊崇是如此的笃深。当人们在闹市中穿行、在田野上流连的时候，当游览这一个个散落在台岛各处的地方并将它们串联成串的时候，当置身于其中，领略其意味的时候，已使我们不由得再度对民族英雄郑成功肃然起敬！

曾是群鹿出没的地方

人们游走在台岛的南南北北，纵情于美丽的山山水水时，稍加留意，就会发现台湾有许多以“鹿”为名的地方，如台中有“沙鹿”，彰化有“鹿港”，南投有“鹿谷”，屏东有“鹿寮”，苗栗有“鹿场”，嘉义有“鹿满”“鹿草”，台东有“鹿野”“鹿鸣”“初鹿”“雾鹿”，台南有“鹿耳门”，等等。整个台湾岛的陆地面积约35759平方公里，还不到福建省陆地面积的三分之一，在这样有限的地域上竟有如此密集的与“鹿”有关的地名，很容易令人猜想其缘由，想必岛上的人们曾与鹿有着非常紧密的联系。

事实的确如此。

台湾岛上自古以来很少有食肉类的猛兽，像雄狮、猛虎、豺狼等大型野兽从未在台湾现身，仅有极少量的云豹、台湾熊也很难觅到踪迹，加之岛上处处苍翠植被，所有山岭无不披覆茂密浓郁的森林，在广袤的原始森林中生活着种类繁多的珍禽异兽，如帝雉、蓝腹鹇、长鬃山羊、水鹿等，均是世界稀有动物，除此以外，岛上的野牛和野鹿成群，悠然出没，蔚为壮观。明代著名的将领、旅行家兼诗人和古音韵学家陈第曾在其所撰写的《东番记》中写道：“(台湾）山最宜鹿，儷儷俟俟，千百成群。”16世纪时，航海经过台湾海峡的葡萄牙人，在航海日记或回忆录中，也记载了他们在台湾西岸平原上看到的林密草茂、野鹿成群的景象。台湾的少数民族各族群中几乎都有“捕鹿歌”，他们的祭歌中也每每提到打鹿。1624年，荷兰殖民者登陆台湾并强行统治台湾达38

捕鹿图

年。他们从台湾掠夺了大量的财富，仅每年运走的鹿皮就有四五万张，直到清康熙年间，浙江人郁永河入台采硫，仍见过大群的野鹿出没。原来，台湾在很久很久以前就是一个野鹿成群的世界。据史料记载，其中以梅花鹿的数量为最多。

野生梅花鹿繁衍最盛的地区是西岸平原。在陈第的《东番记》中曾详细描写了当地居民捕鹿的精彩场景："人精用镖；镖竹柄，铁镞，长五尺有咫，铦甚；出入携自随，试鹿鹿毙。居常，禁不许私捕鹿；冬，鹿群出，则约百十人即之，穷追既久，合围衷之，镖发命中，获若丘陵，社社无不饱鹿者。取其余肉，离而腊之，鹿舌、鹿鞭、鹿筋亦腊，鹿皮角委积充栋。"并"穷年捕鹿，鹿亦不竭。"这是明朝时期对台湾人捕猎情景最生动的描写。过去，每当野生梅花鹿进入交尾繁殖时节，各个部落都会自觉停止捕猎，在其余时间里，均以捕鹿为生，以捕鹿为乐。鹿肉曾是山民们最普遍的"日食"，但奇怪的是他们并不喜欢吃鹿肉，却酷爱吃鹿肠。射杀梅花鹿时，他们会趁着鹿体余温未尽，剖其腹取其肠，将肠中消化未尽的糜状物取出大嚼，称之为"百草膏"，视为无上珍肴。山民们用鹿角、鹿肉、鹿皮、鹿舌等与赴台垦拓的闽、粤移民交换日用品或装饰品。而前往岛上垦拓的移民也依据当时的情景分别为开荒的地方取名，于是就出现了大量与"鹿"有关的地名。

由于大量捕杀，加上平原地区逐渐被移民们开拓成为农田，适于梅花鹿生存的地域大大缩小，鹿群数量也急剧减少。到日本殖民者统治时期，平原上已没有野生梅花鹿的身影。现在，连山区也很少见到，据说在人迹罕至的原始大森林中偶尔还能看到梅花鹿。现在，我们只能凭借上述众多与"鹿"有关的地名去想象很久以前台湾岛上在碧海蓝天陪伴下野鹿"千百成群，悠然出没"的盛况了。

梅花鹿的全身都是宝，鹿茸、鹿角更是珍贵的药材。当野生梅花鹿逐渐减少时，台湾同胞就开始将捕到的鹿圈养起来，以期得到珍贵的鹿茸和鹿角。目前，台湾本岛上像台南、台中、新竹、高雄等地驯养梅花鹿的人家较多，其中有些家庭已有上百年的养鹿历史，养鹿成为许多家庭的致富之道。南投县北部的国姓乡，养鹿历史悠久，清末有两户养鹿的人家，是台湾最早进行人工养鹿的地方，至今已有一百多年的历史，现在，该乡养鹿户已发展到一百余户，鹿茸产量位居全省各乡镇的首位。台南市关庙区有一个建于1980年的启贤鹿园，这里有麋鹿、梅花鹿、斑鹿等鹿种，每年还能收获大量的鹿茸。彰化县二林镇有一所鹿世界观光牧场，在占地两千多坪的园区内饲养着四百多只鹿，其中以台湾本岛梅花鹿的数量最多，有一百多只，还有水鹿、改良红麋鹿、美国梅花鹿、纯种麋鹿等，游客们来到这里，不仅可以观赏到品种不同的鹿群，还可以品尝、购买诸如鹿茸酒之类的鹿产品，尤其是那些欢蹦乱跳的鹿宝宝，更是深受小朋友的喜爱，因此，这里也成为附近的中、小学校进行自然科学教育以及家长们携子休闲的地方。另外，在绿岛上，几乎家家养鹿，所以也有人将绿岛称作“鹿岛”。台湾虽然不再输出鹿皮，却仍然是著名的鹿角、鹿茸的供应地。我们也祝愿现在岛上的梅花鹿拥有更美好的生活。

浓浓客家好风情

客家人是中华民族中一个主要而特殊的群体。在中国大陆，客家人主要居住在广东、福建、湖南、广西等省份，在四川和重庆等一些地方，也有客家人的身影。宝岛台湾也居住着许多客家人。

在台湾的全部人口总数中，约有 1/5～1/4 为客家人。目前的人数已超过 250 万；其中以苗栗县中的客家人比例为最高。在苗栗县，除了极为狭窄的海边平地上居住少量的泉州籍居民外，其余占地广大的丘陵、山谷、盆地中，全部都是客家人聚居的地区。像北部的新竹、桃园，往南像高雄、彰化、屏东及花莲、台中等地，都有相当集中的客家居住地，散居在其他各县市的客家人，其足迹早已遍及台湾全岛，到处都可看到客家人那勤劳的身影和耳熟能详的客家话。

客家人是中国古代的中原人。其历史可以追溯到 2200 多年前的秦代，秦始皇吞并六国统一中国后，派了 50 万军队到南方戍守五岭，这批人驻扎在五岭一带，在岁月中逐渐与当地的少数民族相融合，却又保留着许多中原汉民族的生活习俗和特征，这批人，应该算最早的客家人了。后来，东晋时期发生了波及全国的五胡之乱，为躲避战乱，居住在中原地区的衣冠士族南下，散居在现在的江西、福建、广东、湖南、广西等地区。至绍兴年间，南宋王朝大举南迁，形成中原士族南移的又一次高潮。这些南下的中原人，大多在福建和广东的山隅海边之地落籍，几次大批迁移的中原人，在落脚地生息繁衍，与当地的人民融为一体，形成今日所称谓的客家人。

客家人自有史以来，就以具有勇毅向前、开天辟地、秉性勤劳、不畏艰苦和志怀广远、节俭朴实的美德而名闻于所到之处，声扬于普天之下。即使在已经进入相当发达的工商社会的台湾，这些客家人仍然在日常生活习俗中保留着浓厚的中原传统和古风，鲜明体现了台湾客家人不忘根不忘本的念祖情怀。

与闽籍移民不同，客家人至今依旧恪守着耕读传家的生活形态，保持着一面耕田，一面读书的生活习惯。“耕读”本是中原古风，读书是高尚的精神生活，耕、读两者结合成为典型儒家思想的政治、经济体系，成为一种根深蒂固的生活哲学。在耕读传家的意识影响下，台湾客家子弟大都有着中国传统读书人的观念和情怀，重视的是入伍，从政，或寄情文字，笔耕民间。在过去，台湾的人口虽然较少，但科名却很多，直到现在仍可在高雄、竹北、屏东等客家人聚居的地方，看见甚多的科名牌匾。如在清朝统治台湾的 212 年中，在一个县中，考中举人 28 人，其中客家人就占了 22 人，进士有 4 人，其中就有 3 人是客家人，这显示出客家人耕读历年的辉煌成就。

台湾客家人的住宅，大都为古老的三合院式的传统住宅，厅堂干净整洁，在正门厅上，一定是或横书堂号，或高悬匾额。堂号像京兆堂、至善堂、善居堂、忠实第、东海堂、豫章堂等，匾额多为“文魁”“造魁”“特恩五魁”“五世同堂”等。保有这些具有古中原文化传统的堂号、匾额的做法，是目前台湾客家人区别于闽籍移民后代的显著特点。不光这些，在客家民宅的装饰上，也因其多彩的风格使得其住宅彰显独特的风景。尤其是台湾北部的客家民居，常常在大间房屋门厅的屋顶上设置两条鲤鱼，因为北部多雨，下雨时让屋瓦上的雨水顺流到鲤鱼身体里，再从鲤鱼的嘴中吐出。鲤鱼是中国传统民俗中的吉祥物，鲤鱼跃龙门是人们都熟悉的美丽传说。在屋顶上设置鲤鱼的做法寄托了人们心中美好的愿望。

客家人屋内陈设

台湾客家人的宗亲观念极强。这可由许多地方都能看到、现在依然保持着华丽整齐的客家祠堂、祖厅予以证明。台湾客家人家家户户都有堂号，写在正厅上，以表明其来处。如林姓的“西河堂”、陈姓的“颍川堂”、黄姓的“江夏堂”、李姓的“陇西堂”等，表达了他们慎终追远，念祖归宗的厚重心怀。

就婚俗来说，客家人仍遵循古礼，迎娶新娘，清早就要出发，举办婚礼的人家，仍然会在大门前搭建牌楼，张灯结彩，日夜奏乐，以娱宾客，宛如置身古代中原锣鼓齐奏、琴瑟合鸣的佳礼之中。

在台湾，客家人的清明扫墓，是从正月十六日一直延续到清明节的。因为过去客家人大都外出谋生，加上早年交通不发达，所以许多客家人通常利用回家过年之际，再外出谋生之前去扫墓，久而成为习俗。扫墓时，同一根系的所有亲属相约来到祖籍地，共同祭拜祖坟。其中，“来台祖”的坟位是一定要拜的，“来台祖”是家族中最先从大陆来的祖先。此外，还要祭拜“唐山祖”(也有叫“长山祖”，指远在大陆的祖先)。台湾有些客家人村落中，还有这样的习俗：若妻子不幸去世，丈夫要手持雨伞，身背包袱，一面跨过亡妻的棺木，一面在口中念念有词：“你回大陆去吧！我将转去台湾！”这种保留到现在的葬俗表现了客家移民怀念家乡和落叶归根的深沉感情。

在宗教信仰方面，客家人除了大众普及的如观音、妈祖、土地等，还有仅属于客家信仰的神明，除了像三山国王、惭愧祖师（驱疫辟邪保平安）信仰外，影响比较大的要属“义民爷”的信仰了。在台湾客家的聚集地区，约有三十多座信奉义民的庙宇，其中香火较盛的有屏东县的“西势忠义庙”和新竹的“枋寮褒忠亭”。

山歌是客家人最擅长、保留古代歌曲风格最完美的风俗。山歌的形态是七个字为一句，排列四句为一首歌。以能合辙押韵者为上乘，没有固定的歌词，大部分是即时即景地唱，有独唱，有对唱，还有集体对唱，有些歌因词好、曲美而广为流传。现在的苗栗等地每年还会举行隆重的山歌比赛，届时，都会吸引许多参赛的客家人和慕名欣赏山歌、专门收集民间艺术的人们。

客家人是中国古代的中原民族，时至今日的客家话中，仍保留了大量古代汉语的词汇。这使得客家人称呼自己为“华夏胄裔”，并世世代代以“宁卖祖宗田，不卖祖宗言”“宁卖祖宗坑，不卖祖宗声”为祖训，向世人展示了他们对中华故土的眷恋和对中华传统文化的执着追求。

“敬惜字纸”的惜字亭

漫游在台湾的乡村山野，或许会在不经意间遇到一个小尖塔般的青砖建筑，它高不过两米，葫芦宝盖，周身披着厚厚的青苔，在中或下部的空膛内可以看到曾经烟熏火燎的痕迹。偶尔还能看到有一两个人在空膛中放一些字纸，焚香默祷后，将那些字纸烧掉，从他（她）的脸上流露出虔诚恭敬之情。这小小的建筑，就是标志中国古代社会曾经风靡全国的“敬惜字纸”风俗的圣绩亭，也有叫“惜字亭”或“敬字亭”的。

我们现在每天使用、看起来平平常常的文字，在久远的古代，却是非常的神圣和神秘。在古人的心中，字和纸不仅是文明的象征，更是圣哲遗教的传承者。相传仓颉造字时“天雨粟，鬼夜哭”，古人认为圣人造字泄露了天机，自然是要惊天地，泣鬼神。加上封建社会形成的“万般皆下品，唯有读书高”等观念的影响，贫苦百姓对那些能“识文断字”的读书人心怀崇敬。造字的玄秘和神化，使得人们由对文字的敬畏逐渐形成“敬惜字纸”的习俗。

传统习俗“敬惜字纸”，源于先民们对于“字”的敬重，只要是写上文字的纸，一定不能随意丢弃践踏，即便是废纸也必须集中起来，送到专门的地点焚毁，让那些文字“过化成神”。“敬惜字纸”的习俗大约形成于明，而盛于清。在明朝时，就有书中写道：“拾路遗字火化，百字为一善”“遗弃字纸不顾者，十字为一过”，这两条功过律被认为是惜字并焚化字纸的最早记录。由此，专门焚化字纸的惜字亭也应运而生。到了清代尤其是清后期，惜字活动更结合儒、释、道的宗教因素得到了加强，敬惜字纸已成为个人修身的一部分，不仅宣扬惜字行为的各种书本广为流行，还出现了所谓“惜字会”的组织，大力推行惜字的观念和行为，如不能用不干净的手触摸书本，写过字、印过字的纸不可随意丢弃在地上，以免不小心被践踏等，由官方的倡导到民众的执行，使“敬惜字纸”成为社会风尚，乃至妇孺也踊跃为之。惜字亭星罗棋布地建造在有炊烟升起的地方。

台湾岛上的惜字亭随着大陆移民涌入而出现在清代，《澎湖厅志》记载：“士民最敬圣绩，鸠赀合雇数人，每月赴各乡拾取字纸，积贮书院中，每岁送之清流，沿为成例……于送字纸时，士子衣冠，齐集书院，以鼓吹仪仗，奉制字仓圣牌位，迎至妈宫，及送毕，乃返驾于书院。”《安平县杂记》中也有类似的记载：“迎送圣绩，名曰‘送字纸’。十二年一次，郡城内外绅士商民，演乐迎送，将积年所拾之字纸烧灰，一概箱贮，护送出海，付水漂流，甚为敬意。”无论是每年送一次字纸，或是 12 年才送一次，都反映了人们对“敬惜字纸”的重视。那时台湾也像大陆一样有“惜字会”，主要职责便是雇请专门人员，在街市坊里收集字纸。专为焚烧字纸而建的惜字亭也纷纷出现在街头巷尾、各地的书院、文庙或一些庙宇中，尽管样式、规模和名称不尽相同，有的叫“圣绩亭”，有的叫“惜字亭”，还有的叫“敬圣亭”或“文笔亭”等，但这些专门焚烧字纸的亭子大都有“仓颉先师”或“制字先师”的牌位，惜字自然要敬造字先圣了。据记载，直到 20 世纪 90 年代，在屏东县万峦乡，仍有一位老先生每逢农历初一、十五，挑着写有“敬惜字纸”“尊古圣贤”的竹篓子，在万峦街上挨家挨户收字纸，每收满一担，就挑到当地的惜字亭，焚烧之前，先将四周清扫干净，持香膜拜，字纸烧完后，再燃香祭告制字先师，各项程序丝毫不差。

保持敬惜字纸习俗的老伯

经过一百多年来岛上的民族磨难、社会动荡与变化，目前依然沐风浴雨伫立在人们眼前的惜字亭仅剩四座（在十多年前还有一二十座），分别位于新北市树林区、南投县鹿谷乡、屏东县佳东乡和桃园市龙潭乡，其中规模最大的当属桃园市龙潭乡的惜字亭。它初建于清光绪元年（1875年），其间环境格局几经扩建，但惜字亭始终保持了原来的样子：形态优美，因年代久远而变色的石块散发着浓浓的古意，四面雕刻别具一格。近年来再次修整后，在门内的大理石上刻有亭序、修建经过及沿革史，使其成为台湾地区“敬惜字纸”习俗的活化石。

在客家人聚集的屏东县佳东乡，还有一座比较著名的圣绩亭，其底座及中层都为六角形，顶层是四角形，属于造型较为复杂的惜字亭。可惜由于处于闹市街中，附近成了菜市场，亭前整日晃动着商贩的身影，使得这座亭子很早以前便失去了香火，乏人打理。还有一些原本很好的惜字亭，也在社会的进展中悄然消失。

文明的提高与普及，使“识文断字”已成为司空见惯的事情，文字失去了原有的神秘感，人们对文字的崇敬也已不再，但作为人类历史进步中的一个阶段，圣绩亭见证了它所属的那个时代。“文章到十分火候，笔墨走百丈银澜”“自古能知化丙者，于今便是识丁人”，雕刻在圣绩亭上的对联，反映了我们的祖先对“文字”的敬畏，昭示了科举时代人们对读书人的崇敬，铭记着中华民族对文化知识的渴望和尊重。作为当代人，我们从昔日斑驳的圣绩亭中，应当领悟的是敬重文化、尊崇圣贤的精神，这种精神应该是要世世代代传承下去的。

年代久远的敬字亭

民间体育趣谈

与祖国大陆有着共同历史渊源和形成原因的台湾民间体育，受到台湾人民的喜爱和积极参与。然而在对传统中华民间体育的传承中，台湾的民间体育也有了一些发展和变化，体现了不失传统而又具有台湾地域特色的民间体育。现简要介绍之，以飨读者。

源于中原传统节日的民间体育形式可以“赛龙舟”为代表。赛龙舟尤以江南地区为最普遍，其方式毋庸赘言。根据民间资料记载，台湾第一次的龙舟竞赛是在清乾隆二十九年，当时台湾知府蒋元君在台南市组织龙舟竞渡之后，一直延续至今。台湾龙舟赛的独特之处是赛前往往先要做“龙王祭”，即烧香点烛祭拜龙舟，把香火插在龙舳上，以求竞赛获胜。各地龙舟在下水前，都必须经过点睛仪式，由当地有威望的人给龙舟“点睛”，“点睛”缘于中国古代“画龙点睛”的故事，意喻着点了“睛”龙舟能似腾云驾雾般疾行于水面。因此，台湾各地每年端午举行竞渡时，都要邀请地方贤达担任龙舟的点睛工作，类似剪彩，已成惯例。台湾的龙舟赛以宜兰县礁溪乡二龙村的竞渡方式最具特色。竞渡之前，必须在河的下游撒下纸箔祭拜河神，而后在上下游各赛六场。正式比赛时，不用裁判，也不计成绩，龙舟上乘坐选手二十二人，一人掌舵，一人敲锣，二十人划桨，双方船只到河心后，自行决定自己船只划行的状况，再敲锣为号，必须等双方都敲了锣，表示可以比赛到底，比赛才正式开始。到达终点时，拔下终点旗的一队就是胜队，而且双方都有一份完全相同的奖品。二龙村的龙舟比赛，不光在端午节时举行，农闲的时候也举行，已有一百八十多年历史了。

起源于节日庆典、每逢闰年三月举行的嘉义“秋千赛会”，在台湾地区颇有影响。赛事正式形成于清康熙年间，成为一百八十多年来闰年必办的体育盛会。嘉义秋千赛会用的是竹秋千，每逢闰年的正月初一就要派壮汉去山里砍伐竹长至少要十二米，竹围要四十多厘米、竹龄要在十年以上的巨大刺竹，正月初一上午8点开始安桩，必须手工架设。桩埋地下约两米，架高约十三米，相当于四层楼高；主架外有横杆支架，架成八格，象征“八卦无极”；秋千以竹竿为悬索，板架离地丈余。荡秋千者若没有一定的体育基础，连踏板都上不去。比赛于农历三月六日下午举行，分个人组、团体组，团体组又各分少年、中年、老年三组，不计时间，荡得高者获胜。比赛之时，秋千架下人山人海，人们的目光随着秋千上的人影忽上忽下，场上气氛也是忽而紧张，忽而热烈。“嘉义秋千赛会”每次都会吸引很多人前来参加和观看。

“拔河”因起源于劳动生产中的船夫“拉纤”和“起网”，在广大的人民群众中受到广泛欢迎。在海峡两岸普遍盛行的是陆地上拔河，但在彰化县的鹿港市，拔河的形式却别开生面——“隔岸”拔河。比赛时，人们设置数十个空油筒浮在水面，上置一条粗绳抵达两岸，绳的两端各又分出五条绳，成扇状分开。拔河双方每队各二十人，每四人一组分执五条绳，以此“隔岸”竞力。比赛的结果，输的一方可能会“扑通”“扑通”落入水中，因此所有参加者必须穿上救生衣方许比赛。这种“隔岸拔河”玩起来要比陆上拔河还要有趣、还要刺激！据悉古代最早的拔河叫“拖钩”，即用有钩的长篙把交战对方的船勾住拖过来，所以有人把鹿港的隔岸拔河称为是

别具一格的拔河比赛

打陀螺

“仿古”的比赛。

陀螺使桃园市的大溪镇远近闻名，成为吸引游客前来观光的重要“节目”。打陀螺是一种传统的民间体育运动，玩起来不仅有趣，还有强身健体的作用，历来是孩子们喜爱玩的游戏。大溪镇的居民却将它发展变化了，将原本只有拳头大小的陀螺越做越大，小的有五六斤，大的达到百多斤，并成为大溪镇男女老少都喜欢的运动，镇里还为此成立了“陀螺俱乐部”。抽打百斤以上的大陀螺，所用的绳索比拇指还要粗，仅用麻绳制成的绳索就达四斤半，将这样重的绳索抡起来抽打一百多斤的陀螺，非体格健壮者不能想象，而在大溪镇，能玩一百二十多斤大陀螺的人竟有好多，常令前来观看者瞠目结舌。现在“大溪陀螺”名扬台湾，镇上的街头巷尾随时能看到有人在玩大小不同的陀螺。真是独特又少见的民间体育运动。

寺庙建筑中的剪粘装饰艺术

来台湾旅游的人们往往惊异于台湾庙宇之多，尤其是在台南、台中地区，其密度几乎到了“三步一小庙，五步一大寺”的程度，更让旅游者惊诧的是，许多庙宇屋脊上的那些色彩鲜艳、繁复精致的建筑装饰，令他们印象深刻。这样的建筑装饰，在祖国大陆的宗教庙宇中已十分罕见，不过，这种在宗教寺庙的建筑中所使用的装饰技艺——剪粘，却是从大陆传到了台湾，并在台湾的土地上发扬光大，大放异彩。

在中国古代，人们已会利用破碎的碗片和瓷片，在墙面上拼粘出花鸟鱼虫、各种人物造型，这就是最早的剪粘。所谓“剪粘”，就是用碗片上原有的彩色绘画和弧度，选取适用造型的部分，粘接到事先造好的形体部分上去，例如剪粘人物，先塑造好人物的基本形体，然后将碗片加工成可利用的各种形状，把人物的衣服、帽子等各个部分用碗片粘接起来，使人物的形态富有色彩感和立体感。粘着剂一般用石灰、石棉加上糖水（有的甚至加蜂蜜）捣烂调和配制而成，粘性极强，经久不脱。剪粘其实是一种十分高强的技艺，匠人们必须胸有成竹，在造型的感受及碗片的挑选使用上，都要有很高的艺术素养，才能把握住物体的形象，使形体粘接得天衣无缝，传神逼真。

在台湾的寺庙建筑中开始运用剪粘的装饰技艺，是清朝末年的事情。然而，这种技艺一经从大陆传到台湾，就立刻受到了追捧。它一改原来较为简单呆板的寺庙装饰，使庙宇内外突显蓬荜生辉、锦上添花的奇效，又因剪粘作品制作较易（相对原来烧制陶器、瓷器而言）、价格较低、经得起风吹雨打、补修较易等优点而逐渐成为台湾寺庙装饰的主流。时至今日，不管是新建还是翻修，剪粘已是不可或缺的重要建筑内容。由此，观光者所看到的那些密密麻麻、花花绿绿、五彩缤纷的剪粘造型，业已成为台湾寺庙的标志。这些在庙宇的屋顶、屋檐、墙壁等各处装饰的蛟龙腾飞、猛虎下山、牡丹争艳、龙凤呈祥、八仙过海、福禄寿神仙等形象各异的剪粘造型，在阳光的照射下熠熠生辉，远远望去，整座庙宇显得光彩夺目、富丽堂皇。台湾的中、南部地区，更成为展示剪粘技艺的密集地区，如台南的竹溪寺、昆沙宫、佳里震兴宫、佳里金唐殿、学甲慈济宫、北门南鲲鯓代天府等，更是突显剪粘技艺的佼佼者。

美轮美奂的庙顶剪粘

位于台南市北门区的南鲲鯓代天府，奉祀闽台地区特有的地方神明——五府王爷。其“王爷总庙”的地位和传奇色彩，亦早已渗透与远及世界各地的华人社会，虽然“鲲鯓王爷”香火鼎盛，远近驰名，但真正使此庙威震一方并成为台湾寺庙中一颗闪耀巨星的，还在于它拥有庙制宏伟、气派非凡的建筑以及类杂样多、艺精技美的美工装饰，其中，那些意蕴美学趣味与艺术价值的传统剪粘，更令人流连忘返和为之心动。这里的剪粘所表现出来的在内容上、材料上、色彩上、意义上的鲜明特点，使其成为台湾剪粘技艺的旧与新、过去与未来的代表作。

现在，在社会的发展进程中，传统的剪粘也受到了新的挑战，集中表现在以下方面：一是材料的使用，过去是以瓷片或碗片为主，在造型上往往呈现出传统的淳朴、古拙之美，而现在，彩色玻璃、有机材料等新材料被广泛应用于各类剪粘装饰上，使得剪粘造型变得金光闪闪、耀眼夺目；二是颜色的选择，传统的剪粘信守阴阳五行之说，采用黄、红、青、白、黑五种颜色搭配，表现出毫无做作的传统色调，现在则大胆地使用除这些颜色以外的各种色彩，形成了鲜明华丽的多变色调；三是造型内容，剪粘造型几乎全是人物、动物和静物，传统的剪粘人物不外是古代名士、神明圣人，动物也仅限于龙、凤、鱼、鹿等吉祥之兽，现在的剪粘却增加了当代人物以及与祈福辟邪毫不相关的牛、马、猪、猴等动物。由此也可以看出，传统的剪粘在过去的物质条件比较贫乏的环境中，就地取材，拣拾随手可得的瓷、瓦片剪切粘接，塑造出古香古色、极具内在美感的作品，起到了“化腐朽为神奇”的作用，表达了“心诚则灵”的宗教虔诚与热爱；而新材质、新色彩以其鲜艳、奇丽的特色，剪粘出另一种绚烂辉煌的作品，表现了当代人生活富庶和明朗热烈的心态，这也正是剪粘装饰所表现出古老与现代并存的原因所在。

艳丽美观的庙顶剪粘艺术

多年来，台湾人民将剪粘运用在寺庙建筑中并使其具有举足轻重的地位，以其细巧亮丽的外衣挥洒出“千条瑞气、万道金光”，使本就金碧辉煌的寺庙变得更精致、更绚丽，从而成为台湾寺庙的标识。在匠人们的辛勤努力和不断创作中，剪粘成为建筑领域中的一种“艺术之美”。

熠熠生辉交趾陶

在台湾的一些传统古老庙宇中，常可在寺庙的屋脊、墙壁等处看到一种叫作“交趾陶”(又称“交趾烧”)的装饰品。这些被叫作“交趾陶”的饰品和各种雕刻、剪粘等一样，为庙宇平添了很强的艺术气息，因此，交趾陶也成为台湾庙宇建筑中的一大特色。

“交趾”一词原指广东五岭以南地区，是古交趾国的辖区。交趾陶则指古代产生于这个地区的窑烧器物，是利用粘土塑造成各种形象并加以绘釉、在700℃的低温下烧制而成。这种陶器色泽艳丽，造型生动，集塑造、绘画、烧陶于一体，是一种综合性艺术。但交趾陶的质地松脆、不易保存，制作亦需要高度的技法。

台湾的交趾陶按其技法、用料、风格品评等，其渊源可一直追溯到汉绿釉、唐三彩、宋三彩及清素三彩，但其直接承继的，则是广东交趾陶（又称“石湾窑”）的技艺。最晚至清道光年间，便有大陆的唐山师傅将交趾陶的技术带到了台湾南部，并在台湾推广开来。其中台湾交趾陶的代表人物是叶王。

叶王生于道光六年（1826年），卒于光绪十三年（1887年），享年61岁。据《台南县志·人物志》中记载：“讳麟趾，通称王师，祖籍漳州和平县，父名清岳，其业未详，一传土匠，一传陶匠，嘉庆年间，单身来台于嘉义县下打猫（今嘉义县民雄镇），举二子，长精英，次麟趾，旋迁麻豆，乃今本县麻豆镇也。”叶王自小耳濡目染泥塑人物，喜欢随地作画自娱自乐，但因家贫受雇于人，“一日牧牛于野，时适台南府……函聘广东制陶名手数人来台……偶见王以土造型，栩栩如生……得其父许诺，遂携之具去。”他为广东师傅帮工兼而学艺，学得各种交趾陶技法，从此技艺日进，所制陶偶精巧艳丽，于是叶王名声大噪，他也因此成为台湾交趾陶的第一人。叶王一生尽在庙宇、交趾陶的世界中大展才情，留下了大量优秀的作品。他的作品遍及台南佳里震兴宫、金唐殿以及学甲镇慈济宫等处。因为交趾陶不易保存，故而这些作品更显得弥足珍贵。震兴宫中檐下左右两侧俱为黑人番夷扛庙角的造型，塑造出一个黑奴屈膝抬手，作支撑屋角之势，姿态和表情栩栩如生。而在庙内墙壁上，亦有叶王所塑的作品，左边为西施与吴王夫差的故事题材，右边是《三国演义》中吴国太佛寺看新郎的故事，内容和色彩都极为丰富。现在这些作品都受到了很好的保护。当时除了叶王之外，台湾交趾陶的名师还有洪坤福等一些人，如在北港朝天宫三川殿左右檐下，也各有一尊憨番抬庙角，一尊为红发，另一尊为黑发，令人印象深刻，这两件作品即为洪坤福所作。这些名师又带出了许多潜心交趾陶技艺的匠师，使得交趾陶这门艺术在台湾进一步传承至今。

叶王制作的交趾陶

台湾的交趾陶虽然艺承广东石湾窑，但并非简单的模仿，而是形成了自己独特的地方风格，它有别于官窑的典重矜持，并不强调精准的科学的比例分配，它以动态的身躯体现外在的自然线条，注重写意而不注重写实，以其朴实原味的造型手法、热闹活泼的色彩及平民化的题材，形成了别出心裁的技法和着色，在岛上的寺庙与建筑装饰领域闪耀生辉。

现在，台湾交趾陶的制作技艺更趋细腻和多样化，并由庙宇走向民间，出现了许多大众化和生活化的作品，如室内陈设、壁饰、文玩等，品种繁多，成为台湾地区一种著名的传统陶塑制品，受到人们的喜爱。

滋润台湾的三大古水利工程

台湾本岛南北长394公里，东西最宽处为144公里，最窄处仅有十余公里。除了靠近大陆一方的西岸一带为平原外，其余占全岛面积三分之二的地区全是高峻的山岭。西部平原主要由许多河口的三角洲和扇状地相连而成，是面海背山的绵长平原，其中最大的是台南平原（也称嘉南平原），次之为屏东平原。滨海平原由于自然条件较好，是台湾开发最早的地区。在狭长的平原上，城乡密陈，人口众多，以古迹多而闻名。台湾的最重要城镇如台北、台南、台中等都集中在这一边。

在西部平原上，自北至南有三座在清朝时期兴修的水利工程。它们分别是台北的瑠公圳（圳：原意为田野间的水沟）、彰化的八堡圳和高雄的曹公圳。这三大水利工程对于台湾岛的早期开发具有极其重要的意义，为台湾的发展做出了重要的贡献。

在台北地区的开发史上，郭元汾是举世公认的一大功臣。他的主要功绩是开发水利。著名史学家连横曾在《台湾通史》中记载："郭元汾字锡瑠，漳人也。乾隆间来台，居淡水大佳腊堡，垦田树谷，拥资厚。时拳山一带多荒土，而水利未兴，乃佣工凿圳，引新店溪之水，自大坪林筑陂蓄之，穿山度视，至溪仔口，又引至挖仔内，过公馆街，抵内埔，分为三，沟浍纵横，长数十里，台北附近之田皆资灌溉，凡千数百甲。既成，名金合川圳。而佃人念其功，称瑠公圳。"

郭元汾祖籍福建漳州南靖县，生于清康熙四十四年（1705 年），幼年时，于乾隆初年跟随父亲渡海来到台湾。起初居住在半线（彰化县），后迁至大佳腊（即今天的台北市），定居在中仑即今天的中山区和松山区交界的附近。为了灌溉台北盆地的农田，他变卖了在彰化的土地，用变卖所得的两万余两黄金作资本，招集民工施工开圳，从新店溪引水。修圳之初，常常遭到当地少数民族的袭击，令工程难以进行。郭元汾通过娶少数民族之女为妻，并对少数民族动之以情、晓之以理的举动，避免了冲突。引水工程极为艰难，长达数十里的水圳，所经之处多是高山深渊，还得跨越景美溪。郭元汾组织民众在溪上筑槽引水，不料许多过溪者竟以槽当桥，不久渡槽便毁于行人足下，于是又改为溪底挖沟，取水缸去底相衔接，建成暗渠。整个工程从乾隆五年至二十五年，历时 21 年，终告竣工，灌溉面积 13000 余亩。乾隆三十八年（1773 年）11 月 18 日，郭元汾病逝，葬于锡口山北的下塔悠（今台北市松山区）。为纪念其功德，他主持修建的金合川圳改称“瑠公圳”，他本人被乡民们尊称为“宽和先生”。郭元汾的儿子继承父业，继续兴修水利，灌溉农田，造福社会也颇有建树。瑠公圳的取水口是新店碧潭，从那儿打个山洞，通过景美，然后经过公馆、新生南北路，到大直对岸的基隆河边。今天的台北新生南北路，就是在瑠公圳上加盖而建成的道路。

瑠公圳原址

八堡圳位于在彰化县的二水乡。这项水利工程，过去对彰化的意义非凡，它把浊水溪的水，从今天的二水引出来，贯通彰化大平原而出海，从此，彰化县南部变成千亩良田。因此，八堡圳在台湾的开拓史上占据重要的一页，它令后代子孙受益匪浅。

八堡圳是在清康熙五十七年（1718 年）即距今二百七十多年前修建的，由当地乡绅施世榜等人兴筑而成。施世榜祖籍福建泉州安海，为改善当地生产条件，他招集民众开凿八堡圳。八堡圳开凿贯通后，水田耕种的灌溉条件得以改善，彰化大平原才有水利可言，并促使移民络绎深入彰化平原各地，使整个平原的开发迅速完成。此圳灌足了八堡地区一带的农田，其效用与贡献之大，毋庸赘述。由于八堡圳是施世榜带头兴建的，故还有施厝圳之称。

在这个水利工程的储水口旁，还有一座“林先生庙”。此庙也是颇有来历。八堡圳初建时曾出现过一个大困难，就是水圳虽建成了但水却不通，眼看着功败垂成，施世榜不得已到处张贴告示，以千金奖额征求能人异士，以求贯通溪水。不多时，果然有一位自称是林先生的人前来求见，他坚持不透露自己的名号，在跟施世榜一番密谈之后，即刻带人度量地形，指导工人重新开凿，历时多年，最后水圳果然豁然贯通，使当时彰邑十三堡之田地都得到灌溉。这项伟大水利工程完成时，施世榜已经去世了，施氏子孙为酬谢林先生，曾大开宴席，并备千金相赠，但那位林先生却功成身退，飘然远去，不知所踪，大家感念他的恩德，又不知他的名号，就在八堡圳的储水口之旁兴建了一座“林先生庙”作为永久的纪念。此庙是一座很有意义的古迹。

有大功于彰化大平原的施世榜，死后哀荣，直到今天，著名的鹿港天后宫仍在正殿右边的护龙开了一个专门房门，供奉其牌位。其子孙也将此处当成施家祠堂，岁岁供奉，迄今不辍。房间的墙上，记载着当年施世榜兴筑八堡圳的经过，引经据典，十分详细。到鹿港旅游的人们，常到八堡圳参观游览。

曹公庙外景

曹公圳起自今高雄市大树区九曲村，横贯高雄市南部的大平原。一直到高雄市左营区的山海。清道光十七年（1837年），祖籍河南省焦作市沁阳南关村的曹谨（1786—1849年）到凤山任知县，巡视田野时来到九曲塘，也就是今天的九曲村。看到下淡水溪（即今天的高屏溪）流急奔放，就跟地方乡绅商量，筹划建一条圳将淡水溪的流水引到圳道上供农田灌溉，在得到地方人士的赞同后，立刻动工，第二年就把圳挖好了。在最初要建造圳道引水灌溉时，乡民觉得这样做破坏风水，因此群起阻拦，造成工程一度停顿。曹谨请当地素负重望的乡绅出面宣讲引导，晓以利害，向乡民讲明建圳兴水利的好处，终于说服民众，应允在他们的土地上开挖圳道，工程得以继续进行。开工后，曹谨经常在公务之余到工地参与劳动，还与工人们拉家常，鼓励大家尽力。看到知县这样热心，乡民很受鼓舞，也都跟他一样努力奋进挖掘圳道。圳挖好之后，曹谨又叫人在靠近下淡水溪的地方做了 5 座水门，加上圳道全长 41000 余丈，放水后可以灌溉农田 31500 余亩。由于开凿圳道，引来下淡水溪的水灌溉农田，使以前贫瘠的土地一下变成了良田。为纪念这项台湾最大的水利工程，人们把这条圳道称为“曹公圳”。后来，在清道光二十一年（1841 年）时，凤山遭遇大旱，当地人民又集资增开一条圳道，并把它叫作“曹公新圳”，从此，曹公圳发挥了更大的作用。时至今日，曹公圳仍然还在灌溉着高雄的万亩良田，造福民间众生。

1845 年，曹谨辞官返回河南老家，临行时，凤山几千百姓哭泣相送，依依不舍。1849 年，曹谨病故于沁阳家中。清咸丰十年（1860 年），当地乡民为追慕曹谨功德，特地修建一座祠堂，牌位上写着“前任凤山县知县丁卯解元怀璞曹公讳谨禄位”，清光绪二十一年（1895 年），乡民们又集资重新修建，令其焕然一新。曹公圳及祠碑均置于祠堂的左边，碑记千余言，详述水圳之利，建筑之功，夹议牧民治本之要。台湾同胞称其“功同禹王”。为纪念曹谨

位于河南焦作市沁阳南关村的曹谨之墓

的恩德，人们以曹公路、曹公里、曹公国小命名，将其牌位供奉于德政祠、名臣祠。每逢曹公的生日（11 月 1 日），都举行隆重的祭典。在今天的河南省焦作市沁阳水南关村，曹谨墓冢依然保存完好，墓呈圆形，青砖围砌，高约 3 米，占地面积 1400 平方米。墓前竖立清石雕刻的墓碑，上书“清故海疆知府曹谨之墓”。每年，有许多台湾同胞来到这里虔诚地拜谒曹谨，追思他的功绩。

台湾清代的水利工程除了规模较大的台北瑠公圳、彰化八堡圳、高雄凤山曹公圳之外，还有规模较小的台南市新化区的虎头埤、台中市丰原区的葫芦墩圳等，不胜枚举。但上述三圳却是代表了台湾古水利工程的最高水平。

至今，这三大古水利工程仍浇灌着岛上的万顷良田，滋润着台湾的平原大地，造福着台湾的千万人民。

台湾布袋戏的昔与今

2003年的初夏时节，正当海峡两岸人民共同庆祝抗击“非典”取得重大胜利的时候，一则消息引起了人们的注意：经国家广电总局的批准，台湾36集的布袋戏连续剧《射雕英雄传》将于暑假期间在全国各大电视台播出。一时间，众多的媒体中也都刊登或播出了这条消息。许多人说，《射雕英雄传》不光有电影版的、电视版的，原来还有布袋戏版的。

那么，什么是布袋戏呢？

布袋戏又叫“掌中戏”，起源于福建泉州。相传在明末时，泉州城里有一位穷困潦倒的书生叫梁炳麟，才学过人却屡试不中。有一次在上京赶考途中，梦见一位白发老翁在其手掌上写下“功名归掌上”，醒来之后心中大喜，以为此番赶考必定能够金榜题名，没想到又是名落孙山。回到家中，他郁郁寡欢，无聊之时便做些木偶放在手中把玩，后来又加上一些戏文在乡间义务演出，既宣泄胸中郁闷，讽刺人间世故，又借以炫耀自己的满腹经纶。由于构思奇特，演技别具一格，很快便声名鹊起，这时，梁书生才领悟到“功名归掌上”的含义。后来许多失意的书生也竞相效尤，并吸收了福建的雕刻（戏台、木偶头）、泉州的刺绣（戏服）以及民间音乐（南管等），逐渐形成一种具有独特艺术魅力的地方戏剧，在闽南地区流行起来。因为演出使用的木偶，除了头、手掌和脚的下半段以外，四肢和身体都是用布缝制而成的，形状酷似布袋，加上木偶小，全“戏班”放在一个大布袋中即可，所以民间称之为“布袋戏”，又因为这种戏的表演是把手掌伸进当作木偶身体的布袋之中，以中指套住头颈部，食指与无名指套入两手袖，靠手指的操纵来表演，故又有“掌中戏”之称。

布袋戏先是盛行于泉州、漳州、潮州一带，后于明末清初传入台湾。布袋戏传入台湾后因戏路、词调、乐调的不同分成不同的派别，主要有南管、北管、潮调三大流派。南管派的布袋戏称为南管布袋戏，是直接由泉州传入的，也是台湾省布袋戏的始祖。其演出时的词曲、排场都很讲究，但戏的内容、结构较简单，戏路多是文戏、歌曲，道白全是泉州的腔调，所以也有干脆称之为“泉州布袋戏”；北管派的布袋戏也叫乱弹布袋戏，专演武打的戏剧，富于娱乐性，唱词与道白均为漳州腔调，有人也称之为“漳州布袋戏”；潮调派演出的也叫“白字布袋戏”，戏路大体与南管派演出的相同，只是道白、乐曲等均用潮州腔调。这三派各具特色，都拥有自己的观众，且相互影响，相互促进，演技日益完善成熟，又不断创新发展，逐渐成为具有浓郁地方特色、备受台湾人民喜爱的民间艺术。

传统布袋戏的全班人马，在六人左右，操演师伸手在台上表演，副手在旁协助兼作杂务，其余的为后台乐师：打鼓、打锣、打钹、拉胡琴、吹唢呐等；演出时，手艺高超的操演师躲在幕后，一面用手熟练地操纵木偶，表演各种细腻的动作，同时还要模仿各种人物的声音，绘声绘色地叙述剧情，既有引人入胜的道白，又有典雅婉转的清唱，时而还插入几句幽默风趣的俚语。雕刻精美的戏偶，个头虽小却灵活传神，戏台不大却道尽了人间的悲欢离合、真善丑美，小小的木偶抓住了观众的心，随着剧情的变化，时而叹息愤懑，时而欣慰悲切，台上台下融为一体。许多历史的故事，民间的传奇，就这样通过布袋戏的表演而家喻户晓，深入人心。

布袋戏大师李天禄塑像

台湾布袋戏的演师虽然是躲在幕后表演的，却仍有许多大师留下“芳名”，在早期有一位名叫童泉的演师，他满脸的大胡子，台湾人都亲切地称他为“胡须泉”，其表演令人百看不厌，每个木偶一到他的手中，便“活”了起来，表情声音，惟妙惟肖，每到滑稽之处更令台下数百观众皆嘻哈绝倒；与童泉同享盛名的还有李天禄，他先后演出布袋戏数万场，所有木偶一上其手，皆活灵活现，其刻画剧中人物性格之功力，后代少有能匹之者。

甲午战争后，日本侵略者盘踞台湾达50年之久。日据时期，日本鬼子恶毒地妄图抹杀中华文化在台湾的影响，布袋戏也受到了压制和迫害。但台湾同胞并没有屈服，他们越是思念家乡，对祖国的传统文化艺术就越感亲切，每逢有布袋戏演出，前来观看的群众总是人潮如涌，台湾人民用坚持演出和观看布袋戏来表达对祖国对家乡的认可和思念情怀。

1945年台湾回到祖国的怀抱，布袋戏的艺人们与台湾人民一起欢欣鼓舞，他们又迎来了一个布袋戏新的春天。而随着时间的推移，由于电影、电视的兴起，在现代娱乐文化的冲击下，布袋戏在台湾也曾衰微过，但布袋戏的艺人们没有坐等没落，他们积极行动起来，想尽办法挽救这一古老的传统文化。一方面，他们坚守漳泉布袋戏的古风，许多台湾布袋戏的团体和艺人辗转回到祖国大陆，到布袋戏的祖籍地福建闽南去学习经验，吸收营养，如相传一百多年前由晋江永宁的一位艺人将布袋戏带往台湾并组建名为“小西园”的剧团，始终坚持漳泉古风不移的传统布袋戏，曾多次派人回到大陆学习、交流，在漳州找到了台湾已失传的“南管”音乐，并将其学会带回了台湾，他们为保存和完善传统的布袋戏艺术，付出许多的努力和艰辛的汗水，目前，小西园的足迹已遍及五大洲二十多个国家，每年在世界各地巡回演出四百多场，为发扬光大传统的布袋戏走出一条很好的道路。还有一些布袋戏艺人在保持和发扬传统

传统布袋戏演出剧场

布袋戏的同时，大胆创新，成功地将光、声、电等现代化手段应用于布袋戏中，运用现代音乐效果制造出更加丰富的表现力，在背景上力求接近真实，在人物塑造上更贴近社会，在这一方面，布袋戏大师黄海岱领班的台湾“五洲园”剧团尤为突出，本文前面所说的36集布袋戏《射雕英雄传》就是在其次子黄俊雄的主持下制作完成的。曾于2002年在泉州市第二次播放的台湾布袋戏《霹雳狂刀》，是一种介于人和卡通之间、运用三维技术制作的剧目，此布袋戏曾在台湾创下97%的收视率，至今没有任何节目能打破其纪录。

不管是保持传统、坚持原汁原味，还是勇于创新、敢于独辟蹊径，产生于大陆、成长于台湾的布袋戏，在台湾依然有着众多的爱好者。

喧嚣艺阵助庆典

如果说起“艺阵”或“阵头”，人们可能会觉得比较生疏，但如果说在民间喜庆的日子中常常见到舞龙表演、耍狮表演、高跷表演、花鼓表演等，相信大多数人都知道是怎么回事。在台湾，人们将这一类的表演统称“艺阵”或“阵头”，这种艺阵表演产生于民间，扎根于民间，在百姓中广为流传并深受人们喜爱。

三百多年前，当东南沿海的居民在生活重压下，迎着惊涛骇浪，冒死渡过海峡到台湾垦荒谋生时，世事的艰难和生命的无常让这些移民无一不在临行时将家乡的神明或香火携带在身边，以期得到神灵的庇佑和保护。起初，他们仅能将神像供奉在家中或将香火挂在树上膜拜，慢慢地，当经济、生活状况有了改善和宽裕时（台湾的土地非常肥沃，气候也好，可一年三熟），人们便集资建起庙宇来敬奉神明，感谢并祈求获得更大的丰收。这样，从家乡带来的神像就成为庙宇的主神，并逐渐发展成为一方土地的守护神。每逢神明生日时，人们就会举办庆典来酬谢神明，此外，为求得居所一带的环境平安，庙宇周边的人们还会请出守护神进行“巡视地方”的仪式，意为请神明驱邪逐鬼保平安，也有乡村举办神明绕境祈福消灾的“迎神赛会”，每当举行这些重大的仪式时，跟随神明“出巡”“护驾”的，就是民间的各种阵头，如龙阵、狮阵、宋江阵、车鼓阵、跑旱船等。因此可以说，台湾早期的民间阵头技艺，是在当时农业社会生产力低下、人们无法掌控自然，转而祈求神灵保护，为了进行祭神仪式或迎神赛会而产生的。当然，其中的每一种阵式，都是从当时同为农业社会的大陆学来并从大陆请来师傅传授指导下进行排阵的。

早期的民间阵头都是由村落或村落的团体、宗族或宗族的团体等组成的。这些阵头很多是由各地庙宇、村庄支持赞助成立。艺阵里的成员多由当地人担当，练习地点也往往是就近庙宇前的广场，当举办祭典或迎神赛会时，就将平日里练习的成果展示出来。因此，通过组织艺阵表演可以加强家族或村庄的认同感与集体意识，以艺阵表演为契机，将家族的团体或村落的团体更紧密地联系在一起，形成强大的氏族或村落联盟，对加强地方秩序和保障生产利益都具有很重要的意义。另外，阵头的召集和组织者，大多由当地颇有经济实力和德高望重的人担当，其年龄、家族地位、族中辈分、道德规范及经济状况等，都是决定整个阵头活动状况和影响力的基本因素，这些都蕴含着当地民众对其社会地位的认同。

由于早期阵头演出的动机及形式，多带有浓厚的宗教气息，因此其表演主要表现在庆祝神诞和还愿酬神、消灾除煞两个方面。表演大多利用神诞庆典之日或农闲之时，使人们有充分的时间表达对神明的虔诚之心。在庙宇前演出或演出中路过庙门时，还要有拜神的表演内容，所以艺阵的演出，除了有敬神的心意外，还有通过扮演的角色与神明沟通的意义。在表演中，将人民大众酬神、还愿、祈福、除煞等愿望表达给神明，同时又借着这些角色得到神灵所赐予的降福，从而在心灵、精神上得到慰藉。

迎神赛会组织的艺阵表演，不仅加强了本家族、本村落的凝聚力，还促进了相邻村庄之间的友好往来，不同的阵头相聚在一起，共同庆祝神明的庆典，同时祈求神明的庇佑，共同的心愿和希望使得不同的阵头形成同一种力量，为迎神赛会增添了欢庆的气氛，大家都为迎神赛会的圆满完成而击掌庆贺，欢欣鼓舞，彼此成为朋友，相互认识，促进今后的友好往来。

在早期社会中，黎民百姓主要的娱乐活动除了观赏各种戏剧歌舞外，就是积极参与村子各种艺阵的表演或欣赏其他喧嚣热闹的阵头技艺。每当他们看到各种由自己人演出的精彩艺阵表演时，禁不住欣喜万分。当看到别的艺阵威武雄壮的阵式时，也不由得专注凝神，叫好助兴，艺阵的观赏性和娱乐性，是使其能长久活跃在不同社会时期的最主要原因，另外，商人、小贩也会在庆典期间纷纷赶来兜售物品，而人们在庆典欢乐的气氛下，格外愿意消费，因此，当有庙会庆典或迎神赛会时，也就会刺激当地经济贸易的良性发展。正由于艺阵表演具有政治、经济、宗教、社交、教育、娱乐等多方面的功能，所以它的活动就成为凝聚民众的大事，被台湾同胞一代一代传承下来，至今依然受到人们的喜爱和追捧。

由上所述，数百年来台湾的各种传统艺阵表演一直延续至今，是与人们的社会生活密不可分的，尤其在被日本侵占的50年中，各种艺阵表演能够在统治者强暴的淫威下顽强地生存下来，更让我们对台湾同胞坚持中国传统文化的不屈精神肃然起敬。阵头技艺作为中国民间民俗活动的一种，在三百多年前随着大陆移民前来到台湾，历经沧桑和历练而依旧生存于民间，并且不断产生具有台湾本土特色的新的艺阵表演形式，进而发展成一种具有台湾地方文化特色的乡土表演艺术，令我们今天能够在岛上看到各种不同形式的艺阵演出。

目前，台湾的艺阵表演，大体上可分为：宗教阵头、小戏阵头、音乐阵头、香阵阵头、趣味阵头几大类。其中每一类中都有数种不同形式的表演内

戴上面具的“八家将”

逶迤的蜈蚣阵

风趣的布马阵

容，如宗教阵头里，就有长龙阵、金狮阵、宋江阵、八家将、白鹤阵、蜈蚣阵等，小戏阵头中有车鼓阵、竹马阵（也有叫布马阵的）、牛犁阵、素兰出嫁等；音乐阵头中有南管阵、北管阵、太平歌、文武郎君等；香阵阵头中有报马仔、捕快队、旌旗阵等；趣味阵头中有跑旱船、斗牛阵、水族阵、双声仔阵等。许多艺阵由名称就可以想象出其表演的形式和内容，且不说长龙阵、金狮阵、跑旱船等都是人们极为熟悉的，还有像宋江阵，就是仿照当年梁山好汉结义同官军作战的阵式进行表演，蜈蚣阵是让几十个真人童男童女假扮成中国传统神话中各种人物坐在由近百人抬起的长轿上行走，宛如一条蜈蚣蜿蜒蛇行，民间因以毒攻毒的说法，认为蜈蚣阵具有驱邪避灾的作用；水族阵是人们身披类似水中贝类生物的道具，在行进中边歌边舞，变换队形，给人以美的感受，表现了对大海的感激和依恋；素兰出嫁表现了女孩出嫁时人们载歌载舞的欢庆及对新生活的向往。这些形形色色的阵头表演令人目不暇接，眼花缭乱。这些来自生活、表现生活的阵头技艺，充分表现出民间娱神自娱的心态，带给人们极大的乐趣。

因为在台湾的发展史中，台南市及其周边地区属于开发较早的地方，地处西南沿海，早期的移民均以农渔为主，因此各种宗教活动在这一带也就相当繁复。一年之中，庙会不断，亦为艺阵提供了无数的表演舞台，直到目前，像台南市、嘉义县、高雄市、云林县、屏东县等五县市，仍活跃着众多的艺阵表演团体，大约每一个乡镇或村庄，只要有庙宇，就至少有一个舞狮的团体，像有名的将展示武功结合起来的宋江阵，就是以台南地区为大本营的，像阵式较小、轻松愉快的车鼓阵、牛犁阵，则主要分布在高雄、台南、屏东等地，总的说来，保留农业社会习俗越多的地方，这种艺阵表演的团体就越多，但表现中华民族卓越精神的舞龙阵、舞狮阵，则像遍布祖国大陆大江南北一样，遍布台湾岛的东西南北中。

龙腾虎跃“宋江阵”

台湾的寺庙多，信奉的神明就多，一年中为某个神明庆祝“神诞”的日子也就多，每逢这种日子，人们除了纷纷来到庙宇上香祈福，感谢神明的保护、祈求神明的庇佑外，还会举办很多迎神、娱神的庆贺活动，这些活动往往使庆祝神明“神诞”变得更加热闹和欢乐。娱神活动有许多，但要论规模之大，阵势之壮，影响之广，非盛行于南部地区的“宋江阵”莫属。

据考证，宋江阵源自福建沿海地区一带，其形成可追溯到明嘉靖年间。明中后期，由于宦官专权，朝政腐败，天下大乱，民不聊生，四起的匪盗和日本浪人结成武装海盗集团，不断窜犯侵扰闽、浙两地海防薄弱的沿海地区。据同安县志记载，从英宗正统十四年（1449 年）至穆宗隆庆三年（1569 年）的一百二十余年中，同安县城就遭受倭寇攻城六次，破城焚毁三次。尽管朝廷无能，但守土官兵都富有爱国精神，历任县令、参将武官均亲自率领官兵，主动出击，同时组织乡民立寨结社，练兵布阵，坚壁清野，阻击倭寇，“旬月之间，筑堡百十有余，连以十、五之法，为社百有六十，相助守望”。至今，同安地区冠有“堡”“寨”的地名还有二十多处。经同安军民同仇敌忾的奋勇抵抗，合力痛击，境内倭患终于在穆宗隆庆三年（1569 年）荡平，而民众习武抗暴的古风却一直沿袭下来，“宋江阵”这种亦舞亦武的民俗形式便是当时崇武民风的产物，并很快广泛流传于闽南地区，成为一种气势磅礴、阵势壮阔、威武雄壮的民间武术体育的表演形式。

关于宋江阵阵势的历史渊源，有几种不同的说法：

一是源自“水浒传”。宋江等108条好汉纵横江湖的故事以及其“替天行道”和“忠义两全”的口号，脍炙人口，流传甚广，人们将他们神化天庭中的36天罡和72地煞星，转世到人间劫富济贫，为民除害，扮演成他们的角色以祈求驱邪保平安的心态。宋江阵的阵式相传出自宋江攻城时所用的阵式，阵式的组成由手持令旗的人在中心指挥，再以鸣锣、打鼓助长阵势，并指挥队伍进退布阵，进而演变成今天的宋江阵。

二是认为宋江阵是少林武学的一支，属于实拳派，与少林单套拳、狮阵、剑阵等同时流传下来。

三是来源于明末抗倭英雄戚继光自创的“鸳鸯阵”阵法。鸳鸯阵强调二人应成双成对，像鸳鸯一样不可分离，强调相互间的勇猛忠义，这与宋江阵强调替天行道忠义双全具有相同的意义，而两阵同为维持二列队形，作为战斗行列的阵法。

宋江阵最多由72人组成，也有56人、42人的，最普遍的是36人（不包括打锣鼓的人），但出阵人数以108人为大忌，因为梁山泊108好汉的最终结局至今令人不寒而栗。表演以排阵头为主，个人比武为辅的民间阵艺。所持兵器五花八门，包括藤竹制成的盾牌、青龙刀、单双刀、金钩、长叉、齐眉棍、双斧、戈等。

明清时期，随着发生颜思齐开发台湾，郑成功驱荷收复台湾，施朗底定台湾等重大历史事件，跟随前往台湾的同安籍移民以及后来纷纷到台湾垦荒谋生的闽南移民，将宋江阵带到了台湾，并世代相传至现在。目前，岛上尤其是在南部地区，宋江阵的组织仍有许多，仅一次高雄市举办民俗活动时，就有五十多个民间阵头参加表演。而宋江阵之所以能够在南部地区盛行，是与台湾早期的开发均在中南部有关。台湾的开垦初期，移民均集中的中南部农村，因当时公共权力不强，以至盗贼四起，劫掠民家，各地农村为求团结自保，发起组成宋江阵，以确保生命财产安全，于是集合村中青壮年加入，聘请大陆武师传授宋江阵的阵式与动作以及各种武术技能，来保卫乡里村社安全和练武强身，由此深受乡民的喜爱。此外，宋江陈的流传还与郑成功有关。郑成功率军收复台湾后，为了加速台湾的经济建设，实施寓兵于农的屯垦政策，将大部分兵力均按镇（当时的军事建制）分地，按地开垦，在农闲时则进行军事操练，郑成功的部下大多是闽南人，训练时自然就排起了宋江阵，加之郑成功经营的主要地区是以南部为主，其次是中部，然后才是北部，这也形成了中南部的宋江阵多于北部的事实。

此后，台湾虽历经几次历史流变，但宋江阵却依旧保留下来。清政府统一接管台湾后，因不重视台湾的重要位置而疏于管理，导致岛上治安败坏，贼寇猖獗，加上漳泉之间、闽粤之间的移民由于土地、水源诸问题而屡屡发生械斗，为自保，每个村庄被迫自组武力，这些武力组织的技术指导和阵势排演，均请当地武馆中的拳师在村庄里的寺庙前按宋江阵的技法进行传授，因此在清代，台湾宋江阵的组织已转为由各村镇的寺庙和武馆作主持了。日据时期，宋江阵的作用已不再是乡民间争纷械斗的工具，而变成为缅怀祖国家乡所举办各种庙会祭典时不可或缺的一项活动，这也是虽经日本侵占 50 年，宋江阵依然流传下来的主要原因。台湾同胞的拳拳爱国之心，通过宋江阵的承传具体体现了出来。1945 年抗战胜利后，台湾再次回到祖国怀抱。之后，在迅猛发展的经济奇迹中，宋江阵传统的军事训练和自卫武力的意义已完全消失。在经济实力提高、社会压力增大、人们心灵空虚的现代社会，宗教活动却越来越频繁，庙会规模也越来越大，此时宋江阵则更多地显示出在祭祀中避邪驱鬼、祈福免灾的功能，同时也彰显出一种地方的凝聚力。这也是虽然面临目前农村中的青年人大量涌入城市造成农村青壮年人数减少的困难，但宋江阵依然能够顽强生存下来的重要原因。

宋江阵的表演形式因承袭不同的师傅传授略有出入，但名称、阵式等大致相同，操演的形式基本包括：(1) 发彩；(2) 打圈；(3) 开四城门；(4) 龙卷水；(5) 巡中城；(6) 开斧；(7) 兵器及拳术表演；(8) 拆圈；(9) 蜈蚣阵；(10) 黄蜂结巢；(11) 对打；(12) 五花阵；(13) 连环打；(14) 八卦阵。其中以“八卦阵”最重要，也最神秘莫测，变化

宋江阵所使用的各种兵器

复杂，威力也最强大，因为人们相信，八卦阵具有驱邪镇妖，保境平安的作用。另外，宋江阵除了集体项目外，还有个人或双人的各种单打、双打或三人混合打的表演，可谓是熔拳术、器械、阵法于一炉的综合性武术套路表演。

表演宋江阵的兵器，虽然有些是真刀真枪，但也加上了如“雨伞”“鸡毛掸子”等一类搞笑的用具，以娱乐群众，在操练或表演时，会在兵器上贴“平安符”之类的东西，主要是为了防止失误伤人或被对方的兵器误伤。宋江阵表演时演员的喊杀声、呐喊声及兵器的格斗碰击声交织在一起，非常雄壮威武，在头旗的指挥下，不时变换各种阵式，前进、后退、打圈、布阵，井然有序，有条不紊，直令旁观者眼花缭乱，热血沸腾，全部演练一路下来大约需要两个多小时。

至此，宋江阵已成为台湾农村地区农闲时练拳健身，保卫乡里，迎神赛会时可以出阵护神，驱邪保平安，节日庆典时又能增加欢乐气氛，娱乐百姓并进而团结乡里，彰显武功的民间武术体育表演形式。在台南市境内，大多数的农村、庙宇均有宋江阵阵式组织，各阵式又独具特色，除了一般规定的阵式和着装外，还有的身穿传统服装表演，有的按水浒108将中的人物画出脸谱，不一而足，因此，观看不同的宋江阵阵式的表演，就会得到不一样的精神享受。

20世纪50年代表演的宋江阵

目前，在台湾尤其是台南地区，每当有民间传统庆典或宗教活动，特别是春节、元宵节等时节举行庙会时，都会出现宋江阵英武雄壮、威风凛凛的壮观表演。真诚地祝愿宋江阵这一古老传统的民俗活动能够永久地活跃在大众百姓的生活当中。

牛的逸闻趣事

曾何几时，耕牛是农业社会中最主要的生产工具，农民拥有耕牛，就意味着可以扩大耕种面积，提高种植效益，获得较好的收益。因此，耕牛在农民的眼中自是非同一般的重要。耕牛在台湾早期的开发中，发挥了无可替代的作用。

其实岛上原本没有善于耕作的牛，只有野性的水牛，这从清康熙三十七年（1698 年）一个到台湾游历考察的浙江人郁永河所写的《裨海纪游》中可以得到证实。郁永河在书中提到，他从台湾南部走到北部，经过竹堑（今新竹市）时，在大森林中，看见当地少数民族带着野牛走过，通过随行翻译得知，野牛带回去不是为了吃肉，而是要把它用木栅围起来，不给它东西吃，等饿得差不多了，拿鞭子抽打它，打得半死后，再给些水和食物吃，如此反复的饿、打……直到这牛的野性没有了，这时，少数民族会牵着牛到汉人住地去换东西，而汉人则用牛进行耕作。黄牛也是后来才来到台湾的，黄牛进入台湾有两个途径：一是从大陆运来。当初郑芝龙大规模组织福建灾民到台湾开荒时，曾许诺每三个人给一头牛，因此会想办法从大陆运一些耕牛到台湾，但限于当时海峡恶劣的航海条件和船只的简陋情况，能够运往台湾的牛必定有限。还有一个途径是曾占据台湾达 38 年的荷兰人运来的。荷兰侵占台湾后，那些长期驻守台湾的荷兰兵天天吵着要吃牛肉，而台湾当地又没有，所以就从印度用船运牛肉到台湾，在当时没有冷冻设备的条件下，那些用盐腌制的牛肉还是在航运途中边走边坏，最后只好扔到海里，等到了台湾，牛肉已所剩无几，士兵吃不到牛肉，就闹情绪，不安心在台湾驻守，后来，荷兰当局从印度直接运来200头黄牛，除保证士兵吃肉，还出售一些牛给附近耕作的汉民，这批黄牛应该是台湾现代黄牛的“先祖”了。

那些在开垦初期生活在台湾的耕牛，为宝岛的开发做出重要的贡献。在中部嘉义县，有个叫作“水虞厝”的地方，这里有一座台湾唯一的、恐怕加上大陆在全国也是唯一的一座水牛庙。庙里供奉着一头水牛塑像。传说，郑成功率军收复台湾后，立即组织驻军屯垦开荒，一天，他巡视到此地时，发现这里垦荒条件极其艰难，于是想方设法为这里的百姓搞到两头牛，百姓有了牛，欢天喜地，从此开垦更加努力。后来这两头牛因年老、劳累相继死去，百姓非常悲伤，于是自发集资建起这座水牛庙。缅怀郑成功送给他们耕牛，也纪念这两头鞠躬尽瘁，为开垦荒地做出巨大贡献的牛。直到现在，每天还都会有人在“牛”的面前放上一把青草和一盆清水。我们可以从中体会出台湾同胞的对牛的真挚情感。

在台湾的传统民俗庙会中，“牛墟”是其中一个保留着昔日交易形态的市俗集会。牛墟就是买卖牛的集市，在台湾少说也有一二百年的历史了。如郁永河的《裨海纪游》中所记载的少数民族将捕捉的野牛驯化后与汉民进行物资交换，恐怕是台湾最早的“牛墟”了吧！直到20世纪的50年代，台湾的牛墟均以耕牛交易为主，后来，随着拖拉机、耕耘机、汽车等现代产品普及至农村，耕牛逐渐退出牛墟的主角，而由乳牛和肉牛所代替。现在，云林县北港镇的牛墟是台湾现存五六处牛墟中规模最大的一处，每旬的三、六、九日，各地商贩便云集此处，各等牛只也“乘此机会闪亮登场”了。

牛 墟

牛墟开墟的清早，各地牛贩或牧主便纷纷赶着牛儿来到墟场，有些是用汽车将牛装载而来的，牛贩向墟场管理员交纳“管理费”后，方得进入墟场开始交易。内行人买牛时大体有几个步骤：第一步叫“摸寿”，即检查牛的牙齿以判断牛的年龄，一般七齿以下发育不健全的牛不受欢迎，超过八齿的牛备受欢迎；第二步为“试牛步”，从牛的步子上观察牛的性情和勤劳程度；第三步称“试脚力”，让牛去拖被绳子捆牢不能转动的大车，以试其力气。经过这三个过程，已明了牛的大体情况，双方开始讨价还价，协议价格，最后以都能接受的价格成交。

在牛墟里，还有卖耕牛用品的，如牛鞭、牛铃、牛轭等，也有其他小贩，如卖点心零食的，卖鞋帽衣物的，甚至还有卖渔网钓线、耍魔术、演猴子戏等跑江湖的来凑热闹。来到这里，让人们可以更多地感受到现代都市中已经消失的古风古韵，年长者似乎又回到已逝的岁月中，而年轻人则能感受到先民们曾经历过的艰难岁月……

“斗牛”是中国民间古老的习俗。它源自于远古的耕牛时代，反映当时实际生活的娱乐活动。像浙江金华地区，早在二三千年前，就已兴起春秋两季尤其在秋收以后开始的斗牛娱乐，而且一直延续到现在。广西在春节期间会有春牛队到各村贺年并表演斗牛舞，其中也有斗牛，从《南宁府志》中可以看出，这种土牛迎春的习俗早在明代就已盛行。台湾也有斗牛表演，但表演的主体并非真牛，而是让人装扮成黄牛进行争斗，其娱乐性自然有别于真牛相斗，少了真牛打斗的血腥场面，更多了些趣味性和快乐感，给人带来很多的乐趣。

台湾的斗牛表演不拘季节、时间、场地，只要当地有庆典活动，就会有斗牛团体进行演出，所用道具是以藤为骨架，外面蒙上黑布或皮做成。每头牛由两个人操作，人脚充做牛脚，表演没有一定套路，即兴发挥，模仿牛儿吃草、行走、为争地盘抵角相斗，表演两牛争斗时的各种动作，或跑、或跳，纠缠不开，再加上牛的主人在一旁各自保护自己的“牛”，吆喝鞭打对方的“牛”，用诙谐俏皮的话互相“指责”，甚至扭打在一起，围观的人看到“牛”与“牛”争斗，牧牛人与牧牛人相打的“混乱”场面，被引逗得开心大笑，好不热闹。最后，人、“牛”都筋疲力尽时，方有一个和事佬出面“劝架”，双方这才握手言和，表演也随之结束。

斗牛表演

有时，为了求得“斗牛”的场面逼真形象，生动有趣，双方几乎是真刀实拳地对打起来，此时简直可以称之为“斗人”的表演了。这种人“牛”相斗、趣味横生的表演形式，逼真地传达了往昔农村的生活情趣。虽然它是一种诙谐有趣的表演，但在耕牛日益退出农业舞台的今天，无疑会勾起人们对农村生活的回忆。因此它才会成为现在在台湾各类庙会、喜庆活动中深受群众喜爱的表演节目。

台湾同胞对牛有着一份浓得化不开的感情，所以就用“牛车之旅”“牵牛犁田”等一些名称的民俗活动，来弥补一下自己失落的童年，也满足一下自己好奇的成年。许多地方在每年过年期间都会在庙宇中设置一条纸牛，让前来进香祈福的人们“摸摸乐”，这个民俗活动叫“摸春牛”，庙方的广告词说：“自古相传摸春牛，会带来大吉大利”，从牛头到牛尾，无一不是宝，庙方还在牛的旁边立了一块牌子，上面写着：

摸牛头——儿孙会出头
摸牛嘴——大富贵
摸牛脚——财产吃不完
摸牛尾——剩家货
摸牛耳——吃百二
摸牛卵——家货剩亿万
摸春牛——年年有余

摸“春牛”乐融融

来庙会的人，无论是男女老幼，都要摸一摸“春牛”，不管“家货”剩不剩亿万，只是要图个乐而已。

耕牛在过去曾给人们提供了良好生活的条件，现在又给人们带来无限的欢乐。尽管目前台湾的经济实力早已达到较高的水准，耕牛也逐渐退出耕作的场所，但人们珍爱牛、厚待牛的习惯依旧保留延续下来，将对牛的喜爱体现在生活中并从中收获到许多欢乐。

信仰传承

台湾之人，
中国之人也，
而又闽粤之族也。
闽居近海，
粤宅山陬，
所处不同，
而风俗亦异……

连横（雅堂）：《台湾通史·风俗志》

三步一小庙 五步一大寺

来到台湾旅游观光的人们往往惊异于遍布岛上大大小小、形态各异的庙宇之多之密，尤其是在开发较早如台南、台中等地区更是如此。人们常用“三步一小庙，五步一大寺”来形容那些多之又多、令观光者禁不住发出“望庙兴叹”之感的寺庙。

纵观全台湾宗教信仰，不仅包括了中国本土产生的道教、儒教、原始古代信仰及民间信仰，还包括外来的佛教、基督教、天主教、伊斯兰教等教派，加上其他因素形成的崇拜，使得在台湾接受崇拜、奉祀的神明竟达三百多种，到了 20 世纪 90 年代初期，岛上的各种庙宇已有 14093 座，这么多的庙宇散布在总面积仅为约 3.6 万平方公里、素有“高山岛屿”之称的有限平原陆地面积上，其密度可想而知了。

在台湾众多宗教信仰中，占主流地位的、影响力最大的、信众最多的，莫过于产生在中国原始社会并在延续流传下来的过程中渗入了儒释道诸元素的“民间信仰”。所谓“民间信仰”，它曾是中国古代政府施政的一部分，延续到近代，政府逐渐脱离了对其政策性指导而转变为纯粹的民间行为，它拥有众多的传播据点——各类不同的祠（如家祠、宗祠等）和种类繁多的庙、拥有众多的信仰人口。被信仰的对象可分为三大类：第一类是负载、哺育人类的天地、日月星辰、山林川谷；第二类是对人类、社会、国家、民族有重要贡献的人；第三类是各宗族的祖先。信仰者主体也有三类，第一类是各级政府及官员，他

民间信仰的多样性

们的宗教活动是为了实现其施政目标，以宗教活动规范百姓行为，让整个社会井然有序；第二类是各大家族，他们祭拜自家祖先，一则以祖先的荣耀事迹来凝聚家族向心力，绵延家族生命，二则树立家风，引导后人师法向善；第三类是一般百姓，他们是社会的基础，有精神上的需求，祭祀行为可使他们在心理上获得某种信心或慰藉。

在台湾早期发展史上，曾有两次大规模的移民活动，一次是郑成功率大军渡过海峡，从荷兰人手中收复台湾；一次是施琅率文武官员接管郑氏政权，代表清政府治理台湾。出于巩固发展政权的需要，这两次大规模的移民依时间先后都将台湾民间信仰的规模和范围提升到新的高度，而持续数百年的东南沿海赴台谋生的移民，也一并将其家乡的地方神明携至台湾。如莆田移民所奉的妈祖、漳（州）籍移民所奉的开漳圣王、泉（州）籍移民所奉的广泽尊王、安溪籍移民所奉的清水祖师、福州移民所奉的临水夫人、同安移民所奉的保生大帝、粤籍移民所奉的三山国王等。

除上述原因外，还有一些在台湾垦拓发展中做出杰出贡献和牺牲的人，人们为怀念和感恩他们，也为他们建庙立像，进行祭祀，如郑成功祖孙三代、为帮助少数民族摈除“出草”陋习而献身的吴凤、为改变少数民族对汉民的误解而坦然受戮的天水夫人、率领漳州等地移民开发宜兰并因此捐躯的吴沙、为台湾的水利开发做出贡献的曹谨、为抗击日寇侵占台湾英勇献身的杨统领、敢与日本警察周旋斗勇的廖添丁等，都受到人们的尊敬和崇拜。

台湾民间信仰的发展历程也经历了几起几落：甲午战争前，曾达到当时空前的兴盛，但被日寇强占时期，遭到日本殖民者严厉的压制，随着全面抗战爆发，日本统治者对岛上越压越旺的民间信仰实行变本加厉的“清理”，仅 1941 年，就废毁寺庙 361 座，移作他用 819 座。烧毁 1966 座庙中的神像 13726 尊，没收 428 座寺庙中的 4069 尊神像。1945 年，台湾重新回到祖国怀抱，欢庆胜利的台湾民众纷纷取回了被日寇没收的神像，恢复了庙宇的原有风貌，压抑多年的民间信仰也随之得到了“解放”。1949 年，蒋介石当局及其数百万军队退到台湾后不久，寺庙活动就受到了限制，直到 20 世纪 80 年代，随着台湾经济的发展和社会的进程，有关部门在 1981 年公布了“台湾省加强鼓励寺庙从事推行中华文化复兴工作实施要点”，鼓励寺庙从改进环境布置、设置图书馆、举办文化活动三个方面来改善社会风气。自此，岛上各地修旧寺建新庙，大街小巷神坛林立，各种营神赛会活动盛况空前，时至今日，台湾的民间信仰活动更多已转化为一种文化现象和极具观赏性的活动。每年吸引大量游客，给岛上带来不小的收入。

台岛上保留的大量民间信仰，其中许多还是自古代沿袭下来的祭祀模式，除了有台湾岛本身置于浩瀚大海中这一特殊客观环境之外，在开垦之初因恶劣的生存环境使无助的移民求助于神明庇佑，也是早期台湾香火旺盛的主要原因。后来荷兰、西班牙、法国相继染指台湾，尤其是荷兰侵占台湾长达 38 年以及遭遇日本对台湾 50 年的占领，都激发了台湾同胞用民族传统的信仰诉说他们对祖国家乡割舍不断的情感和思念。每当岛上的情况有了好转，如郑成功收复台湾和清政府治理台湾时，岛上民众又会以最传统的信仰方式抒发他们内心的欢娱和喜悦。当 20 世纪 80 年代台湾的经济有了飞速进步时，富足起来的民众仍不忘以感激的心情表达他们的虔诚。现在，虽然台湾已进入高科技含量、高现代化模式的工商经济时期，但现代化社会带给人民紧张的工作节奏和人事关系，增加了人们对前途的不安和恐惧，造成心理压力增大而又无法排除，于是转而又去神明那里寻求心灵上的安慰。因此可以看出，虽然台湾岛已经历了数百年不同的历史时期，但作为平民百姓借以释放心情、宣泄情感、求得心理平衡和慰藉的民间信仰，却一直伴随着人们走到了今天。

关公信仰源远流长

明郑时代，台湾仿照明朝规制以关圣帝君为祀典，其地位仅次于玄天上帝。当时全台共有关帝庙 9 座，都分布在台湾南部地区。至清朝对关羽更特别尊崇，每县所设武庙均以关帝为主神，台湾的关帝庙发展为 43 座。

台湾的关公信仰，是由福建闽南的移民将家乡的关帝庙香火带到台湾而产生的，如漳州平和县后港居民林枫，曾为讼者进京控告，途经东山县铜山东城，闻此地关帝庙非常灵验，即进庙恳求保佑。进京后果然胜诉，归途时再进东山铜山关帝庙叩谢，并在神前求签，蒙准炉丹分灵回乡，雕金身春秋致祭。清嘉庆九年（1804 年），其后人林应狮等人共赴铜山关帝庙分灵奉祀关帝神像入台湾礁溪，集资建庙奉祀关帝圣君。再如，宜兰县头城镇协天宫是由福建漳浦县佛昙镇大坑村的“贰当什祠”分灵而来。明清之际前后从福建东山铜陵关帝庙分灵请会关帝圣君金身回台奉祀的，还有台南山西宫、高雄文衡殿、嘉义关帝庙等。有的建庙缘由漂来神像所致，如宜兰县的西关庙，其建造缘由即是清咸丰年间从上游漂来一尊关帝圣君塑像，地方人士认为关帝圣君福佑辖境，于是集资兴建庙祠供奉。台湾关帝信仰的信徒，一般都认福建东山县铜陵关帝庙为祖庙。近些年来，各关帝庙都相继组团赴福建漳州东山铜陵关帝庙谒祖，如宜兰礁溪协天庙一次就组团 478 人前往东山祖庙谒祖，后又延伸至中原一带晋祖，如高雄关帝庙曾组团前往洛阳关林、当阳关林等地进香。

台湾的关公信仰，又多了许多内容。如被商人奉为商业的保护神，其原因有四：(1) 传说当年关公为了正确计算歼敌数目，发明了算盘，后来算盘被民间用作商业之用。(2) 传说关公生前善于理财，长于会计业务，曾设笔记法，发明日清簿，这种记账法设有原、收、出、存四项，非常详细清楚，后世商人公认为会计专才。(3) 商人谈生意做买卖，最重信用和义气，而关公信义俱全，即“君子一言，快马一鞭”。(4) 相传关公战死后，灵魂又回来复仇，争取最后胜利。商人如有挫败，也应像关公那样东山再起。此外，关公还被称为武神（根据儒家精神而来)、伽蓝神（系根据佛教传说而来)。关公死后，显灵于湖北省当阳县玉泉山，听寺僧人说法皈依佛教，佛教徒以关公为护法神；文昌神，系为五文昌帝之一，称“文衡圣帝”，有“山东一人作春秋，山西一人读春秋”之说。后者指关公，为读书人所祭之神。此外，出岛念书、高考中榜、拜结金兰等都将关公作为他们的保护神，都要到关帝庙祈祷膜拜。新竹县武圣庙据说能保佑学子步步高升，考试顺心，高考得魁，所以要考试的学子经常到庙中祝祷，还要在庙中住宿一晚。台湾各地关公的信仰圈不同，如宜兰礁溪协天庙的信仰圈是以礁溪乡的八大村为基础。信仰圈不同，对关公的称呼也不同，如台南、鹿港等地以泉州移民居多，称关公为“文衡帝君”“伏魔大帝”，其庙宇称为“关帝庙”。宜兰、基隆等地以漳州移民居多，称关公为“协天大帝”，其庙宇称为“协天宫”或“协天庙”。

关公的公祭活动主要集中在农历正月十三日和六月二十四日。前者为关公升天日，后者为关公生日。每到这两天，各种祭奠活动隆重热闹，活动主要有：信仰圈内信徒备好牲礼祭拜；举行平安绕境活动；延聘梨园戏、歌仔戏、布袋戏演出酬神；举办素桌宴客；等等。另外，每个宫庙还有自己独特的祭祀方式。如宜兰县礁溪乡的协天庙，祭奠的程序竟达到30个项目，其中最有特色的是“跳佾舞”，这是一种方阵行列整齐的祭祀舞蹈，4行4列16个舞生扮演成“关家军”，左手拿“关”字盾牌，右手握长柄斧头，配合三献礼的乐章，规矩有律。祭祀关公的“佾舞”所表现的威武气势，正符合关公武将的身份。台北市行天宫正式祭奠于每年农历六月二十四日上午6时10分开始。

台北的行天宫

开启前殿五扇大门以揭开序幕。祭奠由行天宫主持任主祭，率全体信徒、信众行三献礼，并由手持灯、炉、芭蕉扇及凉扇的礼生到前殿门口，行拜接神礼，经大门进入内殿，再由主祭、东西祭及数十名礼生引导上千信众行上香礼。仪式庄严隆重，信徒们环正殿站立，依典礼程序，行初献礼、恭读祝文、行亚献礼、行终献礼……虔诚祭拜恭祝关公圣诞，也为家人和自己祈福。全部仪式于上午7时整结束，历时50分钟。

目前，台湾许多关公庙是当地群众的信仰中心。台北的行天宫立下四大志业：(1) 在宗教方面，不设功德箱，不供奉牲礼，不烧纸钱，不贩卖食物，树立清新、独特的形象，鼓励信众沐浴在忠孝节义的伦理中生活。(2) 在医疗方面，创见思主医院，为民众提供最好的家庭医疗服务，并推动义工制度。(3) 在教育方面，设立全台财团法人行天宫奖学金，每期捐赠奖学金二百七十余万元台币。(4) 在文化方面，建立图书馆，馆内设有儿童活动中心、儿童阅览室，宗教图书馆内收藏有各教派经文图书，分门别类，查阅十分方便，并备有复印机，买卡后可任意复印。还办有杂志，无偿赠送。据悉，宫中图书大多为作者无偿赠送。行天宫图书馆还不定期举行其他活动，如以艺术、休闲、知识、生活为主题，为社区妇女扩大生活、学习的空间。图书馆还免费开办各种研习课程，有语文班、插花班、手工艺班、国画班、烹饪班，以及提供健身的瑜伽班、韵律班、太极气功班等，其他还有美术、书法、室内设计、仪容美学、摄影等课程，学员可根据自己的兴趣自由参加。

还有像新北市新庄区的武圣庙，不仅积极参与主办传统节庆，还参与慈善活动，捐款给盲人及老人。苗栗县铜锣乡的至伦宫也常捐款给贫困者。台南市盐水区的关帝庙还修建京剧院，为京剧爱好者提供活动场所；平时也经常举办书法、作文、写生、做花灯比赛，开展一系列文化活动。高雄市前镇区的镇南宫举办的灯谜赛已成为镇南宫数十年来的传统。屏东县万峦乡的广善堂，每年农历七月都会赈米送给贫穷人家，每人30公斤白米。另外每年均拨一笔相当数量的款额给万峦小学，由学校设立进步奖，颁发奖金给学生。

总之，目前台湾许多关公庙已成为地方社区活动中心。

五月十三人看人

台北市有一句俗语，叫作“五月十三人看人”，熟悉这俗语的人都明白，它是指每年农历五月十三日，有十数万或者数十万人从岛上不同地方赶来台北市，参加盛大的霞海城隍庙祭祀大典，这已成为台北每年最重要的民俗庙会之一。

“城隍”一词，最早见于“周易”，《易经·泰卦》中讲：“城复于隍”，城是指城郭，隍是指城池，城隍原是指城郭沟池。城隍信仰源于古代中原的八卦之祭。《礼记》中有“天子大蜡八，水庸居其七”，意为天子郊祭八种神，其中城隍（水庸）排第七。天子祭拜城隍是表示城郭与护城河保护黎民百姓安全，可见城隍祭典之重要。城隍祭典原属自然崇拜，后因古人感于坚固的城池是社稷平安的保障，故自汉魏时期，城隍逐渐演化为守护城池之神，并建庙祭拜以表崇谢之意。相传城隍彰善惩恶，掌司阴阳两界，除审判人间的是非善恶、凶吉祸福外，也是幽冥界的地方官，稽查百姓来世今生的一切事情。他手下还有许多部将，他们各司其职，协助城隍铲奸除恶。

台湾的城隍信仰始于明郑时代，承天府城隍庙是台湾最早的一座城隍庙。清统一台湾后，通令各府治及县署均建设城隍庙，台湾的城隍庙多以福建府的都城隍庙为主庙，并常在正门上悬挂一只大算盘，意为到此清算总账，报应丝毫不爽。目前，台湾许多地方均有城隍庙的香火，其中影响较大、香火较旺的有台北的霞海城隍庙、台南的府城隍庙和新竹的都城隍庙，霞海城隍庙尤以规模盛大的祭典仪式和岛上众多的信众，成为全台湾岛城隍庙之冠。

霞海城隍庙位于台北市迪化街，规制很小，仅有又深又窄的一座祀殿，门面宽不及两丈，庙深约四丈，因采光不好，内里颇为昏暗。该庙最初是由福建泉州同安移民于清道光年间从其祖籍地的城隍庙分香而来，建庙奉祀在今台北龙山区清水岩西部一带，后于咸丰九年（1859 年）易地改建于现址，并沿用霞海城隍庙名至现在。在霞海城隍庙的沿革中，有这样一个记载：光绪十年（1884 年）法军攻入基隆，台北震动，同安籍的民众组织义军在霞海城隍庙前誓师后，上阵协助官兵作战，抗击法国侵略者，后法军退败。义军凯旋，乡民们都认为是祖家城隍庙保佑的结果，自此该庙香火大盛，信徒有数十万之多。

台湾各地城隍祭典的时间各不相同，其中霞海城隍庙是在每年农历的五月十三日。据说这一天是城隍的诞辰。是日，霞海城隍庙会举行隆重的迎神赛会盛典，俗称“迎城隍”。各地的信徒汇集于此参加赛会。此刻，远近香客络绎不绝，城里沿街排设香案，迎神驾临，只见车水马龙，热闹非常。“迎城隍”进行游行绕境活动，其热闹喧腾的景况异常火爆。城隍庙前人山人海，万头攒动，将狭小的庙前广场挤得水泄不通，鞭炮、管弦、锣鼓震天撼地，各种豪华壮丽的阵头、神轿和花车以及成千上万的香客依次列队，绵延数里，在行进中还表演各种精彩的民俗才艺，队伍里的人装扮成庄严威武的城隍部将，护卫着霞海城隍神轿缓缓前行，游行队伍经过的街道两旁，香案林立，信徒们手持清香虔诚膜拜，热闹中却不失庄严与肃穆。

具有久远历史的台南府城隍庙

在台湾同胞心中，城隍是正直无私的护国守境之神，是国家社稷的化身，不敬城隍者被视为忘祖忘国的罪人。日据时期，城隍信仰则更具特殊的意义。南投县埔里镇始建于清光绪十三年（1887 年）的城隍庙，被侵占台湾的日本人毁坏之后，当地百姓冒死将神像从废墟中抢救出来，藏在家中依照祖制偷偷祭祀，直到抗战胜利后，方才重新建庙。

闻名遐迩的台北霞海城隍庙内

台北霞海城隍庙“迎城隍”庙会始自清同治十年（1871 年），一年一度，从不间断，至今已持续百余年，即使在被日本侵略者侵占时期，也依然坚持年年举行，值得一提的是，1921 年，台湾人民不畏日本当局关于“严禁汉民祭祀活动”的禁令，从各地前来参加城隍祭典的人，光是搭乘火车前往者就达 20 万人，加上台北本地参加的，共达 33 万人，参与迎神赛会的人数创下了纪录。所以，台湾同胞曾将开头的那句俗语称为：“五月十三人看人，人山人海中国人。”霞海城隍庙不仅是福建同安籍移民后裔的保护神，俨然已成为台岛各地信徒共同的精神慰藉了。

如今，虽然已进入 21 世纪，现代科技一日千里，社会发展日新月异，但在社会上仍有法律不周、道德泯灭的现象存在，不过民间百姓相信，城隍爷在冥冥之中正监视着这些为非作歹的败类，城隍爷的审判也不会因为阶级地位的差异而区别对待。当前台湾社会那些贪官污吏虽然暂时没有受到法律的制裁，但人们坚信，这些人终难逃脱“正义的审判”。无论城隍爷是否存在，这股无形的力量，让奉公守法的百姓得到心里的平衡，也使那些胡作非为的人不敢恣意妄为。迎城隍正象征着人民大众对社会正义公正的渴望。

三月三　话玄天

农历的三月初三，是中国传统神话故事中玄天上帝的生日，在这一天的前后几天里，台湾全省的许多地方都要举行各种活动，祭奠这位中国神话中的“北方之神”。

玄天上帝通常也称“真武大帝”，还有“北极真君”“北极上帝”“上帝公”等称谓，是中国古代神话传说中一个重要的神祇。其源于古人自然崇拜中的星辰崇拜，也就是对北极星的崇拜。中国民间自古就有天人感应思想，他们相信天上星宿的运转和人类的命运息息相关，而在众星运帷的世界中，唯有北极星永恒不动。中国人很早就根据北极星来判别方向，北极星代表了北方。古人将天宇中的东南西北分成了二十八宿，每个方向含有七宿，“玄武”一词为北方七宿的总称，又按中国阴阳五行的观念，认为“北方为玄天”。由于北极星在人们识别方向中具有极为重要的意义，人们将对其的仰仗转变为对其的崇拜，尊其为“北方之神”，奉为“北斗星君”，后来又进一步将它人格化，尊其为“玄天上帝”或“玄武上帝”，受到民间的顶礼膜拜。

玄天上帝神像

至于“玄天上帝”为什么又称“真武大帝”，

这与历史上的避讳有关。传说宋朝真宗皇帝（赵恒）为了避其所尊崇的赵玄坛（赵公元帅）的讳，改“玄武”为“真武”，在大中祥符年间（1008—1016年），“玄武上帝”被尊称为“镇天真武灵应佑圣真君”，简称“真武帝君”，此后，真武帝君声誉日隆，并从北方传到了南方，到处有人为其建庙，在东南沿海一带如泉州南安等地区的民间还将它奉为当地的守护神，称其为“玄天上帝”或“上帝公”。

玄天上帝的神像造型有很多种，但都有一个共同的特征，就是手持七星剑，左脚踩着一只龟，右脚踩着一条蛇。《后汉书》的注中说：玄武乃龟蛇合体，故以龟蛇像之。《楚辞·远游》补注中说：玄武曰龟蛇，位于北方故云玄，身有鳞甲故云武。在中国古代，玄武与青龙、白虎、朱雀（朱鸟）合称为四神，被道教尊为守护神，以壮威仪。但到了后来，玄武步步高升，被说成是奉玉帝之命镇守北方的统帅，因为历代帝王将其封为真君、帝君、上帝而逐渐脱颖成为道教的大神。

由指引方向的北极星神化而成的玄天上帝受到需要出海捕鱼的渔民们的极度尊崇，更被早期渔民奉为航海指引的保护神。那些漂洋渡海赴台拓垦的移民无一不随船供奉玄天上帝，以求平安渡海。到达台湾后，他们为感谢神灵的护佑纷纷建庙，将玄天上帝的神像奉祀于庙中，玄天上帝的信仰就这样来到了台湾。1662年民族英雄郑成功率领数万大军，浩浩荡荡渡过台湾海峡，一举收复宝岛台湾。据记载，郑成功笃信玄天上帝，每逢战事，必先祭祀。来到台湾后，郑成功看见台南安平七鲲、鹿耳门一带的地理形式酷似龟蛇蟠绕，犹如玄天上帝坐镇，以为得天之意，于是建起北极殿，奉祀玄天上帝，并鼓励民间祭拜，作为台湾的守护神。台湾史学家连横在《台湾通史》中记载：“北极殿，在东安坊，郑氏时建，祀北极上帝，或称玄天上帝。”玄天上帝的香火随着郑成功到来而在台湾日渐旺盛，直至清康熙年间，玄天上帝信仰一直是台岛上众多民间信仰中信众最多的，除了台南北极殿以外，像南投的淮天宫、云林的永兴宫、嘉义的元保殿、屏东的北极殿等奉祀玄天上帝的庙宇也都有三百多年以上的历史。目前，在台湾大约4700多座的道观中，主祀玄天上帝的庙宇多达266座，可见玄天上帝在人们的心中仍具有很重要的地位。

农历三月三日这天，人们主要是到奉祀玄天上帝的庙观里进香、许愿，举办庆祝法会，祈求玄天上帝保佑平安。其中已有三百多年的历史、全台湾规模最大的“帝爷庙”、被公认为是台湾玄天上帝信仰中心的南投县名间乡的受天宫，更是举行盛大的仪式和隆重的庙会，来自台湾各地几十万信众汇聚在一起，人头攒动，摩肩接踵，场面十分壮观。在台湾玄天上帝信仰中，有些十分有趣的事情，如阿里山森林游乐区内的受镇宫——因位于海拔2700多米的高山上而被誉为全省海拔最高的庙宇——是当地民众玄天上帝信仰中心，每到农历三月三日前后，都会飞来一些蝴蝶，停伫在神像上，不食也不飞，直到玄天上帝的祭典结束后才飞去，这一现象被当地称为“神蝶朝拜”，盛名远扬。许多到游乐区观赏樱花的游客听说此事，纷纷涌入受镇宫一观究竟，目睹“神蝶”停伫在神像上动也不动，无不啧啧称奇。彰化县社头乡有座玄天上帝庙，斥资建造了一座堪称全台湾岛上最大的香炉，这香炉用100多吨的青斗石打造，直径有3米，高达6米，需要22个小朋友手拉着手，才能将它团团围住。在高雄北郊的莲池潭畔，落成了一座巨型的玄天上帝神像，这座神像身高72米，手中所执七星宝剑长达38.5米，号称天下第一剑，这座神像也被称为“东南最高水神”。

与玄天上帝庆典有关的还有闻名全台的“嘉义秋千赛会”。

相传康熙年间嘉义地区瘟疫不断，当时有一村民自福建玄天上帝庙请来分灵，建庙奉祀，村民们纷纷向玄天上帝祈求消灾止祸，瘟疫果然就此消失，居民们为感谢玄天上帝，不仅举行隆重的祭祀，还想方设法“欢娱”玄天上帝，有位举人偶见其女儿兴高采烈地荡秋千，触动灵机，想到举行秋千赛会，让大家敬神之余，还能乘秋千高荡入青云，使人与天更为接近，应和了中国人“天人合一”的思想，另外还有借秋千升到高处，遥望神州故土的玄天上帝祖庙，以示不忘本的情怀。由此产生了一项当地每逢闰年必办的民俗活动——荡秋千。

秋千会盛况

嘉义秋千赛会用的是竹秋千，每逢闰年正月初一前三天就要派壮汉去砍伐巨大刺竹，所需竹子长度至少要 12 米，竹围要 40 多厘米，竹龄要 10 年以上，依照原始古法安装，手工架设，不用任何钉子，仅以竹子和藤条架设、捆绑。秋千架的高度有 12 米，相当于 4 层楼高，主架外还有横干支架，搭成两面八格，象征“八卦无极”，秋千板离地面一丈有余，所以荡秋千者首先得学会上踏板，否则无法参加比赛。秋千启动时，须由地面助手以竹竿推动，才能由参赛者借势奋力摆荡。比赛定于三月初六下午举行，按年龄分组，不限时间，以荡得高者为胜者。比赛时，秋千架下人山人海，秋千架上的人影忽而上扬，忽而下摆，来来往往，凝聚了所有人的眼光，观众们一会儿凝神屏息，暗自加油，一会儿欢呼雀跃，掌声四起，现场上紧张热闹，动感十足，也吸引了大批外来的旅游参观者。如果赶上闰年到台湾旅游的朋友们，可千万不要错过这难得的好机会。

二月二说土地神

热热闹闹地过完了“春节”，“元宵节”的灯笼才刚刚取下不久，人们又迎来了农历的二月初二，俗称“龙抬头”的日子。

大约自唐朝起，中国民间就有过“二月二”的习俗。据《易经》的说法，在这一天之前，虽然已属春天，但（龙）还蛰伏着，称之为“潜龙在渊”，这一天之后，阳气上升，春意隐约可见，故曰“见龙在田”。自此，春天将真正来到了。按照自然规律，这一天出现在二十四节气里“惊蛰”的前后，正是大地开始解冻，天气逐渐转暖之时，蛰伏在泥土或洞穴中的昆虫蛇兽，将纷纷从冬眠中醒来。民间中传说的龙也将从沉睡中醒来，古称“龙抬头”，龙一抬头，就要云兴雨作，预示着一年之中风调雨顺，五谷丰登，同时，休农闲的人们也要转入新的一年里的劳作之中。所以，人们用各种不同的方式来庆祝“龙抬头”。

与祖国大陆传统习俗一脉相承的台湾同胞，也在这天里依循传统的习俗来庆祝“龙抬头”的到来。不过现在，台湾同胞除了像大陆人民一样在这一天里宰鸡杀鸭、烹炒煎炸、看戏娱乐、吃煎炸等食物之外，他们还有一个重要的活动——要虔诚地祭拜中华民族传统神话中的人物——土地神。

土地神曾是中国人民家喻户晓的人物。汉语“皇天后土”中的“后土”，就是指土地神。土地神的信仰产生于远古时期人们对自然的敬畏和尊崇。人们对大地的依赖与寄托，便产生了“土地有灵”的观念，并认为土地向人们提供了生活之必需，所以人要感激它、报答它、祭拜它。因此土地崇拜也曾是农业社会形态中的一个重要信仰方式。然而今日的台湾，其社会形态已由原来的农业为主的社会，转变为一个工商业的社会，但岛上的土地神信仰不仅没有因经济的增长而消亡，反而看到在家中、城镇及田野处处土地神的神龛，人们应时祭拜，土地神信仰的香火绵绵不绝……

要看待台湾同胞的土地神信仰，就不能不从中国古老的传统习俗说起。

中国自古以农立国。农业社会的发展，伴随着中国历史的演进，人们在栽种农作物，并靠农作物的收成维持生计，然而农作物收成的好坏，却受到诸如土地的肥瘠状况、气候时节的变化乃至人的耕种技术、虫害的侵袭等影响。古人依赖于土地，却无法理解其中的变数，便怀着一种神秘、敬畏、祈求的心态来面对土地，“土地有灵”的观念在中国早已形成，于是就有了代表大地的神祇——土地神以及祭拜土地神的庙宇和仪式。所以土地神是中国农业的生产和仪式相互结合的产物，而土地崇拜，也成为中国古农业社会一种重要的信仰方式并世代相传。

唐朝时，位于中国南方的福建一带，仍是南蛮七闽的未开发之地，那里经常发生一些动乱令朝廷十分头痛。唐总章二年（669 年），泉州、潮州地区发生蛮族叛乱，当地百姓生命财产受到严重威胁。朝廷命陈政率军前往平定，陈政除统领平叛大军进发之外，还召集率领族人及当地十八姓乡民自中原随军赴漳州开垦。征战途中，陈政病逝，其子陈元光继承父职，率领大军继续前进，平定了漳州一带的局势，并致力于漳州地区的开发，随行的中原百姓也在当地安顿下来，他们带来了中原地区先进的农业生产技术，使漳州地区得以逐渐发展起来，同时，来自中原地区的各种民间习俗和信仰也在闽南地区流传开来。其中土地神的崇拜延续到宋元时期成为闽南地区非常普及并且重要的祭典活动。

早在唐宋之前，就不断有大陆移民横渡台湾海峡到澎湖群岛及台湾岛上探险和拓垦，并在岛上定居下来，这些人自然将大陆家乡的生活习俗陆续带到了台湾，其中就有土地神的信仰。尤其是明永历十五年（1661 年），数十万大陆军民跟随郑成功渡海作战，赶走荷兰殖民者，收回祖国领土台湾，后来，这些人纷纷留下来，在岛上从事农业开垦和海上贸易活动，又将更多的民间信仰传到了台湾。这些主要来自福建、广东不同地区的军民有着各自不同地域的民间信仰，但唯有土地神信仰是他们共同的信仰，因此，在岛上众多民间信仰中，

祭拜土地神的隆重仪式

只有土地神信仰的信众最多、香火最旺。所以，台湾的土地神信仰可以说是中华民族中原文化的延续与发展，并以闽粤地区的信仰方式为母体，在台湾发展成为信众最多、最普及的民间信仰。

台湾同胞通常在农历每月初二和十六两天祭拜土地神。这个习俗也源自于古代中原河洛地区。每次祭拜都要准备丰盛的祭品，在祭完土地公后，就会宴请亲友“祭祭”大家的牙缝，即“打牙祭”，或称为“作牙”，台湾民间尤其重视每年的农历二月初二和十二月十六的两次作牙，将二月初二称为“头牙”，将十二月十六称为“尾牙”，每年的“头牙”和“尾牙”要进行最丰富和隆重的祭拜仪式。

台湾民间认为，土地神福佑着商业的兴旺、村镇的发达、家庭的安定、农业的丰收、山林的茂盛、建筑的稳固以及户政的管理、生命的延续等一应事务，因此土地神是与民众最紧密相关的神祇，也是与民众最亲近的神祇。所以，台湾岛上祭拜土地神的庙宇多如天上的星辰，无以计数，无论是城镇乡村，或是林间田野，还是陌路阡头，都可发现它们的身影，小到以原始的三块石头充作土地庙，大到美轮美奂的宏伟大庙，无论街边只容神位香炉的简陋小庙，还是商户、家中供奉的土地神位，或是小小的三五户村落，或是繁华喧嚣的闹市，凡有人烟之处，必有土地神庙。俗谚说“田头田尾土地公”，即说明了土地庙是台湾民间数量最多的神庙。

究竟是如何形成这样的盛况呢？

早年，大陆移民赴台时，首先要经历艰辛的海上航行，无情的大海往往会吞噬他们的生命，其次，当时荒蛮的台岛充满了瘴疠之气，对生命构成极大的威胁，加上与岛上的少数民族之间的利益冲突及与其他移民族群之间的利益冲突与械斗。在当时低下的生产技术和恶劣的环境下，祈求上苍神祇的保护，成为移民者的精神寄托。渡海赴台的人们为求得心灵的慰藉，常会携家乡信仰的神祇作为保护神同行，祈求诸神保佑旅途平安，垦荒顺利，安居乐业。同时，还具有追根溯源，缅怀家乡，不忘祖籍的情怀。随着生产的进步和生活的改善，人们以感恩的心情向土地神表达感激和对家乡的思念，时至今日，虽然生活富足了，但对海峡对面的祖籍地、对家乡父老的牵挂并未泯灭，相反却更加强烈，认祖归宗、落叶归根的理念更加迫切，此时，对中国古老传统文化中的土地神的崇拜，正是他们这种理念最好的宣泄，毕竟，血浓于水。

田间的土地小庙

全岛三月祭妈祖

在台湾民间信仰中，若论信众最多，影响最大的神祇，就是被称为“海上女神”“天上圣母”的妈祖了。妈祖的信众已超过全岛人口的三分之一以上，岛上主祀妈祖的庙宇多达500座以上，如果再加上配祀妈祖的庙宇，那就超过1000座了。每年妈祖圣诞期间，在岛上都会掀起巨大的祭拜高潮，影响到台湾的村村镇镇，各行各业。尽管台湾已进入工商社会，民间崇奉妈祖的信仰依然非常的虔诚和隆重。

妈祖信仰起源于宋代福建莆田沿海地区。相传妈祖原名林默，生于宋建隆元年（960年）的福建省兴化府莆田县湄州屿，卒于雍熙四年（987年）。生前好行善济世，常在湄州海面救人，死后人们怀念感戴，为之建庙奉祀，尊为“通贤灵女”。从此开始了对妈祖的民间信仰。后来，这位地方性的民间神祇，受到宋代朝廷的重视，于北宋宣和五年（1123年）首次赐予“顺济”匾额，对妈祖信仰予以肯定之后，南宋的绍兴（1131—1162年）、淳熙（1174—1189年）年间，又先后赐予“灵惠夫人”“灵惠妃”的封号，进一步肯定了妈祖海神的地位，同时，也推动了妈祖信仰的普及和提升了妈祖信仰的威望。从此，历代朝廷一再对妈祖褒扬诰封，宋时累计就有14次，到了元朝有5次，明朝有2次，清朝时又有14次，封号亦愈加显赫，神格不断提高，从天妃、圣妃直至天后、天上圣母等。由于朝廷的推波助澜，产生于东南沿海的妈祖信仰香火愈盛，信仰区域也愈加扩大了。

海神妈祖信仰的兴盛，还与中国宋元以后航海业的发达有很大关系。闽籍的船舶所到之处，妈祖信仰便随之在当地传播，如中国北方的青岛、烟台、天津、大连等海边城市，都建有奉祀妈祖的庙宇。

妈祖信仰传入台湾，始于明朝末年。当时闽南沿海的移民，无不在渡船上奉祀一尊妈祖的分身，祈求渡海平安，抵达台湾后，皆因感谢妈祖的保佑和实践所期许的诺言，便纷纷在立足地建庙奉祀妈祖。台湾历史最悠久的妈祖庙是建于明万历年间的澎湖妈祖宫。郑成功收复台湾后，又在彰化鹿港建造了一座天后宫。这是台湾本岛上最早的妈祖庙，被称为“开台妈祖庙”。目前，天后宫保存的古物甚多，大殿悬有乾隆御笔大书、盖有玉玺的横匾两块，分别题为“佑济昭灵”“神昭海表”。光绪帝曾亲笔颁赐“与天同功”匾一方，悬挂于大殿上。据该庙庙志记载：湄州妈祖神像（不是指“香火”）总共只分出三尊，除鹿港天后宫迎得一尊外，其余分别在菲律宾的马尼拉和浙江省的鄞县，因此，鹿港天后宫是全岛唯一由湄州祖庙迎来的神像，被称为“祖神”。由于香火鼎盛，这尊妈祖神像原来粉红色的脸部竟被香烟熏染成乌黑，故又被信徒称为“乌面妈”。每逢妈祖诞辰，全台七十多座由鹿港妈祖庙分出香火的妈祖庙，例必全副銮驾前来朝谒祖庙，其时人山人海，热闹无比。清康熙二十二年（1683 年），施琅统一台湾后，奏请于台南建造了一座大天后宫，这是全台最早被称为“天后宫”的官建妈祖庙，清康熙五十九年（1720 年），大天后宫被列为祈典官庙，每年春秋两季，由官府主持祭祀大典。1866 年，清政府又赐封妈祖为“护国庇民妙灵昭应仁慈天后”，在清廷的倡导下，台湾沿海各地纷纷建造妈祖庙，康熙三十三年（1694 年），福建僧人树璧和尚从湄州朝天阁奉一尊妈祖神像到达云林北港，在此集资建庙，称为北港朝天宫，成为台湾早期妈祖庙之一。后来逐渐扩建，成为目前岛上规模最大、香火最盛的妈祖庙，并冠有全台妈祖“总庙”之称，是全台妈祖信徒的圣地。别具特色的是，在

台南大天后宫内妈祖神像

朝天宫的后殿，还奉祀着妈祖的父母兄弟，一家皆神，共享人间烟火。殿前石柱的题联写道："朝感圣母封增父母，天嘉后德荣及姐兄。"既是总庙（鹿港是"祖庙"），那每年的妈祖圣诞，全台便以这里为祭典中心，其间涌入北港的香客可达四五十万之多，此时此地，到处是持香祷拜的人，触目皆一张张虔诚的脸，年年如此。据记载，在清光绪二十二年（1894 年）以前，台湾各地的妈祖庙就已达 97 座，被日本侵占者统治后，台湾同胞眷念大陆故乡故土，从妈祖信仰中寻求精神心理慰藉，他们不顾日本当局的重重限令，在台湾岛上掀起修建妈祖庙的热潮，到 1930 年，仅三十多年的时间，全台的妈祖庙就增至 335 座，绵延至今，成为岛上信众最多影响力最大的民间神祇。而妈祖的功能也逐渐由慈航普度的海上女神，扩展为有求必应的万能之神。

台湾妈祖信仰中最盛大的仪式，应数每年一次的"大甲妈祖回娘家"。这是台中市大甲区每年三月特有的民俗活动。相传妈祖来到台湾后，想念大陆家乡的父母兄弟，就把他们接到北港来住，而大甲镇澜宫的妈祖，必在每年暮春三月到北港来探望父母兄弟，就像出嫁的女儿回娘家一样。还有一种说法是，原来每年大甲妈祖都会回到大陆湄州祖庙去"探亲"，后来，日本当局禁令台湾同胞返回大陆，大甲妈祖无法回乡，由于北港朝天宫规模较大，大甲妈祖就将其作为湄州妈祖的替身，每年赶去参拜。前一种说法富寓浓浓人情味，后一种说法反映了台湾人民身陷囚地心向祖国的深厚感情。

大甲镇澜宫

大甲妈祖回娘家，一般在农历三月二十三日妈祖生日前，届时，全台几十万妈祖信徒，风尘仆仆聚集大甲，组成声势浩大的庆典队伍，陪同妈祖神像步行前往北港，在天后宫举行祭典仪式后再步行三天三夜回到大甲，整个活动历时八天七夜，往返行程三百公里，沿途经过三十多个村镇，参拜大小庙宇无数，庆典队伍绵延几十里长，其气氛极为隆重虔诚。近些年来，大甲妈祖巡游的终点已改为北港朝天宫附近的新港奉天宫。

除了“大甲妈祖回娘家”的重大活动，全岛各地还有许多信众都会参加所在地的祭典活动。是时，各个奉祀妈祖的庙宇都会依清代科仪三献大礼，备好丰盛的牲礼祭拜，同时，各种阵头、神轿队等纷纷大张旗鼓，祈求国泰民安，风调雨顺。每个妈祖庙都是香客云集，锣鼓喧天，瑞气集蕴，蔚为大观。

一千多年来，妈祖信仰香火旺盛，形成影响非常大的妈祖信仰民俗文化。大陆每逢妈祖诞辰，都要举行各种盛大活动，近十几年来，台湾的妈祖信众，纷纷组团到大陆妈祖祖庙进香叩拜，认祖归宗，共襄庆典。2000 年 3 月，福建莆田湄洲岛举行盛大的祈典大礼，庆贺妈祖诞辰 1040 周年，来自海内外三万多信众参加了庆典活动，其中就有来自台湾各地妈祖庙的代表参加了配祀。

妈祖信仰的重要影响，在于它具有强大的凝聚力，在中华民族中起着不可替代的纽带作用。无论是台湾海峡两岸，还是五大洲华人聚居区，妈祖信仰香火旺盛，流传甚广，民众的信仰也愈发虔诚，这种不忘祖的强烈意识，应是妈祖信仰久传不衰的关键所在。

祭祀妈祖的恢宏大庙

从中原到台湾的“开漳圣王”

在台湾海峡两岸以及世界上许多有华人华侨的地方，都常常会从人们的口中听到“开漳圣王”陈元光的名字，在海外尤其是东南亚的一些城镇，还有不少专门奉祀陈元光的祠庙，人们将他作为神明及宗室家族的先祖来纪念，缅怀这位对维护边疆安宁、开发闽南文明生产做出超凡贡献的人。就是这样一位赫赫有名的人物，却是在唐时从中原地带出发，千里迢迢，历经险阻进入闽南，进而在闽粤的大地上做出名垂千古的卓绝贡献。

陈元光是唐朝光州固始（今河南省信阳市固始县）人，生于唐高宗显庆二年（657 年），字廷炬，号龙湖，他从小聪敏好学，熟读经史，13 岁时就考得乡试第一名。唐总章二年（669 年），远离唐都城的闽粤相接之地发生了“蛮乱”，居住在泉州与潮州之间的边民与朝廷的官兵发生了冲突，扰乱了当地人民的生产和生活，并威胁到唐王朝边陲地区的稳定。是年，朝廷派卫翊府左郎将归往将军、陈元光之父陈政率领副将许光正等 123 名官员、2600 名军士入闽平乱。677 年 4 月，陈政在漳州云霄镇的盘陀岭战斗中阵亡。消息传来，被唐高宗封为鹰扬将军的陈元光，偕其伯父陈敏、陈敷率固始当地 58 姓 3000 名官兵驰往闽南救援，行军途中，伯父陈敏、陈敷相继病故，陈元光率领大军赶到了云霄镇火田村。此时，年仅 21 岁的陈元光虽然年轻，却骁勇多智，他治军有方，纪律严明，身先士卒，带领大军一鼓作气攻入潮州，历时两年，作战一百余次，平息了绥安之乱。

善于思考并有政治远见的陈元光，意识到闽南地区远离朝廷，土地广大，泉州和潮州均管理不力，容易造成是非争端，为维护国家统一、朝廷利益，保护当地百姓安心生产，必须派人在这里长期镇守。唐垂拱二年（686年），陈元光亲自给朝廷上书，奏请在泉、潮之间建置，当朝女皇武则天看到奏章之后觉得言之有理，便亲自批示准奏，敕建漳州府，钦赐陈元光为怀化大将军，世代为漳州刺史。686年12月29日，陈元光奉旨建立了漳州郡，并在云霄镇召开隆重的建州庆典。

作为首任漳州刺史的陈元光，在历次战争中看到“枕骸遍野”“功不补患”，民族战争中的各方都付出惨重的代价，审慎熟虑后，他决定要缓和当地的民族矛盾、增进民族团结。陈元光派人到苗岭畲寨实行招抚，帮助他们发展农业生产。同时，严力打击欺压良民的豪强恶棍，任用贤士，厉行法制；兴办学校，开科选材，量才择用；在经济上，他劝农重本，大力发展农业生产，推行唐太宗时实行过的均田制，经农惠工，通商利市，于是各民族之间的贸易与往来慢慢扩大。陈元光将中原文化移植到漳州，使漳州的百姓安居乐业，当地也由荒蛮之地走上了文明。他因此受到漳州百姓深深的拥戴。

唐景云二年（711年），陈元光在一次领兵平乱的战斗中以身殉职，殁后被追封为颍川侯，敕建威惠庙。后来他的灵柩迁葬于今漳州市北部的浯浦村。漳州百姓感念他的恩泽，纷纷为他建庙祭祀，在漳州各地，到处可以看到纪念陈元光的庙宇，人们将他奉为乡土开拓神，尊称他为“开漳圣王”。庙祀馨香，千秋不替。

千百年来，当年自中原地区追随陈元光入闽的58姓官兵在当地生活定居，繁衍不辍，其子孙后代遍及八闽大地，在漫长的岁月里，来自河南固始的陈元光及开漳将士的后裔成为漳、泉、潮汕地区的主要人口成分，并不断地向周边省份及内地还有南洋诸国等海外地区迁徙。然而无论他们走到哪里，一旦落地定居，就一定会在聚居之地建庙，奉祀“开漳圣王”，“开漳圣王”的香火也随之远播。

明末清初，许多漳州移民来到台湾，为求得开拓平安顺利，他们都随身携带了请自“开漳圣王”的香火作为自己的保护神，等到在台安定下来后，一定要建庙奉祀“开漳圣王”。随着漳籍移民开垦路线的延伸和活动区域的扩大，奉祀开漳圣王的庙宇也陆续建立并增多，可以说，只要有漳州人居住的地方，就一定会有开漳圣王的庙宇存在。直至目前，全台湾主祀开漳圣王陈元光的庙宇就达五十多座，如果加上配祀其他神明的庙宇，供奉他的庙宇达到三百多座，信众有五百多万人，其地域遍及台湾漳州人聚居的地方。每当开漳圣王陈元光的圣诞日，各地信徒都会到庙里参拜圣王，而各地庙宇也会举行盛大的祭奠活动。其中以台北市士林区芝山岩的惠济宫的过火仪式最有特色。每年开漳圣王的圣诞日，惠济宫从清早起就开始整地，然后撒上盐米使场地清净，再用许多金纸和约一千五百斤木炭安置在场地，引开漳圣王的圣火点燃金纸和木炭，人们相信这熊熊火焰能驱赶走本区的恶煞。参加过火仪式的人们，在三天前就要天天沐浴吃斋，过火镇殿的开漳圣王是红面的，过火时抬坐在神舆内的开漳圣王则常常是黑面的，过火时，人们抬着安坐开漳圣王的小神舆，赤足从烧得火热的木炭上走过，且跳且舞，一边口念金言咒语，一边冲入熊熊的火焰中。人们用这样的方法来纪念开漳圣王。

祭祀陈元光的庙宇——台北惠济宫

现在台湾的漳籍移民中，有不少是陈元光及其部将的后裔，他们将陈元光作为民间信仰的开漳圣王和陈姓祖先实行双重崇祀，在许多陈姓家族的祠堂中供奉的就是陈元光的神位。除漳州移民之外，闽南籍其他地方的陈姓移民也多奉祀开漳圣王。

有一句话说得好：“漳台地缘、血缘、文缘、神缘脉脉相通，台湾自古就是中国神圣不可分割的领土。”

从闽南到台湾的“清水祖师”

新北市三峡区有一座因雕刻艺术而闻名的庙宇，名叫“清水祖师庙”。进入庙内，只见整座建筑采用三进九开间式的布局，从台阶、地板、墙壁到林立的柱子，无不是用当地石材观音石精雕细琢制成，仅石柱就多达156根，根根精细剔透。其浮雕、木雕、石雕的内容，多取材于中国历史上的故事，如花木兰代父从军、勾践卧薪尝胆、岳飞精忠报国、孔子问礼于老子、苏武牧羊等，形象逼真，气韵生动，极富中国文化特色。

三峡清水祖师庙

在这座建筑风格独特、造型精美、被誉为“东方艺术殿堂”的庙宇内，长年奉祀着一位被称为“清水祖师”的神明。这位神明产生于中国宋代福建泉州的安溪地区，其信仰范围逐渐扩大至福建全省及周边省份乃至海外，也随着拓台移民进入台湾，成为台湾岛上闽南尤其是安溪人精神上无可替代的“保护神”。

清水祖师又称“祖师公”“蓬莱祖师”“乌面祖师”“清水真人”等。据记载，清水祖师是福建永春小姑乡人，生于北宋仁宗景佑四年（1037 年），本名陈应，幼年出家后改法名普足。他以济人为志，营种种方便，平日里施医济药，济困扶危，多次募款，修造桥梁数十处，造福乡人，深受人民爱戴。宋神宗元丰六年（1083 年），福建安溪大旱，乡里民众请他祈雨，据传，翌日设坛，果降甘霖。乡民们大喜，请他留下在当地的清水岩建坛修炼。宋徽宗建中靖国元年（1101 年），清水祖师圆寂于清水岩。乡民为了纪念他，筑亭刻像，建立碑铭，奉崇祭祀，香火盛于一时。南宋年间，朝廷曾四次敕封，由“昭应大师”依次递增为“昭应广惠慈济善利大师”。元仁宗延佑四年（1317 年），人们将朝廷四次敕封的牒文正文雕刻在了清水岩纶音坛石碑上。元朝之后，朝廷和地方官府均加大对清水祖师的推崇。明万历年间，福建大旱，百姓求雨于清水祖师，果真十分灵验，于是香火更盛，信众遍及福建全省。

自明代中期，随着安溪人移民台湾，被视为安溪移民保护神的清水祖师香火也进入台湾。早期的安溪移民仅把祖师香火供奉在家中，随着移民人数的增多和村落的形成，清水祖师的庙宇便陆续建造起来。台湾最早的清水祖师庙是建于南明永历年间的高雄市楠梓区清福寺和彰化二林镇祖师庙。清康熙之后，台湾的清水祖师庙更如雨后春笋般涌现，凡有安溪移民聚居的地方，必有祖师庙。至 1918 年，全台清水祖师庙有 36 座，到 1930 年，增至 83 座，上升之势十分迅速。现在，据悉台湾正式登记主祀的清水祖师庙已达一百余座，若加上没有登记和配祀的庙宇，有两百余座，几乎遍及台湾全岛。所以就有“有岩就有清水庙”“有安溪人就有祖师公”的说法，仅台湾，清水祖师的信众多达一千万。清水祖师的信仰在海峡两岸以及世界各地有着巨大的影响。

淡水清水岩

三峡清水祖师庙内景

目前，台湾主祀清水祖师的庙宇主要有：台北万华区艋舺清水岩、淡水清水岩、三峡祖师庙等。艋舺清水岩始建于乾隆五十二年（1787年），是目前台湾规模最大的清水祖师庙，其他各地奉祀清水祖师的清水岩都从这里分香。庙宇的对联中分别写道：“本清水岩，名淡水寺；辟草莱地，造蓬莱山”；“佛是我祖，我先人已称弟子；岩乃清水，此淡地好溯源流”。道出了闽台两地清水祖师信仰的源与流的关系。在艋舺清水岩中一共有七尊清水祖师神像，其中一尊称为“落鼻祖师”。据说这尊神像十分灵验，每当它的鼻子突然落下时，便必有灾祸来临，所以这位落鼻祖师很受善男信女的崇拜。其实落鼻祖师原来只是一尊在淡水私人家中供奉的小神像，据说在中法战争中，这尊神像竟“保护”淡水的驻军打退侵略者的进攻，所以当朝清政府便赐以敕匾一面，并将这尊神像移驻到艋舺清水岩。但淡水民众不愿落鼻祖师移祀，多次要求返驾，于是艋舺、淡水两祖师庙之间便达成一个协议，让落鼻祖师半年驻于淡水，半年驻于万华。直到1917年，经淡水信众同意，这尊清水祖师才得以安祀于万华庙中。

从粤东到台湾的三山国王

台湾有许多三山国王庙，其中有一座纯广东式的建筑，过去曾叫过“潮汕会馆”。它位于台南市北区，建于清雍正七年（1729 年），由于其屋顶是台湾仅存的粤式做法，属台湾少数的纯粤式建筑，同时也是台湾仅存的由潮州匠师建造的寺庙。

三山国王也称“三山王”“护国王”，原为广东省揭阳、潮州及汕头一带民间的守护神，是广东揭阳县河婆墟的三座名山——明山、独山、巾山山神的总称。据说大国王叫连杰，二国王叫赵轩，三国王叫乔俊，三人均能文善武，因帮助隋文帝完成帝业，开创隋朝有功，被封为开国驾前三大将军。但三人无意为官，引退修道而成正果。至宋太宗时因为显灵，协助官军打败叛贼，因此朝廷敕封连杰为“威德报国王”，镇守巾山；封赵轩为“明肃宁国王”，镇守明山；封乔俊为“弘应丰国王”，镇守独山，简称“三山国王”。潮汕一带的客家人，将“三山国王”奉为守护神，信仰极为虔诚，至今，那里还完好地保存有一千四百多年前修建的奉祀三山国王的庙宇——霖田祖庙。

明末清初，随着粤东地区的人民纷纷渡台拓垦，三山国王作为客家人的保护神随着移民分灵分香来到台湾，三山国王的信仰也由于客籍移民的日益增多而在台湾扩展开来，凡是有客家人聚居的地方，奉祀三山国王的庙也就尤其多。据统计，台湾现有的以三山国王为主神的庙约有 170 座，假如再算上配祀三山国王的庙的话，就更是数不胜数了。

据传说，早年客家人在移垦来台时，大部分都携带着观音、妈祖、三山国王的神位进行奉祀，因为观音、妈祖是航海的守护神，要想安全地渡过台湾海峡，不能不祈求于观音和妈祖的保佑，到达台湾后，更要奉祀，感谢神明的庇佑。至于将三山国王作为移民台湾拓垦的保护神，是为了应对台湾的少数民族“出草”或“猎首”的习俗。因为三山国王是“山神”，而“山神”定能制服“山中之生番”，由此愿望，早期客家人入台垦荒的地方，一定建有三山国王庙。例如位于彰化县溪湖镇大溪路的霖肇宫，是全台湾三山国王庙中最有影响的庙宇。据说明万历十四年（1586 年）的时候，就有广东揭阳人带着故乡河婆镇霖田祖庙的香火来到此地经商，后来刻了三山国王的神位进行祭拜，霖肇即霖田祖庙在台湾的肇基之意。至清道光十二年（1832 年），人们又奉神灵赴揭阳霖田祖庙进香，返驾时，众子弟到鹿港接香，此后，台湾的众多三山国王庙都来霖肇宫分香火，从而使三山国王的信仰遍布台湾中部乃至台湾全岛。

除了霖肇宫，建于明永历年间的还有高雄市楠梓区的三山国王庙、屏东县九如的义安宫等，至于清康熙、乾隆年间以前所建的三山国王庙，还有很多，如台中市丰原区的万顺宫、沙鹿的保安宫、彰化县员林的广宁宫、社头的镇安宫、鹿港的三山国王庙、埔心的霖兴宫、霖凤宫、台南市的三山国王庙、屏东县林边的忠福宫、佳冬千山的公侯宫、国王庙以及车城的保安宫等。在乾隆年代以前就已有这么多的三山国王庙的存在，足以说明那时客家人之多，且民有余财，才会建立庙宇，有众多的寺庙建筑也可察知当时客籍移民聚居的地方经济状况之富足了。在台湾各地，都能看到三山国王庙的身影，有一句话是这样说的：“有三山国王庙的地方，就一定有客家人，没有三山国王庙的地方，不一定没有客家人。”在现在被认为是闽南人居多的县市，如台中市、彰化县、云林县、嘉义县、台南市等地，都存在着多座三山国王庙，可见这些地方都曾经是客家人生活过的场所，特别地，在被认为是闽南人县份的宜兰县，却有多达 34 座三山国王庙，这凸显出当年客家人在这里垦荒生活的痕迹来。至于现在客家人居多的一些县，却没有那么多如上述所说的三山国王庙，这也是因为台湾历史上曾经发生过激烈的闽、客械斗，当时，客家人斗不过人多势众的闽南人，于是集体迁移，另辟居所，也许那时他们才感觉到，作为“山神”的三山国王，并不能帮助他们与闽南人抗衡。闽、客移民的械斗，对客家人建立守

霖肇宫是台湾三山国王信仰的中心

护神的选择，不能不产生深刻的影响，这或许就是现在客家人聚居的地方却少有奉祀三山国王的一个原因吧。

但不管怎么说，在客籍原乡不大被重视的三山国王，为了防御少数民族而被客家人选择为保护神带到了台湾，在早期的开发中受到了广泛的信奉，在台湾一地竟有百余座的庙宇。这些庙宇在当时凝聚来台的客籍移民，为客籍移民提供了很好的互助和聊解思乡之苦的场所，即使在今天看来，这些三山国王庙也无疑为早年客家人移垦的历史研究提供了极为珍贵的资料。

许多到台湾旅游的人还会在不经意间遇到一些被称为“三仙王庙”的庙宇，但请别误会，这里不是奉祀“三山国王”的，而是供奉“刘备、关羽、张飞”这三仙的庙宇。但三山国王庙和三仙王庙还是有一些联系的。原来，粤籍的客家人每到一个地方，就会在当地建立一座三山国王庙，但后来，这些客家人离开此地到其他地方垦荒谋生去了，留下的三山国王庙就会被随后来到这里的闽南人改为奉祀刘、关、张的三仙庙了。由此可以断定，凡是有三仙王庙的地方，一定也是原来客家人到过的地方，看到三仙王庙，就可以知道这里也曾留下客家人勤劳拓垦的汗水和足迹。

自 1982 年以来，已有大大小小数十个香团由台湾回到大陆，到霖田祖庙谒祖进香，尤其是在 2001 年 9 月，一支由 308 人组成的台湾三山国王进香团首次由台中港起程，直航金门至厦门，前往粤东饶平县大埕国王庙、揭西县霖田三山祖庙进香寻根，其成员八成以上为明末清初赴台拓垦人士的后代，他们朝拜祖庙的活动更是为了表示台湾三山国王庙与大陆祖庙的一体关系，表示一种文化正统的认定，以及台湾同胞对先人故土的强烈的眷恋与认同之情。

两岸共仰的“保生大帝”

保生大帝吴夲原是周代泰伯皇帝的后裔，在列国时分土金陵，建国吴县（现在的江苏苏州），传到三十一世的时候，改吴为姓。后来吴姓子系繁衍，其中的一支迁到福建省泉州府同安县（今龙海市）白礁乡定居，这白礁乡就是日后保生大帝生长的故乡。

宋太平兴国四年（979 年）农历三月十五日，保生大帝出生于白礁村，单名夲，字华基，号云东。吴夲从小勤劳好学，劳作使他长得身高体壮，并养成勤俭节约的好习惯。读书令他饱览天文地理，理乐行政，尤其是对岐黄医术之类的书籍，更是潜心研究，这与吴夲从小就有学医治病、普济众生的抱负有很大的关系。17 岁时，吴夲就已掌握了切脉辨证、针灸炼药的医术。后来，吴夲不仅日渐精通医理医术，且行医治病时，无论贫富，一样诊治，不收酬谢，其医德之高尚，为世人所崇敬，不论是史书的记载还是民间的口碑流传，都有许多关于他治病救人的故事，在这些记载和口头传说中人们不仅赞颂吴夲精湛、高超的医术，更加敬重他淡泊仕途、轻蔑金钱、不事皇室、一心一意为百姓送医送药的高尚医德，民间称颂吴夲“华佗再世、救世济民”。

宋景佑三年（1036 年）五月初二，吴夲为采集草药，攀上白礁村的龙岩池，不慎跌倒坠落山脚，因伤势过重，不久便在家中谢世，终年 58 岁。噩耗传出，人们悲痛万分，为了纪念他，纷纷“争肖像而敬事之”，并且“偶其像于龙湫庵”中奉祀，将吴夲尊奉为“医灵真人”。宋高宗绍兴二十年（1150

位于漳州龙海市的白礁慈济宫是台湾所有祭祀保生大帝的祖庙

年），高宗皇帝颁诏，派大臣在白礁建造了三重宫殿式庙宇，赐名“慈济庙”。第二年，吏部尚书颜师鲁奏准朝廷，又在吴夲生前行医、采药及炼丹之处的青礁村（距白礁村1.5公里）立庙，起初该庙被称为“东庙”。至宋孝宗乾道元年（1165年），孝宗皇帝颁诏将白礁的“慈济庙”改名为“慈济灵宫”，历经近千年，现人们已习惯地称之为“白礁慈济宫”。乾道二年（1166年），“东庙”被赐庙号为“慈济庙”，至淳祐元年（1241年），又奉敕升庙为宫，即“慈济宫”，并冠以所在地名为“青礁慈济宫”，从此，“白礁慈济宫”和“青礁慈济宫”均成为奉祀吴夲的祖宫。

历代朝廷出于其统治的需要，也对吴夲数次追封谥号，宋、明两朝对他的追封更是不断晋级，直至明成祖永乐十七年（1419年），吴夲被朝廷褒封为：“慈济冲应护国孚佑妙道真君万寿无极保生大帝。”至此，吴夲已不仅仅是深受人民敬仰爱戴怀念的医术高超的民间医生，已转而成为闽南粤东民间普遍崇拜的医神，药商尊其为药神，家乡的人民更是把他奉为地方的守护神。

保生大帝神像传入台湾始于明末。明永历十五年（1661年），民族英雄郑成功亲率2.5万名将士，分乘400多艘战舰，浩浩荡荡越过台湾海峡，成就了收复祖国宝岛台湾的英雄壮举。在这支英雄的队伍里，有一支由白礁一带300名壮士组成的“忠贞军”，担任郑成功大军的先头部队。“忠贞军”的壮士出发前来到白礁慈济宫，迎请“二大帝”随军征战（白礁慈济宫内供奉的三尊保生大帝神尊中的第二尊，被称为“二大帝”），护佑白礁的子弟出征。同时，每位军士从正殿的香炉中包一撮香灰随身携带，既祈求保生大帝保佑平安，又表达不忘故乡故土之情。三月十一日，忠贞军在台南将军溪入海口处登陆，建寮驻军，那登陆建寮的地方，后来便叫了“头前寮”。郑成功收复了台湾以后，这300名白礁子弟便落籍在台南各地繁衍生息，其中部分军民定居在台南的学甲镇（今台南市的学甲区），先建简屋奉祀保生大帝，后于清康熙四十年（1701年），渡海回乡聘请能工巧匠，按照白礁慈济宫的规模样式、形态结构，在学甲镇建起了一座金碧辉煌的宫宇，亦名“慈济宫”，将从大陆白礁慈济宫迎请的“二大帝”供奉在此。这座学甲慈济宫便成为后来台湾各地祀奉保生大帝庙宇的开基祖庙。

台湾岛上的保生大帝崇拜，学甲慈济宫还不是最早的，据林衡道《台湾夜谭·台湾的神明》中记载：早在荷兰侵占台湾时期（1624—1662年），在台湾的台南市就有了供奉保生大帝的开山宫，这是台湾本岛最古老的庙宇。之所以将学甲慈济宫奉为开基祖庙，一是因为慈济宫内供奉的保生大帝神像是直接由白礁慈济宫迎请过来的，二是由于自学甲慈济宫后，全岛各地又纷纷修建了许多奉祀保生大帝的庙宇，在这些庙宇中供奉的保生大帝，大多是从学甲慈济宫中“分香”而来的。故学甲慈济宫被尊为台湾奉祀保生大帝的祖庙。据1991年4月15日出版的《真人》杂志统计，目前在台湾岛上，主祀保生大帝的庙宇共达253座，其中建造最早的是台南开山宫，规模最大的是台北保安宫，祭奠最隆重的是学甲慈济宫，再加上配祀保生大帝的庙宇，其数量更是多达近400座，在海峡两岸闽台地区的妈祖、保生大帝、开漳圣王、关公四大民间信仰中，崇拜保生大帝的信众仅次于妈祖而居第二位，可见保生大帝对后世的影响至深至远。

学甲慈济宫是台湾保生大帝信仰的重要基地，还因为学甲慈济宫在每年的农历三月十一日（即当年先民渡海来台的那一天），要举行一年一度的“上白礁”谒祖祭奠，这项隆重而规模盛大的活动代代相传迄今已历时三百多年，从未间断，谒祖祭奠不仅表现了对保生大帝的无限尊崇，更充分体现了台湾人民饮水思源之中华民族精神。

是日，盛大的祭奠仪式从在慈济宫内恭拜保生大帝开始。在向保生大帝行三跪九叩礼之后，由慈济宫前锋阵开导，请出保生大帝的神尊驾后，全

祀奉保生大帝的大殿

省各地主动赶来的庙宇代表、香团艺阵及前来参加祭奠的数十万信众按顺序出发，前往昔年忠贞军民登陆地点——头前寮，沿途早早清扫街道，备齐粮草，供应香客马匹之需，所经过的庙宇均分别参香，更多的是保生大帝的信徒，无论男女老幼，纷纷随着大队人马一同前往头前寮，一路上浩浩荡荡、锣鼓喧天、人山人海、途为之塞。

在头前寮的将军溪畔，上白礁谒祖祭奠分为“祭拜中华民族列祖列宗”和“遥拜大陆白礁慈济宫祖庙”两项。在祭拜列祖列宗时，先恭请中华民族的列祖列宗及保护先民到台湾的保生大帝神驾安座，之后上香，向列祖列宗及保生大帝行首礼、初献礼、亚献礼、终献礼，然后恭读祭文。

遥拜白礁祖庙典礼在钟鼓齐鸣后，上香、献花、献茶、献果，面向祖国大陆祖庙行遥拜礼，最后举行“请水”仪式，从与大陆一衣带水的将军溪中取出一壶水，带回学甲慈济宫中供奉，以表达“饮水思源”和“源远流长”的含义。整个仪式极为庄严、隆重，从中可见台湾同胞的拳拳赤子之心及浓浓念祖寻根之情。

自明永历十五年（1661 年）以来，台湾人民除了直接回大陆上白礁慈济宫谒祖进香以外，每年都举办上白礁谒祖寻根盛典。尤其难能可贵的是，在日本占据台湾时期，台湾同胞不顾日本帝国主义的严禁与压迫，从未中断过“谒祖祭奠”。近几十年来，在学甲举行的“上白礁谒祖祭奠”的规模愈来愈大，最多曾有二十万人参加盛典，人民对保生大帝的崇拜，已不仅仅是对一位医德高尚、医术高超、活人济世、德泽群生的民间医生的怀念，更多的是已融入了对故乡故土、对祖籍对家国的深深眷恋之情。这不仅反映了海峡两岸骨肉同胞的紧密血肉关系，也表现了中华儿女不忘祖先的优良传统。正如学甲慈济宫内有一副楹联所写：气壮乎天，万众同参学甲地；血浓于水，千秋不忘白礁乡。

保生大帝吴夲不仅是大陆人民心目中的一位济世安民的理想之神，更是台湾同胞心目中能够激励忠贞爱国情怀的保护神。吴夲这位历史人物也就成为祖国之光、民族之魂。

避瘟逐疫的王爷庙

端午节源于古代人民对投江自尽的屈原的怀念，还有一个最为重要的原因即借机驱逐疾病。人们特别重视在这个时候防病驱疫，以期保障生命财产。古时的端午节，除了有各种现在所知的诸如挂艾（草）菖（蒲）、佩香袋、饮雄黄酒等习俗，还有一个不可或缺的仪式，即“送瘟神”，人们希望通过此举，赶走瘟疫、放逐死亡。这个仪式，是通过“放王船”的形式完成的。这是当时的人们在不可知的大自然面前，平衡心理压力的一种方法。关于这项仪式，宋朝庄绰的《鸡肋编》中写道：“……澧州作五瘟社，旌旗仪物皆王者所用，唯赭伞不敢施，而以油冒焉。以轻木制作大舟，长数十丈，舳舻樯柁，无一不备，饰以五采……浮之江中，谓之‘送瘟’”。“五瘟”指的是中国古代神话传说中天庭中的“五瘟使者”，据说五月五日这一天是它的生辰。人们在这一天将它放逐，就意味着送走瘟神。明清时期，五瘟使者的信仰几乎传到了中国的每一个省，这种送船的祭祀仪式当时很普遍，地处东南沿海地区也不例外，并由江浙南传至福建，在福建广为盛行。当时在福州、漳州、厦门、金门、同安等地都会在五月五日举行送瘟神的祭典，人们将瘟神称为王爷，

古代送瘟图

将供奉瘟神神像以及装载了米粮、家禽（畜）的王船送入大海，任其漂流，并相信能以王爷为替身消灾免祸，带走瘟疫。送王船的活动声势浩大。

福建沿海送出的王船，由于风向和水流的关系，常常漂向澎湖群岛和台湾西岸的沿海地方，尤其是东北风强劲的时期。那时人们认为王船漂落的地区，将会遭遇瘟疫，必须（将王船）拣拾上岸，筑庙建醮，否则“该庄人定罹灾祸”，这是当时台湾《安平县杂记》中写到的。像西岸沿海地区的南鲲鯓、佳里、麻豆、安平等地，都有因王船漂来建庙的传说。台湾本岛上的王船，除了有大陆漂来的，还有澎湖等地漂来的，加上台湾本地自己放出来的，使台湾成了东南沿海一带瘟神庙宇最密集的地区。据悉在荷兰统治时期，在《诸罗县志・卷八》就有这样的记载：相传，昔有荷兰人，夜遇船于海洋，疑为贼艘，击炮攻击，往来闪烁。至天明，望见满船皆纸糊神像。众大骇，不数日疫死过半。不管这个故事的真实性如何，从中反映了人们对王船的恐惧。不仅如此，大量福建移民到台湾垦荒时，也将自己家乡中王爷信仰的习俗带到了台湾。由于当时社会生产状况，王爷在某一个生活的区域会被演绎成具有当地特色的信仰，因此，在此地信奉的王爷，到了另一地就变成了另一位王爷，如同是由福建分香来的王爷，高雄市天凤宫供奉的吴王爷是自晋江县潘径乡分香来的，台南市将军区保济宫的池王爷是由晋江县大仑村分香来的，嘉义县东石乡连天宫的何王爷来自晋江县长市乡，云林县水里港区福顺宫的朱、李、池三王爷来自漳浦县京仔社，高雄市凤山区北辰宫的巫王爷是莆田县移民从家乡带来的，嘉义县太保乡玉贤宫的黄、吴、李三王爷是随平和县古坑乡的移民渡海而来，还有据说产生于浙江温州的温王爷信仰在传到福建之后，又随着移民传到了澎湖和台湾岛上……凡此种种，历经百多年，一路发展下来，使台湾成为瘟神庙宇的大本营，也成为王爷信仰的核心圈！

盛大的烧王船仪式

在垦拓台湾的早期，岛上瘴疫弥漫，导致移民们祈求王爷驱瘟逐疫的信仰盛行，大量奉祀王爷的庙宇也应运而生，沿袭下来，目前祭祀王爷的庙宇数量继土地庙之后在岛上占据第二位，信奉王爷也成为岛上在妈祖信仰之后的第二大民间信仰，足见当地王爷信仰的普遍性。颇有意味的是，随着历史的演化进程，即社会的进步和医疗保障水平的提高，原先送王船活动的原始意义“逐疫”已逐渐淡化，在多数地方甚至消失，取而代之的是人们祈求王船载走一切灾祸并保境安民带来祥福，而王爷信仰中的重头戏——送王船，也已变成另一种形式——烧王船。这是因为送王船常会祸及他地，造成该地必须破财消灾的不良后果，形成一种恶性循环，所以目前台湾本岛和澎湖列岛都用烧王船的仪式进行祭典。这也反映了台湾民间信仰的可调整性和灵活性。

位于台南市的南鲲鯓代天府，创建于明永历十六年（1662 年），嘉庆二十三年（1818 年）改建于现在的地址，是目前省内最古老、规模最大的王爷庙，也是岛上的王爷信仰的中心。寺庙外观宏伟，内部装饰华丽，由于全部石材均采用祖国大陆的青石与白石，保留了最完整、最传统的中国建筑剪粘技艺，表现了中国传统的威禽灵兽、神翁仙女、名人武将等历史小说和民间神话的故事题材，散发出其气势磅礴、精彩生动的整体景观。其分灵在岛上的庙宇据说达到七千多座，甚至远至海外各地，每年的农历四月二十六日、六月十八日、八月十五日和九月十六日是庙里的进香期，是日，这里人山人海，络绎不绝。另外，台南市西港庆安宫于每年农历四月十四至十九日和屏东县东港东隆宫于每年农历九月上旬各自举办的烧王船活动极具特色。这三个地方，目前已成为岛上王爷信仰的主要代表地区。

这里也成为现代的人们了解一千多年前古人是如何面对大自然的一个窗口。

南鲲鯓代天府

土风民颂

我思仙人乃在碧海之东隅。
海寒多天风，
白波连山到蓬壶。
长鲸喷涌不可涉，
抚心茫茫泪如珠。
西来青鸟东飞去，
愿寄一书谢麻姑……

（唐）李白：《有所思》

欢歌善舞阿美人

“阿美”是“北方”的意思。阿美人是台湾少数民族中人数最多的族群，目前人口大约 19 万，他们是少数民族中较早从高山转入平地生活的族群，也是知名度相对较高的族群，主要分布在台湾东海岸平原和花莲至台东的纵谷平原，包括台东县、花莲县、屏东县等。

阿美人的社会组织是母系氏族社会，妇女是家中最重要的人物，在亲族社会中占有绝对优势，家中土地和财产均由女性继承，婚姻是“女婚男嫁”，男子入赘女方家里，在家中属于从属地位。如果头一胎是女儿，乡亲们都会来祝贺，家里会杀猪杀牛来庆祝，母亲在家中的地位也会大大提升。若生了男孩，就会很失落，想尽办法赶紧再生个女儿。阿美人严格实行一夫一妻制，但妻子权力很大，男子的主要任务就是外出挣钱，养家糊口，像狩猎、捕鱼、开垦、伐木、搬运等，都是男人的事情。不过，妇女的权力仅限于家中，对于部落中的大事，如重要庆典、祭祀或族外交往、谈判等事情，还是要靠男性来做，部落活动由各家庭的“娘舅”做代表去参加，所以参加部落会议及重大活动者仍然是男性。

阿美族群男子喜欢用贝块做额饰，从额前绑到脑后。用黑珠、白贝作耳垂或系小铜铃。他们将各色各样的贝片串、珠串佩挂在胸前，肩上还斜挂一个有织花流苏佩袋的绶带。参加盛大舞会时，还要腰系缀铃带，腿绑小铜铃，头戴羽毛冠，携手歌舞，场面分外热烈。女子则喜欢用鲜花编成花环，戴在头上或绕在头巾外，并缀以小铁片穗或小铜铃，插上镀银的发簪。额上绑扎加缀镍片的红麻额带，耳垂鹿骨耳环，颈挂贝片串、玛瑙珠串和小铜铃项链，腿绑系有花绒线穗子的绑带，腰扎撞铃，有声有色，十分动人。

阿美部落有许多传统的祭典，像“丰年祭”“成年祭”“播种祭”“狩猎祭”“祈雨祭”“捕鱼祭”等，这些祭典都反映了他们的祖先在同大自然的搏斗中历经磨难，但终于战胜艰难险阻，将自己的族群发展延续下来的漫长旅程。每次祭典活动都是阿美人的重大节日。

阿美丰年祭

阿美人的成年祭，因部落而异。有一种是以赛跑为仪式的内容。通常在丰年祭时举行。赛程约五六里，路途坎坷不平，有山丘、平原和沙滩。阿美小伙儿身戴避邪的姜叶环饰，赤裸上身，腰间围着白色丁字裤，神态威武。一声令下，小伙儿个个争先，犹如奔腾的骏马，展开激烈角逐。沿途有亲属或恋人呐喊助威，并携带糕点、酒以备犒赏。后面有一名勇士督阵，一手拿着长矛，一手捉着白鸡，用持矛的手不停地拔毛，朝落后者的后背抛撒，祈神禳助。同时高声喊道：“祖灵与你同在，吉祥随神俱来，跑呀！”经过一番激烈追逐，夺魁的男子被任命为成丁年龄级别的首领，然后率领大家沐浴海滨，祈求海神净化身心，赐予无敌的力量，同时也让长矛沾洗海水，借以拭去污秽邪气，得到无坚不摧的灵气。从此，凡经过赛跑考验的男子，还要加入会所严格训练，逐级晋升。

但真正让世人认识阿美人的，却是那无时不在、无处不有的阿美歌舞。阿美人一生都在歌舞，他们劳动时唱，休息时跳，在祭典中更是尽情地欢歌跳舞，他们的生活中处处有歌舞，他们的生活离不开歌舞，他们是一个能歌善舞的族群。阿美歌舞吸引了岛内外成百上千的游客，以欣赏到阿美歌舞为一快事。曾有人这样来谈论阿美歌舞：如果没有欣赏过阿美歌舞，就不了解台湾少数民族的文化。由此看出人们对阿美歌舞的评价之高。

阿美歌曲中包含了与大自然搏斗、耕种的辛劳、丰收的喜悦、男女恋情的赞咏等内容，丰富而多变化，还有许多歌曲有曲而无词，歌唱者随意用某一曲调唱歌时，便可即兴填入应时应景的歌词，所以，可以用“数不胜数”来形容阿美歌曲的数量。不过仍然可以将这些歌归为祭歌、酒歌和即兴歌三大类。祭歌是自古流传下来的在祭祀中所用的歌，歌词大部分是古阿美语。酒歌顾名思义就是阿美人一边饮酒一边唱的歌，早期阿美人生活朴素单调，常以酒解闷，心血来潮时便高歌低吟一曲作消遣，久而久之，形成固定的酒歌形式。其实歌词十分简单，大都是两三句固定套语，想说什么就套进去唱而已。即兴歌是歌者想起什么就随口唱出来，是一种情感激荡、随兴唱起的歌曲，大都婉转缠绵或悲哀凄凉，以抒发歌者当时各种不同的心情。此外，阿美人在唱歌时还加入了许多“花腔”装饰音，甚至在一些合唱中产生了“复旋律”(有时多至三个声部)，令现代的音乐家们大感惊讶，甚为欣赏。

载歌载舞的阿美青年

阿美歌曲的旋律非常丰富，曲调多变，节奏感非常强，这使得他们的歌曲曲曲都能以舞相伴。来到阿美部落，任何日子里都能看到他们在跳舞。平日里成人们在忙着劳作生产，那些少男少女们便以歌舞为乐，当有重大庆典活动时，就可形成具有千人参加的大规模集体舞，这样欢快壮观的场面极为震撼。阿美舞蹈多姿多彩，有丰年舞、月光夜舞、感谢神恩舞、槟榔树下舞、狩猎舞、迎宾舞、月下美人舞等。有独舞、情侣舞，也有数十人或千百人的集体舞。有的娇柔优美，有的粗犷刚健，在不同的场合会有不同的舞蹈，加上阿美女孩儿长得非常漂亮，她们大多拥有一对浓黑的眉毛、又大又亮的眼睛、长长的睫毛、直而稍高的鼻子，所以，有女孩子的舞蹈是最受欢迎的，无论走到哪里都是这样。有一部表现阿美歌舞的电影，还曾在第 11 届亚洲电影展上获得了“最佳舞蹈奖”。阿美歌舞也因此成为人们常论不休、常说不厌的话题。

具有阶级社会特征的排湾人

“排湾”的意思是“祖先开辟之地”。排湾人是台湾少数民族中唯一具有阶级社会的族群。目前排湾人的人口大约十万人，是台湾少数民族中的第二大族群，主要分布在屏东、台东两个县。居住地从深山一直延伸到海滨，主要集中在中央山脉南段海拔 100 米至 1000 米之间的浅山地区，北起大武山，南达恒春半岛。另外在花莲、高雄等地也有少数排湾人。排湾人的传统生产方式以山田烧垦为主，兼以狩猎蓄养和山溪捕鱼，但不会去海里捕鱼，即使住在海边也不下海。生产目的除自用外，一部分作为租税上交给贵族。

排湾人的阶级社会是建立在土地制度和长嗣继承制度上的，土地所有权的获得也靠长嗣继承，因此，排湾社会阶层制度是长嗣制度造成的。由于家庭继承制度是长嗣继承，所以子女中居长者无论是男是女，都可继承，男女两性继承的机会相等，由此可看出排湾人还是个男女平等的社会。排湾人的土地完全归贵族所有，平民不仅要替贵族耕作，还要交纳地租、田赋、猎税以及其他税费。贵族的称呼是“头目家”，每个头目管辖的范围各不相同，有的头目统治好几个部落，有的是几个头目共同管辖一个部落。头目除管理该辖区的事务，也代表自己部落与对外交涉等，头目的沿袭是由贵族家的长嗣继承世袭头目职位，其余头目子女若没有机会与其他头目子女联姻，则三代以后就会变成平民。由此，排湾社会阶层的组成基本为：（1）贵族，为特权阶级，多为地主和其近亲；（2）士，社会地位低于贵族而高于平民，其长嗣为士，余嗣为平民，士不是贵族与平民身份变迁中的必经阶级，也不是贵族的附庸；(3)平民，有些是地主的远亲，有些可能与地主无关，平民的地位是最低的一级。

石板屋

排湾人的板岩住屋大都建在山腹的倾斜坡地上，在泥土地面上铺满板岩，又在地中央掘洞，埋立石板作为屋柱，四周墙壁也是板岩做的。山形的屋顶用交替成龟甲形的板岩做瓦，有的干脆搬来巨块板岩严严实实地盖在屋顶上。这种石屋盖得相当牢固，不要说经得起风雨，就是从山坡上冲下来的泥石对它也无可奈何。石屋内还用石块、石条和石板做成石床。如此一来，一间从里到外全用石板的石屋就盖好了，充分体现了排湾人就地取材的聪明才智和精心构思，赋予普通的板岩以新的用途。

排湾贵族由于不必参与劳动而享有优越的经济地位，转而将精力投注到雕刻、刺绣、编织等工艺制作上，所以产生了许多精致的生活用品。排湾贵族不但享有经济上的特权，同时享有艺术上的特权，他们在家屋、器物、装饰等地方雕饰表示贵族阶级的徽号，有权利穿着华丽的服饰，在胸、背、手上刺青，显示其显赫家族的荣耀。排湾人在雕刻、服饰刺绣、精美编织等方面的成就，在台湾少数民族中是第一流的。尤其值得一提的是排湾雕刻艺术，当游客进入排湾部落时，立刻会被无所不在的雕刻作品吸引，从巨大的石板浮雕，到细腻的房屋内外建材上的雕刻，无不使人感到排湾人对雕刻的热爱。尤其是在房屋的檐桁、横梁、槛楣上的雕刻极为引人注目，其雕刻的图案大多为写实风格的人头纹、蛇纹、鹿纹、猪纹以及其他几何图形，雕成后再以石灰、烟墨作涂料加以涂饰，黑白至为分明，色彩对比非常强烈，颜色更见强烈而美观。排湾人的雕刻以风格古拙刚健、刀法遒劲有力的特点备受人们称赞。许多充满了排湾人原始、丰富、狂野的想象力的巨型雕刻，只有亲身走入排湾族居住的深山之中探访，才能欣赏得到。排湾服饰以传统的黄、黑两色为主，在服饰上绣缀彩珠、银饰等，极其艳丽抢眼。有这样一个事件来证明其衣饰的漂亮精美讲究：

曾有一位来自美国的游客看到一件排湾绣衣，爱不释手，美国人提出用一万美元买下这件巧夺天工的衣服，却遭到排湾同胞的婉言拒绝，因为排湾人对刺绣的钟爱是无法用金钱来衡量和交换的。

刺绣精美的服装

由于排湾族群是一个男女平等的社会，所以排湾人的婚姻制度使女子享有充分的自由。姑娘们以拥有众多追求者为荣，并可以完全自由地选择自己的意中人，而男青年则在追求女孩子的过程中必须胸襟豁达，倘若“吃醋”，是会遭到大家耻笑的。排湾人的求婚颇为文雅，有的男青年在节日前夕精心编制美丽的花环送给心仪的女孩儿，假若女孩儿第二天戴着那个花环去跳舞，便说明她是有意了。也有的男青年彻夜在女孩子家的门外吹“嘴琴”(排湾的一种乐器)，如果女方开门接纳并准其在家中过夜（仅供住宿而非有些民族的“试婚”），也表明是有意了。在这种情况下，男方要于三天后送槟榔和礼品到女方家中，开始托媒求婚。排湾婚礼也颇为奇特，男青年要为女方家建造一架秋千，婚礼上男女双方要同荡秋千，然后由男青年将新娘子抱下秋千，在宴席的中间，由部落头目给新娘子挂上两条项链，新娘发出喊声，拔腿就跑，新郎则紧追其后，直至追到山上将新娘“抓”住，然后将其背回家，而新娘子则要做出掩面啼哭的样子。(这个风俗与大陆上一些少数民族的“抢婚”极其相似)

排湾人的祭礼很多，像三月的“谷神祭”、七月的“丰年祭”、九月的“狩猎祭”以及五年一度的“五年祭”等。每当庆典来临，全村社的男女老少集中在一起，当庆典接近尾声时，便大碗大碗地互相敬酒嬉戏，对于自己交往密切的好友，便端来米酒从头顶浇灌下去，香气四溢的酒淋湿了亲友，也淋湿了土地，使周围的气氛更加醉意浓浓。人们更以此为乐，相互劝酒，直到一个个醉倒在地，方肯罢休。在外人看来这简直就是一个极其快乐的狂欢之夜。在这种场合最为活跃的是那些情人和恋人们，他们坐在一起，二人合持双连酒杯，并

手执双连杯的排湾青年

肩并唇，木杯里的酒从口中灌入，溢到嘴边、脖子，倾流在衣服上和草地上，然后再双双携手同歌同舞，极尽快乐。直到现在，居住在山区的排湾人仍使用双连、三连杯互相拉肩靠拢、表示亲切情感的会饮，称为“兄弟饮”。

双连杯或三连杯，是一种用长木头挖刻并雕有花纹图案的木杯。饮酒时一人右手执杯的右柄，另一个左手执杯的左柄，各自用嘴对准杯口，同时饮入。这种杯常常用在部落媾和或者结婚欢庆时。双连杯的形状很多，一般杯子为八角形，两杯的中间长柄上刻有蛇纹或者人头、兽形纹。杯的外部涂着红色或者黑色的油漆，使人感觉古朴典雅。

传奇风俗泰雅人

“泰雅”是“人”的意思。泰雅人居住在台湾北部到中部地区，是台湾少数民族中居住地域最广的族群，从海拔 2000 米到海拔十几米，都有他们的聚居村落，地跨八个县治，其人口八万多人，在台湾少数民族中排在第三位。

泰雅人在传统上有“黥面”的习俗。这个习俗缘自泰雅人中一个古老的传说：在太古时，有兄妹二人生活在大山里，他们努力耕耘，互相照顾，相处得很好。有一天，妹妹问哥哥：为什么不结婚？哥哥说：“到哪里去找对象呢？”妹妹告诉哥哥：“在山后的大山洞里有位姑娘正等着嫁给你呢！”于是哥哥就向山后找去，这时，妹妹先用炭涂黑自己的脸，抄近道赶在哥哥前面进入山洞，坐在那里等着，哥哥进了山洞，看到一个乌面姑娘，竟没认出是自己的妹妹来，便与姑娘成了婚，后来，这对夫妇生了许多儿女，自此繁衍不息，成为一个大家族，这就是泰雅人。（泰雅人因此还有一个传统习俗，即近亲结婚）。泰雅人的男女青年到了适婚年龄时（通常 16～19 岁）一定要先“黥面”，才有资格谈论婚事，而且黥面在过去也成为泰雅人在战场上相认的标志，所以，尽管黥面是一件要忍受痛苦才能够完成的事情，但泰雅人还是将这个习俗一直沿袭了下来。只是到了现代，泰雅青年已开始摈弃这一传统习俗，只有在一些老人的脸上还能看到“黥面”留下来的痕迹。

泰雅人基本保持着父系社会状态，其家族往往有两个或两以上的单位。家庭以一对夫妻为中心，财产由最小的男孩子继承，诸兄婚后就分居另灶，但并不算另一个家庭，而算是父家的“分户”。父母去世后长兄为家长，其他兄弟借此形成一个联合家族，共行祭祀，共有土地，共同耕作。这种联合家族叫作“gaga”，译为“祭团”。若干个祭团联合成部落（或者相反，一个祭团可以包括几个部落），大家推选最强大的祭团（或部落）的首领为头目。头目下有部落会议，凡是祭祀、“出草”（即砍人头做祭品）、狩猎等大事要先开部落会议，然后再决定是否实行。

泰雅人是一个敬老、博爱、重视道德情操的族群，也是一个强悍勇猛勤劳又热情好客的族群。他们的狩猎本领高强，出猎时很少无获而归。他们身体强壮，过去，他们出去狩猎，离家往往长达一个月，有时所带的干粮不够了，他们竟能隔一天才吃一顿饭，照样有体力把野兽追得满山乱窜。他们夜晚也不必横卧，在火堆边蹲一夜，第二天依旧能步履敏捷地追赶野兽。另外，泰雅妇女的织布技术是台湾少数民族中最出色的，泰雅姑娘从小就要学习织布，只有善于织布的女孩才会受到尊敬并获得社会地位，不会织布的女孩是不能出嫁的，同时，织布机也是不可缺少的嫁妆。正因为如此重视纺织技术，这才成就了泰雅妇女首屈一指的纺织本领，在其他族群逐渐放弃传统手工艺纺织的现代，只有泰雅妇女坚持以传统手工的方式织出图案漂亮、颜色鲜艳的花布来，加上她们拥有高超复杂的刺绣技术及善于在服装上进行贴饰、贴花等点缀手法，衣服穿在身上熠熠闪亮，十分惹眼，那些从欧美来的游客往往情愿出高价购买这种极具鲜明民族风格的泰雅服装。

泰雅妇女善于用白色的贝珠作为衣服的缀饰，这种缀满贝珠的衣服就叫作“贝衣”或“珠衣”，十分珍贵。只有在姑娘结婚或重大喜庆时才会穿上。在中央民族大学的博物馆中，就收藏有这样一件泰雅“珠衣”，此珠衣无领无袖，用红色花纹的白麻布衬底，上缀珠串两千七百多排，贝珠总数超过八万粒，堪称工艺精美的珍品。

20世纪初身穿贝衣的泰雅男子

泰雅男子服装一向以贝珠装饰著称。将贝壳雕琢成小的圆形有孔的珠粒，用麻线串起来，横向排列，缝在衣服上，称之为珠衣或贝衣。一件珠衣或贝衣通

现代泰雅人

常要用一两万颗晶莹剔透的贝珠，经过精心编串才能织成。也有用串珠缝在布上，称为珠布或贝布，既可制成衣服，也可当货币使用。每逢祭仪庆典，泰雅男子头戴藤帽或皮帽，在帽圈下沿缀上彩色的钮贝作为装饰，耳系竹管制成的耳棒或螺钿制成的耳盘，颈挂贝珠穿缀而成的颈带垂于胸前，臂套铜丝卷绕而成的臂环，腕套珠镯或铜条镯，手指戴玉或铜戒指，腰围珠裙，小腿束贝珠带、铜铃，每走一步叮当作响，令人赏心悦目。泰雅女子打扮也很俊俏，她们常用贝质耳铀、耳板或贝珠作耳坠，颈挂富有变化的彩色贝片项链，珠光闪闪，引人注目。

泰雅人最重大的节日是“播种节”。他们依照祖先传下来的方法，每年的初春时节，当看到山上的“塔卡那斯”树（泰雅语，意为“报春天使”树）开满鲜艳花朵时，家家户户就开始准备播种了。按照泰雅习俗，播种之前家长要在临睡前跪在床上，高举双手并全身俯伏，如此反复数次，同时高声地向祖先神灵虔诚祈祷，求赐恩惠并祈求灵验的梦，若当晚他梦到高山大海或族中富裕者，这视为最大吉兆，或梦到美丽少女，这也为富兆，第二天就可开始播种；若当晚他梦到鱼或穷人等，则被认为是不吉之兆，就得推延播种，直至获得吉兆为止。播种是在极为秘密的情况下（即不告诉任何人）进行的，他们怕走漏消息被田鼠或害虫知道后，会将种子或作物吃掉，因此在播种完毕之前，不仅左邻右舍互不相往，即使在路上碰到人也会装做没看见相互回避，这一情形大约历时几天，直至全村的人都完成了播种。这时，整个村庄一下子沸腾了起来，家家户户拿出早已准备好的米酒、栗糕、鱼虾及各种肉类食物，盛邀左邻右舍围坐在一起，开怀吃喝，放声高歌，尽情跳舞。假如旅游的人恰逢此时来到他们的村庄，一定会被热情的泰雅人拉住，一起对饮、歌舞，令游人大饱口福、大开眼界。此刻，兴高采烈的人们、欢庆热烈的气氛和着满山灿烂、娇艳的“报春天使”花朵，将整个泰雅山村渲染出一派美丽、动人、欢腾的景象。

刚强崇武的布农人

布农人是台湾少数民族中的一个族群，人口约五万余人，主要居住在关山和玉里一带海拔 3000 米以上中央山脉的中段区域，是少数民族中居住最高的族群，是典型的高山民族。他们最能适应高山气候，迁移活动的能力较强。因此他们居住的地域较广，如南投县的信义、仁爱两个乡、花莲县的卓溪、万荣两个乡、高雄县的桃源、那玛夏两个乡以及台东县的海端、延平两个乡，因此，他们的人口数量虽占少数民族中的第四位，但分布面积却在少数民族中位居第二。

布农人是父系氏族社会，历来以剽悍好战、刚毅勇敢著称。在布农村落里，狩猎是男人们的工作，绝对禁止女性参加，这是很严格的禁忌。这种禁忌严格到不准女性触摸狩猎的器具、谈论有关狩猎的事宜。

由于世世代代居住在高山密林中，所以布农男子个个都是天生的猎人。从儿童时代开始，男孩子就要开始学习射箭，最开始练习打鸟，这是一种职业训练，绝非儿童单纯的游戏。12 岁就跟随父兄进山打猎。狩猎的对象主要是鹿、山羊、山猪，如果途中遭遇了较为笨重而凶猛的豹、熊等，当然也不放过。至于“顺手牵兔”“顺手牵猫”之类的事更是屡见不鲜了。

古时布农人家庭以家中摆放捕猎的兽骨作为家中装饰，谁家的兽骨越多，就表明这家的男子越英勇，战果越辉煌。现在，虽然随着社会的进步而不再大量狩猎并转而从事其他生产活动，但在族内仍然崇尚射箭捕猎，一个布农男子如果没有捕获野兽的经历，就不能算作是成人，每一名布农男子都将打猎作为神圣的事情。因此，布农人传统的习俗、祭祀仪式也都与狩猎结下了不解之缘，其中最主要的祭祀当属一年一度的“打耳祭”和五年举办一次的“成年祭”。

传统“打耳祭”以氏族为单位，在每年第一次收获季节之后举行，通常历时七天七夜。开始时，布农男子会集体上山狩猎，此时族中 14～15 岁的孩子也跟随大人们一同出猎，风餐露宿，接受野外生活的锻炼，然后带着猎得的山猪、山羊等猎物回到村里，便立刻举行盛大的“打耳祭”，庆祝丰收和感谢神灵赐予丰富的猎物。此时村民们将捕获到的猎物全部烤好、煮好，在凌晨第一声鸡鸣之前摆到祭场上，并将兽耳挂在祭场的树枝上。天亮了，全村的男人包括男孩聚集在祭耳场，在距悬挂的兽耳三四米处，由族中德高望重的人首先用火枪射击兽耳，接着由族中长辈依次点名，青年及小孩逐一“射耳”，所用的武器可以是火枪，也可以用弓箭，射中者则被称为英雄，赐予猎物与酒，然后全族人围着猎物与英雄狂饮欢呼，并在口中默念祷词，祈求祖先和神灵保佑族人平安和获猎丰收。吃完烤肉，还要“祭枪”，由族长把小米酒洒在枪上，祈求今后狩猎能百发百中，之后，男人们暂时离开祭耳场，进行仅由妇女主持举行的“袯除”仪式，以茅草沾水拂拭头及身子，据说可以袪除疾病、驱走厄运。然后男人们再上祭耳场继续分食酒肉直到夜幕降临，当族长再一次主持祭枪仪式后，人们纵酒放歌，尽欢而散。“打耳祭”对布农人来说是一个重要的日子，其意义不仅在于酬谢大自然的恩赐、祈求年年丰收，同时也具有部族相聚、团结互助的积极作用。

祭 枪

“成年祭”在布农人心中是一个神圣的节日，它每五年才举行一次，专为族中男童的“成年”大事而专设的祭礼，凡是在这五年里达到“成年”岁数（约十六岁）的男孩子均须参加。祭礼时间定于二三月间春暖花开的时节，庆典的前两天族中的头领要亲率狩猎能手进山生擒一只活兽（鹿、山羊、野猪均可），而村中的人们则忙着杵米、酿酒、缝制新衣。到了“成年祭”那天，全族男女斋戒沐浴，身穿新衣，聚集在广场四周，只听三声枪响，祭礼开始了。首先是这五年内“成年”的男孩子列队入场，逐一张弓搭箭，射击事先按成年男孩人数相同的悬挂的干肉条，射中者，即可表示已经“成年”，并且能够参与打猎了，并把击中的肉条作为礼物送给自己的母亲，一旦没有射中，则是一桩很羞辱的事情。“射肉”之后是“赛箭”，这是青年人的活动，凡通过“射肉”仪式的人均可参加。仪式是族中首领将一只兽头立在广场中央的木桩上，青年们在 30 米开外站成纵队，每人只射三箭，最后由族长和首领们评议，选出射中兽头要害者为“箭魁”，即五年内全族最好的射手，这位射手自然成为全族中最风光的人物，年轻的则成为姑娘们心中的“白马王子”，晚上，全部落男女老幼聚于广场，饮酒吃肉欢歌跳舞，通宵达旦。天亮时，广场上空又响起了三声枪声，宣告这一次的“成年祭”落下帷幕。

值得一提的是，在上述两大祭典活动中，布农人是绝对不使用家禽、家畜的。因为他们认为用家禽家畜作祭物是表示猎人无能，是布农人的耻辱，有渎祖先的荣誉。即使近年来台湾为保护野生动物而禁止狩猎，布农人宁愿用纸做成“耳朵”举行“打耳祭”，也绝不用家禽家畜的耳朵来替代。

布农人的这两项大规模的民族集体活动现已成为台湾重要的民族民俗活动之一，每当举行“打耳祭”或“成年祭”时，都会有许多岛内外的观光者前去观光，而目前在布农人聚居的四县八乡中，又以台东县延平乡红叶村布农人所保持的传统庆典仪式最为隆重。加之在 20 世纪 60 年代，就是在台东县延平乡红叶村的红叶小学，一群由布农孩子组成的少年棒球队，在当时条件极其艰苦的情况下进行训练、参加比赛，逐渐崭露头角，从全台各校中脱颖而出，出赛第 23 届世界少年棒球赛并一举获得冠军，为中华民族争得了荣誉。这些当年的孩子也成为布农人的骄傲。因此，这里的布农民俗活动更加名声大振，如果有机会赶上这里的“打耳祭”或“成年祭”，可千万别错过和布农同胞一同欢庆的大好机会。每年的四五月间，是布农传统庆典“打耳祭”的既定时间。

太鲁阁人重“感恩祭”

太鲁阁人是台湾少数民族的第五大族群，源自古老的赛德克族系。太鲁阁意指山腰的平台或可居住之地。太鲁阁人的祖先曾居住在合欢山西侧的浊水溪源头（在今南投）。传说在距今400年前，因为狩猎，他们的祖先越过了中央山脉来到立雾溪源头（今在花莲），迁徙至此的族人最后沿着立雾溪流域建立了新部落。

目前太鲁阁人大致居住在北起花莲县和平溪、南至红叶及太平溪这一广大的山麓地带，人口将近三万人。太鲁阁人为父系的小家庭组织结构社会，在家庭或家族间均以男性权威为主。其命名法则是采用父子联名制，也就是子女联父名于自己的名字之后。

日本殖民时代，日本的文化人类学者将太鲁阁人列为泰雅人的亚族，经过一个世纪的争取，太鲁阁人终于在2004年1月14日正式获得认可，成为第12个台湾少数民族族群。

1894年日本发动甲午战争，翌年清政府战败，于4月7日被迫签订了丧权辱国的《马关条约》，把台湾割让给日本。从此，台湾沦落为日本的殖民地达50年之久。日本侵台后，为疯狂掠夺台湾的樟脑资源，大举向山林进发，砍伐樟树。此举遭到长年生活在深山中的居民的激烈抵制和反抗。为了获取经济利益，从1907年起，日本人开展“五年武力理蕃计划”，不惜调遣军队向深山密林大举进发，企图动用武力迫使居民缴械俯首。他们的首要目标便瞄上了天性强悍、居住在台湾中部以北的泰雅、赛德克、太鲁阁以及赛夏等族群。为此，驻台陆军大将佐久间甚至亲自上山督战。

1914年夏，曾领军镇压牡丹社事件的台湾日本总督佐久间大将，率领两万名陆军与警员组成的部队，分别从合欢山与立雾溪口，兵分七路夹攻围剿太鲁阁部落，这是一场发生在3000米高山上的战斗，也是日本侵略者对这里的居民使用机枪大炮进行强势侵略的历史铁证，史称“太鲁阁战争”。

自5月下旬开战后，日军在奇莱山腰的立雾溪一带遭到少数民族的顽强抵抗，多次爆发激烈的肉搏战。后来，日军在大炮机枪的掩护下攻入部落，他们以“焦土政策”对付部落，焚毁了部落族人的住屋、仓库，企图将太鲁阁人逼上绝路。英勇的太鲁阁人不畏强暴，绝地反击，利用手中原始简陋的武器，打死打伤日军19人，其中包括两名日籍高级军官，在后来发生的卡拉宝社争夺战中，还一举歼灭了整排的日军。

6月中旬，日军挟兵力优势和充沛补给，逐渐取得战场的优势，偏又在两周内连续遭遇三场强台风，导致分散在山区的太鲁阁人弹尽粮绝，无力再战，8月13日，“太鲁阁战争”结束，日军也受到重创，死伤两千二百余人，71岁的佐久间在战场上失足堕下山崖，久治不愈，在这场战争结束不久即因伤而死。

太鲁阁战争让日本人心惊胆战，为防范台湾少数民族的反抗，开始对各部落实施所谓的“山下移住政策”，强制居住在立雾溪流域的太鲁阁人迁至山下，由此形成今天的太鲁阁族群居住地。如今，太鲁阁人原先的居住地已成为知名的观光胜地——太鲁阁公园。

太鲁阁人是传统的狩猎火耕族群，和泰雅人一样，男女成年后都有纹面的习俗。传统社会组织，是由成员共同推举聪明正直的人担任领导者，对外代表部落，对内维持部落的安宁和睦，仲裁纷争，每个部落均有固定的狩猎区，猎区的保护是全体成员的共同责任，因此形成了部落男子共同承担责任的团体意识。

吹乐器的太鲁阁女子

过去，太鲁阁男女到了14岁或15岁时，即开始“黥面”，男性刺额纹与颐纹，女性刺额纹与颊纹。黥面的主要意义在于表现男人勇武和女性坚忍的精神，也是一个人已经成熟拥有结婚资格的标记；

次要的意义为“同属一个族群标记”，美观的标记，男子狩猎多次成功以及女性织布技术超群的幸福象征。

太鲁阁人的织绣在台湾少数民族当中堪为华丽典雅，早期喜爱繁复的编织，近年来则以丰富的图像表现族人刺绣艺术的天分，图案大多为本族群的祖灵像、人头纹（头目、贵族专用）、百步蛇纹（贵族的祖先）、太阳纹（头目专用），在色彩上以橙、黄、绿为主色。

太鲁阁人的基本信仰是历代祖灵崇拜。他们认为：祖灵是宇宙的主宰，具有无上的权力和神奇的力量，人类社会的一切活动都会受到祖灵的控制。祖灵监护子孙，但并不一味保佑而毫无责罚，更不会无条件赐予恩惠。如果子孙遵守祖先定下来的法则制度，包括道德准则和祭奠禁忌，那么祖灵就能使族人身体健康、农作物丰收。如果行为不端、违逆祖训，祖灵便会降下疾病、灾难，使农作物歉收。因此，太鲁阁人对祖灵百般顺从。太鲁阁人的超自然信仰包括许多禁忌和规则，一旦有人破坏这些禁忌和规则，不仅对个人产生不利，也将危及团体的安全，但祖灵终究是自己的祖先，即便不慎违犯禁律，也可以通过巫师作法来影响祖灵并用赎罪的方法去改变祖灵的责罚。太鲁阁人还认为，所有的灾难、疾病，都源于鬼神责罚与触怒祖灵，因此必须经由对祖灵的崇拜来获得解决，其祭祀仪式便象征着与祖灵的沟通。因此，太鲁阁人具有传统祭祀祖灵的仪式——感恩祭。

为确保这个传统习俗确实被部落族人遵守，太鲁阁人在部落内设立头目、祭司及巫师三个职位，执掌不同的权力，以便监督族人奉行习俗。而巫师的医疗与祭司的祈福，也是这个族群部落中重要的传统习俗。

举行庆典的太鲁阁人

太鲁阁人举行的感恩祭，一般都是在春天播种祭之前以及秋天收获祭之后。每年的这两个时节，太鲁阁人会遵循祖训举行感恩祭，报答祖灵的庇佑。目前由于基督教的影响，规定祭祀活动在每年的 8 月单独举办。近年来经过族人的共同努力，为争取青少年多参与祭典活动，已将祖灵祭的名称改成“感恩祭”。活动也因此出现传统文化与现代歌舞同时表现的情形。

卑南人祭典——杀猴祭

卑南人的生活范围主要在台东平原地区，目前的人口总数为一万多人，分布于南溪以南，知本溪以北的山壁海岸地带，也就是台东纵谷的南部，现属台东县卑南乡。这里多为悬崖石壁，乾隆年间的《凤山县志·风土志》中记载，“赴社水路仅容杉板船，自粪箕湖入傀儡山，行二日可至，乌首盘旋，跋履易，处此则穿荆度莽，越岭攀藤，尤难施步矣。”可见卑南人生活环境的恶劣。还有一部分卑南人散居在恒春半岛。

在台湾少数民族中，卑南人是一个智慧很高、纪律严明，十分强悍、骁勇善战的民族，人数虽然很少，但却曾经威服过邻近的、人数超过自己十倍还多的阿美、布农等族群，称霸东部台湾，部落的头目被称为“卑南王”，还曾收到过乾隆皇帝赐予的黄袍马褂，显赫一时。

卑南人中的部落首领是世袭的，却没有严格的阶级制度，部落里的事务安排及解决，以男子为核心，但在家中，却是女子说了算。家族之间的继嗣、婚姻、居住等均以女方为优势，家系承传以长女继嗣为常规。相对于其他少数民族来说，卑南人较早与汉族接触，因此，他们在物质生活方面，包含的汉文化成分相当多。卑南传统的生活方式为焚垦轮休旱田，在汉族影响下，水田稻作已成为主要的生产方式，狩猎和溪渔仅仅在祭典仪式前才有。

卑南人的服装以男子成年期和女子成婚期的衣服最为华丽。男子成年期要穿上缀有五个纽扣的黑色对襟上衣、黑色的短裤，短裤的前裆和裤脚都绣上花边。头目家的成年男子还需穿套裤，腿部用红、黄、黑三种颜色的绣线挑绣，在腰间系着槟榔袋，着色，着饰穗，类似汉族精致的水烟袋。他们腰间还有五颜六色的花飘带。女子成婚期要用一块花头巾对折成三角形，扎在头上，肚兜是用黑色或红色的布折成三角形，每边都加上绣饰，下部有夹层口袋，上面放在上衣里，下边垂到腰裙上，十分引人注目。膝裤是用一对方形布四周缝上束带，束在小腿上，颜色是黑色或蓝色。

传统的卑南男子的一生分为几个阶段：当男孩子到了 10 岁左右，就要参加第一次“杀猴祭”并由此进入少年会所组织，接受年长男子的教育训练与担负防卫部落安全的责任，这段长达六七年的训练期间，包含了被称为“马鲁拉干”(10～13 岁）和“马鲁达万”(13～16 岁）两个年龄阶段。由“马鲁达万”经过“狩猎祭”后，进入“明阿卜当”的苦修期，父母会在族中找一个英勇善战、智德兼备的年长者作为男子的“义父”，由义父为他举行第二次成年仪式——扎腰裙，表示年龄的进升，苦修期间，“明阿卜当”跟随义父进山学习狩猎、作战、野外谋生的技巧，并接受体力、耐力的训练及传统礼仪、敬老尊贤、长幼有序等精神修养的培养。经过苦修期，练就了卑南男子钢铁体魄和思想。不过现在这一制度也随着社会的发展而有了一些简化和转变。

目前，卑南人最重要的聚会是在每年的岁末年初举行“杀猴祭”“狩猎祭”和“丰年祭”。按照他们的习俗，这三个祭典是连续依次进行的。而“杀猴祭”更显示了卑南人的特色，因此引起人们极大的兴趣。

“杀猴祭”通常在“报佳音”的仪式中拉开序幕。“报佳音”是在祭日的前一天晚上，成百个卑南少年聚集在“巴拉馆”(即会馆）前，由最年长的队长带队，挨家挨户地去伏首磕头，嘴里齐呼“阿里不大”，然后起身接过人家给的糖果，接着转去下一家。这种“报佳音”的仪式，卑南人认为可以驱邪。第二天，参加祭猴的 10～16 岁少年身着传统的短裤，在由竹子、茅草搭建的少年会所前，聆听族中长老吟颂祷文，之后由队

原木和茅草建成的少年会所

传统的“杀猴祭”场景

长的一声令下，便如脱弦之利箭向前奔跑，新进的“马鲁拉干”在已经有若干次经验的“马鲁达万”带领下，最前方有两人抬着猴子，随后的每个少年都肩扛竹竿，一直向杀猴的祭场跑去。祭场是一片清理干净的空地，少年们把猴子（现在是用草扎成的）扔进用青竹竿做成的笼子里，团团围住，一边摇动竹竿，一边反复吟唱一首祭猴的歌，接下来，就是用手中的竹竿狠狠地去戳笼中的猴子，这就是“杀猴”的仪式了。古时人们的用意是让少年从血淋淋的场面中获得锻炼，培养战斗勇气。然后是两个例行的仪式——“打猴屁”和“丢猴尸”。“打猴屁”是由年长的“马鲁达万”持竹竿棒打“马鲁拉干”的屁股，“马鲁拉干”有多少人，便要打每一个“马鲁拉干”多少下，其寓意是要求卑南少年从小就培养“为求团结力量，讲究绝对服从”的精神，过去常常被打得屁股肿得老高，要经过十天半个月才能消肿，现在则变成了象征性地打，更多的是表现其精神意义了。“丢猴尸”是将笼中的猴尸抬到一处选定的地点，在长老高昂的歌声中，丢掉“猴尸”。

“杀猴祭”在最后会举行一场大会餐或歌舞会。歌舞狂欢是卑南少年最高兴的时刻。在经过猴祭的考验之后，他们心中都充满着一股骄傲感和荣誉感，于是在整个晚上，这些少年头戴花环、歌声不绝、劲舞不歇，充分享受着属于他们自己的欢乐。

由于“狩猎祭”和“丰年祭”分别是只许16岁以上的“明阿卜当”和卑南成年男人参加的活动，因此，“杀猴祭”便是卑南少年们唯一成为主角的活动，因此也格外受到族人和观光者的青睐，成为卑南人独具特色的祭典活动。

鲁凯人的“丰年祭”

鲁凯人共有一万多人，在台湾少数民族中属于人数较少的一个族群。他们主要聚集在屏东县雾台乡境内，在台东等地也散居着一些鲁凯部落，但现代人都将屏东雾台乡视为鲁凯人的大本营。鲁凯和排湾是台湾少数民族中仅有的两个具有阶级社会的族群，不过不同的是，鲁凯人的土地获得权须是由长男继承，而非排湾人的长嗣继承（男女都一样），所以，鲁凯人的阶级社会的阶层制度是长子继承制度造成的。这种阶级社会共分三层：（1）贵族，特权阶级，多为地主或地主的近亲；（2）士，社会地位低于贵族，高于平民，长子为士，余嗣为平民；（3）平民，大部分是佃农。

鲁凯人的传统生产方式以山田烧垦为主，以打猎、山溪捕鱼、采集、饲养为副。部落的土地（耕地、山林、河流、猎场等）为数家贵族头目所有，实际从事生产工作者为无土地权的平民。由于聚居的地方大都是高山峻岭，人烟罕至，因此，鲁凯人保留着固有的山地文化及丰富的鲁凯风情，像鲁凯刺绣、雕刻、祭祀等，都具有浓郁的本族群特点。在鲁凯部落内，无论是在房屋的门扉上、横梁上、檐桁上，还是在鲁凯男子身上佩带的番刀上，都可以看到雕刻其上形如太阳、人头、蛇及人首蛇身的图案，这些图案反映了鲁凯族群的信仰和图腾，是他们本族群世代承传的民族神话的体现（其实，在中国大陆的东南沿海和南疆地区，古代的古越民族就奉行太阳和蛇的信仰）。鲁凯服装也表现了本族群妇女的风采和智慧，曾有人这样描述：在部落中所遇见的可能是历经风霜的老太太，可能是风华正茂的女孩子，也可能是微醺佝偻的老人，但转眼间她们盛装出现在典礼上时，一个个风华绝代，她们身着繁复华丽明亮耀眼的服装，使人产生目眩神迷的感觉。百合花是鲁凯人的圣花，每个女人都带百合花，表示自己是圣洁祖先的后代，这缘于一个凄美的故事：相传有一位叫“巴冷”的贵族女孩与一位来自大武山峰顶湖底蛇族中的英俊男孩相恋，这违反了族中的禁忌，遭到家人及族人的反对，但蛇郎情深，愿以抢婚的形式来娶“巴冷”，然后长住湖底。后来，父母和族人守在湖边，想用深情感动“巴冷”出来，几天后，在湖畔、湖面上长满了香气四溢的百合花，“巴冷”却一直没有出来，从此，百合花成为鲁凯人的圣花。为了纪念“巴冷”，每当家中有女初长成，其家族都会为她举办一场隆重的带百合花的仪式。

鲁凯人最隆重的节日是每年农历八月中旬举行的“丰年祭”。每逢祭典期间，都会有大批游客闻讯赶来一睹风采，因此，“丰年祭”也将鲁凯人特有的山地文化、山地祭典展示在世人眼前。

“丰年祭”前夕，鲁凯人家家户户开始忙碌起来——缝制新衣、酿制甜酒，远离家乡的游子都在此时返乡。祭典当天，早上七八点，祭场上便萦绕着悠扬的山地歌谣，清凉的声音在没有乐器的伴奏下，在山谷中回荡流转，令人想起古老的岁月里，蓊郁的山林中，鲁凯人的祖先在此生活的场景。他们用纯真的歌声表达着悲喜忧伤、虔敬的狂热！这就是“丰年祭”开幕前的热身活动——传统鲁凯歌谣比赛。

8点半，祭典正式开始。鲁凯人穿着传统刺绣精致的礼服聚集在祭场上。祭场内还搭有几间草棚，挂着象征吉祥的百步蛇和太阳神画像。在参祭者的欢呼声中，主祭人吟咏祷文，祈求来年阖境平安、五谷丰登，随后在祭场上燃起一小堆火，族中勇士纷纷越火而过，象征驱除邪魔妖灵。简单的开幕式后，陆续上场的有山地歌舞表演、秋千大赛、抛物比赛、百米比赛、竞走与联欢晚会活动，一直持续到晚上10点多才结束。整个“丰年祭”，其实好像是一次盛大的民族体育盛会，不过其间夹杂着民族歌舞与祭神活动。

现在，在“丰年祭”中，最引人注目的是浪漫迷人的秋千大赛。与一般的秋千不同，鲁凯“丰年祭”中的秋千是单索的，索的下端有一个索环，比赛时，鲁凯少女站在索环上，由地上的男伴协助随风摇荡，将其荡高。当女子升

抢眼的荡秋千

到最高点时，忽然柳腰一摆，来了个大翻转，惊得下面观望的人心中一颤，只见女子屈腿将人与长索贴成一线，状如空中飞人，此时地面上响起热烈的掌声，称赞女子精彩的表演。比赛以荡得高、动作优美、表演惊心动魄者为冠军。由于这项赛事须由一男一女合作进行，所以也成为鲁凯青年男女择偶的一个媒介，在惊险刺激之余，还带着些许浪漫温馨之意，令人遐想回味。当参赛选手在场上竞技时，其余人就在四周围成个大圆圈，用传统的鲁凯歌舞为场上的青年男女加油。少女荡得越高，下面的歌声就越高亢，舞步也越热烈。少女穿着缤纷华丽的传统服饰，在半空中舒展轻盈曼妙的动作，展现最美的身姿曲线，犹如一只在空中尽情飞舞的绚丽蝴蝶。所以，荡秋千成为“丰年祭”中最抢眼、最受欢迎的压轴好戏。

除了荡秋千，“丰年祭”中其他的活动也都吸引许多人参与和欣赏。像抛物比赛，同样具有刺激热烈的气氛；赛跑项目在“丰年祭”中也占重要地位。由于鲁凯族人自幼生活在山林原野，个个勇猛健壮，因此，赛跑是他们极热爱的运动，也是参加人数最多的项目，其中的男子背人百米跑、女子头顶 20 公斤重物竞走等，都显示了鲁凯人的生活特色。

午后和晚上的歌舞节目，是流露鲁凯人淳朴真挚情感的热闹活动，在独唱或合唱传统民谣当中，“丰年祭”再度掀起了高潮，让人们充分感受到鲁凯人的豪迈奔放，令闻讯而来的游客也禁不住加入到歌舞的行列中去。

浴火重生的撒奇莱雅人

撒奇莱雅人世居于花莲奇莱平原，居住范围约在立雾溪以南、木瓜溪以北，大约包括今天花莲县新城乡、花莲市和吉安乡三个地区，目前主要有：花莲市主布部落、瑞穗乡马立云部落、寿丰乡水琏部落、丰滨乡叽崎部落。目前是台湾少数民族人口排名第八的族群。

撒奇莱雅意为“真正的人”。花莲在古时曾被称为奇莱，就是从撒奇莱雅人自称的谐音而来的。一般人接触撒奇莱雅人，通常也以“奇莱”称呼他们，因此，所在地的平原被称为“奇莱平原”，位于附近的高山被称为“奇莱山”。撒奇莱雅原被划属阿美人的一支，被称为“奇莱阿美”。

早在西班牙统治时期的1636年，有关文献记录上就已经有了撒奇莱雅人。当时，西班牙统治台湾北部及东北部，在此区域划分三个省，其中就包括了撒奇莱雅人居住地。1638年，荷兰东印度公司的探险队报告撒奇莱雅人居住地出产金矿，东印度公司因此派兵进逼，与撒奇莱雅部落发生多次冲突，撒奇莱雅部落在清朝统治时期取得奇莱平原的领导地位，为了保卫既有领域，曾与清军发生多次大规模武装冲突。1878年，噶玛兰人与撒奇莱雅人联合起来共同抗击清兵，爆发了史称“加礼宛事件”的大规模武装冲突，最后，清军击溃了两个族群的武装。为避免被清军报复及灭族，撒奇莱雅人开始流离失所或隐居他族，从此全族散居在台湾各地，开始了他们128年隐姓埋名的流浪生活，消失在历史记录中而被误认为是在清末时消失灭绝的族群。日本统治时期，对

敢于生吃三棘天狗蚝肠子的撒奇莱雅人

台湾少数民族进行族群分类时，撒奇莱雅人鉴于对昔日冲突事件严重受创的刻骨铭心的记忆，选择了隐姓埋名，因而被归为阿美人，依地理位置被称为奇莱阿美人。1990年7月，用四十多年时间搜集撒奇莱雅语及撒奇莱雅史的撒奇莱雅族长瓦伊·撒耘（汉名：李来旺，1931—2003年），在花莲恢复举办祭祖大典。2004年7月10日开始族群证明运动。台“原住民族委员会”进行认真调查研究后认为，撒奇莱雅人为单一族群，其语言与阿美人无法沟通，文化和生命哲学都与阿美人不同，其族群区别明确，并未被阿美化或者汉化。2007年1月7日，撒奇莱雅人获得正式承认，被确认为台湾少数民族中的第十三个族群。

撒奇莱雅是母系社会，母亲是一家之长，母亲的地位十分受尊崇，也是维持家务最重要的人。家中所有的财产、土地、子女都归母亲管理，只有女性才能继承家业，成年男子婚后住在女方家中。撒奇莱雅与阿美的文化习俗十分接近，但其最大的不同就是氏族内部实行的是不完全母系制度，即男性出赘后仍有可能回家并分到若干土地和家产。

古老习俗中，撒奇莱雅人的母亲在生产后，会把“胎盘”和“脐带”亲自埋在家园的土地里，相传它们会成为每一个孩子的“守护神”，保护孩子平安。当孩子成长、年老，最后走向生命终点时，“胎盘”和“脐带”会将“灵魂”包覆起来，就像母亲在怀孕时那样保护着他们，回到祖灵地后，母亲和孩子一世的缘分才会结束。

撒奇莱雅与阿美有相似的“年龄阶级”，每五年进阶一次。男子从婴儿到15岁为幼年级，15岁到23岁为预备阶级，开始离家住宿在青年会所，服从上一个年龄阶级指挥并接受训练，最后成为成年级，授予年龄阶级。此时，亲友都会来庆贺，依照传统惯例，新加入者必须到山中学习独立生活，自行在野外取得食物，直至获得食物才会被召回部落。

恢复族名后撒奇莱雅人积极倡导并推动开展族群文化复兴运动，力求重现撒奇莱雅传统的祭典、歌舞、服装等。撒奇莱雅人随着季节变换举行岁时祭仪，分别为播粟祭、捕鱼祭、成年祭、收成祭、收藏祭与丰年祭等。歌舞以撒奇莱雅特有的工作歌为主，服装色彩则以土金、暗红和黑色为主色，以刺竹及眼泪珠为坠饰，在服装中呈现族群往昔的辛酸，纪念祖先的鲜血与暗夜逃亡以及象征重回故土、不忘故土的决心。

点燃纪念祖灵的火焰

2006 年 7 月 1 日，在停办 128 年后，撒奇莱雅人在花莲市举办了“巴拉玛火神祭”，以纪念 1878 年“加礼宛抗清事件”中遇难的头目及族人。撒奇莱雅人将遇难者追认为火神，以全新的祭典仪式教育族人不要忘记自己的历史和文化。

祭典共有七道法礼，由红、绿、蓝、白、黑五色使者进行祈福。红色使者以红花在额头开启灵魂之眼，迎接火神，传承智慧；绿色使者以刺竹除秽，借由刺竹拍打去除厄运及晦气；蓝色使者以酒解除族人心灵与智慧的鸠渴；白色使者代表火神光照，透过点燃火把表示祖先交付的薪传，并为族人点燃光明的未来；黑色使者则以炭涂身表示隐身，让恶灵、厄运无法靠近。仪式中祝祷司为族人以酒抹蕉叶表示护身，而族人持火把巡礼绕圈，体验及追缅先民落难情景。在祈福仪式后，举行火葬仪式，燃烧火神大花棺，祈求火神的灵魂能与族人一起浴火重生。

撒奇莱雅部落以“巴拉玛火神祭”仪式悼慰祖先英灵，警示后人世世代代传承族群精神。

高山之子——邹人

在台湾少数民族中，邹人是一支目前只有 7100 多人、人数相对较少的族群。在早期的文献或书籍中，曾经称他们为曹人，但该族人认为此译名与他们的族语原意有误，便于 1999 年要求正名为邹人。邹人大多居住在海拔 1000 米至 2000 米的高山，因此，他们是典型的高山族群。邹人主要分布在玉山两侧及阿里山脉中部地区，在嘉义县的阿里山乡、南投县的信义乡和高雄市的桃源区、那玛夏区等地都有其部落。在历史上曾经以狩猎为主要生产方式，现在则以山地耕种为基本，以捕猎、渔业及饲养家畜为辅，由于保护野生动物观念的普及，现已少有打猎为生的，但狩猎在邹人的心目中仍占有十分重要的地位。

邹人最早是一个好战的狩猎族群，其后才渐进入农业渔猎社会。这里，不能不说到一个为了维护族群的团结和帮助邹人进步而献身的人——吴凤。吴凤自幼从福建来到台湾，在阿里山地区垦荒，并在生产中为当地的邹人同胞办了许多好事，赢得了他们的尊敬，结下了深厚的友谊。后来，为了劝说邹人改掉“出草”的陋习，不惜以 71 岁高龄的身躯只身赴约，让邹人割下自己的头颅。吴凤舍生取义的壮举，感动了邹人，从此改

20 世纪初邹人在钻木取火

掉了“出草”的陋习。他们是台湾少数民族中最早废除“出草”习俗的族群。

邹人虽然人数最少，但在台湾少数民族中却是文化颇高的一个族群。比如，他们把一年分为夏、冬两季，月的计算法是以一次新月至另一次新月出现为一个月，且知其周期为28天至30天，但他们没有闰月的概念；记年则是从一次粟米的收获季到另一次粟米的收获季算为一年，以李花开时作为一年农事的开始，播粟种为一月，收获季在九月，收早稻为十月。这种历法相当原始，很不准确。

邹人对社会还有两大贡献，即他们发现了医治蛇毒的圣药和止血灵药。相传古时邹人有个叫“麻出模阿那”的家庭，一天，家中一人进山打猎，不慎遭蛇咬伤，当蛇毒发作令他口渴却又找不到水时，迷蒙之中将身边的一种蔓草放在嘴中咀嚼止渴，当他从昏迷中醒来时，惊喜地发现伤口虽然还是肿痛，头却不晕了，于是他挣扎着下山回到家中，将自己的经历告诉了大家，族人听说后，就去辨认他吃的是什么草，再后来，如果有人被蛇咬伤了，也如法炮制，果然救了命，从此，这种蔓草被命名为“麻出模阿那”，成为当地医治蛇毒的圣药，其效果的确灵验。还有一种叫“莩萁”的草，生于树林、竹林中，叶似四季豆，其新叶是止血灵药，这也是邹人发现的。在很早以前有位老猎人打猎时，射伤了一只猴子，老猎人以为猴子会因失血过多而死，就在树下耐心等待它掉下来，但等了许久也未见动静，老猎人仔细观察，发现猴子在用莩萁的叶子敷伤止血。后来人们也试着用莩萁的叶子止血，果然极其有效。

在原始落后、民智未开的昔日，人们将一切都寄托在仰仗神明赐予风调雨顺的丰年，于是就有各种各样的祭祀仪式。邹人也有很多祭典，但随着社会的发展和进步以及生活的变迁，目前保留下来的传统仪式是每年的八月十五日举行的丰年祭，并且现在的仪式中已没有了原来的战争、凯旋、猎首等意味，而强调感谢天神佑助、全族团结、奋发向上等意义。

邹人丰年祭

按照传统习俗，丰年祭必须在“库巴”举行，“库巴”原是邹人男子的活动中心，也是邹人的一切政治、宗教和经济的活动中心，现在则仅仅作为祭坛之用。传统的丰年祭还拒绝妇女参加，只有在送神祭之后的歌舞时妇女才能参加，目前依然如此。丰年祭的正典包括“迎神祭”“团结祭”“送神祭”“路祭”和“家祭”五个部分。时间一般持续三天。在祭典过程中，主持祭祀的老族长会以唱歌的方式询问各氏族的历史及祖先英勇战斗的事迹，而被问到的各部落子弟，也须以唱歌的方式回答族长，如此一唱一答之间，就将本族群的历史传给了年轻的一代，使未成年的小孩受到了教育。当丰年祭进入后期时，族人会走出村子，每个人身手矫健地爬上山坡摘取茅草，直抵面临陡坡的山口。只见主祭人用木槿树（族群人心目中的神树）的树皮将每个人手中的茅草捆成一大束后，齐头砍断，插在立于地面的木桩上，并将每个人身上佩带的“神花”——木槲兰花插入茅草顶端，然后肃立在烈日下，随着老族长念述祷文。邹人是这样解释的：“所走的道路代表人生的路程，每人手中的茅草象征人类的生命，将茅草捆在一起代表个别的生命必须团结起来，才能产生力量；取刀削断茅草尖表示了解到生命有限，而将神花插在茅草上则象征天神能将有限的生命提升。”这番解释不仅澄清了这个族群神话的谜团，而且提升了其传统仪式的精神内涵。

当丰年祭的五个程序完成之后，便开始联欢舞会，通常是在下午三四点时开始。邹人的丰年祭充满了热情和活力，又因为地处深山，鲜有人到，因此依然保留了传统的风格。

可歌可泣之赛德克人

“赛德克”在赛德克语中意喻“真正的人”。在过去，因其文化、习俗等均与泰雅人相似，所以自日本侵占台湾时起，就一直归属为泰雅人的一支亚族群，经过多年的正名运动，直至 2008 年 4 月，才被台湾官方确认为台湾少数民族的第 14 个族群。

赛德克族群发源于南投仁爱乡的浊水溪上游，并在此分成德克达雅（旧称“德奇达雅”）、道泽、太鲁阁三个最早的社群。大约 18 世纪，这三个社群因为人口增加、土地不敷使用等原因，各有一部分人翻越中央山脉，迁徙到花莲境内，形成了居住在南投仁爱乡的西赛德克族群和居住在花莲县秀林、万荣、卓溪乡的东赛德克族群。每个地方族群之下又各分成三个社群，共有六个社群，其中东赛德克族群中的德鲁固群在 2004 年时划归为太鲁阁族群。

让世人对赛德克人有所了解的，大多是从 1930 年南投雾社赛德克族群聚居区发生的震惊国际的“雾社事件”开始的。

1930 年 10 月 27 日，南投县仁爱乡赛德克人德奇达雅社群因不堪日警长期奴役与歧视，在马赫坡社头目莫那·鲁道的发动下，利用日本人举行运动会的时机，围杀了聚集在舞社小学的 134 个日本人，并夺走警局的一百三十余支步枪、两万多发子弹和一挺机关枪。此举震惊并触怒了日本殖民者，两天后，日方组织军警 4171 人开赴雾社，在飞机轰炸、施放毒气弹、燃烧弹的同时，还切断了德奇达雅部落所有的对外联络及求援之路，莫那·鲁道和他的族人被迫退守深山继续进行顽强抵抗。

日军在遭遇赛德克族人的沉重打击，受到重大损失后，改用利诱、威逼等手段，陆续强迫赛德克的另外两个社群——道泽社群和太鲁阁社群，以及一些赛德克人充当征讨赛德克德克达雅社群的第一线壮丁，此举导致战势急速扭转。12 月 8 日，所有剩余的赛德克马赫坡德克达雅社群反抗族人宁死不屈，相继自尽，雾社起义由此失败。参与抗日的 1236 位赛德克族人，有 343 人战死，290 人自缢。雾社事件不仅显现日本殖民政策的失败、将日本统治者的残暴表露无遗，更向世人昭示了赛德克族群人民的英雄气节。

莫那·鲁道（中）

雾社起义是赛德克人民反抗日本殖民者残酷统治和压迫政策的一次打爆发。参加起义的赛德克部落只有千余人，却敢于奋起反抗殖民当局，面对数量、装备占明显优势的日本殖民者，赛德克人宁肯战死也绝不投降，充分体现了赛德克人不屈不挠的精神，莫那·鲁道带领他的族人以惊天地泣鬼神的壮举，给日本殖民者以沉重打击。

现在，在雾社事件的发生地，仍可看到一座高大的牌坊，人们称它为“褒义坊”。坊柱上的对联是：“抗暴歼敌九百人壮烈捐生长埋碧血”“褒忠憨难亿万世英灵如在永励黄魂”，题额为“碧血英风”。在褒义坊身后，人们建起一座巨大的“雾社起义殉难纪念碑”，即 400 位英灵埋骨之所。纪念碑四周遍植松、杉和樱树，已蔚然成林。

赛德克人的传统生活方式和习俗，是重视男猎女织的分工，男子都勇敢善猎，女子个个都是织布高手，同时，赛德克人也拥有纹面成年礼及严守祖灵禁忌等传统习俗。纹面是泰雅、赛德克、太鲁阁、赛夏四族群共有的习俗，它是男女已经成年的“能力证明”与象征。当少女织布技巧熟练，表示她能织衣供儿女保暖时，就可以纹面并等候出嫁；男子则须善于狩猎，并有出草猎头的成功经历，才能纹面并娶妻。没有纹面者表示该人还不具备求生技能，在传统习俗中他们是没有结婚资格的。

在台湾少数民族各族群中，纹面最复杂的当属赛德克人，其中以妇女的额纹最多，有的额纹类似十字架图形，最多的达五条纵纹，纹面最少的是赛夏人，男性只在前额上纹一小段纵带，妇女则像泰雅男子那样，仅纹上颚纹和颌纹。

身穿传统民族服装的赛德克少年

赛德克部落是族群中最基本的自治单位，属于没有世袭头目的平权社会，由领导能力强的族人出任部落首领，狩猎、“出草”活动也由英勇的族人担当领袖，但部落遇到重大事情时，则由长老会议作决策，部落组织对内具有保护功能，对外负有与其他部落进行联络的责任，是一个同地域联盟共利的团体。

赛德克也有兼具宗教和互助性质的团体，赛德克语称其为“嘎呀”。赛德克的嘎呀成员几乎都同属于一个部落，很少出现跨部落的情况。同一个嘎呀的成员之间，有共同从事祭祀，协助参与复仇、集体分摊赔偿的义务，而且嘎呀也可以解释部落的习惯法或传统禁忌。

赛德克人传统的祭典由播种、收获、祈雨、狩猎及猎首等祭祀活动组成，祈求的对象都是以祖先为主，即所谓的“祖灵”，所以每一个祭典都含有祭祖灵的成分，在所有祭典中，以攸关社民温饱的“播种祭”最重要，赛德克人会祈求祖灵保佑农作物茁长成长并感谢祖灵带来的丰收。

赛德克人的祭祖仪式与泰雅人几乎没有什么差异，都是在前一天晚上准备猪肉、糯糕、菜酒，并插在小竹竿上，等翌日拂晓公鸡第一次鸣叫时，族人们抵达部落外围预先选定的祭场，将祭品插在地上以飨祖灵，之后将一部分祭品快速吃光，以象征和祖灵共用祭品，随后族人们要立即返回部落，途中还须跨过火堆，以免被鬼灵缠住。

赛夏人和“矮灵祭”

每年农历十月十五日，是赛夏人的一个十分重大的节日。每当这个日子临近，分散在台湾各地的赛夏人便放下手中的工作或生意，甚至不惜辞去薪水丰厚的工作，也要赶回去参加这个重大活动。这个活动也吸引了来自各地的观光客纷纷前往一睹为快。

赛夏人是台湾少数民族中人口最少的族群，现在估计约有六千余人。过去，赛夏人的聚居地域比较大，后来受其他族群拓展开发的影响，他们不断放弃原来的居住地而向山区里迁徙，日据时期，赛夏人又被迫迁徙到更深的山中。现在，赛夏人主要聚居地是在新竹和苗栗两县交界的山区里，分成南北两个群落，北群主要分布在新竹县的五峰乡，南群主要分布在苗栗县的南庄乡，人口较多。无论是北群还是南群的赛夏人，都将台湾中部美丽的大霸尖山视为自己民族的发祥地，将大霸尖山称作族人的“祖山”。目前，居住在北群的赛夏人与泰雅人为邻，受到泰雅人的影响颇深，连日常用语也逐渐使用泰雅语，有泰雅化的趋势。而南群的赛夏人与客家人相邻，现在，除少数几个纯赛夏部落还在使用本族群语言外，南群的赛夏人已出现全体客家化的趋势。

赛夏族群的社会形态比较高，已进入父系社会，家里以父亲为家长，若父亲去世，则叔父与长兄均可继任家长。氏族中的长老会议作为部落的决策组织，部落与部落之间组成同一流域的同盟，由同盟会议商讨诸如战争、祭祀或土地等问题；赛夏人氏族内部禁止通婚，（这与泰雅人赞同近亲结婚的习俗截然相反）；由于受到汉族的影响，在生产上以农业为主，饮食习惯也接近汉族，主粮为旱稻、栗、番薯、山芋、玉米等；服装以麻布为主，在样式上相似于泰雅人，不同的是，在举行祭祀或舞蹈时，赛夏人会使用一种名叫“响背”的饰物，这种饰物形状大小如同背心，上窄下宽，上面绣满彩色花纹，下缀流苏和许多的小铃铛，当人们祭奠或舞蹈时将其背在背上，这时，“响背”会随着身体的摆动发出十分悦耳且有节奏的响声，令人赏心悦目。

赛夏人最奇特的民族风俗要算是其独一无二的“矮灵祭”了。一般地，一个族群重大的祭祀活动，都是与本族群的祖先和发祥地有关的，可赛夏人却是祭祀别的部族，其独特性和神秘性，使得这个习俗在台湾闻名遐迩。

“矮灵祭”的由来是这样的：相传在古代，赛夏人和一个达矮人毗邻而居，“达矮”就是赛夏语中的“矮人”，达矮人身高虽不足三尺，却擅长歌舞、摔跤和农耕。开始，达矮人教给赛夏人农耕技术、歌舞及祭祀仪式，赛夏人十分感激达矮人，将每年的收获分出一部分给达矮人，每当有节庆祭典时，也请达矮人前来一起欢乐，但随着两个部族之间交往的频繁，达矮人开始贪恋赛夏妇女的美色，甚至肆无忌惮地当着她们父母丈夫的面调戏她们，这惹恼了赛夏人，并发誓要报仇，洗刷自己族群的奇耻大辱。在一个丰收祭典的前夕，赛夏人悄悄将位于两族交界处的一座独木桥割损，当达矮人行至桥中时，桥承受不了负荷而折断，达矮人来不及逃命，绝大部分命断悬崖，只有达矮人的老祖母等两人幸免于难，随之逃往他乡。没想到的是，此后，赛夏人的庄稼连年歉收，灾害繁多，这时赛夏人开始后悔当初对达矮人做得太过分了，想起了达矮人的种种好处，为此，赛夏族兴起了一个纪念达矮人节日，祈求达矮人能再保佑族人的平安和作物的丰收，这就是“矮灵祭”的由来。

身背“响背”起舞

“矮灵祭”从每年农

历十月十五日起，持续四昼三夜。后改为两年一小祭，每十年一大祭。祭典分为迎灵（通知并迎接矮灵）、延灵（为矮灵歌舞）、娱灵（与矮灵共舞）、逐灵（用一种“遣归舞”告诉矮灵该回去了）、送灵（将准备好的食物丢在原野，意为送矮灵上路），全部过程虔诚、敬畏，主要仪式均用歌舞来表达，所以整个祭典洋溢着欢乐、热烈的气氛，将赛夏人的心情和意愿充分地表现了出来。

早晨 5 点多，迎灵开始，由族中的长老和司祭一道，向着东方供献一头猪和自酿的酒，作为告知并请求达矮人前来的礼物。仪式很简单，但聚集在四周的赛夏人却悄然无声，显得非常庄重肃穆。之后赛夏人便涌入司祭家中练习祭歌。赛夏矮灵祭的祭歌共分十六章，各章又分节，节数虽不等，却每节必换韵，每节句数也不整齐，但每句都含“七音节”，句末押韵，具有相当高的文学品位。在各章变换时还有配曲，共十五曲，而有歌必伴舞，舞蹈有五种步伐，随每章的歌词转换。在接下来的各项仪式中，由祭歌领导着礼仪，每一议程的祭仪必唱某一歌章。由此看出，赛夏矮灵祭的祭歌在台湾少数民族歌谣中具有极其独特的个性，其乐曲和舞蹈的多样与繁复也是台湾其他族群所没有的。

第二天早上 6 点，司祭领着众人唱起迎灵歌，掀起了矮灵祭的序幕。在老人们用悲凉的声调咏唱祭歌时，几个壮年男子将一个石臼滚到广场中央，后面跟随着一个小女孩，把怀中抱着的糯米倾入臼中并用杵舂了数十下后停止，歌声亦戛然停止。迎灵完毕。

第三天的黄昏时分，当大山渐渐隐入到暮色之中，月亮缓缓洒下晶莹光辉时，司祭和各长老便牵着手边歌边舞走到娱灵场中，此时，四周的赛夏人加入舞列，“灵至之舞”是此后通宵达旦歌舞的开始。“嘿——哦——嘿——哦”，在低沉的领唱中，年轻一代的赛夏人十分尽情地、高昂地和着、舞着，螺旋形的舞蹈圈向右缓慢地移动着，有几个穿着传统民族服装的少女，随着身体的摆动，佩挂的摇铃发出了悦耳的声响，在热烈的声乐中欢舞者调整着步伐。歌声忽然一变，几个女孩的步伐也随之一变，全场的步伐也紧跟着变化，还有几个扛着“龙翔”族旗的青年欢快地穿行在欢闹的广场中。目睹这样热烈、快乐的场景，就连那些慕名而来的游客也身不由己地加入舞蹈的行列之中……

欢乐的歌舞使人忘记了时间，时光很快地过去了，几个长老开始准备进行逐灵、送灵的仪式了，此时，娱灵场中的祭舞队形逐渐变得更加整齐，歌声也更加高昂坚决。曙光出现，歌声乍止，舞者散到四周，两个老人拿来一团舂好的糯米饼和一瓶自酿的米酒，由两个40岁左右的赛夏男子蹲在地上默默地分食糯米饼，喝着共杯酒。此时，族中的老人又开始唱歌，周围的人又围上来跳舞，此时歌声苍凉，舞步迟缓，正是“遣归之舞”。而另一些人则跑到山林中，纷纷将手中的桃叶、芒草结掷向东方，完成了逐灵仪式。

接着另外四个男子分食糯米饼和米酒，然后牵着手上山，将一些食物抛洒在道路上和树下的草丛中，然后在预先选定的桃树下跳榛木之舞，留在广场上的人们也跳榛木之舞，之后一棵桃树被抬入广场，二三十名赛夏青年一拥而上将树干折成数段，扔向广场的东方，此为送灵。祭典的整个仪式也同时结束。

赛夏“矮灵祭”成为台湾省保存最完整、最盛大的少数民族祭典

“矮灵祭”是赛夏人祖祖辈辈传下来的，一切议程仪式活动等都严格按照规定的程序进行，不允许有丝毫的改变，因此也很好地反映了当初设祭的初衷：如此地款待、取悦矮灵，还是为了怕它作祟而处处设防，这与一般的祭祖完全不同，不仅没有半点的敬意、亲切之感，反而是“敬鬼神而远之”的意义更大；议程中不光有“迎灵”“送灵”，还有“逐灵”，这反映了赛夏人对达矮人深深的防范心理，如此的情感、如此的心态，却依旧举行如此盛大而热烈的祭典活动，真令人百思不得其解。但不管怎么说，这种奇怪而有趣的祭典足以使人大开眼界，回味无穷。更由于赛夏“矮灵祭”的全部过程是歌不断、舞不断的过程，所以“矮灵祭”的歌舞也就成为台湾少数民族歌舞的源泉之一。

海洋族群——达悟人

在台湾本岛东南方向太平洋中的兰屿岛上，居住着达悟人。达悟人仍然保留着传统和原始的生活习俗，他们性格温和，忠厚善良，能歌善舞，由于他们捕鱼用具精美，手法高超而被喻为“海洋民族”。人口四千多人，是台湾少数民族中人数较少的族群。

兰屿岛因岛上盛产享誉世界的名贵花卉——蝴蝶兰而得名。面积为 45 平方公里，岛上最高的山峰也不过二三百米，长夏无冬，气候非常好，具有发展农业的良好条件，达悟人世居海岛，擅长捕鱼，渔业发达，故一直过着自给有余的生活。被称为“海洋民族”的达悟人，除农耕之外，捕鱼的时间最长。他们的渔船是台湾少数民族文化中最具特色的生产工具兼工艺品。达悟人的渔船组也是根据各村渔民的父系世系群为单位来结合的。大型渔船有乘坐十人、八人、六人的三种。当达悟男子十六七岁时，便获得允许参加一个渔组，作为预备船员。等他们年满 20 岁后，才能成为候补船员。只有当船棹上的棹手有空缺时，候补船员才最后补充为正式棹手。渔船上的船员在船上的位置是固定的，坐在船头摇双桨的是副船长，在船后掌舵的是船长。从船头到船尾，两边平行地安置着四个固定棹手的位置，这四排棹手各有自己的名称。这种正规化的渔业组织一般在春夏季集体捕鱼的时候用。平时几乎家家都有一人座、二人座和三人座的小型渔船。小型渔船往往在五六月间和七八月间用来为家庭钓鳗鱼和夜间用网捕飞鱼。

达悟人的生活方式有几点非常奇特：其一，是他们把鱼按颜色分为男人食用、女人食用和老人食用等种类，分别食用鱼。他们把黑色的鱼给老人吃，灰绿色的鱼给男人吃，红黑花纹或白色的鱼也就是最好的鱼给女人吃。这是因为在达悟人中，女人要下田，要养育儿女，工作最繁重，应该吃最好的鱼，他们认为这样按劳作而分配所得，是非常公平的。但飞鱼则不分男女老幼都可食用。这种与众不同的食鱼方法常令其他地方的渔民自叹不如。其二，是他们不善于贮存渔获，吃不完的鱼常常丢弃不惜，即使台风季节也是如此，这与达悟人拥有丰富的渔业资源和娴熟的捕鱼技巧及渔民们的勤劳和勇敢有很大关系，达悟人捕鱼非常勤快，在气候恶劣的情况下仍会出海，其超人的胆量令人钦佩。其三，他们固守自己的传统主食——甘薯和"水芋头"。达悟人的粮食除了大量的鱼之外就是薯与芋。种植甘薯和水芋头是妇女们的职责，她们每天获取芋头的数量是根据家庭每天的食用量来决定的，通常在一块芋田中只需要收取其中的一小部分就可以了，妇女们把长成的水芋拔出，取其上半截食用而把下半截再栽回水中，半个月后这棵水芋就又可以收获了。一块芋田就这样逐日逐块收取水芋，可谓取之不尽，用之不绝，所以许多达悟人根本不愿种植水稻，他们这种简单农业生产的生活方式也令许多人羡慕不已。

早期达悟人的着装

让人们惊奇的还有达悟人的"服装"。早先，绝大部分的达悟人几乎是裸体的，但达悟人并不觉得有什么不妥，因为他们认为生活在炎热的海岛上和需要常常下海捕鱼，不穿衣服是很自然很正常的。后来，在文明世界的冲击下，达悟人在着装方面也有了一些进步，男人通常在胯下扎一条"丁字带"，狭窄得仅能遮羞而已，女人则在胸前斜系一方布巾，腰间扎一件短围裙（也仅仅盖到膝盖上方约五寸的地方），具有特色的是男人大多喜欢戴一种用藤编成或用竹篾绕成的"头盔"，这种

甩发舞

"头盔"很大，戴着它可以免遭强烈的暴晒。其实达悟人也有自己的"礼服"，只是要逢大喜大庆的时候才会穿上，女人的上衣点缀着各种的珍珠、玛瑙、金属片，腰部有围裙，装饰得闪闪发光；男人则穿着类似"唐装"的衣服。在喜庆的活动中，妇女们喜欢跳一种"甩发舞"：多人列成一队或围成一圈，边唱边跳，有时深弯腰低头，忽然一齐同时用力挺身并把头向后仰，那低垂的长发便齐齐地甩到肩后去，很是好看。现在，这种"甩发舞"业已成为大陆人民所熟识和喜爱的舞蹈。

令达悟族人最为自豪的，是他们的雕船本领。达悟人造的船一般都只有三米到七米大小，船头船尾都高高地向上翘着，船形十分好看，他们在船体上耐心地雕刻出菱形、圆形、锯齿形等几何图形以及太阳、花草、小动物等漂亮的图案，最后涂上颜色，颜色以白、红、黑为主，其中白色取自石灰，红色取自泥土，黑色取自锅垢。而且自从学会使用油漆以后，小船的颜色就更加好看了。达悟人的舟船通体美观、漂亮，宛若一件精致的手工艺品，给人留下深刻的印象，并博得了世人的称赞。

每年的4～6月份是兰屿产"飞鱼"的旺季，也是达悟人最忙碌的时候。每到这时，他们都会举行一种集体出海捕鱼的传统仪式，叫作"飞鱼祭"。相传太古时，达悟人祖先梦见黑色飞鱼翩然而至，禀告渔汛、捕鱼海域、捕鱼方法以及有关禁忌等。达悟人祖先视为吉兆，遵嘱出海，果然满载而归。达悟人从此以猎捕飞鱼为生业，衣食丰足，并以隆重祭仪酬谢飞鱼王，同时立下禁规，世代相袭，恪守不违。现在，飞鱼祭是达悟人最庄严隆重的祭祀，仪式繁复，禁忌颇多。

举行飞鱼祭之日的早上，参加庆典的人们便围在停放在海滩上、绘有五彩图案的木船旁，由长者主祭，以鸡、猪为祭品供奉海神，祈求神的保佑和捕获飞鱼的丰收。祭祀完毕，男的水手只身穿着丁字裤，划起独木舟出海捕鱼。捕捉飞鱼通常都是在晚上进行，水手们在独木舟中点燃火把，将挂网放入海中，飞鱼看到光亮就会自海面飞起，相继跃入网中。两个人划的小独木舟，一个晚上就可以捕到 30～50 条飞鱼。整个飞鱼季节，全岛就可捕到百万斤之多。

抛船是新船下水典礼中的高潮

现在，达悟人每年举行一次的具有鲜明民族特色的“飞鱼祭”，已吸引了大量前来观光的游客。到过兰屿岛的人们看到达悟人在四周环绕的碧波白浪、蕉雨椰风中悠然自得，及其无忧无虑，与世无争的淳朴民风，无不感到犹如来到了世外桃源。

平地上的噶玛兰人

噶玛兰意指“在平地上的人”，主要分布在宜兰、罗东、苏澳一带，包括花莲市附近、东海岸的丰滨乡、台东县的长滨乡等，人口约一千余人。2002 年成为台湾少数民族中第 11 个族群。

噶玛兰是台湾兰阳平原上最早的居民。台湾的宜兰地区，旧称蛤仔难或甲子难，正是“噶玛兰”一语的音译。“噶玛兰”是噶玛兰人用来区别当时居住于山区的泰雅人的称谓。1632 年，西班牙人为了惩罚噶玛兰人攻击该国搁浅船只的行为，曾派兵攻打宜兰，这才让噶玛兰族群为外界所知。18 年后，荷兰人用文字记录了台湾兰阳平原上 36 个噶玛兰部落的情况，曾称其为“蛤仔难三十六社”，但实际数量远远超过这个数字。

随后，由于汉人的不断迁入，土地与文化上的纷争与对立逐渐增加，1878 年，加礼宛社的噶玛兰人因不满汉人再度大量进入花莲开垦与开发，联合当地撒奇莱雅人发动了“加礼宛抗清事件”。“加礼宛事件”遭到当时清政府的镇压清剿，导致噶玛兰人再次流亡迁徙，散居各地，并与所在地居民混居、通婚。

长年的纷战、族人的大量南迁，使噶玛兰人最终迁徙到花莲、台东的海岸线一带定居下来。目前噶玛兰人主要有居住在花莲的新城乡佳里湾部落、丰滨乡的新社部落、丰滨部落、立德部落、矶崎部落和长滨乡的彰原部落、达峰峰部落，还有少数人仍居住在宜兰县冬山河出海口的流域和加礼宛部落。目前仅有新社、立德等少数部落还维持着自己原有的语言、祭仪等风俗和传统。噶玛兰语至今被人保留使用，并编印噶玛兰语典、语法等教材，作为学校乡土教学的材料。

噶玛兰族群是母系制度社会，巫师皆为女性，男性原来也有其年龄阶级组织，但后来都与阿美人的男性组织相融合并。头目是以推举的方式产生。部落内其他的公众事务，则由各年龄阶层的族人分工合作。家庭内，女子具有家产继承和所有权，男子必须入赘妻家妇唱夫随。噶玛兰人天性平和，因为居于水滨而喜欢干净。

噶玛兰人不仅族群意识强烈，宗教信仰以及文化祭仪也都非常鲜明。宗教活动在噶玛兰人的生活中占有重要地位。其宗教信仰以祖灵崇拜为中心，将人间与灵界分开，相信灵界有鬼神能保佑或惩罚凡人，部落里有祭司和巫医来负责灵与人之间的沟通，并为族人治病。一年之中有许多岁时祭仪，例如播种、收割、入仓等，都是以粟为主的农耕祭仪。祭典时，大伙坐在地上，赛戏饮酒，唱歌跳舞，用手抓取米箩内的食物来吃，食物除了有糯米、肉、鱼之外，还有一种噶玛兰人最会烹煮的野菜，称为“做年”或者“做田”。噶玛兰人深信万物皆有灵，且分为善灵和恶灵。噶玛兰人在举行祭典之前一定要举行仪式，比如出草胜利后的仪式叫“卡达班”(这项活动都和阿美丰年祭合并举行)，成为巫师的入巫仪式叫“奇赛伊兹”，治病的仪式叫“巴格拉比”，丧礼的仪式叫“巴都干”，年底的祭祖仪式叫“巴礼令”……最重要并且保存最完整的祭祖仪式，就是年末举行的巴礼令，只是因区域不同而略有差异。

用香蕉纤维编织的上衣

噶玛兰人有两大祭典：家族内举行的是祖灵祭，举社参与的是丰年祭。噶玛兰人自古就有以刺桐树开花的 3 月为春耕期，到 7 月收成以后，将新谷分成两份，一份是全家一年的口粮，其余全部酿成酒用于丰年祭。目前噶玛兰人主要农作物为水稻，每年 2 月播种 6 月收获，7 月择一周末举行丰年祭。噶玛兰丰年祭以欢乐为主，并无祭祀的成分，整个部落盛装欢聚，进行各种比赛、游

举族庆典

戏、宴饮，目前已缩短为半天，族人们相聚在一起，举行以年龄、性别、旅居城市为组别的舞蹈表演，午后则各自返家宴饮，使长年在外的人们可以聚亲叙情。

其他的祭典还有每年三四月举行的海祭。

曾经一直被附属于阿美人的噶玛兰人，其实不论是祭典或语言文化，都与阿美人完全不同。因此从 1980 年开始，噶玛兰人就开始展开寻根正名的工作。经过长期的努力，台湾的“原住民委员会”在 2002 年正式认定噶玛兰族群为少数民族中第 11 个族群。

自此，噶玛兰文化的传承与保存，步入一个新的纪元。

守护日月潭的邵人

居住在日月潭畔的邵人，是台湾少数民族中人口最少的一个族群，据统计，仅剩七百多人（指血统纯正者），现多集中在日月潭畔的日月村及雨社山一带。过去，曾将邵人划分在邹人之中，后经族人的争取和人类学家的求证，世居日月潭边的少数民族正式独立于邹人以外，成为台湾少数民族中的第十个族群。

邵人部落原先居住在阿里山地区，他们的祖先因追逐一只白鹿，意外发现了日月潭，又因潭边景色优美且潭中鱼虾丰富，便迁移到此地定居，日月潭成了他们的故乡。他们倚畔而居，和日月潭相依相存相伴至今，成为日月潭的最佳守护者以及代言人。

在过去的岁月中，邵人在日月潭边上狩猎捕鱼，可说是这里的霸主，当时日月潭周边地区全是邵人的势力范围，入垦埔里地区的汉人要向邵人交纳田租。现在，邵人仍然维持着头目制度，但少了以前司法及军事指挥的权力，仅仅剩下祭祀功能。

邵人族群有自己的习俗和信仰，比如，禁止捕杀猫头鹰，因为相传猫头鹰是由族中的女子变成，可以预知族中女子是否怀孕。在他们的传说中，很早很早以前，部落里有位美丽少女因没有结婚就怀孕而遭到族人唾弃，于是少女跑到深山里躲藏。有一天，上山打猎的族人回部落后告诉大家，那个少女已经冻死而且还变成了一只猫头鹰。起初族人都不相信，可从此以后只要族内有妇女怀孕，猫头鹰都会飞到那户人家的屋顶不停啼叫，仿佛在叮咛妇人要好好照顾

祭司在为各家各户的祖灵篮祈福

怀孕的身体。于是族人都相信猫头鹰应是那位少女的化身，从此对猫头鹰敬畏有加，并告诫后代不可捕杀猫头鹰。

在邵人的每户人家中，都有一个装着祖先衣饰的竹篮，被称为“祖灵篮”（也称“公妈篮”），视其为祖灵的居处而供奉着，并成为族人祈求祷告的对象。传说邵人刚迁居至潭中的岛上定居（今叫“拉鲁岛”，过去称“光华岛”）时，头目的妻子怀孕生下一黑一白两个婴孩，族人觉得不吉祥，就把黑婴丢入潭中淹死。隔了几天夜里，黑婴向头目托梦：“今天我死了，往后全族每户人家都必须用一个篮子置放祖先衣饰，作为祖灵的居处而供奉之。否则将有大祸。”这便是“祖灵篮”的由来。

邵人无论是狩猎、出草、婚丧喜庆，甚至是战争，事前都要进行鸟占，以灵鸟的鸣叫来断定吉凶，吉才行之，若得凶占则放弃或延期。而这灵鸟其实就是“绣眼画眉”，传说是很早以前族内一位骁勇善战的勇士死后所变。一次上山打猎，族人发现“绣眼画眉”停在途中右侧树梢吱喳地叫，结果那次狩猎一无所获；又有一次外出打猎，鸟是停在左侧树梢且叫声悦耳，结果族人收获颇丰。从此以后，倾听灵鸟的鸣叫与观察其飞行方向，就成了邵人的鸟占习俗。

邵人每年祭祀庆典很多，以农历八月十五日前后的“丰年祭”最盛大，这时也是日月潭水沙连观光季的日子，而农历三月的“播种祭”和七月的“狩猎祭”是仅次于“丰年祭”的重要祭典。“先生妈”是族中的女祭师，族人的祭典、婚丧喜庆皆需她作法祈告祖灵。

海拔730米的德化社，旧名叫“化蕃社”，不仅是日月潭边人口聚集最多的村落，更是邵人主要居住地。居住德化社的邵人在每年的6月25日就会开始一连串的庆典，尤以农历八月十五前后最盛大，动员整个德化社，常吸引大批人潮前往观赏。

现今的德化社是邵、泰雅与汉族共居的村落。目前，德化社是一个以观光为主的山胞村落，村内有艺品店、餐厅、旅馆、表演场等。另有山地文化中心，陈列各族旧服饰、蕃刀、猎具等，值得细赏。

光华岛位于日月潭中心，是整个日月潭的精华所在，“潭中浮屿”是日月潭的胜景之一，浮屿指的就是光华岛。光华岛原是山丘顶，后因日月潭蓄水，淹没附近其他山头，仅留下光华岛。光华岛原名叫“珠屿”“珠仔山”，岛上原有邵人祖先种的大樟树，但现已不存在了。岛上的月下老人洞，是恋爱男女必访之处。近来在岛旁水域，发现一块日本人遗留下来的纪念石碑，记载日月潭的开发历史。

光华岛与附近的青龙山构成特殊的地理风水青龙戏水，常吸引不少人前往寻求庇荫，为光华岛增添迷信色彩。岛旁有一个人工喷泉，每隔两小时会自动喷水一次，景象颇为壮观。

因为日月潭成名甚早，造成邵人的汉化程度很深，使新一代的族群青年逐渐遗忘本民族语言，甚为可惜。邵人在重要庆典时，常会以杵击打石鼓，用以通知全族。“湖上杵声”即对邵人文化最好的注解。

德化社码头边邵人以传统食材、菜色为基础，成功打响了邵人风味餐的美名，成为日月潭的名产风味餐。不仅如此，使用族群传统的编织品当作桌巾，将族群传说故事绘在餐厅墙壁上，都给人留下深刻印象。

邵人的杵舞

来到这里用餐，四手网鱼虾满船是必点菜色，这以日月潭特产的潭虾酥炸后，盛装在仿旧时捕鱼器具“四手网”的特殊餐盘上，鱼虾满船不仅美味，还具有欢庆丰收的吉祥意味。其他如凉拌山猪皮、碳烤山羊排、清蒸总统鱼、酥炸奇力鱼，以及山里面采来的龙葵、过猫、山苏等野菜，都是值得一尝的珍品。团体用餐时，餐厅还可以代为安排歌舞表演与“烤全猪”的服务。

奇力鱼是日月潭的名鱼，在清代文献中就已有过记载。奇力鱼和邵人仿若生命的共同体，密不可分，因奇力鱼是邵部落的主要食物来源，故而奇力鱼也成为日月潭地区各饭店的一道名菜。由于奇力鱼与邵人的依存关系，而丰富了奇力鱼的特色，平添了一分地方色彩。

曲腰鱼因为鱼的腹部略弯而得名，也是日月潭盛产的鱼种。当年蒋介石巡视该地区时，曾大力赞赏曲腰鱼的味美，因而曲腰鱼被称为“总统鱼”。日月潭的曲腰鱼，因为肉质特别细嫩鲜美，深受游客的喜爱，尤其是用破布子果实蒸煮而成的曲腰鱼最受欢迎。日月潭上随处可见的四角网船屋，就是用来抓捕曲腰鱼的，这也是邵人传统的捕鱼工具，成为湖上特殊的景观。

四角网船屋

神秘的平埔夜祭

有人谈起平埔人，常将他们与台湾“原住民族”（过去叫高山族）区分开来，以为是与高山族不同的民族，其实非也。经许多专家和学者考证认为，平埔人与高山族一样都是最早来到台湾的少数民族，他们都来自中南半岛和中国南疆地区，只不过由于其居住和狩猎等不同的需要，有些常常活动在岛上地势平坦、靠近沿海的地区，有些则辗转于高山密林、山谷溪边。后来，大陆沿海居民不断涌入台岛垦荒谋生，首先与居住在平原地区的少数民族产生了交往，汉民人数众多和生产技术上的优势，使得这些少数民族一部分逐渐接受了汉人的文化和生活方式而融入汉人社会，另一些少数民族则向山区或其他地区迁徙离开了平原，汉民因此将他们分别以“熟番”和“生番”区别相称，即接受汉人影响较深的是“熟番”，未受汉族影响的是“生番”，由于前者多居住在平地，也称他们为“平埔番”，后者因居住在山地就称他们为“高山番”，“平埔”就是平地的意思，再后来，将“番”字改成“族”，于是就有了“平埔族”和“高山族”之称。所以认为“平埔族”和“高山族”是两个不同民族的看法是不准确的。

据平埔人自称，他们的祖先是从台湾海峡彼岸的大陆过来的：先祖一男一女从大陆渡海入台，遭遇大风浪，幸亏太上老君施展法力，帮助他们渡过大海，在台南的萧垅港一带（今佳里镇）登陆，从此定居下来，并繁衍出众多的子孙。只是由于没有文字记载，这个说法尚无法得到证实。但却经过世代的口

平埔人婚嫁图

头相传承传了下来。

在与汉人接触之前，平埔人多实行女耕男猎，劳作方式非常简单，种子一种下，便不再管理，任其自然生长，这也是原始的热带农业生产的共同特点。农具也格外简单，割稻子只能用小刀连茎带果实一起割。锄地时用一个一尺余长的硬木棍，其顶端绑上一片锐利的石片。17 世纪末至 19 世纪初，大批汉族移民东来到平埔人居住的地区，汉人使平埔人也用上了犁和耙。在《番社采风图考》中，有这样一幅图：一位平埔农妇身背着尚在襁褓中的婴儿，正在熟练地扶犁于水田之中。往日原始落后的棒棍掘土的情景消失了，农妇的脸上流露出对丰收的渴望和农作的艰辛。

由于历史等方面的原因，目前，平埔人数不多且居住得极为分散，他们的相貌、体形、衣着等几与汉人无异，他们的生活、文化意识等也与当地汉族无法分别。现在只有在台南大内区的头社里聚居着相对较多的平埔人，因而在那里可以看到一些保留下来的平埔传统习俗。其中平埔夜祭是人们难得一见的风俗。

在头社里有一片空地，空地上有一座砖柱砖墙黑瓦盖顶的简单的房屋，村民们叫它为“公廨”。这公廨便是平埔人的神庙，是他们心中的圣地，其正名为“太上龙头忠义庙”，庙里供台上摆放着一些大大小小的水壶，称为“祀壶”，“族神”的象征。平埔人将其所信仰的神明通称为“阿立祖”，“阿立祖”是平埔族群特有的保护神，也是平埔族群祖灵信仰中的最高之神。

对阿立祖的祭拜通常是在公廨，祭拜的方式是在公廨内设置祭坛，供奉盛有清水和插上泽兰或甘蔗叶的瓶子，这就是所称的祀壶信仰。祭拜是在每年的农历十月十四日夜至十五日天亮前进行，据说这一天恰好是阿立祖的生日，每年的这个时间，头社里都会举行隆重而神秘的夜祭阿立祖仪式。

当晚 8 点，神秘的祭祀开始了。“阿立祖”（即作为神体的大祀壶）的身上挂满了大大小小的金牌，族里的法师身穿白衣白裤，前来“开向”（恭请神祇接受祭祀）。法师左手端着一碗浸泡芰香的“向水”，右手持一瓶米酒和三支香，口中念念有词，然后含一口米酒喷向祭坛，接着，举行祈求丰年的仪式，然后在公廨前的空

正在唱“牵曲”的姑娘

地上现场杀猪以祭神（事先已将要杀的猪喂食掺了酒的饲料，将猪醉倒），此时，村民们提着一篮子一篮子的祭品来贡奉，声音喧杂。午夜12点整，皓月当空，一群身穿白衣白裤白鞋、头戴用鸡冠花做成花环的少女，手拉着手走进空地围成圆圈，人们立刻停止了喧闹，静了下来，只见少女们围着“向水”巡回穿梭边歌边舞，这叫作唱“牵曲”。“牵曲”是平埔部落中特有的音乐和舞蹈，舞步单调，歌声哀怨动人，大意是描述祖先创业的心路历程和祈求降雨。与此同时，只见主持祭祀的人，手持令旗和香，在少女围成的大圆圈内外进进出出，之后口念祭词，拜天上诸神，请他们前来享用供品，最后含一口酒喷向天空，称为“喷酒敬天”，此时周围的人们燃放鞭炮、焰火，歌舞达到高潮。黎明时分，法师举行祭祀的最后一个仪式——“开瓮”，那是一个大酒瓮，上面盖着一条白毛巾，据说瓮里是阿立祖的兵将藏在其中，法师唱了一阵，将白毛巾掀开，请瓮里的兵将出来享用供品。到天快亮时，族中长老、法师等返回公廨，询问阿立祖的“神谕”，然后出来向空场上的人们讲出“神谕”，即平埔人这一年中应遵守的规矩和要办的大事，这才是整个夜祭中最重要的仪式。之后，人们拥到场上放声高歌，尽兴欢舞，一直到明月西沉，东方微明，在晨曦的映照下，参加歌舞的少女们三五成群地每人抱着一个“向水壶”，到村中各家去赐福、驱邪、唱歌……

天大亮了，歌声息止了，奇特的夜祭也结束了，整个村落恢复了平静。村民们踏着缀满晶莹闪光的露珠的草地返回家去，相见的人们面带微笑相互打着招呼，置身于弥漫着薄雾的芒果树林间的小路上，呼吸着清晨清冽新鲜的空

气，人们从夜里神秘的气氛中走了出来，仿佛做了一个回到古代原始部落生活中去的充满奇趣的梦！

其实不仅在头社里才能看到平埔祭祀，昔日，萧垅社（今佳里区）、新港社（今新市）、麻豆社（今麻豆）、目加溜湾社（今善化）等地方，也都能看到平埔人的身影，像佳里区北头洋里，在农历三月二十九日进行祭典。不过此地已没有任何形式，只是到公廨内供上阿立祖最喜欢的粽子、槟榔和米酒，而且不点香不烧金，祭拜时，将粽子摆放在外边，槟榔撒在供桌上，然后用米酒滴洒在槟榔上，这就算完成了祭拜，整个过程清平静气。但祭拜后，村中的老妪必会携瓶盛装阿立祖的“符水”回家喝“平安”。位于北头洋西边的七股区大埕里的平埔人，是在农历的九月初五的午后开始祭祀活动。与其他祭祀不同的是，他们将槟榔放在地上的香蕉叶上，而最有特色的，是这里的平埔夜祭于午夜时分举行的“烧阿立祖船”仪式。阿立祖船长不过七尺，竹架纸糊，挂着双帆，还要设置水手，在船上放置糖包、米包等祭物，初五的上午便将阿立祖船“停泊”在公廨旁边，接受信众的“添载”，还会请来“乐队”演奏，并有舞蹈加入，等欢歌艳舞结束后，便堆上金纸，于是，阿立祖就在熊熊的烈火中启程了。

因此，在不同的时间，走到不同的地方，人们就可以看到不同的平埔祭祀，从而也会得到不同的感受。

古镇访幽

小时候，
乡愁是一枚小小的邮票，
我在这头，母亲在那头。
长大后，
乡愁是一张窄窄的船票，
我在这头，新娘在那头。

后来啊，
乡愁是一方矮矮的坟墓，
我在外头，母亲在里头。

而现在，
乡愁是一湾浅浅的海峡，
我在这头，大陆在那头。

余光中：《乡愁》

“淡水夕照”古镇美

淡水古镇（今新北市淡水区），像是被遗忘在时间的回廊里。近几十年来，由于台北盆地急速发展，蔚为现代化国际都会，而淡水，依旧是古老的淡水，旧街仍然窄小，人口纷纷外流，几十年来自然发展得非常缓慢，只是淡江的夕阳依然迷人。

“淡水”古称“沪尾”，被称为北台湾大门户。这源于其地理形势上的先天优势。高耸的大屯火山群、多条起伏的丘陵、蜿蜒漫长的淡水河、扼住河口要冲的位置以及凹岸的港湾形势……这些都是促使淡水发展的重要地理条件。

17世纪初期，汉人的足迹开始踏上淡水，有与平埔人交易的商人，有捕鱼的渔民，还有一些来开垦的农民。而在此时，荷兰和西班牙人先后来到台湾，分别占领南部和北部。淡水是早期移民进入台北盆地的登陆地点，又是贸易进出口的转运站，既可以河运和台北盆地各城镇联络，又有海运直通大陆和世界各地，交通非常便利。这样的地理位置，使淡水成为重要港口。

1629年，西班牙人在淡水建圣多明哥城，即今天红毛城的前身。西班牙把淡水当作航运的中继站、搜刮物资的殖民地。圣多明哥城是军事要塞，也是当时统治平埔人和汉人的中心。西班牙人向平埔人和汉人收购鹿皮和硫磺等物产，又抽取重税。随西班牙人而来的，还有传教士，淡水从此开始有少数民族受洗，但为数不多。

荷兰人于1641年打败西班牙人。荷兰占领淡水后，从南洋运来石灰和砖块，将红毛城改建成更为坚固的城堡。荷兰人一方面安抚平埔人，使他们归顺，另一方面招募汉人前来开垦、贸易，汉人渐渐增多。荷兰人也继续收购硫磺和鹿皮，甚至规定可以用鹿皮抵罪。淡水至此成了重要的货物输出港。

直至1661年，郑成功登陆鹿耳门，击败荷兰人。从此淡水回归中国治理。

“淡水”的名称来源于1723年，清廷在台湾府诸罗县增设彰化县和淡水厅时台湾是一府四县二厅制，沪尾改称淡水厅所属的淡水堡。光绪二十三年，县下设办务署，又改隶沪尾办务署。1911年，沪尾支厅改称淡水支厅，从此以“淡水”为名。

此时，淡水已成为国际港，万商云集，风帆争飞，淡水进入最辉煌的全盛时期。福佑宫前最为热闹，市街沿着河岸向东发展，同时庙后面的小山岗也沿着坡地建屋形成街道，渐渐有了市集功能。

淡水的繁荣带动了台北盆地的发展，艋舺、大稻埕都沾了光彩，外国人经营的大商行，纷纷在台北和淡水设立分行。并由福建安溪引进茶苗试栽，同时斥资设立制茶馆，并以21万斤的茶叶装帆船两艘，由淡水港直销美国纽约，开创了台湾茶外销的新纪元。

曾立下赫赫战功的沪尾炮台

淡水港的贸易，从1862年起的32年间达到了全盛的顶点。1895年后渐渐衰微，最大原因是基隆港的兴起，第二大原因是“中法战争”中虽然取得了“沪尾大捷”，但却造成淤积，牺牲了淡水港。《马关条约》把台湾割让日本，日本人在淡水兴建空军水上机场，兴建码头，堵塞了水流，使得泥淤更趋严重，辉煌了300年的淡水港，终于退出了国际舞台。

历史虽然给淡水带来了严重的创伤，但岁月的流逝却将一个保存完好、古香古色的小镇留给了现代的人们。正是这个原因，促进了当地的观光旅游事业，又给古镇带来了新的商机和繁华。

淡水保存了太多旧时的景物、人文和观光景点：红毛城、龙山寺、福佑宫、清水岩祖师庙、油车口古炮台、理学大书院等，都是古意盎然，让人思古幽情的地方。“到淡水去观光”成了台北盆地人们的呼声。每逢假日，人们蜂拥地来到这里，展开一趟“古镇之旅”。

福佑宫是淡水最老的庙，两侧街市是淡水最早的街道。由它的位置可看出早期淡水发达的情形。庙前老码头在福佑宫正对面的市场，紧邻淡水河岸，当年船只靠岸、移民登陆、货物装卸都在码头进行，这里也成为淡水发展的起点。

福佑宫草创于雍正年间，嘉庆元年（1796 年）重建，殿内供奉妈祖和观音菩萨、水仙尊王，那是保护船只航行的神明，是早期全淡水的信仰中心。庙门两侧没有常见的龙柱，而是一对六角形石柱。这是较早庙宇正统的做法，风格古朴。走近门前，抬头看，在门楣悬挂的庙名古匾上，可见到建庙年代与众船户的名字，一方面证明此庙历史久远，一方面可了解到妈祖与当地民众生活的密切关系。

走出福佑宫，向左转入庙旁的重建街。小小街道沿着围墙外侧的石阶越爬越高，顺着山势向北延伸过去。离开中正路的热闹繁华，恍若进入另一个世界。这条狭窄、弯曲而往上坡发展的重建街，是淡水最早形成的一条街，当年是陆路交通要道，联络码头和北方山丘上的聚落村庄。

由于是建在起伏不平的山坡上，房屋与路面经常形成高低落差，必须加建阶梯上下，不过，这些巷弄却是儿童最爱嬉戏的场所。今天，重建街上仅保存少数几间旧式的长条形街屋，在一些红砖、短墙的古厝门额上，仍然刻着商家字号，古意盎然，弥足珍贵。

淡水还有一座著名的庙宇——龙山寺。龙山寺建于咸丰八年（1858 年），寺内观音是从晋江安海的龙山寺分灵而来，由全淡水居民供奉。登上前殿走廊，可见到造型生动、线条简洁有力的龙柱，是由原籍惠安的船户共同捐献的，船户的名字就刻在柱上，清晰可辨。其他如石狮、螭虎窗、麒麟堵等，都是值得一一细看的精品。

马偕是第一个在台湾北部传教的长老教会牧师。当年，马偕从故乡牛津郡募得款项，在淡水设立了“理学堂大书院”，以“牛津学堂”命名纪念，使得台湾学生得以接受新式教育洗礼。接着又开风气之先，创办“淡水女学堂”，为台湾女子教育写下第一页。马偕一生以台湾人自居，和台湾人民一起经历时代的变迁，在艰苦中为平民百姓付出爱与关怀，并为台湾的现代文明，带来不可磨灭的影响。马偕博士为淡水留下了永远的怀念，如今淡水工商管理专校的牛津理学堂、淡江中学校舍都是马偕一手建筑的文化遗产，成了今日建筑学上值得研究探讨的房舍。

顺着马偕街走，首先看到的是“偕医馆”。偕医馆旁边，是尖塔高耸的长老教会教堂。偕医馆是台湾北部第一座西式医院，今天仍大致保存着 1880 年马偕牧师初建时的风貌，建筑上表现出中西合璧的特色，有中式闽南瓦的屋顶和西洋拱形的门窗。

长老教会教堂在 1891 年初建时，是白色墙壁与方形钟塔的建筑。1932 年用红砖改建，成为现在的“仿歌德式教堂”。此教堂一直是画家喜爱的淡水写生美景之一，直至今日，仍是淡水最大、最具代表性的教堂。

淡江中学创办于 1914 年，一条榕荫步道蜿蜒通往古朴高雅的校区。校园的规划颇具欧洲大学的风味，建筑物沿着林荫道路散布，除了景色优美外，高自由度的功能配置，也提供了启发及培养人文思想的最佳环境，是淡水的一处胜景。八角塔一直是淡江中学的精神象征。创立于 1914 年的淡江中学最早一直借用牛津学堂作为教室，直到 1923 年底募得款项，历经两年，于 1925 年建成教室使用至今。

淡江中学

淡水镇虽小，战后却先后有淡江大学、真理大学与新埔技术学院三所高等学府设立于此，文教风气十分兴盛。三校学生总数约占全镇人口的五分之一，是最大的消费力量。学生住宿于淡水，或走读于台北、淡水之间，都促成淡水经济的发展。尤其淡江大学师生人数最多，吸引了许多商店聚集到学校附近，使得英专路和学府路成为新兴的商业中心。

文明的脚步快速冲进了台湾社会，尤其是台北盆地在短短的时间迈入高度的工业化，都市的人们在社会转型的当儿，开始怀念起旧时的事务。淡水有红毛城和古街区、洋楼等丰富的人文史迹，又有红树林和“淡水夕照”等自然景观，配合高尔夫球场、海水浴场和海鲜店、啤酒屋等，成为台北都会区重要的观光旅游地。

古镇三峡老街游

三峡（今新北市三峡区）旧名“三角涌”，又称“三角躅”，是由于大汉溪、三峡溪、横溪在此汇流，地形略呈三角形而得名。“涌”为闽南语“起浪”的意思，生动地描述了三溪交会、波浪翻涌的情景。

三峡最早的居民是平埔人。平埔人擅长狩猎，但他们不知使用犁耕与施肥，采取热带原始旱田农耕，一旦地力减退就放弃，另外再辟新地。换过几次地后，离原先居住地越来越远，往来不便，就放弃原先的屋子而在新耕地处另盖新房来住。明末清初，渡海来台开垦的汉人逐渐增多。乾隆初年已有移民来到淡水河上游开垦，形成村落。汉人开圳引水，用先进的农耕技术，把旱田变成水田来种稻，使土地生产力大增。为分享用水或受利诱，平埔人陆续将族产或租或卖给汉人，久而久之，便失去了他们赖以生存的土地。这份乾隆三十八年（1773 年）的契书，是三峡现存最早的开垦古契。文内记载三峡土名“三角躅”，是平埔人武呣湾、摆接、雷里、龟仑四社的公共捕鹿地，汉人在此开垦须经四社同意，并缴纳租粟。

乾隆末年，由于台湾北部移民增加，使输出输入的货品相对增多。由大陆各大港埠采办台湾所需的杂货、物资，再从台湾农村购买各项农产品输出大陆或海外。乾隆五十七年（1792 年），清廷开放淡水河口的八里坌港，与福建的五虎门、蚶江对渡，北部商业因而兴起，以茶叶、樟脑、煤炭、蓝靛等为大宗。万华（艋舺）在当时因水运条件优越，来自大陆沿海的巨型帆船可以直接抵达，成为台北盆地的货物集散中心，也促使上游盛产樟脑、茶叶、蓝靛的三峡成为重要市集。

三峡由于地理位置居中、人口与聚居规模等因素，成为安溪人决定设立共同信仰中心祖师庙的地点。而祖师庙的日常拜拜和每年举行的祭典，促使人群往来频繁，使三峡成为附近各村庄交易集市的中心，聚落规模逐日扩大。

三峡的发展和染业、樟脑、茶、煤等有密切相关。

走在民权街上，随意看去，都是染坊的匾额，可以想见此地以往染布业兴盛的状况。三峡近山一带生长制染料的植物“菁树剑”，清澈的三峡溪则是漂洗、晾晒染布的最佳场所。加上水运之便，由下游港埠运进布匹来染色，染料制成后顺流运到万华，再大量销往厦门、漳州、福州、上海等地。因此，三峡成为清代北台湾最重要的染业中心之一，不论制染料或染布业，都十分活跃。

三峡多山，自古以来便布满原始的樟树林。清末，制脑业达到盛产巅峰，成为北台湾重要的樟脑产地之一。樟脑除了做为防虫剂之外，还是制作香料、医药和无烟火药的材料，因用途广泛，在清代曾是与茶、糖并列的台湾三大输出品。

从前三峡满山遍野是茶园。这和三峡移民来自福建安溪茶乡，拥有种茶的经验有关。加上此地的气候和山坡地形适合茶树生长，有人从原乡携带茶苗来种植。从清末到光复初年，是三峡茶的黄金时期。三峡是台湾龙井茶唯一的产地。在制作上除了一般的炒、揉、烘之外，还多了一道碾压的过程，使龙井茶身形扁平狭长，与众不同。三峡龙井茶的味道十分特殊，闻时清香、饮下苦后回甘，据说有清血路的功效。上等龙井茶由一心二叶制成。每年春秋两季，是三峡龙井茶产期。

抗战胜利后的三峡镇，成长缓慢，在台湾各地迈入工商业发展时期时，仍维持农业城镇的面貌。此时山区的樟脑、木材都已开采殆尽，除了原先的茶叶、煤炭之外，又积极推广具有经济利益的柑橘、竹笋、生姜等，依赖山区产业发展的特色仍然存在。

街市的重心已移转到对外交通便利的民生街及其外围，老街则越趋没落。如今所说的三峡老街，一般指民权街的南段，长两百多米，有一百多座古老街屋，是全省现存最完整的老街。相连不断的红砖拱廊，弯曲变化、高低起伏的街道，有时朴素平实、有时华丽繁复的建筑装饰……使这条老街显现强烈的特色。漫步其间，特别令人生出思古情怀，流连忘返。

三峡老街的建筑，从民国初年留存至今，仍保有完整的外观，虽然没有太多华丽的装饰，但人为的破坏少，气势连贯，且街道宽窄适中，对街人家的声音笑貌可以跨街相传，配合拱形骑楼所造成的光影变化，让人感到十分温暖。除此以外，老街的牌楼面、柱式、匾额、女儿墙等，也具有可观之处。

老街的街屋是台湾传统的长条形店铺住宅，狭长的屋身兼具商业和居住的功能，内部空间的规划和原先外在的“亭仔脚”、女儿墙等，都源自闽南式的建筑。基于商业考虑，店面狭窄而屋身极长，屋屋相连形成一条长达 260 米的交易街肆。受地形影响，屋身进深从 70 米到 10 余米不等，但建造的原理和使用上，则没有什么不同。但在日本殖民统治年间所改建的牌楼立面，却掺杂了西方“巴洛克式”的建筑风格和少数仿日本家纹的图案。这是因为当时日本正全力吸收西洋文化，许多来台的日本建筑师身受西洋建筑的教育，把西方建筑的风格带到台湾。本地匠师起而仿效，形成了屋身闽南式而立面巴洛克式的流行风潮，且当时是在日本的殖民统治下，不可避免地出现日本图案。改建的民权街老街，就是这个过渡时期的产物。细看老街的一砖一柱，充满了解读各栋建筑身世之谜的趣味。

当地传统小吃

除了老街，三峡镇还有许多自然风景名胜，如插天山的十八洞天、乐乐谷、有木里的云森瀑布、满月圆瀑布、插天山的红桧神木群，都是假日游乐的好去处。三峡溪上的三峡旧桥是 1931 年兴建的，但至今仍是闻名全省的拱形桥，既有艺术气息又有观光的价值。拱桥是三峡很醒目的地理标志，也是三峡古镇历史散步旅程的起点。站在拱桥上，可以看出三峡自然环境的特色。

在台湾光复四十年的 1985 年，三峡全体镇民捐款两百多万元在鸢山顶建了一座巨钟，该钟重达 6300 公斤，是东南亚最大的一座巨钟，不啻又为三峡镇添了一处胜景。

从古镇的保存、祖师庙的建筑到巨钟的设立和三峡车站的美化，可以看出三峡人真是具有历史的眼光和使命感。他们默默地播下种子，留给子孙无限的财富。三峡的光彩将再度闪烁。

九份——昔日“黄金梦”之地

1889年，清政府任命的第一任台湾巡抚刘铭传为加强基隆港防务，决定在台北与基隆间架设一条铁路，于是从广东招来一批开筑铁道的工人。这年夏天，一位曾在美国淘过金的广东籍工人，偶然走下八堵铁桥下的基隆河畔用细沙涤洗餐盒，当他淘起沙子时，竟发现在细沙中有金光闪闪的金碎。这位工人惊得目瞪口呆，把金碎在口中咬了一下，当确定就是金子时，不禁声嘶力竭地喊着：“黄金！黄金！”

基隆河里有砂金的消息，震动了岛内外，引来无数淘金人潮，原先偏僻且蛮荒的瑞芳小镇，从此闪烁着灿烂的光芒，成为台湾头顶上的一颗钻石。

瑞芳，一个祥瑞而美丽的名字。但两百多年前，却是深藏深山中的草莽之地，基隆河流经此处，是昔日由台北至噶玛兰（宜兰）的交通孔道。瑞芳原名称“柑仔濑”，因有人种植柑橘得名。乾隆十五年，有福建人在商旅往来之处合资开了一家杂货店，取名“瑞芳商行”。久之，瑞芳商行成为行人、农夫歇脚、谈天的地方，也成了前往宜兰的中途站。当商旅前往基隆河上游问路时，总以“瑞芳”代替“柑仔濑”。1920年后，“瑞芳”变成了地方名称。

炎热的阳光下，基隆河床上挤满了各色各样的淘金者。有天下大雨，淘金人突然发现有金碎混合着泥土被雨水冲刷落入基隆河。金脉找到了，原来瑞芳蕴藏着数量巨大的金矿，人们不再泡在河里淘金，改用锄头在山上挖掘，揭开了瑞芳采金的序幕。

1890 年，当人们日夜忙着疯狂挖掘金矿的时候。有两兄弟无意中从一位瑞芳区九份地区的农夫带来的矿石中，发现了金光闪闪的黄金碎。两兄弟不动声色，带了几名工人到九份挖掘，连续挖了 13 处直井，发现了丰富的金矿。当令人振奋的消息响彻整座山谷的时候，大批的淘金人立即群集九份。

淘金热引来更多的冒险者，清政府也开始注意到这座“宝山”，但鞭长莫及。于是在光绪十九年，将金矿包租给商人，淘金者必须缴税。一年半后，清廷收回自营，设立金砂局，抽取牌照费，但尚未缴税，便发生了甲午战争，台湾被割让给日本。

日本殖民统治者对九份的金矿拥有无限的兴趣，开放给日本人承租开采，台胞只能当苦力，去挖矿领薪水或分红。日本人独揽采矿权，令台胞气愤不平，民间盗金风气非常盛。尽管日本人对工人采取搜身等严密的措施，但盗金的方式仍然匪夷所思，有人塞在牙缝里，有人硬把黄金吞入肚子里。

由于日本殖民统治者规定只有日本籍者才有采矿的权利。于是光绪二十三年，有一名台胞取得日本国籍后，便承租了矿区，并把昔时在基隆河淘金的老伙伴召集来共同开矿。1914 年，矿苗一度没落，日本人认为无利可图，遂将所有矿山转租给台胞，沦落异族 20 年的金山终于回到台胞手中。被日本人视为废墟的矿山，竟然年产黄金 15000 两，九份再度进入辉煌时期。

瑞芳淘金事业最盛的时代应在 1931 至 1941 年之间。九份小村涌入各方淘金好汉，在当时工商不兴，农业收入不丰的情况下，到这里采矿的人络绎不绝。光绪二十年，偏僻的九份山区有上万的人口，到 1936 年间竟然一度突破 10 万人口大关，黄金的梦幻，为九份带来空前的人潮和繁荣。

其实来九份的矿工，并没有长久居留的意愿，因为九份多雨又偏远，交通不便，多数人希望发了黄金财之后衣锦还乡。所以九份等地的房子都是木板或石头搭盖而顶面覆盖了油毛毡的简陋平房，他们沿着山坡密密麻麻地建筑起来，街道是层层的石阶，其中有三条水泥巷横越了整个山城。

深入矿坑在不见天日的黑暗中工作，空气差、地压大，安全不保，是一项卖命的工作，出了坑自然想寻欢乐疏解郁闷的心情。也许，黄金来得太容易，加上淘金人离乡背井来到深山卖命，孤单寂寞，于是，财气连接酒色，大肆挥霍，吃、喝、嫖、赌成了一种普遍的现象。满山的黄金，有谁会想到“节俭”

比邻而建的房屋

两字呢！没钱时，只要花个半天功夫深入金坑，出坑时又是两口袋装满了金矿。钱财来得快，自然花得也快，很少人去担忧矿苗是否有一天将会枯竭。

另一组心怀淘金梦的人也纷纷来到了九份，那是在风尘中打滚的女人来自朝鲜、日本、东南亚等地，美酒佳人，把偏远山庄变成金碧辉煌的不夜城。从基隆外海眺望九份，只见金光闪闪，灯火通明、歌舞升华，九份被称为“小香港”。一时间，所有世间最豪华的山珍海味、珍食异味也被送进了九份，不挖矿的商人来到九份赚取矿工的钱，形成了九份空前的欢乐与繁华。

据说，黄金盛产时，九份地区的买卖都以黄金论价，甚至宴客时，都拿金子来垫凹凸不平的桌脚。曾有一名来自“打狗”（今高雄）的年轻人，把挖来的黄金打造成一尊土地公像，足足重达一公斤，托存在该地土地庙里。由于挥霍无度，这座土地公像后来又被年轻人取出变卖，最后落魄地空手离开这里。

尽管遍地黄金，淘金者愈来愈多，但并不是人人都能发大财：先一步来的寻宝人，都已占领矿山，当起了矿场的主人。后来者只好沦为矿工。当时，满怀黄金梦的“临时九份居民”都有一个共同观念：黄金是自然的产物，上天所赐予，有福气的人都可以获得。所以，沦为矿工的“迟到者”，非常不满矿场的占领人，于是偷金风气渐渐盛行。他们不称为“偷”，叫作“散花”。

“散花”是当时的“黑话”，散花人分为两种：“专业”和“兼职”。专业散花人，是不甘沦为矿工的寻宝者，他们昼伏夜出，专挑夜间没人上工的矿坑动手。他们白天多数泡在酒家茶室里，出手大方一掷千金，到了晚上（尤其是夜黑风高之时），这些“夜猫子”便摸进矿场去“干活”，直到黎明，才一个个溜回家。专业散花人多数是二至三人集体行动，白天找好目标，晚上伺机“行动”，但若被抓到，难免被揍得死去活来。

兼职散花人又分为两种人。一种是白天当矿工，晚上干“散花”。这些人在上工时，把挖到的黄金偷偷私藏在坑内，晚上再溜回坑内取回。或把挖到的黄金吞入肚里，或夹藏在屁股里，逃过检查带出坑外。另一种竟然是矿坑的主人，原来他本身占有的矿坑缺少金矿或矿藏不丰，眼见别人的矿坑“日出斗金”，便格外眼红。于是便干起“散花”的兼差勾当。利用夜晚专偷邻近的矿场，虽是“兼差”，却“收获”颇丰。

尽管黄金来得容易，通往九份的道路却并没有因此而拓宽或改善，也没有高楼，很少人拿了黄金来改善家庭生活，奢靡、欢乐使多数人迷失了自我。夕阳西斜，九份的歌楼舞榭再度灯火通明，但很少人注意到，矿苗已渐枯竭，九份即将“黄金梦断”。

1944 年，第二次世界大战正酣，穷兵黩武的日本，拆除了九份的采矿设备，抽调壮丁参加太平洋战争，矿坑被迫停采，黄金矿一片萧条，终于走到尽头。日本战败投降后，瑞芳金矿早已亮起红灯，加上政府抑制金价的措施，金矿无利可图，各个矿坑陆续作废。淘金者眼见盛况不再，纷纷卷席回家，另谋出路。

抗战胜利初期，九份还有九个里，人口三万多人，几十年来金矿相继停产，人口严重外流，昔日灯火辉煌、纸醉金迷的九份小山村，只剩下一排排人去屋空的住宅，向世人显示往日的繁华。直到近些年，有些影视摄制组来到这里拍外景，这才重新将九份从人们的记忆深处寻找出来。于是，人们又再度纷纷来到九份，在满坡旧巷空屋中，追忆九份往日的“黄金岁月”。

“九份旧道”的新貌

辉煌成了过去，九份像是失落在时间的记忆里，寂寞吞噬着凄凉的山风。许多房舍大门深锁，庭院深深几多杂草，细细的雨丝不停地飘着，何时才能拾回辉煌灿烂的那段时光呢？

头城小镇的古韵风貌

头城是早期汉民开拓宜兰的第一个地点。清嘉庆元年（1796年），漳州籍人士吴沙率众移民进入宜兰垦荒，先在此地筑起土围，建立了第一个据点“头围”，当时是噶玛三地区人口及商业之最，故又称“头城”。头城以“开兰第一城”闻名，是台湾东部开发史上极具意义的起点。

头城拥有陆路出入宜兰的唯一通道——淡兰古道的出入口，成为宜兰的陆地“门户”。嘉庆十七年（1812年），宜兰设治，清廷在此设“头围县丞”统理行政，并在北关及乌石港设重兵及炮台，可见头城受重视的程度。后来，头城经历了起起落落的世间沧桑，并陷入萧条时期，随着社会的改变和进化，如今这里已呈现出现代社会进展的新表象，但依然能找到昔日繁华兴隆的古镇身影。

大里是位于头城北端的小渔村，是以往由陆路进入兰阳平原的第一站，在宜兰开拓史上扮演着极重要的角色。这里有著名的“天公庙”，可以眺望“龟山岛”的美丽身影，还可走访当年先民开辟的“草岭古道”。沿岸奇石林立，海潮涌动，激出层层浪花，十分壮观，“大里观潮”因此被列为“兰阳八景”之一。

“天公庙”主祀玉皇大帝。每年农历正月初九是玉皇大帝的生日，即“天公生”，这里都会有极隆重的祭典。据说是清嘉庆二年（1797年），即吴沙率众开兰第二年，由漳州人慕名携天公神像前来归附。他在草岭结庐，安奉神像，因十分灵验，香火日盛。道光十六年（1836年），建庙于现址，起初规模不大，1904年改建后，正式取名“庆云宫”。又经多次扩建、整修，才有了今天的庙貌。相传为了保护行旅及当年入垦时与先住民之间的争斗，前殿神像的脸是呈肃穆威严的黑色。

和平街是头城最早发展的街道，古称“头围街”。清代头城的精华区域就在这里，它见证了头城以往的繁华岁月，曾是宜兰地区最重要的经济中心。现在则是宜兰硕果仅存且保存较完整的老街。今天仍保存不少昔日的遗迹，非常珍贵。漫步其中，仿佛走入时光隧道，古趣盎然。老街虽不长，却包含了各时期的典型建筑风格，值得仔细观赏。

北门、南门的福德祠正位于老街的北、南两端，所谓“街头街尾土地公”，以往头城最热闹的商业街道，就在这个范围。同治二年（1863 年），头城居民在街道南北两端，各兴建了一座福德祠，供奉土地的守护神“土地公”。人们相信这样就能堵住财气，使和平街永远商业鼎盛。因此，便将两座福德祠盖在道路当中，正门朝向街心，背对街口，将整条街“堵”了起来。今天从南北两祠之间的距离，便可推测出清代和平街商业发达时大致的规模。

福德祠比街头巷尾常见的小土地祠大许多，可见当时人们对它的期望及重视。但目前已不是清代的古貌，是 1916 年重新整建成的。不过屋檐下“墀头”的石狮，仍是清同治年间的遗物，雕刻朴拙，保存得相当完整，庙侧山墙的狮头泥塑垂饰亦颇具工艺之美，值得欣赏。特别是这里同时供有土地婆，较为少见。由于民间传说，土地婆心肠不好，常阻止土地公助人，因此供奉的人并不多。

庆元宫号称“开兰第一古庙”，相传早在兰阳平原开拓的第一年就已建起。难得的是，三川殿仍保持着早期的石雕原貌，简单大方，令人平添抚今追昔之感。

庆元宫门前年代久远的古朴石狮

据说庆元宫创建于清嘉庆元年（1796 年），因而得名“开兰第一古庙”。正是这年移民大规模入垦宜兰地区，在头城建立第一个据点。庙中主祀妈祖，因此庙门朝向东方海面。自创建以后，成为头城的中心，向南北发展出商业街道。庆元宫虽经多次整修，但三川殿的立面仍保存古貌。由于整面壁堵全用石造，感觉特别厚重有力。而石材使用较易风化、剥蚀的砂岩，因此不论石狮、人物浮雕、文字阴刻及花窗镂刻，线条都比较简单，另有一番粗重朴拙的味道。正门两侧的石刻门联也值得一看：由头围县丞朱应锡所题，落款年代是“屠维赤奋若橘相之月”，即道光九年（1829年），这是黄历用法，十分少见。这也是庆元宫现存最古老的门联，颇具历史价值。

在头城镇上，有座结合了自然与人文景观的“东堂狮子博物馆”，这是台湾第一座以狮子为主题的博物馆。馆中展品来自台湾和祖国大陆以及东北亚和东南亚各地，馆内展示的狮子文物琳琅满目，有石狮、玉狮、陶瓷狮、牙雕狮、木雕狮、竹雕师、铜狮、银狮及刺绣狮等。年代上可溯至隋唐，下可推演至宋元明清乃至现代。从用途上分，有桌脚、墨斗、枕头、香炉盖钮、门环、石敢当、饰品、陶偶和庙绣等；狮子按地域又分为北方狮、南方狮和广东狮等；造型则有拟人化、卡通化、宠物化和拟神化等。可说是无奇不有、雅俗共赏，或代表避邪驱魔，或表示吉祥纳福。从每件狮子文物的历史中，还可以简单了解各地的风土民情，令人眼界大开。

抢孤，是中元节“普度”的活动之一，融合宗教意义与体育竞技。头城“抢孤”的起源已不可考，据传在清道光年间已有。在台湾，以头城举办的抢孤最为盛大，早在清代，便是宜兰地区的地方盛事。后来一度停办达四十多年，直到1991年才恢复举行，是目前台湾最受瞩目的民俗节庆之一。

什么是“抢孤”？民间传说农历七月是“鬼月”，阴间鬼门关大开，“好兄弟”纷纷来到阳间。人们为了不让鬼魂干扰生活，会准备丰富的祭品供孤魂野鬼饱食，并做法事超度亡魂，进行整整一个月的“普度”。抢孤通常在“关鬼门”之前举行，是普度的最后一道仪式。

抢孤的原意是将普度的祭品布施给贫民众生。祭品放在高耸的“孤棚”上，得经过艰苦的攀爬才能取得，然后丢下来让棚下群众抢拾。实则隐含了布施十方游魂之意，希望鬼魂在饱餐后赶快打道回府。

孤棚是抢孤活动中的道具之一，关卡重重，只有过人的体力、耐力，以及密切的团队精神，才有可能登顶成功。其构造相当特别——最底下由12根约4层楼高且涂满牛油的“孤柱”，撑起“孤棚”。棚上放置各式祭品，正中央则竖起13根“孤栈”，每根栈上绑满不同的食物。栈顶绑着象征有始有终的留尾青竹，青竹末端系有当地人称为“顺风旗”的黄布带和金牌，是所有抢孤者的最终目标。通常在孤棚旁边，还有一座高度仅仅两丈左右的“饭棚”，上置米饭及彩旗，供穷人及乞丐攀爬。因规模较小，较不引人注意。

从农历七月开始，便会有一连串严肃的仪式，如祝告天神、破土押煞、开蒙普施、诵经普度等。到了最后一天晚上子夜时分，抢孤活动正式举行，各方人马爬上棚台抢顺风旗，是活动中最高潮的部分。参加队伍通常由头城各个庄组成，每组参加者遇到的第一个挑战，是爬上滑溜溜的孤柱。由于攀爬十分困难，为增加抱柱时的摩擦力，抢孤者通常是手挽麻绳，依靠众人同心协力，以接力的方式，像叠罗汉般，一个叠一个将队友送上孤栈抢旗。

抢孤的参加者既要有胆量还要有技巧

即使爬到柱顶，也还无法轻松地上棚。由于每根孤柱都向中间集中，离孤棚边缘仍有一大段距离，再加上棚板底部还有倒刺，过关相当困难，也是最危险的一关。过关的方法通常是：双脚夹住孤柱，手抓棚板缝隙，避开倒刺，腾空挪向孤棚边缘，再以翻单杠的姿势一跃而上，十分惊险刺激。这关又叫“翻倒头棚”，以往伤亡事件最多，近年来孤棚下已设置安全网。爬上孤棚后，将棚上祭品丢下给人群抢拾，再继续爬上孤栈。同组中一人负责夺旗，其他人则取下栈上的食物，当作战利品。相传将顺风旗插在船头，可以保佑船只航行平安，因此顺风旗是各家船主争相抢购的目标。

由于危险性高，受伤事件频发，抢孤的活动曾经停办很多年。直到 1991 年，为纪念开兰 195 周年，才又恢复举办。抢孤以人来象征鬼魂，将祭品施舍十方，隐含所有孤魂野鬼皆可免于饥饿的隐意，这种人饥己饥的悲天悯人之情，在民间社会中具有值得重视的意义。因而也吸引了大批的游客前来观赏与助兴。

头城拥有丰富的史迹。尤其是至今残留、全宜兰硕果仅存的老街，弥足珍贵。头城的海岸线很长，变化也多，无论是奇特的海岸地形、热闹的渔港或是眺望大海美景，都有值得停留观赏的绝佳地点。

泉乡礁溪风情盛

礁溪是著名的温泉乡，是宜兰最繁华的地区之一。礁溪最早的居民是平埔噶玛兰人。在宜兰早期垦拓过程中，礁溪扮演重要的中继站角色。移民自清嘉庆元年（1796 年）进垦宜兰，以头围（今头城）为据点，陆续向南扩展，仅仅二三年的时间，礁溪的垦拓已大致完成。

当年人们见此地溪谷终年沙石堆积，水流不足，便取名“礁溪”，礁是闽南音“干涸”的意思。后来，人们发现有滚热的泉水涌冒，正可松弛一下辛苦垦耕的筋骨，便把温泉地区称为“汤仔城”(或汤围)。之后的两百多年间，礁溪温泉逐步得到开发与利用，成为台岛上知名的温泉之乡。

礁溪温泉属碳酸氢钠泉，富含钠、镁、钙、钾、碳酸离子等化学成分，是台湾少见的平地温泉，取用极为便利，且温度适中，约 50℃，水质十分清澈洁净，无色无臭，没有刺鼻的硫磺味，甚至还可以直接饮用。用礁溪温泉的泉水洗浴过以后，感觉皮肤光滑柔细，丝毫不粘腻，具有养颜美容及镇静神经的功效，因之被誉为“温泉中的温泉”。

礁溪到处都是终年不竭的温泉，分布范围之广和取用之便利，是台湾其他地方难以相比的。当地居民只要往下挖 2～3 米深，就会有温泉涌出，可谓是得“地”独厚了。近年来，当地又相继开发了像温泉种植、温泉养殖、用温泉水制成矿泉水等项目，收到极佳的产品质量和极好的经济效益。

礁溪除了温泉盛誉台岛内外，还有一些独有的民俗受到人们的关注和喜爱。

例如二龙村的端午节“扒龙舟”的活动就驰名于全岛。

在台湾，端午节龙舟竞渡中，最具有特色和趣味的，非二龙村的淇武兰和洲仔尾两庄之间的“扒龙舟”莫属。这里已有两百多年历史的“扒龙舟”活动，每年端午节时期，都会吸引大批的外地游客到此一睹为快。

二龙村的“扒龙舟”

据说过去平埔噶玛兰人住在这里时，常有小孩落入二龙河溺毙，族人便以竞渡的方式来驱逐水鬼。汉民到此开垦后，更将祖国大陆的赛龙舟活动在此发扬光大，继承延续至今。

两庄各有专用龙船，淇武兰为绿色船，洲仔尾为红色船，船上绘有太极图案，龙头平日安放在“龙船厝”里。到端午节时，将龙船祭拜点睛后，先游河一周以祭拜河神，然后便是精彩紧张的扒龙舟比赛。村民认为胜负会影响该年的收成，无不全力以赴，争取夺得神圣吉利的“平安旗”。

端午节这天，两庄各组一队，每队 20 人，比赛时全都得站着划船。赛程不止一趟，因此庄民可轮番上阵。没有计分员、发令员，也没有裁判，只敲锣，不打鼓，开赛号令全由双方敲锣手决定，比赛的胜负则由观众和队员自行认定。当一方完成准备工作后，自信有获胜的把握，立刻敲锣发令前进。但如果另一方不肯敲锣，则原先已出发的那队就得折回起点，重新开始。有时要试五六趟，双方才感到满意，正式越过裁判线向前冲。现在的扒龙舟已对外开放，不再限于两庄村民。如果端午节能来这里，亲自参加这种与众不同的“扒龙舟”比赛，定会有不少难得的体验和快乐。

礁溪协天庙是北台湾最大、最重要的关帝庙，其分灵庙宇遍布北部和东部各地，每年有无数的善男信女前来祭拜，香火十分旺盛。由于宜兰、基隆一带的漳州人称关公为“协天大帝”，所以宜兰的关帝庙皆称为协天庙。协天庙几经修建，原来的面貌已多不可见。

协天庙在元宵节的乞龟拜拜和特别的春秋祭典都是难得一见的民俗活动。

在宜兰开拓之初，移民面临各种天灾、人祸的威胁极大，迫切需要有能够震慑邪魔的神明来庇护，而威严英勇的关公正是他们最崇敬的神明。当时漳州移民远从福建铜山的关帝庙请来神像，一路抵达礁溪时，发现此地背依五峰旗山，正是地理上“黄蜂出巢”的灵穴，便在嘉庆九年（1804 年）建庙。相传建起后，当地瘟疫便不再猖獗，民众多相信这是得自关帝爷的保佑，信徒日众，香火更加兴盛。

同治六年（1867 年），台镇使者刘明灯巡察宜兰时，曾驻扎在此。据说由于随行部属误砍了庙后的大枫树，触犯了神灵，结果所有部属一一病倒。直到刘明灯在神像前跪拜求救，才得痊愈，于是便奏请皇帝敕赐改建协天庙。在台湾关帝庙中，这可能是唯一由清廷圣旨敕建的。

协天庙每年元宵节前后的乞龟拜拜，吸引成千上万的信徒，是台湾庙宇“乞龟祭仪礼”中相当具有代表性的。

制好的大寿龟

大寿龟象征着长寿、平安和祥和，民间喜以龟作供奉祭品，祈求平安如意。早期开垦宜兰时，人们相信由于关帝爷保佑，才能得以平安顺利。乡民为酬谢神恩。便在每年农历正月十三关帝飞升日，以“大寿龟”供祭。制作大寿龟，首先将所有参与乞龟拜拜的人带来的糖和糯米集合，交由礁溪八大庄信徒，制作完成两只分别重达三千多斤的大寿龟。

从十三日起，制好的大寿龟开始接受善男信女的叩谢或请求。直到十六日举行“杀龟”仪式，龟头肉必须分给主持制作寿龟的炉主，龟脚肉则分给“头家”，代表着无上的光荣，而且可得到更多的庇佑。剩下的龟肉由各方信徒求取，未求完的龟肉，则由炉主和头家平分，明年加倍奉还。祭得的龟肉分给家人吃，可消灾植福，保佑阖家平安。依照传统，乞龟者祈求应验后，要在第二年加倍增加重量偿还，有的还加演酬神戏。如果第二年未如愿，或家中有丧事，暂不还龟，等到所求的事情应验了再加倍奉还。所以，协天庙每年收到的糖和糯米越来越多，大寿龟也越做越多，可见信徒虔诚信奉的情况。

协天庙每年有两次重大的祭典，一次是农历正月十三关帝飞升日的春祭，另一次是六月二十四诞辰日的秋祭。每到这个时候，各地的分灵庙都会回协天庙进香，不但大殿里供满了千百座关帝君神像，庙里也是挤满了各地的信徒。

祭典包括三献礼和"跳佾舞"。协天庙是台湾关帝庙中唯一以跳佾舞来祭祀关圣帝君的，非常特别。

隆重的祭典以一天之始——午夜子时作为开始的时辰，由协天庙主委主祭。典礼庄严隆重，由击鼓分别引领乐生、跳佾舞的舞生、献祭官各就各位。然后启扉、瘗毛血，接着行三献礼迎神和进馔，每个仪式都依古礼进行。接着在"饮福受胙礼"后撤馔、送神和望燎，最后合扉，结束整个典礼。撤馔过后，庙方会分送平安饼干给观礼者。整个典礼结束之后，民众便可入殿上香膜拜，称为"万民朝拜"，庙方也会赠送每人一束寿面，此时乐团还会奏唱宜兰本地的歌仔调，十分具有地方特色。

祭祀关圣帝君时表演的佾舞

佾舞是一种方阵行列整齐的祭祀舞蹈，依祭祀对象的身份而设舞——皇帝用八佾，孔子用六佾，关帝用的则是祭祀大夫的四佾舞。祭孔用的舞具是竹笛和羽，祭关帝用的则是盾和戚，正符合关帝庙的武庙性质。跳佾舞的舞生由礁溪当地学童担任。16位舞生扮演"关家军"，左手拿"关"字牌，右手执长柄大斧（音"戚"）。他们排列成"四四方阵"，配合三献礼的乐章，一字一舞，规矩有律。另外还有两位担任执剑的武监，分别站在阵前左右，监督佾舞的进行。跳佾舞，是严肃静穆的典礼中最受欢迎的仪式，表现勇猛威武的气势，正与关帝爷的"武神"身份相符。

来到礁溪，不妨先寻访对宜兰开发史具有重大意义的吴沙史迹、远近驰名的协天庙以及紧张刺激的二龙村"扒龙舟"……但千万别忘了去感受各式各样的温泉，让那汩汩涌出的温暖泉水，泡暖一下多少有些疲惫倦累的身体，享受这里得"地"独厚的宝贵资源。

鹿港小镇漾古风

鹿港镇地处台湾西部平原中央偏西的海岸边，北距台北、南到高雄都有两百公里左右的路程。西边隔着台湾海峡与福建省遥遥相望。鹿港曾是台湾中部的门户，也是全台仅次于台南府城的第二大都市，由清代中叶流传至今的一句俗谚："一府二鹿三艋舺"，便知当年鹿港的繁华和昌盛。

鹿港一带原是平埔人聚落所在。明末汉人开始来此移民开垦。那个时期的鹿港能够迅速窜起，成为台湾数一数二的大城镇，其原因有：(1) 交通位置重要。鹿港是南北船只往来的中继站，又与大陆最近，海运约 12 个小时便可抵达，吸引了大批船只。(2) 拥有富庶的腹地——彰化平原。彰化平原自古有台湾谷仓之称，不仅供应本岛所需，还能补充大陆米粮之不足。鹿港成为各项物品的转运站，是促进它繁荣的原因之一。(3) 拥有天然良港条件。鹿港因而在极短时间内，成为台湾中部最具发展潜力的城镇。

雍正九年（1731 年），鹿港正式被开放为岛内贸易之港。乾隆初年，成为中部米谷集散中心。乾隆四十九年（1784 年），清廷正式核准鹿港与福建泉州对渡，鹿港辉煌史页就此展开。来自泉州的移民大量涌入，以至于鹿港居民 80% 为泉州籍，因而被称为最具"泉州风"的城市。

鹿港的全盛时期是从乾隆四十九年开港，到道光三十年（1850 年）港淤为止。六十多年的时间里，只见商船来往频繁，移民波涌而至，街镇热闹喧哗。以往的文献描述中可看出繁荣盛景："总港大街，街衢纵横皆有，大街长三里许，泉厦郊商居多，舟车辐辏，百货充盈……”“港口帆樯林立，白帆轻驱海风，人皆轻衣马肥。豪商林日茂为首，资产算十万者达百家，商贾栉比……文化实冠于全台。”当时鹿港的人口据说有 10 万，港口每天有 100 艘左右的帆船进出，最大的甚至可达 500 吨，“鹿港飞帆”成为出名的盛景。

从道光末年到日据前，鹿港的发展受到地理环境变迁的影响，虽然当地商人一再疏通航运，但发展脚步已见停滞。咸丰十年（1860 年），清政府决定开放淡水、基隆、安平、打狗四大港通商。这进一步导致鹿港的对外贸易面临优势尽失的窘境。日本侵台后，鹿港许多富商返回大陆，人口大减，原有经济体系遭到致命打击，加上新建的岛内运输动脉——纵贯铁路不经过鹿港，于是鹿港急剧没落，自此从绚烂归于平淡。日本投降初期曾恢复与大陆通商，可惜不久港口又被关闭。此后多年，台湾经济逐步成长，甚至快速飞跃。在这个急剧变化的过程中，鹿港却静静地独立于一隅，保持往昔的风华。随着经济热潮而来的，是对于文化破坏的反省。而鹿港因为保存较多且较完整的传统建筑、手工艺与民俗，又重新以古韵风貌开始吸引人们的注意。今天的鹿港，“观光”似乎成为其再生的重要契机。

鹿港最迷人的魅力之一，是拥有相当多的传统民宅，在现代都市中极为难得。尤其是由这些老房子连串聚集形成的老街古巷，充满独特的空间趣味，令人流连忘返。

庙多神多，是鹿港的一大特色。在鹿港，会感觉几乎是“三步一小庙，五步一大庙”。据统计，大约有 60 间寺庙，这些寺庙乍看之下令人眼花缭乱，如从以下面的方式去辨识，便可了解到神明的世界“自有其秩序”。

首先，看庙的性质：鹿港的庙宇，依信徒的来源和分布范围，可大致分为：

（1）合港庙，即全鹿港居民一起崇信的庙，如龙山寺、天后宫、城隍庙等。

（2）角头庙，指鹿港某一区域内居民所共建、共祀的庙，如凤山寺、忠义庙等。

（3）人群庙，由同一方言或祖籍的人群，为共同的乡土神所建的庙，如南靖宫、三山国王庙等。

（4）宗族庙，指某一姓氏的族人为其崇信的神明而建的庙，如郭姓的保安宫、施姓的真如殿等。

（5）另外还有范围难界定、信徒较纷杂的庙，如奉天宫等。

其次，看庙的建筑：大型的寺庙如龙山寺、天后宫，都是传统建筑的典范作品，值得细细观赏。另外还有相当多中型的店屋庙宇，为适应鹿港特有的商业街镇形态，呈现长条形的特殊格局，面窄而进深长，与鹿港长形店屋相互呼应，十分有趣。

再次，看神明：鹿港神明多，最普遍的是“王爷”，可能与鹿港以福建沿海移民为聚落的背景有关。此外，鹿港人对妈祖的信仰很虔诚，三座妈祖庙的来源各不相同，都有精彩的传说。各行各业也分别有信仰对象，如商人拜关圣帝君，文人、书画业拜文昌帝君，屠户祀玄天上帝……都各具特色。

庙多，神明多，居民对宗教活动极为热衷，因此岁时祭典非常频繁。到鹿港旅游时，说不准就会赶上一个什么活动呢。较重要的岁时祭典分为神明诞辰、节令、其他祭典三部分，主要神明诞辰有（日期为农历）：

正月初九：天公生日，鹿港人视为“小过年”，至今仍保存着祭仪传统。在这天晚上，家家户户都祭拜天公。按照传统准备最丰盛的五牲，烧“天公金”，家人还要行“120拜”，相当隆重。

二月十九日：是观世音菩萨生日，龙山寺会有盛大法事。当天鹿港本地人及外来香客波涌而至，祈求息灾降福，俗称“补运”。

三月二十三日：妈祖生日。鹿港有三座妈祖庙，其中以天后宫的香火最盛。从年初起，由天后宫分香出去的各地庙宇的信徒，都会陆续将他们的神像护送回来“进香”，热闹非常。

盛大的民俗活动

四月十二日：是苏府大王爷的生日。这天鹿港的七座苏府王爷庙都有祭典，尤其是北头的奉天宫，由于分香多，香客更是络绎不绝。

七月七日：是孩

子守护神“七娘妈”的生日。这天傍晚，每家都会在门前准备“糖粿”、七碗祭品，来拜七娘妈。最特别的是，备上白粉、红丝带及圆仔花（或鸡冠花）等，供七娘妈化妆之用。如果家中有在这年满 16 岁的子女，为感谢七娘妈的保佑，礼仪会更加隆重。

另外，人们相信床母是婴儿的保护神，所以会在这天以油饭、糖粿酬谢她一年的辛劳。

七月尾日：是地藏王生日，地藏王庙会特别打开大门，举办“地藏王法会”，让善男信女前来参加礼忏。

正月十五日：鹿港人视元宵节为春节的最后压轴。除了拜土地公、看花灯、猜灯谜和吃“上元圆”等一般习俗外，昔日新婚妇女会到天后宫、龙山寺“钻灯脚”，祈求生育儿子。而一般人若有疑惑，则行“听香”——先祈一个方向，到深夜时，循此方向外出，记下所碰到的第一件事，再去请神明解释吉凶。现在已少有人如此做了。

四月五日：鹿港人非常重视清明节，甚至有“清明不回厝无祖”的谚语流传。这天除了要扫墓外，较特别的是一定要吃“润饼”(春卷)。在清明前数日，便可见到市场到处都有人在“擦皮”(做润饼皮)，充满过节的气氛。

五月五日：端午节，除了吃粽子、取“午时水”、戴香包和门上插艾草等习俗外，自 1978 年起，每年都会举行龙舟赛，赛前有祭龙山寺龙王尊神的仪式。在端午节前后数日，安排多项民俗活动，是全年中最热闹的节日。

七月十五日：中元普度，祭拜孤魂。昔日鹿港普度长达 33 天，从流传的“普度歌”中可想象盛况。后由于政府提倡节约，规定在中元节当天全镇一起普度，因此规模完全无法和往日相比。

八月十五日：中秋节，除了赏月、吃月饼外，鹿港也有“听香”的习俗。

除了定期的节令祭典，鹿港还有一些不定期的祭典活动，其中最具特色的是“暗访”。

暗访是一种驱鬼镇邪的宗教仪式，在鹿港流传已久。每逢街区内有人横死或灾厄频仍时，为使阴魂邪魅不再作怪，便由主其事的角头庙王爷，联合各庙的七爷、八爷，于深夜巡视境域。沿途家家户户设香案膜拜，门上则贴上神符，并禁止小孩出门窥望。整个仪式充满了神秘的气氛。

鹿港的浓厚宗教气息，除了展现在丰富的岁时祭典活动上外，一般民间“驱邪止煞”观念的普遍应用也很值得了解。其中较有趣亦常见的，是“家宅辟邪物”和街道的“石敢当”。

家宅辟邪物：一般民宅门楣上常会挂着各式各样的兽牌（通常是狮头形）、八卦牌、照妖镜（凹镜）或镇宅平安符，有时还可见到笔、小水瓶和小扫帚等。人们希望能借助这些辟邪物的威力，抵挡邪煞，祈求阖家平安。

街道石敢当：所谓“石敢当”，其实是刻上止煞文字的石碑，也是辟邪物的一种，通常竖立在巷弄、路头较凶煞不利之处，以镇压此域内的厉鬼邪魔。在鹿港至今仍可找到。

鹿港早年由于生活富足，有余裕研读诗书，所以文风鼎盛。尤其在道光四年（1824年）创建的“文开书院”，更成为鹿港文风的摇篮，前后共培育出6位进士，69位举人，是鹿港人一向自豪的。过去，鹿港不但创立许多传统诗社，各领风骚，且民间书房讲学也很普遍，居民“字、墨、算”的水准相当高，今天来到鹿港，细心体会，依然可以感受到这股源远流长的文风气息。走在大街小巷，举目所见的门联，常是居民自撰自写，其中不乏好字好句。踏入民宅人家，也常可见到厅堂中悬挂诗画，流露出书香世家的优雅气质。再如庙中对联、匾额以及壁上的精彩字画，大多为当地民间人士的作品，益发衬显出鹿港文风浸染遍地的民间性和生活性。

南管是传统的南方古乐，于明末清初时传至台湾，以鹿港和台南两地为发展重心。而鹿港因居民富足、文风鼎盛等得天独厚的条件，更成为此项艺术的孕育温床。到鹿港聆赏悠扬清雅的南管乐昔，将会是旅游中的意外惊喜。鹿港南管的盛世在民初，当时五馆并起，互相竞争，水准益升。由于社会转型，

南管乐团在演出

此项古乐也渐趋没落，目前鹿港仅存两个南管社团——聚英社与雅正斋。前者设在龙山寺内，但因团员年事高，已较少聚会练习。而雅正斋仍延续乐脉，每天夜间于老人会演练不辍，并指导后学。

曾经繁华一时的鹿港，生活水准高，对于各种手工艺的要求也比其他地方讲究。鹿港引进泉州的手艺技法，自行生产制作，发展出自己的特色工艺，甚至闻名全台。现在鹿港的手工艺是台湾保留传统技艺较多之处，尤其是带有泉州传统风味，别具一格。在鹿港最热闹的大街中山路，到处可见到各式各样罕见的传统手工艺老店铺，穿插在现代化商店之中。如制扇、神轿、家具、神像雕刻、制锡器、做灯笼、制香等。可以见识到古艺传承与艺师风采。

鹿港茶点全省闻名，地方小吃别具风味。鹿港之旅要加上这两项，才算划上圆满的句点。鹿港的传统茶点，主要是源自大陆泉州师傅的手艺。细香滑口的“糕”类，和酥脆不黏口的“烙”类，是其中两大主流。此外，口酥饼、牛舌饼、麦芽酥及新兴的名点龙睛酥，亦各具特色。佐以好茶，细品茶食，个中好滋味，一试便知。

鹿港的地方小吃，以价廉、味美、料实著称，比起茶食的精致，小吃更显露了鹿港人日常生活的另一面。在摊贩云集的天后宫前广场以及第一市场，各种做法的蚵仔煎小吃、入口即化的面线糊、鲜味十足的生炒五味……种类之多，足令嗜好小吃者鼓腹而归。

今天的鹿港虽已失去当年显赫的经济、军事、交通枢纽地位，但因过去人文荟萃、文风鼎盛，因而保留了相当丰富的历史资产与遗风，是个非常值得深度游览的小镇。如果想深入了解鹿港的魅力，不妨实地探访或体验，相信会得到更多的收获与乐趣。

特色小镇——集集

“集集”是个小镇的名字，位于中部南投县境内，四面环山，面积约有39.49平方公里。这里原是山野荒芜之地，少数民族狩猎杂居之处，至清朝乾隆三十六年（1771年），始有福建移民来此开垦，后迁徙到这里的大陆移民逐日增多，散居于该地的各个角落，且四方商贾云集于此，因此这里初名为“聚集堡”，后改名为“集集”，延续至今。

由于这里的居民祖先多为福建漳州人，因此这里保留了较多福建闽南地区的生活习俗和民间信仰，来到集集镇，多留意以下这些地方。

绿荫蔽天的百年老樟树，形成如梦如幻般的绿色隧道。无论是驱车行驶，还是安步当车，穿行在台岛上极为少见的长长的樟树绿荫道上，享受着百年老樟树伞盖下的悠闲滋味，倾听树叶翻飞的沙沙作响声，享受凉风扑面的清新感觉，这是现代人所能由大自然中撷取到的最佳礼物。

到集集最值得一看的，是建于1927年的铁路集集支线了。与台湾许多铁路支线一样，修建集集支线，也是为了将山里的货物运载出去。集集支线的黄金时期是在1930年前后，那时集集及附近地区的重要产品是漫山遍野的香蕉树，集集支线的主要作用就是将这些多得不能再多的香蕉运出去，当时集集镇因居于铁路中心，成为沿线交通运输中心与农产品集散地而繁荣起来。后来，由于和铁道几乎平行的省道公路通车，公路的便利取代了铁路，集集支线的繁荣不再，所幸集集支线的铁路保留下来，在最近的十几年里，由于旅游观光业的发展，充满怀旧气息的集集支线重新回到人们的视线中，尤其在遭遇了1999年“9·21”大地震后，人们在震毁的车站废墟上，重新用桧木修建一个新的集集车站。集集火车站可算是全省最古老的火车站，除使用的建材为高级桧木外，其小巧玲珑的建筑也别具古意，小小火车站成为许多人前来“探望”的焦点。每到假日，集集车站上满是熙熙攘攘的游客，有时甚至可用“满坑满谷”来形容游客之多。

集集支线横跨彰化、南投两县，沿途风光优美，随着火车摇摆前行，景观也随之改变，给人意想不到的视觉飨宴。前段路程几乎是在苍翠碧绿的田野中行进，右侧是辽阔的浊水溪，在河床旁的台地上种植着西瓜、香蕉、槟榔、浊水溪米等各种作物，依照四时更迭而呈现出不同的农村风光。左侧的山脉由于受到雨水冲刷，形成断壁绝崖的壮丽景观，自有一番开天辟地的气势。中段的路程进入山区，沿途在山林中行进，最美的景致是铁道旁著名的绿色隧道所在，路旁夹峙的是有百年树龄的老樟树，浓荫蔽天、枝叶翻浪，展现出无边的清凉意。后段主要依傍着溪水行进，地势较险要，沿途经过几个隧道，可观青山绿水，景色颇为特殊。

集集镇兼具自然和人文的特质。在台湾昔日被称为“香蕉王国”的年代里，集集生产的以冬蕉为主，产期集中在每年10月至农历春节，丰收季节时，香蕉除了送往果菜市场外，还有一部分加工制成“脱水香蕉”，因口感独具，发展成为集集镇的特产。

除了盛产香蕉，集集镇上还留存有三处遗迹说明先民开发集集筚路蓝缕、以启山林的艰辛，这三处遗迹分别是明新书院、“化及蛮貊”碣与“开辟鸿荒”碣。

明新书院位于集集往水里乡的路上，始建于清光绪八年（1882年），建成于光绪十一年（1885年），兴筑的目的是作为讲学的场所，是当时附近唯一的一座免费学堂，也是清代南投县境内四大书院之一。主祀文昌帝君、制字先师、紫阳夫子等圣贤。目前的书院环境清幽，虽经1971年重修，但仍能维持旧制，是一所砖木结构、燕尾檐脊的宫殿式庙宇，在庙内图书馆里仍保存有古老的书桌、椅子，呈现古色古香的风味，书院内的古井、栩栩如生的水牛、爬满凉亭的藤类与远方碧绿的青山相互辉映。书院供奉着文昌帝君、紫阳夫子

“化及蛮貊”碣

（宋朝之大儒朱熹）的牌位，每年在此举行祭孔仪式。每逢考季将临，各地学子络绎不绝前来祈求考运亨通，也算是这里的一大特色。在书院前的空地上放置一些陶瓮、石磨、蓑衣等农业时代的用具，怀古意味十足。

“化及蛮貊”碣位于洞角巷的香蕉园中，立于清光绪十三年（1887 年），这是当时陈世烈受刘铭传之命负责筑城、抚番等工作，然而筑城虽顺利，抚番却不见成效，直到光绪十二年（1886 年），彰化、南投的番社才告底定，先后归化，而陈世烈亦受命招募民兵开垦集集埔，当时他便亲题“化及蛮貊”碣于集集作为纪念。“开辟鸿荒”碣位于集集大桥下方，亦是由陈世烈题于光绪十三年（1887 年），字体苍劲浑圆，至今依然清晰可见。

集集的大众爷祠亦是一个值得探访的地点，大众爷祠中供奉的是在清同治年间彰化人揭竿反清起义事件中死难者的尸骨，同时定每年农历的八月二十三日为祭祀日，演变到日后成为集集大拜拜的日子，每年这一天，集集笼罩在一片疯狂、沸腾、欢乐的气氛中，除了祭祀之外，还会摆起流水席招待外来客，而阵头、戏班与各式各样的流动摊贩也凑过来增加无限热闹的气息。大众爷祠旁的大樟树树龄已有七百多年，被当地乡民尊称为“樟公”。树高 25 米，树围达 5.6 米，树荫的面积达三百多坪，当地居民深信这是一棵具有神灵的大樟树，常见人们备着香烛来此焚香祝祷。

在集集镇上原有一座奉祀玄天上帝的武昌宫，但在 1999 年“9·21”大地震中被震毁了，原先一座宏伟的二层楼制的庙宇，在遭遇大地震后，整座庙宇直接下陷，竟然仅剩下一片屋顶留在地面上。现在的模样，若不是亲眼看见，实在很难想象就是经历了“9·21”大地震后的武昌宫。传说在事发的当晚，玄天上帝曾托梦给该庙的主持，告诉主持他的金身陷在何处，请主持救他。结果三尊玄天上帝真的在主持梦中所指示的地方被找到，且毫发无伤。更神奇的是，现在这三尊玄天上帝金身的胡子竟会长长，令人感到匪夷所思。为了真实记录“9·21”地震留下的灾害实况，庙方决定就地保存被震毁的“破碎”武昌宫。人们如果想了解地震的威力到底有多大，来看一看武昌宫的现状就可以知其一二了。

车埕旧称为外车埕，于1931年设站，距离水里只有2.8公里，当初为兴建大观发电厂，所有的建材都在此辟地放置，所以才得到外车埕这样的地名。车埕站是集集支线的终点站，素有“最美丽的小站”的雅称，建筑虽然非常简单，但是站内仍保留着早年烧煤火车所用加水、加煤的用具，显得古意盎然。

趣味多多的埔里镇

南投县埔里镇是全省著名的大镇，人称“小洛阳”。它的位置恰好处于全岛地理中心点，四周环绕着几座大山，中间铺展着约有45平方公里的平坦原野，形成一个小盆地。埔里镇就在这个盆地里，因四周环山，还有“山城”的雅号。

埔里人向来以四W而自豪，即天气（Weather）、水（Water）、酒（Wine）和女人（Woman），因埔里镇的气候温和、水质优良，孕育出醇酒和美女。除四W外，埔里也因甘蔗和蝴蝶而扬名。每年春夏云淡风轻之际，美丽的蝴蝶千百成群，飘然飞舞在甘蔗林、松林之间，其数量之巨、种类之多、色彩之艳以及形态之美，蔚为奇观，因此埔里又有“蝴蝶王国”的美誉。

探访埔里镇，可以让人恣意地放松心情，悠闲地去感受小镇的朴实和热情，随意撷取小镇拥有的自然之美和人文之美。

“台湾地理中心碑”位于小镇东北角的虎子山山顶，海拔555米，中心碑为赭色方形柱体，正中树立不锈钢长杆，上端缀以交叉双环，为四条钢筋构成的球体，代表东西南北及经纬度。整座中心碑，从台阶下仰望，翠绿的山影衬托出设计别致的线条，十分漂亮。由于台上的中心立有“山清水秀”碑石一座，所以“台湾地理中心碑”也叫“山清水秀碑”。

沿碑后的石阶拾级而上，大约四百余阶，便可登上台湾地理中心天文原点虎子山顶，这里就是台湾的几何中心点。虎子山顶有许多长年古松，郁郁葱葱，奇丽壮观。登临远眺，既可观赏日出日落的美景，也可鸟瞰埔里镇盆地的风光。

在埔里镇周围的山谷里，分布着几处著名的瀑布，像能高瀑布、梦谷瀑布、观音瀑布、狮头坑瀑布等。观音瀑布因其白色的瀑花和激流在高峻的崖壁上构成形似观音神像的幻影而得名。瀑布分为三层，落差六十余米，瀑布下方有一大水池，可戏水可垂钓，其乐无穷。归途时，鸟语花香加上翩翩起舞的蝴蝶，再顺便尝尝新鲜的野菜，别有一番滋味。能高瀑布汇集了许多山涧激流，自数十米高处冲过崖壁飞泻而下，如天怒神吼，声势浩大，水量丰沛，终年不竭，是台湾著名的十大瀑布之一。狮头坑瀑布与观音瀑布相距不远，各异其趣，极富山水之胜，也是游客云集之处。

到埔里镇游览，有几处古厝不可不看，如望麒麟古宅和潘家古宅。望麒麟原为平埔人，后过继给汉民，因天资聪慧，考上秀才，是台湾平埔人第一位秀才。清光绪年间建造的这座古宅，现依旧十分完整。宅院内，花木扶疏，充满绿意，古朴之风四处可见，目前宅内仍有望麒麟的后代子孙居住，造访时，倘若争得屋主的同意，便可入内仔细欣赏古宅之美。镇上还有一座潘家古宅，无论是建筑风格、年代，都和望麒麟古宅相近，是昔日埔里首富所建，从屋内的建筑摆设，仍可看出往昔的风光，每样古物均保存得很完整，如古床、梳妆台、壁画、古画及宫灯等都具有一定的历史价值。

在埔里镇上有一座建于清朝的“天水婶祠”，也叫“天水夫人庙”或“义女庙”。迄今已有一百多年的历史，该庙记载着早期移民入垦埔里的一段感人的故事。

传说清道光年间，一批来自大陆的商人到埔里镇与当地的泰雅人进行贸易，当时他们约定：将泰雅人的一批货物运到外地销售，数日后将泰雅人需要的物品交换回来给泰雅人。按当地规矩，泰雅人要求扣留人质，这使汉族商人有些为难，但一时又想不出好的办法来，这时，

天水夫人庙

一位刚好跟随丈夫到台湾的妇女主动说："你们男人有力气，留不得……我留下当人质，好让大家都放心……"就这样，这名人称"天水婶"的妇女留在埔里当人质，其他商人便起程运送货物去了。

哪知天有不测风云，约定时间来到时，商人们由于天气的影响没有如约到达，此时泰雅人认为汉民欺骗了他们，非常生气，天水婶一再向他们表明：汉人不会欺骗你们，货物不久一定会到。可这些少数民族越来越不耐烦，最后，天水婶对他们说："我们汉人是守信用的，我愿用我的生命来担保！不信你们就杀了我吧！"哪知真的有人将刀举起来，砍向了天水婶。

令少数民族没有想到的是，天水婶的人头刚刚落地，就有人来报，汉人的货物运到了。这对少数民族的震动非常大，他们懊悔不已，也改变了对汉族商人的看法，此后的贸易中再也不用人质了。天水婶的行为感动了许多人，埔里一带的乡民崇敬她，特地建庙奉祀。庙虽不大，但信众颇多，每到祭奠之日，香客如流，络绎不绝。天水婶的故事和精神也流传至今。

从"天水夫人庙"出来，会在不远的地方看见一株高大的树木——茄冬大树公。这棵大树，树干壮硕，树冠如冠，胸高 17 米，直径 3.92 米，据说要 9 个人合抱才能将树围住。这棵大树公距今已有 1200 多年的树龄，是台湾少数的老树之一，随之而起的是一个聚落的形成以及大树底下土地公庙的建成。由于民间信仰的缘由，这棵大树公被完整地保留到今天。

埔里酒厂也成为人们游埔里的又一个选择，埔里地区由于天候良好，水质甘美，所酿制的绍兴酒等为特佳，香气浓郁醇厚，为人称道。埔里酒厂依托素有"天下第一名泉"雅号的爱兰山泉，在传统中创造新意，研发出一系列绍兴养生产品，如"绍兴冰棒""绍兴米糕""绍兴卤味"等，风味独特，受到好评，尤其"爱兰白酒"更是酒厂开发的新品种，因风味绝佳一经上市即被抢购一空。吸引大家眼球的还有埔里酒厂仿罗马式的建筑，使人们来到这里，不仅能看到古色的建筑和制酒的流程，还能品尝和

埔里酒厂

品味醇厚的酒香，更能在离开时带上一些上好的绍兴酒送给亲朋好友，所以，埔里酒厂一直是人们到埔里的必访之地。

埔里镇的传统手工造纸是又一处吸引人的地方。埔里的纸厂秉持并延续着中华传统文化的精神，不光不断研发各种新的手工艺纸，为传统的产业注入新的生命力，而且还成立了“蔡伦造纸教室”，让来往参观的游客能够亲自动手制作纸浆、亲历造纸的全部过程，还可以在师傅的指导下进行制作水墨画、拓碑及印刷等工艺，新鲜有趣。埔里的纸厂将传统的产业包装成观光产业，让更多的人有机会接触到传统文物的制作过程以及了解其历史沿革史，深具教育意义，让人们在观光休闲中得到新的收获。

埔里镇上有一座“龙南天然漆文物馆”，此处为台湾唯一的天然漆文物馆。漆树原产祖国大陆，漆液取自天然的漆树。由于漆液具有耐酸、碱、防潮等特性，长久以来都被用以保护用具，千年不坏。台湾同胞将漆树引入台湾种植后，漆也广泛用于人们的生活当中。但由于玻璃、陶瓷等其他生活用品大量介入人们的生活，漆器的使用范围也日渐缩小，埔里人沿袭了中国传统文化，从种植漆树开始，到采集漆液制造精漆，均用心实践并展示给大众，为保持并延续中国古老的传统漆艺做出了努力。这里收藏了许多古老的制漆工具以及制作的漆画和漆艺制品，还是目前少数仍在进行天然漆器制作的地方，馆内还向游客提供亲手绘制漆画的机会，深得游客的喜爱。

埔里盆地离海较远又四面环山，很少受到自然灾害，冬暖夏凉，雨量适中，是全省气候最好的地区之一。在埔里一带还有大约一百二十种蝴蝶，几乎占到台湾全省蝴蝶种类的一半，年产蝴蝶一千五百万只，约占全省产量的一半左右，在埔里，还能发现一些世界上罕见的蝴蝶珍贵品种，如阔尾凤蝶等，因此，埔里也成为蝴蝶爱好者的“乐园”。被誉为“蝴蝶王国”（指台湾岛上多蝴蝶）中的“蝴蝶王国”。在镇上有二十多家蝴蝶标本厂、蝴蝶画厂，不仅是驰名中外的蝴蝶标本产地，还是震惊全世界的新工艺“蝴蝶画”的首创地。利用蝴蝶创作的各种工艺画，得到了许多人的钟爱和赞誉。

埔里，一个至今保持着古朴气息的小镇，带给人们许多的惊奇和快乐！

雕刻艺术之乡——三义

三义，被称为“台湾雕刻的艺术之乡”。一百多年来，这座位于苗栗山谷中长方形的小盆地，不断散发出浓郁的木香。

三义的面积仅有6.394平方公里，居民中70%是客家籍。因群山环绕，山多田少，丘陵起伏，全乡遍植茶树及樟树，每年1～3月多浓雾，气候温和凉爽。三义的乡民没有被穷乡僻野所困扰，他们这群纯朴而保守的人们，在雕刻技艺方面，展现了他们的才华，创造了辉煌的奇迹。使三义成为台湾雕刻的艺术之乡。在父传子、子传孙的木刻生涯中，长年的精工细琢，使朽木变成了神奇，使艺术升华于生活的领域。

三义应说是台湾雕刻业的鼻祖，屈指算来也有100年的历史。话说1901年，日本侵占台湾后，有个日本人由于个子太矮，不能当兵，被征调为马夫。他来台后就住在三义。三义附近盛产樟树，有许多居民经营樟脑油的生意，当然提炼樟脑油也是当时盛行的行业。由于樟木会发出一种奇特的香味，可以防止蛀虫。这个懂得雕刻艺术的日本人灵机一动，雇人开采来制作屏风、茶盘等木刻品，发现销路不错。于是，他在三义招募学徒、师傅，开始扩大生产木刻工艺品销售日本。三四十年间，整个三义地区培养了不少木刻的师傅，有人弃农从艺，有商业头脑的人，自己经营起雕刻行，使三义成了艺术之乡。第二次世界大战后，日军撤离台湾，一名商人接下日本人的商社，改名“百吉行”，继续营业，打开了知名度，产品外销东南亚和欧美，终于为三义的雕刻业打下了基础。

走过三义的街头，道路两旁艺品林立，木材的芳香扑鼻而来，笑面迎人的弥勒佛和展翅欲飞的老鹰被放置在艺品店的门口，有些大型枝丫盘错尚未雕琢的树根或腐朽不堪的木头，被放置在杂草丛生的空地，两种风貌造成了强烈的对比。

街边活泼可爱的木雕造型

雕刻品要具有纯真天然美，雕刻匠师们在制作过程中，就要花相当的时间。当木料运到后，必须先让它干燥，把木头放在室外，任凭风吹日晒，直到水分蒸发完，才进行雕刻。有些樟树头买来后依木头形象，先决定要雕刻的产品形象，再把多余的地方涂上硫酸药水，让不用的地方腐蚀，十多天后，再夹以稻草埋入土中，让白蚁蛀食成自然的花纹，如要让花纹优美，还得选择白蚁牙齿较锋利的时期让它蛀蚀，三个月后再从土中取出，放入贮材池中冲淡药味，如此再过十五天才取出自然干燥，而后开始雕刻。

走进三义，就仿佛走进木雕的世界。整条街道上，大大小小的木雕商店一家挨着一家，望不到尽头。各种各样的木雕艺术品琳琅满目，让人目不暇接。三义木雕以上等紫檀、红木、樟木为原材料，做工精细考究，题材十分广泛，既有人物，也有动物，还有一些生活日常用具。各种雕刻流派在这里汇集，衍生出风格迥异的艺术品。这里有秉承秦汉浑厚雄健、朴实厚重风格的关帝、达摩，有体现盛唐丰腴华丽、稳重慈祥、和谐优雅风韵的观音、仕女，有代表明清世俗化审美情趣、精致剔透的首饰盒、梳妆台，还有受西方艺术风潮影响、彰显雕刻家个性的各种根雕或抽象化、概念化的作品。在三义有一家木雕博物馆，仅门口的两只由巨大红桧树根雕刻的大象，已让游人叹为观止。

在三义木雕艺术品中，以关公像为最多，各种大小、各种造型的关公像应有尽有。人们的心目中，关羽生前是一个忠勇神武、义气千秋的英雄好汉；死后亦是一位镇静方隅，肃清中外，降妖伏魔的威神。唯有敬奉关公，才能够逢凶化吉，遇难呈祥，保一家安康，四季升平。商家更是敬奉关公为财神。因此，在台湾无论是大小公司，还是平民老百姓家中，大都供奉关公像。这就不难解释三义为什么关公像最多了。

木雕街是喜欢木雕的游客不可错过的一个观光点。三义有新旧两条木雕街，旧街叫作水美街，街道两旁汇集有两百多家经营雕刻品的商店，木雕品琳琅满目、木香扑鼻，淡雅的气息和着叮叮咚咚的敲击声，像在提醒游客，此百年传承的行业仍兢兢业业地延续着。也有许多客家美食、客家菜餐厅集中于此。这里有85%的住家以雕刻为生，街边处处可见放置在店旁奇形怪状的原木，除樟木外，还有榉、桧和杉木，以及檀香木、九骨木等。这里展示的木雕品林林总总，从佛像、花草、鸟兽到桌椅、壁饰、屏风等，应有尽有，小的有如针微，大的达几十人高。依每块木料的材质及工简工繁的程度对雕刻品定价，满足各层次游客的喜好与需求。艺品雕成后，经过无数次琢磨擦亮，再漆上一道道发亮的油漆，使得每件雕刻品都光彩照人。

当地师傅善于“因材施雕”，常利用巨木原型雕成生动自然的作品，有栩栩如生的鸟兽和佛像等。许多难以利用的奇根怪枝，经过师傅的巧手，往往能化腐朽为神奇，赋予它们新的生命。即使只是刻一个简单的鹰翅，都要动用几十种不同的雕刻刀，来应付不同的曲线、深浅及花纹的需要。那些经验丰富的师傅，下刀之前总是经过深思熟虑，绝不马虎，正因如此，才使三义雕刻远近驰名。

琳琅满目的雕刻作品

依照树干的形状做雕刻，对一位雕刻师而言是最具挑战性的工作。一位有二十余年雕刻经验的艺匠说，若以木头雕一只老虎，如果在老虎额下凸出一块树干，雕刻师就将这块突出的树干刻成老虎怒目龇牙而伸出的爪。如果老虎头上突出一大块朽木，师傅可以雕一只张爪欲扑的老鹰，直追老虎，使人联想到下一步将是一场惊险的“鹰虎斗”呢！

并不是每一块木头都需雕刻，有一位匠师曾购买了一块千年荔枝树根，老根纠结盘错成七尺见方，他花了八个月的时间清理泥土和小石头，然后打上亮光漆就算完工了。原始自然的美，有时不必动用雕刻刀去破坏它的纯真，而留其拙朴和自然本色让人们去细细品味。

位于木雕新街上的木雕博物馆，是台湾第一座具有地方特色的博物馆，也是三义乡民的精神象征，木雕博物馆共分三层，占地约五千平方米，隶属于苗栗县文化中心，建馆目的是为展示具悠久历史的三义木雕精品，以及台湾木雕品的收集、保存、典藏、展示、研究和推广等，希望借此提升三义木雕艺术的水准及更大力度地推广三义木雕艺术。馆中收藏有许多登峰造极的作品，六角型的展示空间，将木雕艺术沿革、传统建筑与家具、民间宗教木雕、少数民族木雕及台湾现代木雕创作艺术品五大主题，以图片和文字配合实物开放的形式呈现，让心灵的点滴感动都通过木头及雕刻刀的细细刻画表达出来，其中包括多位著名老艺师的经典之作。每年的“台湾地区木雕艺术创作比赛”的获选作品也都会在这里展出。

精工细琢，朽木变神奇；沉醉艺术，追求更完美。这就是三义——雕刻艺术的气息一直弥漫在这座小小的山城中。

“客家原乡”美浓镇

山城美浓镇（今美浓区）位于高雄市东北边，东、西、北三面环山，青翠的山色，绿茸茸的稻田，将天空映照得洁净清朗。远处山峦缥缈，薄雾氤氲，周边一片宁静秀美，美浓溪缓缓流过，一片好山好水孕育了美浓丰富的生态与人文。

美浓是个弥漫着浓厚客家风情的客家乡镇，居民90%是客家人，是台湾人心目中的“客家文化原乡”。美浓的客家文化以保存完整而著称，从衣饰、屋宅到音乐、美食等，无不充满着浓郁的客家韵味，是一个极富地方族群特色的乡镇。在许多地方特色正在逐渐消失其原有的生存价值和脉络的今天，美浓镇所体现的正是现代人为之心仪的地方。

跨入美浓镇，一股浓厚的乡土气息扑面而来。传统而质朴的三合院、纯朴古意的风光景致，叫人自然而然也有几分怀古。寻访客家风情，不妨着重留意以下几个方面：

“伙房”是美浓客家传统的建筑形态，其房屋大多以“三合院”或“四合院”为主，这样的建筑史已有三千多年的历史渊源。“伙房”以祖堂为中心，祖堂里供奉着祖宗牌位，神龛下方祭拜着“土地公”，祖堂两侧都有对联，左侧记载着祖先的功绩，右侧则记载着这个家族的迁徙历史，门前有堂号对联，祖堂前方有天井或宽阔的前埕，它与闽南的三合院建筑最大的区别就在于：后者三合院的祖堂和各厢房是互通的，但客家的伙房则各自独立，客家人相当重视家族观念，兄弟大都不愿分家，当家庭人口增加时，依传统建筑理论，在左右两侧或在前堂后面按照辈分高低往外延伸，整体架构就如同“Π”字型的形态，看似简单，却有着中华民族古老传统的风水概念和深远的人伦理念。“伙房”是美浓人家族的基本单位，“伙”指因各种社会关系而相聚的一群人，即“一伙人”，“房”则是父系家族血脉与财产继承的基本单位。美浓的“伙房”可能是三合院或四合院，大小不等，建筑也各有特色，但“祖堂”是必有的空间，作为凝聚家族成员的祭祖之用。

随着近些年来社会的快速发展，传统的“伙房”也面临着改建成现代建筑的状况，好在至少现在，美浓镇的“伙房”仍有不少保留着过去的建筑形态。

过去，烟草曾是美浓最重要的经济来源。美浓的烟叶产量占全台的四分之一，有“烟城”之称，烟叶的收入往往是一般家庭子女教育经费的重要来源之一。每年 12 月至翌年 3 月，乡间各处的烟楼中不断地飘出淡淡轻烟，蔚为美浓的特殊景观。那时，镇上处处可见烟田和烤制烟叶的烟楼，据说，在烟业兴盛时，用泥砖砌成的烟楼多达两千间。近年来烟田被稻田取代，一座座的烟楼也日见颓圮成了废墟。走在大街小巷里，不时地可以看见一幢幢废弃的、门墙斑驳的烟楼，寂寞地矗立在路旁。近年来，不少新一代美浓人，将废弃的烟楼重新整理，改造成为古朴新奇的烟楼陶艺馆，除了有陶艺品的陈列室外，还可以参观烟叶在烟室被烤制的过程。老旧的烟楼将重新焕发新的光彩！

美浓一向以“文化乡镇”闻名，文风鼎盛。有“全台湾博士、硕士人数最多的乡镇”之誉。美浓人不但崇尚文风，还特别敬文重字，在日常生活中对纸、字敬重有加，镇内目前仍有“敬字亭”。其中位于美浓下庄的敬字亭，建于乾隆三十年（1765 年）并于嘉庆和光绪年间重修，敬字亭以清水砖砌成，六角形三层式的格局造型古朴，亭前另设有造字先师仓颉的香位，极具历史渊源。如今已被高雄市列为三级古迹。走在美浓镇，一片清静幽雅，街头巷尾干干净净，几乎找不到字纸垃圾。

传统的美浓油纸伞

美浓镇有闻名海内外的美浓油纸伞。饶富人文特色的油纸伞工艺，是战后从广东潮州传入的，美浓油纸伞具有材质轻巧，坚固实用的特性，从取材、制作到作画，都是纯手工的精品。这是一门匠心独运的艺术，已成为美浓的象征之一。

美浓油纸伞是客家习俗中的吉祥物，含义非常丰富。其一，客家话中的“纸”和“子”同音，所以在以往的婚嫁习俗中，用两把伞做嫁妆，意寓“早生贵子”的意思；其二，在台湾广泛应用的繁体字中，“伞”的字型内有五个“人”字，含有多子多孙的意思；其三，纸伞打开呈圆形，象征“圆满”的意义。加上纸伞制作精致，许多人慕名前来购买。

在传统技艺逐渐失传的今天，手工制作的美浓油纸伞，尤其显得珍贵。纸伞上的山水画惟妙惟肖，人物画得栩栩如生，花鸟虫草五彩缤纷，真所谓手绘精致，画笔传神，诗情画意。过去，美浓油纸伞作为乡民挡风遮雨之用，随着时间演变，美浓油纸伞已脱离原来实用的价值，直接带动了美浓油纸伞走向另一个春天。

东门楼为美浓镇最具历史价值的古迹之一。为目前“无城墙聚落中最大的城门楼”，它楼高 3.5 丈、周宽 151 丈。东门楼原建于乾隆二十年。对崇尚知识、对教育非常注重的客家人来说，希望自己的子孙后代能文人辈出，于是，就在四座栅门中的东栅门兴建内楼，使得门楼能与屏东南大武山的“文笔峰”相望，其用意是期望子孙能够金榜题名。目前的东门楼是在 1950 年重建的。

提到美浓，不能不说起陶艺。陶艺堪称为美浓产业的后起之秀。陶艺人士经过长期的摸索学习，将自行制作的各种釉药，试用在各种不同性质的陶土上，烧出许多极具特色的陶瓷艺品，赢得了“北莺歌、南美浓”及“陶艺之乡”等美誉。

客家料理更是美浓的一大特色，其特点在于咸、香、肥，其中既有卤猪脚、冬瓜封、梅干扣肉、丝大肠、美浓粄条等名菜，还有野莲、福菜、尖办花等美浓野蔬特产，提起这些料理总是让人食欲大增、垂涎三尺。

因此，有人将油纸伞、陶艺及客家料理说成是“美浓之宝”。

美浓的美，胜在有山水。美浓镇著名的旅游景点还有“中圳埤”，又称“弥浓湖”“美浓湖”，位于美浓东北方子寮溪与大坑溪的汇流处，水质清澈，

令人心醉的“中正湖”

是个可蓄水灌溉兼养鱼之用的人工湖，为高雄第二大湖。湖的西北背山，三面环田，湖光山色，风景优美，也是冬季候鸟栖息的好所在。蒋介石曾多次来到美浓，并驻足湖前若有所思，良久不归，1956年此湖改称为“中正湖”，湖中建一凉亭亦称“中正亭”，为游湖赏景的最佳据点。

在美浓湖东北方有一座美浓客家文物馆，馆内展示美浓文物、客家民俗技艺及传统客家特色文物，包括客家烟楼建筑模式，以及美浓人勤俭持家、务农为生的奋斗历程。

清乾隆元年（1736年），郑成功部下率各氏族四十余人来到美浓开垦，并在灵山脚下建立“开基伯公坛”（伯公即土地公），成为客家人开发美浓的缘起。美浓的好山好水，从此传承孕育丰富的客家文化，一直延续到现在已有两百七十多年了。如今，美浓以保存最完整的客家文化而闻名全台，也因为其客家文化的特色，成为南台湾客家文化重镇而享誉中外。

古味犹存的恒春镇

恒春过去叫“琅峤”，在排湾语中是“兰花”的意思，可见它还是个兰花之乡。虽然自然景观丰富，却因地处偏远，长久以来被视为化外之地，无论在荷兰人殖民或清廷统治期间，都只任凭当地居民自理自治。

清同治十年（1871 年），琉球居民船只在琅峤附近遭遇海难，部分成员上岸后因语言不通，被当地排湾人误以为是海盗而遭杀害，日本以此为借口，于同治十三年（1874 年）挑起了“牡丹社事件”。恒春当地排湾人在顽强抵抗后，因寡不敌众受到杀戮。美、日两国却向清政府施加压力，强迫清廷签订道歉、赔款、屈从的协定。清政府这才警觉到东南海防的重要性及外力威胁的严重，为加强海防，清廷命钦差沈葆桢提兵过海来台，筹办海防事宜。沈葆桢在巡视了鹅銮鼻至恒春后，奏请清廷在台湾最南端的琅峤设县筑城，一来可加强海防，二则趁机加强对当地少数民族及汉族移民的管理。沈葆桢因此地较内地温暖，四季如春而改地名为“恒春”。

恒春镇于光绪元年（1875 年）正式建城，周围总长为 880 丈，墙基厚 2 丈，深入地下 3 尺 5 寸，分东、西、南、北四座城门，城门上设有炮台，城墙外有城壕围绕，整体结构完全基于军事防御的考虑，与台湾其他城池有所不同。

恒春城建筑结构的设计，虽然主要是从军事防御方面的考虑来进行的，但自古城建成后至今，有关古城风水方面的传说始终不绝。许多事实也证明了“风水”的因素是影响恒春城设计的主要原因。如自古就一直备受争议的“西门为什么朝北”话题，就始终流传着各种传说，但从来就没有离开过风水的干系。还有一个关于“风水”的重地，便是号称龙脉所在的“猴洞山”。位于恒春城西门内的猴洞山，旧称獇山，整座山高有百余尺，周围百余丈，通山都是由石头构成。山上有两座水池，远观状似飞鸟展翅，十分好看。光绪年间于此设立“澄心亭”“听雨山房”“瀛台仙馆”等，常有文人墨客在此一边把酒吟诗，一边眺望鹅銮鼻、猫鼻头及城外的风光。

猴洞山

站在猴洞山上最高点，可以揣摩当年恒春城的风水之说，感觉“龙脉”的气势。先找到北门，同时远处的三台山立刻也跳入眼帘，如此这般，依序一一对出各城门及其各自所依靠的山头——县城四灵：北门外是三台山，西门对的是虎头山，而龙銮山则朝着南门，东门的背后靠山正是大平顶山。这四座山刚好可作为传说中保护县城的四灵：左青龙（龙銮山）、右白虎（虎头山）、前朱雀（大平顶山，旧称西屏山）、后玄武（三台山）。

恒春城建城之初，曾请来善于堪舆、当时的高级文官刘璈，仔细推敲了城址以及门的方向，现在，站在猴洞山就可以看到当年刘璈目光所及的光景：恒春半岛位于中央山脉尾端，山势层层跌落，在三台山前而豁然开朗收成平台，左右的龙銮山、虎头山则俨然护卫的架势，远远的大平顶山一字排开，这四面地形正符合了所谓“藏风聚气”的风水之说。若说还有瑕疵，那应该就是城西北方略有间隙，但稍远一点的龟山应可作为弥补。

龙脉居高临下：“四灵”勘定后，恒春城将猴洞山围进城的西方，以作为城的龙脉正穴。这是因为风水上所谓的正穴并非指城市的几何中心，

保护起来的古城墙

往往在取其居高临下能够控制全城的优势，还可以防范水患，猴洞山正好吻合上述条件，自然成为县治所在。

恒春城在建筑时，由于台湾境内当时不产巨杉、陶瓦，因此筑城的材料都得从大陆转运而来，可见工程之浩大。自建城以来，恒春城饱受岁月、天灾（台风、地震）、人祸（居民取城垛砖块修护民房）等摧残，样貌与规模都不复从前。尽管外表业已斑驳苍老，但恒春城古迹的城门、城墙仍不失其雄伟及可看性，除此之外，当年建城的风水、龙脉，昔日的古城中心、城内设施，甚至现存的旧市场、老聚落，都值得细细欣赏。

进入恒春镇，境内的商家、公寓交杂，一副台湾典型的乡镇市容。当年的旧貌许多只能通过追忆来寻找了。

城内街道系统呈现双丁字形，居民多聚集在西门、南门附近，北门则设练兵营，少有住民，东门是前往东海岸的必经之途。

文庙位于猴洞山顶，原名澄心亭，后改称文庙，庙内供奉至圣先师孔子，以及文、武二帝的神像，护佑境内文教昌明，今已不存。曾经的同善公所，大约等同于现在的救济院，专门收容老人和孤儿，后来改为猴洞书院，今天也不存在了。天后宫供奉的是海上保护神妈祖，祈求巩固海陲。现今虽经改建，却仍伫立在原址。风神庙内除了供奉风神，兼供雨神，以期风调雨顺。位于东门城内，今已不存。现今西门的广宁宫，寺庙倚着猴洞山岩壁而建，庙内除了供奉三山国王之外，还有城南城隍庙拆后移奉于此的城隍神。

现在的中山路一带是恒春的旧聚落，拥有许多恒春传统的生活文化，如旧市场附近随处可见的槟榔店、恒春小吃等。来到这里，除欣赏古城遗迹之外，不妨也放慢脚步，至附近的老街溜达，看看闻名的槟榔文化，品尝传统小吃，甚至到广宁宫、天后宫等古庙巡礼一番，体会一下悠闲小镇的风光。

槟榔和恒春人的生活自古便密不可分，被视为恒春半岛的文化之一。这里的槟榔摊上，看到的是大篓大篓俗称“青仔”的新鲜槟榔，以及经过曝晒成干的“干仔”槟榔干，还有一叠叠荖叶和石灰泥，纯朴的风情大大不同于其他地区的槟榔摊，令人驻足流连。

建于清光绪元年，与恒春城同年破土动工的广宁寺，因庙的后方傍着珊瑚礁岩建筑，十分独特，在爬满树根的岩壁右方，只见雕刻着四个斗大的字“威震台扬”，近处另有刻写“恒春八景”的诗句，优美地介绍着旧恒春一带的景点。

恒春古城中目前四个城门依旧伫立原地，还留有部分城墙可以攀登。除了历史意义之外，技巧上运用中国最古老的工法，为现今建筑学提供了珍贵的研究参考，同时更保留了台湾清末县城的典范，有助于了解当时设县筑城的文化特色。

恒春城外的“地出火”奇观

如今，古恒春城海拔二十米，城墙多以砖石、灰土砌成，高六米、宽约两米，城周约三公里，有东、南、西、北四个城门，城门上各有气势恢宏的城楼与炮台各一座。原来的四座城楼构造和大小尺寸相仿，因早已倾颓，只能凭着旧照片推测原貌进行修复。由于年代久远，又经战乱，城门已多次毁损。曾经过全面整修的东门和南门，新建城楼部分构材略有脱榫。东城门的大石板地和红墙砖瓦具有浓郁的古朴风味，厚厚的城墙给人一种庇护感，古意盎然，城外仍可见昔日的壕沟。东门是旧迹保存最完整的城门，往满州、佳乐水必出此门。南门是纵贯公路必经之路，可通往鹅銮鼻，此门是恒春古城四个城门中变化最多的一处，如今除了保留拱形城门及周围砖砌城墙外，其余全部重修，成为今古夹杂的建筑物。西门可通往车城，位于旧街道中山路的尽头，墙壁上布满青苔、野草，跨进城门，沿着窄小弯曲的旧街道，两旁低矮的民房紧挨，显露出百年古城质朴原貌。

北门的红砖拱门及楼板也保持其原来面貌，公路由城门穿过，四周是空旷的军营区。

这四个城门不仅是恒春古城对外的交通要塞，也是台湾唯一保存最完整的城门古迹，虽屡经整修，古朴风味犹存，是恒春最具代表性的建筑。

史苑漫话

Story of Sweets Exhibition
12.1.2012 ~ 4.7.2013
參觀方向
剝皮寮
歷史街區全區示意圖
開放時間
康定路173巷
9:00 - 21:00（週一休館）
西側歷史街區（包含洗手間）
9:00 - 18:00（週一休館）
艋舺電影場景保留展示
9:00 - 18:00（週一休館）
東側鄉土教育中心（包含洗手間）
9:00 - 17:00（週一、國定假日休館）
西側歷史街區
TAIPEI

凡居住于此员舆上之民族，苟能不安塞野，黾勉前进，均必能在文化上有所贡献，以遗传后世，以沾溉人类。惟因时地不同，环境差殊，故每民族所创造之文化均必押有其环境之印记，于大同之文化体中有特异焉……

徐炳昶：《台湾通史序》

藏有中华瑰宝的台北“故宫博物院”

台北市的东北方向，士林群山连绵起伏，清澈的双溪曲折回转于山岩之间，幽雅的小瀑布时见于溪谷之中。这里遍植茂林修竹，环境优美。在清幽僻静之处，一座陡峭的小山之下，坐落着依山而建的台北“故宫博物院”。

台北“故宫博物院”是一座仿北京故宫博物院样式的中国传统宫殿式建筑，碧瓦黄墙，巍峨壮观，院前的广场筑有牌坊崇阶，古雅清穆，占地达16万平方米。博物院落成于1965年，1966年正式启用，曾为纪念孙中山诞辰100周年而命名为“中山博物院”。主体建筑平面呈梅花形，由五个大厅组成，馆内配备了世界一流的现代化装置——全电脑自动控制系统，无论任何地方出现潮、火、盗、腐等不安全因素，装置在各个角落的监控器就能及时直接地将信息传到中央控制室，同时警报也即刻响起。

台北“故宫博物院”收藏着25万件以上的珍贵文物，10万件以上的珍贵古卷以及14万册以上的珍贵图书和历史档案，据2011年底统计馆藏文物总数已接近70万件。中国历代文物重器，其精品几乎尽在于此，为世界级的重要收藏之一。

馆内三楼以展示青铜器为主，像馆藏之宝西周晚期的“毛公鼎”及著名的“散氏盘”、兼具铭文历史价值和器形之美的“宗周钟”、外形相当特殊，王莽称帝时期的度量衡器“新莽嘉量”等，均能在此一饱眼福。二楼是陈列陶瓷和书画的地方，其中陶瓷的收藏自五千多年前的旧石器时代的彩陶、秦汉时期

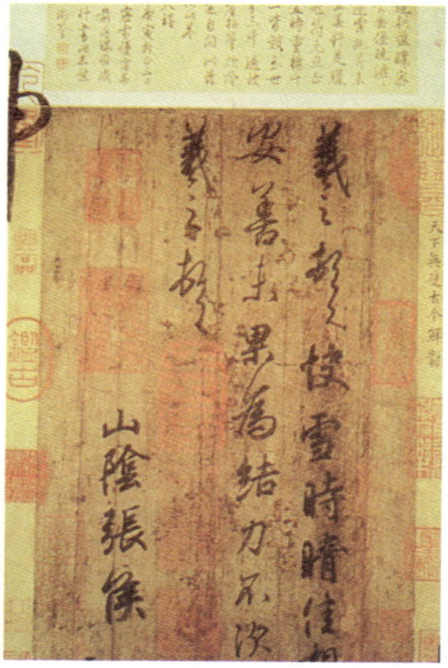

左上：馆藏“毛公鼎”
左下：馆藏“汝舀碗”
右：馆藏王羲之的“快雪时晴帖”

的绿釉陶器、宋朝的单色釉高温瓷、元朝后的青华和彩瓷等，中华陶瓷器皿发展的脉络清晰可见。像唐白釉龙耳陶瓶，宋汝窑莲花碗、明宣德窑青花描红云龙盖碗等，均为稀世珍宝。在这些珍宝中，宋、明、清名家名窑的亲制品、官窑制御用艺瓷等，尤为抢眼。如仔细观看“汝窑莲花碗”“汝窑水仙盆”“汝窑青纸槌瓶”等，那温润的天青色釉，后人一再模仿，但就是烧不出那蔼蔼内含光。全世界传世的汝窑品目前仅五十件左右，在这里就占了二十余件。书画中尽有历代大书法家和书画家的真迹代表作，像王羲之的《快雪时晴帖》、怀素的《自叙帖》、颜真卿的《祭姪文稿》、郭熙的《早春图》、李唐的《万壑松风》、范宽的《溪山行旅》等大量的国宝级文物。三楼是陈列玉器、雕刻的地方，像著名的“猪形肉石”、“翠玉白菜”、“黄玉三连刻”、北齐的“送子观音石刻”、清代的“三镶玉如意”、“多宝格”等不胜枚举，件件都是无价之宝。还有，在超过二十四万册（卷、件）的图书、档案、文献中，有全国仅存四部《四库全书》中完整的一部，有敦煌写经一百多卷，有明、清两朝编撰的一千五百多种方志，还有宋、明时期的善本、抄本等。据统计，中国商代甲骨的收藏共有五万多片，而在台北“故宫博物院”中就有两千五百多片。在这里，人们看到了具有五千多年历史的泱泱大国灿烂的文明和智慧。说起台北“故宫博物院”的收藏丰富，若把全部文物按现在的陈列场地展出（还不包括古卷籍），每三个月轮展一次，也要三十三年才能把馆藏文物展览一遍。所以，这里的馆藏价值也根本无法估算。

建馆三十多年来，台北“故宫博物院”的建筑规模不断扩大，从单一馆舍到扩充两翼，乃至现在左侧绵延而出，历经四次扩建演变成现在的建筑群。据悉，为满足不断增长的观览需求，近年又有了第五次扩建的规划意向。

气势恢宏的台北“故宫博物院”

出台北“故宫博物院”向左不远，便来到一座仿明宋时代建筑风格的庭园——至善园。至善园占地2.3公顷，分别有洗笔池、松风阁、兰亭、流觞曲水、笼鹅、碧桥水榭、招鹤、柳岸听莺等景致，将中国江南的园林之美展现得淋漓尽致，是人们欣赏完中国古文化瑰宝之后静思沉淀的好地方。

台北“国父纪念馆”

台北“国父纪念馆”是为纪念我国民主革命的伟大先行者孙中山先生百年诞辰而兴建的。在台北市，无论是久居的市民，还是过路的游客，都一定要到“国父纪念馆”去瞻仰游览一番。

“国父纪念馆”及其四周24小时开放的中山公园，总面积115500平方米，坐落在光复南路、仁爱路和基隆路交接地带，共有三个门出入，正门在仁爱路四段505号，西门在光复南路，东门在逸仙路。

这座堪称雄伟的建筑开工于1968年3月12日，竣工于1972年5月16日，于1972年6月16日正式落成开馆。这是一座壮观的中国宫殿式宏伟建筑，呈正四边形，四周有各长达100米的阶陛，其上为圆柱长廊。纪念馆高30.4米，由48根高达12米的圆柱和正面4根高20米的巨柱，撑起了宫殿式黄琉璃瓦顶盖，屋顶是古代王帽式，彰显出庄严朴素的气质。四角屋脊和正门特别加高的前檐均作弧形上翘，凌空欲飞，使整座巨构在庄严肃穆中又透出一股流动飞升的刚劲气势，更显巍峨壮美、端庄凝重。

“国父纪念馆”用地约4万平方米，占了中山公园总面积四分之一强，实际建筑面积达82500多平方米，是全台罕有的宏大建筑物。

纪念馆正面大门高敞轩宏，自屋顶至地为巨幅玻璃幕墙。入门是长方形的大纪念厅，铺着水磨大理石地面，正中巨大的石台上安置着孙中山先生坐姿铜像，铜像高5.8米，台座高3.1米，共高8.9米，纯铜铸塑，重16.7吨。铜像前，四根朱红巨柱擎立，下铺朱红地毡，链栏围护，非常庄严。

四面环绕“国文纪念馆”的中山公园里，绿草如茵，垂柳摇曳，碧波不兴的湖面上倒映着“国父纪念馆”的身影，就连远处的101大楼也看到了川流不息的人们不断走向“国父纪念馆”。

纪念馆外如织的游人

醇郁茶香飘四海

在台北一个叫坪林的地方，有座依山而建的典雅建筑，在它楼前的墙壁上，几个醒目的大字吸引着人们的目光——“林坪茶叶博物馆”。据说这是世界上最大且独具特色的茶叶博物馆，在这里详尽地向人们展示了茶叶是如何引入台湾，并在台湾蓬勃发展，而后行销海外，闻名于世的。

台湾岛上原本没有茶叶，清嘉庆年间，福建人柯朝将武夷的茶苗带到台湾，在台北新店试种，与福建一水之隔的台湾的气候条件和土壤性质非常接近武夷山区，所以试种的茶苗发育良好。一时间，周围农户竞相效尤，大量的山坡旱田被改成茶园，仅数十年间，种茶的风气便扩展至今天的台北、桃园、新竹、苗栗等地，上述地区也成为台湾的主要产茶地区。

台湾最初的茶叶销往福州、厦门等地，最早的茶厂建于1867年，设在台北。1881年有同安县茶商吴福元带茶工到台北设立茶厂（首建制造包种茶加工厂），名“源陆号”。不久，又有安溪茶商王安定、张元魁到台湾设立“建成”号，经营茶叶。1885年刘铭传到台湾任巡抚，大力扶植茶叶生产，帮助成立茶商行会，奖励出口。同治年间，有个英国商人到台湾采购樟脑，发现并看准台湾茶叶具有外销的潜力，于是大胆投资，鼓励茶农增产，又从福建安溪引进良种茶苗，至同治五年，英国商人便将18万磅的茶叶销往澳门。同治十年，又打起“台湾茶”的招牌，将1万斤茶叶直接销往美国，大受欢迎。从此，“台湾茶”完全摆脱“武夷茶”的旧形象，以“台湾特产乌龙茶”的姿态进入国际市场。

早期的制茶坊

各国商人接踵而至。到1891年，台湾茶叶出口8万多公斤，居台湾对外贸易的首位。台湾茶外销遍及欧、美及南洋诸国。台湾的茶叶发展到现在，已拥有大约4万公顷的茶园，每年产量近3万吨，其中的80%出口到世界其他国家。

现在，在台湾品种极多的茶叶中，最知名的主要有以下几种：

台湾包种茶，这种茶据说源于福建泉州府同安县，光绪年间引入台湾。此茶茶形整齐，茶色蜜黄纯净，味道甘怡清爽。出售时用两张方纸包成四两一包，包外盖上茶名及行号印章，故称“包种茶”。

台湾铁观音，清光绪年间由福建安溪移植到台湾，先种植面积达98.5公顷，是台湾茶叶中的主打产品。

闽台乌龙茶，原产于福建安溪，清康熙年间被移植到台湾北部，现北部的基隆、新竹等地以及南部的南投等地均有种植。这种茶行销于英、美、日及东南亚等地。

膨风茶，这是乌龙茶中的上品，主要产于苗栗地区。是一种发酵程度达70%的乌龙茶，已接近红茶的发酵程度。饮用时需用100℃沸水冲泡，茶色橙红，味香甘润，可加牛奶、糖、白兰地混合饮用，风味独特，被外国人称为“东方美人”茶。

台湾冻顶乌龙茶，所谓“冻顶”指的是南投县鹿谷乡的一块高地，海拔1696米，面积约36公顷，此地常年气温在20℃以下，当地人称之为“冻顶”。在“冻顶”上种植出的茶外观条索紧结、叶间卷曲，半发酵制作。茶汤金黄或黄褐色，味先苦后甜，余香不绝，故而声名远扬，供不应求，每年茶叶评选都是冠军，是台湾最名贵的茶叶。

总体上，台湾茶叶制作的方法不外乎三种：不发酵的绿茶类，如龙井、煎茶、珍眉、珠茶等；半发酵类，如乌龙茶、包种茶等；完全发酵茶，如红茶等。这些，在坪林的茶叶博物馆中都能看到它们制作过程的演示和成品。

台湾人民爱饮茶。在台湾，酒的消费量不大，但茶的内销数量却达到6000吨，这对于两千多万人口的台湾人民来说是个不小的比例。茶在日常生活中扮演着重要的角色：一敬神明，每年元旦子时一到，要将上等茶叶或新沏的茶水置于祭桌，以敬神明；二敬祖宗，从元旦到元宵，按祖宗人数每人供奉清茶；三敬尊长，春节，由新进门的媳妇泡茶，向尊长敬茶；四敬良友，平时准备多种好茶，视客人喜好沏上，表示待客周全真诚。以茶代酒敬迎宾客成为台湾人民的基本礼仪。除此以外，茶还与百姓的生活息息相关。民间有“吃了男家茶礼”的说法来表示自己的女儿已经定亲了，因为茶树移栽很难存活，故茶树有“不迁”之说，以茶定亲，便有了“婚姻永固”的寓意。新娘过门，第一件事就是端茶敬翁姑，然后请亲人饮茶；新娘第一次回娘家，女婿捎去好茶叶，岳家父母必欢天喜地地请邻家一同品尝“亲姆茶”。亲友外出谋生，要送他一些茶叶，因茶叶在福建和台湾都被称为“茶心”，送上一包茶叶，就是表达一种希望外出谋生的亲友不忘祖宗、家乡的愿望。而身在海外的亲友给自己的家乡父老邮寄汇款时，称之为寄“茶资”。

从饮茶的方式上也讲究一板一眼不离章法。首先要选上好的茶壶，如果能将壶身敲出铿锵高昂且有共鸣者，谓之好茶壶，泡出的茶必定芳香四溢，还有，声音频率高的茶壶适宜泡清香型茶叶；声音低沉的茶壶适合泡浓厚型的茶叶；最好的壶，敲击出的声音带有弹性，峰回路转，泡出的茶经久不散，回味无穷。其次注重泡茶技术，其程序与大陆，尤其闽南一带的“茶道”完全相同。冲好的茶水金黄艳丽，香气清雅，十分诱人，小啜一口含于舌底，顿觉浓醇芬香，回味无穷。

源自于大陆又形成自己独特气质的台湾茶，以其不可抵挡的魅力，俘获了世界各地人们的心，因而畅销全球。台北一位诗人的一首七律，或许能更形象地道出台湾茶的品质：

焙后春茶绿尚鲜，却教风味得尝先。
涤肠好煮清泉脉，入口尤含活火烟。
清比卢仝倾七碗，评研陆羽著三篇。
惟余生气微熏在，不似沉香旧水仙。

诚品书店的“奇迹”

有人说台北的地理地标是101高楼，而文化地标却是诚品书店。诚品书店不仅是台湾家喻户晓的书店，而且在东南亚甚至在世界华人圈里，都享有盛誉，它“24小时不打烊”的经营理念，将过去只卖书的传统书店成功转型为极受现代人欢迎的新型书店，它曾创下的“史无前例”的三项纪录，至今为人们津津乐道。

诚品书店的创办人“怀抱着对人文和艺术深深的肯定与关怀”，于1989年3月12日在仁爱路圆环开立了第一家诚品书店，当时只是一家专为爱书人士所规划的人文艺术专卖店。“尊重走进书店里的每一个人”，是诚品书店成功的文化的理念。

与一般传统书店迥然不同。一踏进诚品大门，就可以闻到书店内附设雅座处飘来的浓浓咖啡香，伴着书香，两种香气在空气中奇妙结合，散发出迷人的气息。明亮、开阔的空间，颇具欧洲图书馆风味的书城，空间对称而有层次，连贯中有区隔，一反传统书店的沉闷与规格化，以沉稳、优雅、温馨的色系，营造出充满人文艺术气质的氛围感受，让每个人一进入诚品书店，就不自觉地轻声细语、放慢脚步。

诚品优雅的空间设计，精致阅读的环境，使台湾人发现逛书店也可以如此舒服愉快：种类丰富的各国书籍、快速引进的外界信息，让诚品的形象超越传统书店为各年纪各职业的人们所青睐。诚品书店不只卖书，它也自创杂志、举办讲座、介绍优秀音乐、经常举行文艺活动……诚品书店改变的，不只是台湾书店的生态，更是台湾人的阅读习惯与阅读品味，一种“人文气氛”的真实呈现，敦南店的24小时营业，也改变了台北人的夜晚休闲习惯，它的身份已超越书店，更是一个品牌。

1991年9月，诚品书店（敦南店）扩大营业面积。除了拓展书区品种之外，更增设了文艺空间，正式确立了诚品书店在“静态的书店经营”及“多元的艺文活动”两个方向并进互动的文化参与角色。综合书区、艺文空间与画廊的组合，建立了台湾书店经营的里程碑。由于诚品书店独特的定位与经营者对理念的执着，让爱书人眼睛为之一亮，开幕后很快就在市场上树立起广泛的知名度，媒体争相报道这家风格出众的书店，很多人惊讶台北竟然会出现这么高水平的书店。

诚品书店的营业时间为昼夜24小时，他们的经营理念是“知识无终点，读书不打烊”。如果囊中羞涩，你可以席地而坐，只读不买，看上一天半日，绝不会有人干扰你。全店的地面一律用实木地板铺就，洁净无尘。诚品力图营造阅读空间与阅读心情，其书柜面板保持15度倾斜，体贴读者，书架上的书伸手可及，或站或坐，随你高兴。诚品书店让书店不再只是购书地点，而是可以悠然流连的书香世界。

诚品坚持推出自己认为的好书，不被畅销榜影响，经常会推荐一些受冷落的好书，事实上，这种看似逆势操作的手法，在诚品悉心规划下，一些冷门书往往也大爆冷门，销售奇佳。让“好书不寂寞”是他们努力的目标。

店内埋头读书的人们

诚品最大的创新是革新了“书店”的经营概念，将书店提升为新文化的休闲场所，尤其自1999年3月起，面积约

1653 平方米的诚品敦南总店，将营业时间开放为 24 小时。这项亚洲首创的举措，受到热烈回应，夜猫族不再无处可去，满足了现代人生活的多元需求。

诚品将书店定义为多元的、动态的文化事业，它在活动行销上的创意，令其他连锁书店望尘莫及。除了以精致优雅的阅读空间规划、精心陈设展现阅读价值外，更长期举办各项演讲、座谈、表演与展览等延伸阅读活动，每年至少举办 400 至 500 场演讲与展览，遍及文学、戏剧、环保、舞蹈与美术等领域，开创了书店与读者各种对话的可能。

诚品书店是台湾第一家设立“艺文空间”、吸纳纯美术之外所有展演活动的书店，不论在性别议题、非主流剧场、台湾本土艺术讨论、现代文学、纪实摄影、台湾本土文化探讨上，都有承先启后、带领风潮的贡献，其举办的代表性活动包括：“现代文学与六十年代”、“九十年代阅读现象”系列座谈、“女性艺术周”、“中西文学史上的早逝诗人系列”、“边地发声——台湾社会运动纪录片展”、“台湾本土野鸟生态绘画联展”、“瑞典现代工艺展”及极具正面意义的“男男、女女、新文化——同性恋专题展”等，更推出了以书店力量推广体制外计划学习的“诚品讲堂”，诚品书店不但提供多元的文艺活动，也扮演着文化落实的角色。当书店里不只是书，还包含着人文、创意、艺术、生活的精神，它就不再只是买书付钱就走的地方，这便是诚品的迷人之处。

诚品的发展策略打破了传统书店的经营模式，先由品牌奠定成功基础，再带动商场、书店与零售的“复合式经营”，使书店不只卖书，而是包罗书店、家具、画廊、花店、瓷器、珠宝、餐厅的复合组织。

为满足日益增长、阅读兴趣多元的读者，自 1991 年起，诚品书陆续在全省各地开设分店。而“因地制宜”的经营方式又是诚品另一项创新：诚品每家分店的设立，都依当地的人文色彩与生活风格，设计出各异其趣的陈设风格及书籍内容，并与该区域特色结合。如：在台中科学博物馆，为喜爱深入了解自然的读者，开设了以“自然阅读”为特色的科博店；在青少年聚集的台北西门町，就多摆些漫画与罗曼史的图书区；在台北信义区，为位于国际经贸交流中心的读者，开设以“商业人文”为特色的世贸店；台北天母郊区，为讲究休闲生活、生活品位的读者，开设以“生活风格”为特色的天母中山店，注重休闲、旅游与家居书籍；而中南部部分分店则增加了中文书籍的比重。在高雄汉神百货、大统百货、桃园统领百货，开设以百货公司综合客层为主的汉神店、大统店、统领店。

到诚品书店“看书、买书”，成为一种“全面阅读”。诚品书店赢得了读者极高的评价及支持，这种感情上的肯定，特别表现在1995年9月，诚品书店敦南店由于租约到期，必须搬迁至现在的新址，因此举办了“今夜不打烊”的搬迁告别活动，在一天的活动中，创下了台湾书店史上的三大纪录：单日300万营业额、单日5万人以上的人潮、书店一直到凌晨4点都还要排队入场，这说明了诚品书店的经营态度，已深深获得读者的忠诚与认同。

台湾诚品书店秉持人文、创意、艺术、生活的精神，开业以来成为台湾文化提升的指标，更是吸引全球华人游客的景点，旅行者无不将诚品当作来台必定拜访的一处。一家民营书店能够开到吸引游客、增加外汇收入、刺激经济、提升形象的地步，放眼全球，除了台湾的诚品书店，无出其右。

近年来，诚品书店更以“开发可阅读的生活创意”为理念，将范围涵盖衣食住行视听娱乐等面向大众的创意商品，加以精选组合，进一步将“书店”延伸为阅读“人文、艺术、创意、生活”的知性生活空间，期望更能以兼重质感与内容的杰出经营模式，展现台湾人的经营创意，说明台湾在文化发展上的潜力。正如一位知名作家所说，从诚品的成长，可以看出台湾社会转变的过程，它反映出台湾精英读书社会的形成。诚品书店潜移默化地让“阅读”成为台湾人的生活习惯。

诚品书店是台湾汉语文化的一个符号。可以预见，飘散书香的诚品将继续散播丰富的阅读文化，用书店充实人的心灵，吸引爱书人的目光。

板桥林家好庭院

在新北市的板桥区，有处闻名遐迩的庭园，被称为台湾首屈一指的中国古典庭园的代表，这座庭园的建造者是被称为台湾林姓三大望族之一的林本源家族，因此，盛名之下，凡到台湾旅游的人，莫不以到此处一游为快。

新北板桥林家庭园又称为林本源花园。“林本源”并非人名，而是林家的家号，溯其根源，就不能不提起林家在台湾的创始人林平侯，是他为林本源家族在台湾打下了坚实的基础。

林平侯是福建省龙溪县（今龙海市）人。清嘉庆年间，16 岁的林平侯来到台湾寻机创业。他到当时淡水厅的一个米店里当伙计，因为人诚实且勤快，得到了米店老板的信任和赏识，不仅将自己的女儿许给了林平侯，还借钱给林平侯让他创业经商，由于经营得法，林平侯很快走上了富裕之路。之后，林平侯又与人合股经办全台盐务，此举使他财运亨通，大发其财，拥资数十万，成为全台赫赫有名的大富商。

富裕起来的林平侯没有持财傲世，他将大量财富用于救济穷苦百姓，修文庙、书院、考棚，开辟山路等公益事业，为当地的发展做出许多贡献，他也因此赢得当地百姓的尊敬。到晚年，林平侯将诺大家业交给他的五个儿子经营，并分别为他们取名为饮、水、本、思、源五个家号（其中饮记：长子林国栋；水记：次子林国仁；本记：三子林国华；思记：四子林国英；源记：五子林国芳），合起来为“饮水本思源”之意，即要子孙们不忘家乡、不忘祖籍。林平侯死后，他的三儿子林国华、五儿子林国芳率众兄弟把家从今天的桃园县大溪镇迁到了台北县板桥镇，他们在板桥镇大兴土木，先后建造了弼益馆、三落旧大厝、五落新大厝以及后花园，耗资 50 万两银子。林家兄弟在这里共产共居，取家号为“林本源”。这便是林本源花园的来历。

林家兄弟当年建宅筑院时，不惜用重金礼聘国内名手多人参加设计，仿照苏州狮子林的规制，亭台池榭皆雅近画意，同时在建筑风格上又注意体现祖籍地福建省的八闽情怀，极尽富丽堂皇之效果，当时台北府城垣也是在这前后时期建造，花费银资 20 万两，而林家建筑的花费竟比台北府城的建设费用多了 30 万两，这足以想象其规模之大，规格之高了。如今，林家建筑以其后花园内台阁绚烂优美、林泉幽邃、回廊纵横交错而享誉台岛。

林家的藏书之处——汲古书屋

进入花园后，沿长廊甬道穿过回廊，园内的第一个景致就是“汲古书屋”，仿照明代毛子晋的“汲古阁”而命名，这里是林家的藏书楼，从前藏有宋元善本及其他典籍万余卷，屋前有四柱轩亭及土台，屋后隔着一座屏山与“方鉴斋”为邻，自“汲古书屋”沿游廊前行，可到达“方鉴斋”。“方鉴斋”前为一四方形水池，水面如镜，故称为“方鉴”。池中遍植荷莲，盛夏时节荷风迎面袭来，蔚为一景。池的四边各有建筑，包括戏亭、看台、游廊及假山小桥，这“方鉴斋”是林家子弟受教育的地方，有时也邀请台北的文人在这里寄情诗酒抒怀。

巡着回廊往北便可到达“来青阁”。这“来青阁”得名于“青山绿野入眸来”的诗句，修建当年，登楼凭栏，绿野青山尽摄眼底。“来青阁”是园内最高的建筑，是当年迎接贵宾的下榻之处，一楼为砖木混合造，二楼全为楠木、桧木及樟木修造，雕梁画栋，檐牙高琢，华丽非凡，当年阁内的陈设极尽豪奢，举凡古鼎铜彝，牙雕玉器，书画古玩等无不具备。“来青阁”两侧的庭院围以云墙，高低起伏，开漏窗于墙上，又置石雕花椅盆景点缀其间，至为幽雅。

“来青阁”前有一座亭子，亭上题有“开轩一笑”四个字，左有拱桥，取名“横虹卧月”，见其名令人不禁想其景，使人回味隽永。回廊自此分成两路，向右可经过“香玉簃”到“定静堂”及“月波水榭”，向左则由“观稼楼”来到“定静堂”及“榕荫大池”。“香玉簃”是欣赏花卉的地方，这里是一片奇花异草的花园，每到春天，百花竞放，万紫千红，令人赏心悦目。“月波水榭”是一座阳台式台榭，游人可在台上凭栏观赏池中水禽，别有一番情趣。“观稼楼”也是一座二层楼阁的建筑，其形体小于“来青阁”，由此可远眺观音山下田园里农夫耕作。定静堂名取自《大学》中“定而后能静”的句子，为昔日林家招待宾客、举行盛大宴会的场所，内部多不隔间，全为开敞式廊厅，中庭设穿心廊，空间高敞，具气宇轩昂之势，堂前庭院的左右屏以花窗，辟蝴蝶、蝙蝠漏窗共四幅，谐音为赐福。

“榕荫大池”为园内最大的水域，此景因有巨大榕树垂荫而得名。池的一侧有假山点缀，那是当年林氏兄弟仿照祖籍地——福建漳州龙溪的群山模样堆砌而成的，只见层重叠翠，高嶂嵯峨，一派八闽情调，池边曲径通幽，绕池前行，凉亭、台榭无不各具风姿，各因其独特形象被品题为钓鱼矶、梅花坞、海棠池、云锦淙等，园的屏墙蜿蜒若龙，出八门有方形、卵形、半圆、全圆、半月、八角等，窗棂则有蝶、瓶、钵、琴、竹、雨等形状，极尽变化之巧妙。

板桥别墅

从“定静堂”北侧后山墙外门出去，便到了园外街市，后厅大园门上额题“板桥别墅”四字，乃是这座庭园的正名，至此，所有一览林家花园的游客都已深深陶醉在这奇花异景之中。

拜谒“歌后”邓丽君墓

从台北市开车向北出发，经过淡水、三芝、石门，最后到达新北市金山区管界，沿台湾北面的滨海公路行驶一段后，开始向山上爬去。车行的前方，有一片墓园，名叫“金宝山墓园”，之所以特意提到这个地方，是因为在这个墓园里，长眠着一位不凡的女性，她曾用自己甜美、委婉的歌声，打动了数亿华人的心弦，即使她已离世十多年，但她的歌曲仍然传唱在人间；人们用各种不同的方式表达对她的喜爱和怀念……是的，“情歌王后”邓丽君就长眠在这个墓园内。

一代歌后——邓丽君塑像

金宝山并不高，远远就能看到一片墓园。墓园很大，沿着山势分许多区域，邓丽君的墓很有名，一问便知。这里已辟为“邓丽君纪念公园”，也称“筠园”。每逢清明节或者其他节假日，许多缅怀邓丽君的人们来到这里，向她献上一束鲜花，听一听她的歌曲，表达心中对她深切的思念和永远的怀念。

“邓丽君纪念公园”非常好找，其实根本就不用找，还离着很远，就已经听到前方传来那熟悉动人的歌声……循声而行，沿着洁净的甬道，不消一会儿，便来到邓丽君的墓园。

走进邓丽君墓园，前面是个小花坛，鲜花簇拥着邓丽君的全身塑像，塑像呈青铜色，长发飘逸的“邓丽君”微仰着头，长长的披肩发被风吹起，面带笑容，伸开的双手，仿佛陶醉在自己的歌声中，栩栩如生，充满青春的活力。

花坛很有讲究，栽种的花叫“四季花”，除了四季会开花外，还会在不同的季节开不同颜色的花，有“四季常青”的寓意；花坛里的花组成一个大音符的形状，借喻邓丽君和她的歌曲，永驻人间，永远流传，把美永远留在世人的心间。

因为邓丽君的原名叫邓丽筠，而邓丽君只是她的艺名，所以，人们用“筠园”来称呼她的墓园。走进“筠园”，首先映入眼帘的就是嵌刻在地下的一个有十个音阶的大键盘，游人可以在琴键上踏出美妙的音乐。“筠园”淡雅而朴素，一如她的清新可人。在“筠园”内处处可见音乐的符号，四周安装了音响，循环播放邓丽君生前所有的歌曲，她那甜美、柔情、令人陶醉的歌声在墓地间缭绕，在每一个来访者心中激荡。

沿甬道往前走，就来到邓丽君的墓前。邓丽君的墓既简洁肃穆又使人感到温馨，棺盖用的是南非黑色大理石，棺盖上面雕刻的是粉白色的玫瑰花环。棺盖前面摆放着祭拜者敬献的鲜花，她墓前的鲜花永远是新鲜的，因为永远有怀念她的人将她生前喜欢的花送到这里。中间镶嵌着一张邓丽君的美丽照片，是彩色头像，依旧是那么的光彩照人。棺盖后面是一个石雕，上面是邓丽君的卧像，左右手交叉于胸前，深情地凝视着人间，她的模样是那么迷人，那么安详，似乎她永远也不会离开大家，她永远以这种美丽、温柔、贤淑、大方的形象来迎接人们的到来。石雕上写着“邓丽筠，1953—1995”的字样，这是邓丽君来到人世生活的时间。石雕后面是一排松柏，青翠吐绿。棺盖的右边立有一块巨石，上面篆刻着“筠园”两个大字。

巨石前有一棵树，树上挂着许多参拜者用小木牌写的挽言，是凭吊邓丽君的。这棵树的奇特之处是，树干上分三股，三股上再分六股，到树顶，树就犹如一把伞的形状，好似“万民伞”。树上所挂木牌上的挽言，似为万民伞上的赞语。这可能是设计者的匠心，把一棵树变成了“万民树”。

邓丽君的家人只花了新台币一元钱，便获得这块70坪墓地。精明的金宝山墓园老板之所以象征性地收一块钱，他看中的是邓丽君的名气。他确实很有

邓丽君墓旁的音乐键盘

头脑，把墓园当作花园来经营。在他看来，邓丽君的墓地当然会成为一个旅游胜地，歌迷和游客必定慕名前来参拜。据管理人员介绍，邓丽君的这块墓地在早些年前价值几百万，现在已上升为几千万元。邓丽君的名气为这块墓园带来无限的资产和商机。如今，一批又一批的游客来到邓丽君墓地参观和献花，怀念这个誉满华人世界的情歌歌手。

但是，在邓丽君的歌迷和拜访者的脸上都没有看到“欲断魂”的表情，反倒有一种见到故友的淡定。因为他们知道，他们探访的是一位撒播快乐的天使，她永远活在大家的心中。

在邓丽君走后的十多年里，她的声音依旧流行在大街小巷，依旧留存在人们的心中。《月亮代表我的心》《我只在乎你》《一水隔天涯》《漫步人生路》《又见炊烟》……一首首她演唱的歌曲，余音不绝，歌声背后的柔情清澈似水一般，清冽而透明。

无数的歌迷为她留言献花，表达对她的追思。一位朋友写道：君去不复返，丽影长留存。邓陨音宛在，谁人不识君。还有人写道：当生命悄然逝去时，灵魂却永驻立于亿万歌迷的心海最深处，替我们消弥黑暗、剔除痛楚，伟大永远属于远在天堂的她，我们祝福她，愿她永远美丽，光彩四射！

公园内还有小憩之地，游人可以在这里一边休息，一边聆听邓丽君的歌曲。小憩之地在广场的旁边，有石桌、石凳，是一个露天棚的形状，上面是树枝垂伏。这里最引人注意的是，石座中间有一张邓丽君的彩色照片，照片上的邓丽君是少女时代的模样，青春美丽、光彩照人，这样的安排，仿佛邓丽君就坐在你身边，和你坐在一起谈心。

无数的人喜爱邓丽君，无数的人怀念邓丽君，邓丽君确实也受得起这样的荣誉！

寻访蒋氏遗迹

坐落于台北福山山系环抱中的士林官邸，曾是全台湾最神秘的地方。那是座二层楼洋房建筑，在林木参天、绿树幽深中，显得甚为神秘。如今却已是台北市一座生态公园。

在20世纪50至80年代，这里是中国近现代史上著名的风云人物蒋介石和宋美龄在台湾的住所，士林官邸其建筑本身，是日本占领台湾时的一个园艺试验所，台湾光复后改为招待所，作款待宾客之用。蒋介石到台后，考虑到防御、风水、方便等诸种因素，选中这个地点，经过几次修建，成为他的栖身之地。

为加强防御，从蒋介石搬进官邸的第一天起，官邸就开始进行要塞化工程。军方除成立"衡山指挥所"外，还在附近的剑潭山、鸡笼山及福山内部挖掘坑道工事，其地道直通七海官邸（蒋经国住所）、"总统府"与松山机场。若有战事发生，可由"总统府"或士林官邸直接进入"衡山指挥所"；如果战事失利，亦可由地道直奔松山机场，乘机离去。因此，严格地说，士林官邸是一座大堡垒。

正因如此，士林官邸在20世纪五六十年代曾经是台湾地区政治权力的核心，但随着1975年蒋介石去世，宋美龄黯然离台，以及后来蒋经国的"七海官邸"权威逐渐凌驾于士林官邸之上，士林官邸的政治光圈逐渐淡化。

经过46年的严密护卫，1996年8月，台北市政府收回士林官邸的产权，经过整理，开放给大众参观，从此揭开了士林官邸46年的神秘面纱。在官邸内，现只保留了一栋私人别墅，其余均免费开放供民众参观。

士林官邸园区原是园艺管理所（前身为士林园艺实验分所）的一部分，里面种植各类盆栽、观赏花卉、药用植物等，其中以兰花、玫瑰园最为著名。1950年改建为官邸之后，里面的花草树木、瓜果蔬菜都依然整理得井然有序。1989年9月又在官邸内新添了两处景点：生态园区和花园音乐表演区。人们可以在生态园区中回顾昔日的农村田园风光，一方池水，木栈小桥，观赏各式草生昆虫，最重要的是台湾原生种昆虫植物，提醒人们注重原生栖息地的重要性。而在表演区中，人们又可在艳阳高照下席地而坐，在花木扶疏、树荫遮天中感受清凉，并享受聆听演奏不拘形式的音乐会。由于经常举办音乐表演活动，这里最受民众的欢迎。

目前士林官邸包括：士林园艺所、园艺展览馆、欧式花园、中式庭园、兰亭与喷泉，及做礼拜的凯歌堂，外花园有温室盆栽，玫瑰园内花园为中西合称庭园，还有假山奇石和造景。官邸内最核心的建筑为蒋公公馆（居住26年），公馆内陈设典雅简朴。还有一座私人教堂——凯歌堂，教堂前为中式庭园，中西式建筑同在一个空间展现，静谧而庄严。士林官邸内重要的建筑还有如慈云亭、玫瑰园、综合庭园区等景点，每个建筑都有其特色。

出台北向桃园市的大溪镇进发，自大溪镇沿7号公路往三民村，途中要经过八结村的“百吉隧道”。隧道前约三百米有一个大水潭，俗称“牛角楠埤”。

按照台湾当地俗语，称人工水库为“埤”，牛角楠埤即是个小水库。周围环绕着几座小山，当地农民在两山夹峙处建一水闸，引大汉溪水入，储为水库，营造出水碧山青的风光。埤分前后两湖：前湖较大，约五公顷，后湖略小，形狭长而弯若新月。大汉溪水自前湖入，经后湖之水闸又泄入原来的河道。沿埤堤坝遍植黄椰子、蒲葵、修竹，形成一条苍翠藩篱，大汉溪清流激湍映带左右，

蒋介石陵寝

山清水秀，风光旖旎，成为一座小小的天然湖山公园。

1961 年，蒋介石在前往角板山途中见牛角楠埤之湖山幽美，层峦耸翠，云投碧波，恍若浙江奉化山水，尤似其母亲家乡风光，乃命易其地名为“慈湖”。又在湖滨山下择地建起一座江南四合院式大厝，石砌基台，红砖瓦盖，仿其故居，门上木匾题“慈湖”二字。宅周遍种樟、柳，又有龙柏青松杂其间，门前花圃草坪，整洁清幽。蒋氏颇喜其处，所以当他于 14 年后病逝前，便立遗嘱将其灵柩安置于此宅大厅内。现在，这里已成为蒋介石的陵寝之地。在距这里不远的地方，还有蒋经国的陵寝与之相望，守护着这里。

在两蒋时代，蒋介石的塑像曾遍及台湾，据不完全统计，全台有大大小小的蒋介石塑像达 4 万余座，以台湾 3.6 万平方公里的面积计算，平均每 0.8 平方公里就有一座蒋介石塑像。

随着政权的更迭，大部分塑像或被破坏，或被搬迁。蒋介石生前造访多次，死后长眠之地的桃园市，经多年收集，将百余尊塑像集中安置在慈湖纪念馆公园内，这些塑像别有一番景致，因塑像的颜色材质不同，神态大小各异，表现了鲜明的时代烙印。

在慈湖公园入口处的游客中心，摆满了有关蒋氏父子的纪念品，包括了 T 恤、茶杯、书包、钥匙链等。尤为引人注意的是两蒋 Q 版玩偶，平易的卡通造型，加之纯手工制作，引得游客竞相购买。

蒋介石塑像群

台中雾峰林家花园

台中市南七公里的雾峰区，有个著名的林家花园。该园是台湾文化界巨子林献堂先生之父林文钦（允卿）于光绪十九年（1893 年）为娱亲而兴工建造的。这座园林邸宅与台北板桥林本源家花园同被称为台湾旧式宅邸的两大典型。前者面积略小于后者，但其豪华美饰却不逊于后者，而且保护较好，至今仍不失烟润之气。

林家的祖先来自福建漳州，初落籍于大里乡，嘉庆年间，林氏子孙迁居至阿罩雾，即今雾峰乡。林氏家族后来分成两支，一支为林文察，一支为林文钦。同治年间，林文察因平乱有功，担任福建水陆提督，目前现有的雾峰林家下层，便是林文察的官邸。其子林朝栋在中法战争期间，因协助刘铭传抗法战功彪炳，一时岛内外声名大噪。另一系子孙林文钦不擅武，爱习文，光绪年间中举人，这使林家成为文武双全的世家。林文钦读书之余亦兼营樟脑业，产业因而大增，顶层及莱园即由他兴建。其子林献堂更领导台湾知识分子从事抗日运动，为推动台湾文化不遗余力。林家子弟为台湾牺牲奉献，可称得上是一门英烈。

雾峰林家花园是台湾早期士族林献堂的家族宅院，占地约三公顷，分别建于同治初年及光绪十九年（1893 年）。花园分为三大部分：一为下厝，是林氏祖厝；二为顶厝，即花园主体；三为莱园，是后来扩建的。游览林家花园须从顶厝的景薰楼游起。

林家顶厝景薰楼

顶厝属民宅形式，包括景薰楼与蓉镜斋两处。景薰楼为四进大厝，坐东向西，格局恢宏。前面的门楼兼防御功能，后面的阁楼兼眺远之用。外门楼又称“太子楼”，重檐歇山式的屋顶，装饰得相当美丽。正厅以青色调为主，前有轩亭，内设石椅、石桌，左右有八卦门，上绘图饰。进门厅上悬有“文魁”匾尹，是林文钦中举时所悬，保留至今。厅内为“孝恩堂”，即家祠，置列祖宗神位，上悬“海国春晖”匾，系北洋政府执政段祺瑞赠予林母庄太夫人的寿礼。第二进及第三进至今仍为林家子孙住所，目前谢绝参观。

紧邻景薰楼者为蓉镜斋，是坐东向西的三进建筑。蓉镜斋风格朴实雅致，前庭有半月池，正厅亦有轩亭；装修典雅朴实。外墙砖块采斜式交错砌叠，上钉铁钉，形成美丽的铁钉护墙图案，外护龙（厢房）的外墙有鱼鳞瓦片装饰，相当典雅别致。

在蓉镜斋旁边的古建筑就是下厝。下厝包括宫保第、庭院、祠堂三大部分。由于年久失修，或塌废，或作私人住宅，目前只剩宫保第供人参观。宫保第是林家第六代林朝栋（林定邦之孙，抗日英雄）于同治初（约 1862 年）所建。林朝栋之父林文察曾封福建陆路提督，死后赠“太子少保”衔，所以林朝栋建府第即以父衔命名。该宅第整体为四进“回”字形四合院，门前广场宽敞，前有大榕树三棵，又置石狮、石羊等，颇具官宦人家府邸气派。其主要建筑前三进是客厅兼公堂，第四进才是住宅。其面宽达 11 开间，据说是全台最大的官宅。

宫保第原有五进，现剩四进，每一进的功能都不尽相同。第一进门厅气势宏伟，为现有清代台湾住宅中最大者，砖刻之精细，亦属罕见。第二进门厅的彩绘装饰，有不少名人的字画。第三进的中堂深具防暑功能，而第四进的窗棂图案各异，颇具巧思。最后一进为祖厅，朱红靛青的对比显出华贵气氛。

距离宫保第约一公里山坡上的巨大园林，就是“莱园”，莱园占地约150亩，是林文钦于光绪十九年所建。莱园的特点在于布局幽静，结构宏伟，布局典雅，佳景颇多，一派庄穆气氛。园内建有“捣衣洞”“玉桂楼”“荔枝岛”“夕佳亭”“小习池”“木棉桥”“万梅庵”“千步登”“望月峰”等建筑和景物，美不胜收。其间山环水绕，花木扶疏，既有人工之巧，又得自然之趣。园中的“莱园雨斋”景色，曾被列为台中十二胜景之一，由此不难想象莱园昔日之壮美。

莱园以其幽雅而闻名全台，虽然它的规模比板桥林家花园要小一些，但其在装饰方面的豪华程度，却超过板桥林宅。所以这两座古宅同被誉为台湾旧式建筑的两大典型。

值得一提的是，莱园曾经是台湾抗日文人聚会之地。日据初期，台湾许多文人雅士不满日本的殖民统治，纷纷自发组织各种文社和诗社，读汉文，写汉诗，以保存中华文化遗产。莱园更因林献堂曾在此组织“栎社”诗社，而名人云集，声名远播，深具文人气息。林献堂先生在世时即以文抗日，组织诗社“栎社”，吟咏唱和，暗中讨论抗日事。莱园为“栎社”的主要活动场所，爱国诗人连横、林幼春等人常在这里击钵吟咏、饮酒酬唱。现在园中有“栎社二十年题名录”石碑，就是当年留下的史迹。

“栎社二十年题名录”石碑

此外，近代史上名人梁启超于“戊戌政变”之后流亡日本，在旅途中认识了林献堂，应邀来台访问，曾于宣统三年（1911年）2月入台，携女同游台湾，并专程到台中雾峰林宅造访，与林献堂等人吟诗唱和。其间，梁启超就下榻在莱园的“玉桂楼”中，并曾写下十二首赞美莱园的佳作，题为《莱园杂咏》，对园中佳景逐景品题，使莱园更增声价。其中一首写道：

人物自是徐孺子，山林不数何将军。

稍喜兹游得奇绝，莱园占尽月三分。

莱园部分后来纳入明台高级中学校区的范围，但仍可见到昔日花园的数景，如“木棉桥”“五桂楼”“荔枝岛”“小习池”等。然而，时代的变迁使旧日的莱园盛景破坏殆尽，成为一片废墟。1999 年初，林宅的顶厝（住宅部分）原本已经修复，不幸的是，当年发生的“9·21”大地震，把刚刚修复的顶厝也夷为平地。甚为可惜。幸而，林家后人在一片废墟上，重新复建了景熏楼和莱园。

新莱园

山水宜兰寻古

宜兰位于台湾的东北端，三面环山，一面临海，山海之间是广大的平原，看起来就像是开口朝海的“畚箕”，地势非常奇特。宜兰拥有丰富多样的自然环境：高山、海岸、岛屿、平原、溪流、湖泊、温泉、冷泉、火山岛……应有尽有。从3632米高的南湖东峰，到海平面的太平洋海岸，处处是自然美景。

山林之美：宜兰山峦叠起，山林景色千变万化。最难得的是仍然保留许多原始林，宛如一座座绿色宝库。有三千多米的高山针叶林，也有两千多米低海拔的温暖带山地阔叶林，林相多样而丰富，有许多野生动物活跃其中。

湖泊之美：由于宜兰多雨，蕴含了丰富的地下水源。泉水涌出地面后，汇集成许多大小湖泊。

溪流之美：宜兰的溪流由高山到入海，流路短促，落差很大，常造成各种不同的面貌。峡谷中常可见到大小瀑布。中游溪流出谷，带着大量泥沙堆积成美丽的冲积扇，形成宜兰溪流的一大特色。下游则缓缓流在平原上，弯曲迂绕，有湿地、沙丘、沙洲等。

平原之美：宜兰平原后倚高山，向壮阔的太平洋开敞，气势不凡。平原上阡陌纵横，埤圳密布，农舍的竹围聚落独具特色。随着耕作季节变化，水田展现出不同的景观。在山海的衬托下，平原上的稻田、果园、菜圃、鱼塭、养鸭人家……构成恬静的农村风光，是现代人最向往的美景。

湿地之美：宜兰平原的河水受到沙丘阻挡，无法直接入海，在河口附近形成大大小小的沼泽湿地。其中，兰阳溪口是台湾12个主要湿地之一，国际知名。这些湿地富含有机物质，提供了虾蟹、贝类、小鱼丰富的食物来源，加上密生的芦苇是良好的遮蔽，成为野生动物的快乐天堂。每年有上千只过境候鸟到此休息觅食，构成壮观美景。

海岸之美：宜兰的海岸线全长约一百公里，由北到南变化丰富，海岸生态多彩多姿。北段的礁溪断层海岸，是东北角风景区最南的部分。平直的海岸上，布满各种特有的地形景观，如豆腐岩、单面山等。中段是兰阳平原的出海口。沙滩、沙嘴、沙洲，是湛蓝的海洋中，曲线优美的造型，不但风光绮丽，更是海岸植物的王国。南段则是多断崖、海岬和港湾的苏花断层海岸，以清水大断崖最为惊险壮观。这段陡直的悬崖，直下深海，触目惊心。悬崖露出来的岩石，是台湾最老的岩石，也是值得仔细欣赏的大自然杰作。

宜兰的寺庙达三百多间，其寺庙有两大特点：

一是神明来源：除一般供奉的共通性神明，如妈祖、关公、观音、土地公等外，还由于宜兰是各籍移民合作入垦之地，因此可见到不同的乡土守护神。如漳州人奉祀的开漳圣王，在这里建有20多座庙，占全台开漳圣王庙总数近40%。泉州人敬拜法主公、清水祖师。客家人虽少，但各地兴建的三山国王庙却有26座之多，占全台三山国王庙总数的21%。

二是功德牌位：宜兰各处寺庙中，常会在边殿供奉早期开拓先贤的牌位，这是其他地方罕见的。如头城的开成寺，有吴沙等人神位；苏澳的宝山寺，有苏澳先贤神位。而宜兰市的昭应宫，供奉以前宜兰父母官杨廷理等人之雕像。在慈德寺，甚至有平埔人贤文、茅格神位。这些都反映宜兰民众戚怀先民昔日艰辛垦拓之情。

宜兰是台湾歌仔戏的发源地，是台湾傀儡戏的大本营，这里北管乐曲兴盛不衰，此外，民歌民谣的传唱，反映了当地的风土民情和人们的喜怒哀乐。

建于1813年的宜兰古城，多数的建筑和设施在日据时期被破坏铲除，像原有的噶玛兰厅署、罗东巡检署、孔庙、城门、仰山书院、文昌庙、厉坛、风云雷雨坛、先农坛等，都已不存在，人们只能通过仅有的少数庙宇、市街、民宅来缅怀当年的宜兰古城。

在城隍街上有座庙宇“碧霞宫”，庙龄虽然不是那么久远，但它极具民族意识的创建动机、特殊的门生制度，以及全台仅见的祭岳大典与“武佾舞”，都使它卓立于群庙中，显得相当与众不同。

碧霞宫又称“岳武穆王庙”，是台湾少数几个以岳飞为主神的庙宇之一，亦是全台唯一专祀岳飞的庙宇。清光绪三年（1896年），即台湾割让给日本的第二年，宜兰当地士绅因不甘受日本人统治，便发起设立寺庙奉祀岳飞，来宣扬忠孝节义的观念，希望唤醒国魂，有朝一日“还我河山”。1899年正式建庙。为遮日本人耳目，便取“碧血丹心望晓霞”之意，定名为“碧霞宫”。

碧霞宫自建成后，即设“劝善局”，以宣讲善书的方式，深入民间各地，阐扬固有道德，净化社会风气。又设“乐施社”，从事施药、施棺、助学、济急等社会福利事业。而今已百余年，随着教育的普及，宣讲劝善的工作虽已停顿，但“赈救济世”的工作却从未间断过。

除了历史与社会意义，碧霞宫内的神像亦值得一看。主神岳飞有帅、王、帝三大类造型，分别代表岳飞的三种身份：生前为大军统帅，死后追封“鄂王”，道教则敬封他为“忠孝帝君”。另配祀有岳飞的父母、恩师、各级部将等，恍如展读“岳传”般，十分有趣，不妨仔细欣赏。

碧霞宫的古典祭礼尤具特色，台湾全岛主祀岳飞的庙宇共有七座，但在每年岳飞诞辰时，举行“三献释奠大礼”，且舞“武佾”仪制者，仅宜兰碧霞宫一处。这项传统始于1970年，迄今已三十余年了。

“三献释奠大礼”是最隆重的古礼，程序如下：首先大鼓通擂三次，表示大典即将展开，乐礼生与献祭官员依序就位。启开大门宣示大典正式开始。行“瘗毛血”古礼，将牲体的毛、血埋入土中，象征“借诸大地、还诸大地”的意思。在“迎神”“进喂”“上香”之后，即配合“武佾舞”，行三献

全台少见的祭岳大典

礼。佾生由本地学生扮演。碧霞宫属于“武庙”，所以佾舞跳来气势威武雄壮，虎虎生风，与一般孔庙祭典的“文佾舞”呈明显对比。三献礼后，依序进行“送神”“阖扉”等仪式，大典即告完成。

略显陈旧的文昌庙

每年农历二月十五日的岳飞诞辰祭典，照例由县长主祭，显见它受到重视的程度。

建于清嘉庆十八年（1813 年）的文昌庙，昔称“文昌宫”。原只主祀文昌帝君，后又加入关圣帝君共祀，因此又称为“文武庙”。

文昌庙的建筑是台湾十分罕见的两殿并置格局。其中文殿的主神文昌帝君专司教化，配祀的仓颉（神位）乃文字之祖，魁星爷主掌考运，一向都是读书人所崇敬的神明。而武殿的主神关圣帝君则为习武者的守护神。清末科举文武并设，文昌庙便成了应试学子的信仰中心。此外，庙内一对满汉合璧的牌位，更是全台仅见。

在考风鼎盛的今天，文昌庙的“特殊功能”就更被看重了。每逢考季，每日香客不绝，庙中还会应考生要求，点起一对对的“金榜题名光明灯”。神案上摆满了一张张影印的准考证，请神明“指名庇佑”。还有各种别具象征意味的祭品：青葱、芹菜、桂花叶、橘子、金枣，以谐音来念，分别代表聪明、勤快、贵人、吉利、金榜题名等，使人感受到此庙的特殊。只是一旦考季过去，文昌庙又变得人烟稀少，冷清寥落。遽热忽冷的情景，也算是现代庙宇的传奇。

庙中神明除了文武两殿的主神外，文殿配祀的五夫子神位及武殿配祀的西秦王爷亦值得留意。五夫子是指朱熹、周敦颐、张载、程颢、程颐五位先贤，原奉祀于仰山书院。西秦王爷则是乐师之祖唐明皇，乃北管福路派的乐神。

已有一百九十多年历史的昭应宫，坐落在交通繁忙、人声嘈杂的中山路上。这条路，在清代便是宜兰城内贯通南北的主要道路，而昭应宫就位于路的中段，也就是城的中心处，可知它的重要性。昭应宫自建起之日，便是宜兰城内民众的信仰中心，人们来此聚会、聊天、发表言论，官府也选定在此处张贴告示谕令。今天，在宫前壁上偶尔还可见到宜兰各地歌仔戏的表演消息。

昭应宫主祀妈祖，建于清嘉庆十三年（1808 年），是宜兰市区最早建立的天后宫。方位坐西朝东，保持着妈祖庙面向海的传统，有庇护海上生灵之意。道光十四年（1834 年），整座庙搬至对面，方位改成坐东朝西，还增建二楼式后殿，扩大格局为三殿式建筑。原址则建为酬神演戏用的戏台。今天庙宇的格局，大致便是此时的形式。改向的原因众说纷纭，民间传说庙宇转向会改变当地的“文运”，而昭应宫改向后，宜兰便在 1868 年出了首位进士杨士芳。

昭应宫的建筑之美更是宜兰地区首屈一指，在台湾庙宇建筑上也占有重要的地位。后来，昭应宫又经几次重修，但木雕石作仍保存着道光年间的原貌。1968 年，对面的戏台被拆毁，后殿则拆建成水泥楼房。存留下来的三川殿和正殿，便更显得弥足珍贵了。近年来重新上漆彩绘，但原来古朴的面貌已不复见。

岁月流连

……

台湾固海上之荒岛尔，筚路蓝缕，以启山林，至于今是赖。顾自海通以来……开山抚番，析疆增吏，正经界，筹军防，兴土宜，励教育，纲举目张，百事俱作，而台湾气象一新矣……

连横（雅堂）:《台湾通史·自序》

“戍台夕阳”红毛城

红毛城又称沪尾城，是淡水最负盛名、最具历史文化意义的著名建筑。这座曾兼作军营与教堂的红砖方城，在淡水三百多年的悠悠历史中，一直伴随着它的变换和发展。

红毛城本是西班牙人于明崇祯二年（1629 年）侵略淡水后，为巩固北台湾的殖民事业及为教会而建的城堡，当时叫作圣多明哥城。明崇祯十五年（1642 年），荷兰人将西班牙人逐出淡水，在旧址上重建该城，并修城堡，为防炮火攻击，构筑了坚固厚实的城墙。清顺治十八年（1661 年），郑成功命部将北上攻荷，夺得城堡，因台湾人称荷兰人为“红毛”，故改名为“红毛城”。后经清康熙二十年（1681 年）及清雍正二年（1724 年）重建。清咸丰六年（1856 年）时被英国租借，大肆整修，除了在屋顶加雉堞和角楼外，还在南墙上方增加露台、雉堞与可供射击的枪眼。在城堡西边的房舍也是此时增建的，英国人将它作为厨房、卫生间和仓库。此外，红毛城外表被涂成砖红色，城墙内部是用红砖砌成，外部再用石块涂上灰泥，是个仓库式的四方形建筑物，具有西班牙式的地中海建筑风格。城堡占地 14439 平方米，高约 10 米，四周墙壁厚达 19 米，内部为拱形圆穹结构，共分为两层，底层为南北向双弧，上层则为东西向，这种双穹“井”字形交错的结构在地震来袭时，可以避免城堡结构崩解。底层的两室当时作为牢房；二楼有四个房间，设有壁炉，窗门少，可减少屋内潮湿；堡内有扶梯通往可容纳数百人站立的堡顶；东北角及西北角各有眺望台一座，中央还有一座方台，似为当年西班牙军官临阵站立的指挥位。

在历次战争中使用的火炮，如今仅存四尊，是清代遗留的古物。这些古炮，形制相同，炮管上铸有“嘉庆十八年奉宪铸造北路淡水营大炮”等字样，是1813年清军遗留下来的。古炮先放在附近的炮台中，为当时淡水营的沪尾水师使用。后被英国人移来安置在露台前，以壮声势，其实并没有军事防御的功能。

红毛城是控制台北平原出海通道的重要军事据点，兵家必争，荷兰人、郑氏政权、清兵均相继占领和利用过这座堡垒。咸丰年间淡水港开放为商港，英国人以此堡作为领事馆。1895年，日本人占领台湾，红毛城又经日本、英国、澳大利亚和美国代管，直到1980年6月才正式归还台湾。

保持原貌的英国领事馆

红毛城自1984年底起开放参观，吸引许多游客前来参观。自南门进入，沿着斜坡而上，先到红毛城主楼，再转到旁边的领事馆，然后由后门出去。这样游览一圈，可以同时了解中国式石砌城门、荷兰式城堡、英国殖民地式洋楼等不同建筑形态。

走到红毛城门前，不妨在前方的小广场逗留一下，不论是向外眺望观音山、淡水河，观察地理形势，还是欣赏红毛城特殊的城堡外形，这里都是最好的地点。

红毛城采用欧洲的“棱堡”形式，即在四方形的主城四角各建一个突出碉堡，是最适于瞭望的形式。四角的碉堡通常安置大炮，构成交叉的火力网，并且可以增加射程，防卫力量很强。

红毛城主堡右侧不远处有一座两层楼的红砖建筑，是精致典雅古色古香的洋楼，它就是当年英国人所建的英国领事馆，领事馆由英国建筑师设计、中国匠师施工建成，是红砖、拱廊的洋楼建筑，散发出优雅、温暖的气质，完全不同于红毛城强硬、封闭的城堡性格。它运用中国建材，却成功地表现出典型“殖民地式”建筑的特色。不论在历史意义或建筑工艺上，都有重要的地位。

清咸丰十年（1860 年），台湾的安平、高雄、淡水、基隆开放通商。根据条约的规定，英国人可在各通商口岸划定居留地，建造或租借房屋居住。于是英国人先在高雄建第一座领事馆，接着又在安平建第二座，并自 1867 年起开始租借红毛城，作为淡水领事馆。领事馆的工作很多，主要包括处理国际事务和照顾侨民，同时还要兼管海关税，并负责搜集情报，非常庞杂。此后，一直作为英国领事的住宅，“二战”期间，领事馆关闭，英国人退出台湾。战后又继续交由英人管理，跟红毛城一样，到 1980 年才终于归还台湾。

红砖楼、拱圈回廊、斜屋顶和高台阶等特色，在淡水英国领事馆中表现得很清楚，充分反映当时英国领事在淡水的生活情形。拱廊是最明显的特色，环绕着外围，可以遮蔽强烈的阳光，使室内的光线比较柔和而阴凉，又可遮挡夏日急骤的雷雨。拱廊内的光线明暗变化，也别有情趣，成为领事馆重要的休闲空间。

红砖是中国式的清水砖，从厦门运来。砖块以手工制成，质地细致。砌筑砖墙的灰浆，是用蚵壳灰、糯米和黑糖汁混合制成的三合土，干透后非常坚硬牢固。屋顶由“四坡式”斜屋顶的基本形式加以变化组合，使用木屋架，上铺闽南红瓦。斜屋顶排水方便，又可使室内空间加高，或作成阁楼，有隔热作用。以成列的绿色釉瓶作成走廊栏杆，原为西洋形式，19 世纪中叶传入台湾后被大量运用。由于“瓶”与“平”谐音，有“平安”之意。领事馆的红色外墙，在花瓶栏杆的墨绿色对比衬托下，显得更加温暖明亮。房屋四周留出花圃和大片的草地，充满悠闲的生活情趣。以前花圃中种满玫瑰，称为“玫瑰园”。当年两侧的草地可以举行花园宴会，也可当作网球场，是全台湾第一座草地网球场。

在砖柱上有 12 幅精心雕琢的砖刻作品，非常精美。图案以象征英国的蔷薇花为主，构图有方有长。其中两幅雕刻成 VR1891 的字样，VR 是当时英国女皇维多利亚（Victoria）的缩写，在 19 世纪后期的英国建筑物中常常出现；1891 则是领事馆落成的年代。另外，在入口的双柱间嵌有砖砌的支撑物，是将砖磨成曲线优美的弧形，值得仔细观赏。

红毛城自 17 世纪兴建以来，先后经历西班牙、荷兰、明郑、清朝和英国的管辖，它的身世就像是台湾史的缩影。无论是历史、文化或建筑等各方面，都具有非常重要的价值。

红毛城是一部淡水沧桑史。虽为外国人所建，但从斑驳的砖墙上，后代子孙仍可读出祖先的泪痕和异族的侵略以及在挣扎中求生存的民生。这幢历史遗迹，带来多少怀念和感叹，其历史意义和文献价值，应远胜于台南的赤嵌楼，尤其它一直“沦陷”在外国人的手中，直到 1980 年 6 月 30 日才正式交接收回，人们才得以一睹这经历 300 年历史建筑物的真面目。

站在红毛城堡最高处，可仰望观音山，俯视淡水河、东屯诸岸，西临汹涌大海，真是风云万状。每当夕阳西下，沧海落日，水天一色，彩霞满天，红艳似火，风景更是绮丽，在红毛城堡顶，可远眺大屯诸峰，层峦耸翠，亦可俯瞰烟波沧溟，夕阳暮霭，前人名之曰“戍台夕阳”。从红毛城的楼顶上，可以看到淡水的全景，巍峨的观音山耸立于前，俯视淡水河口，烟波缥缈，景色绝佳，是为淡水八景之一“戍台夕阳”的一景。

戍台夕阳

台湾的布政使司衙门

衙署在中国古代是地方行政中心，象征着最高政府的一种威严，在普通百姓的眼中，衙署里庄严肃穆，是神圣不可冒犯的地方。台湾从清康熙年间的一府三县，逐渐发展到光绪年间的三府十一县外加一个直隶州，说明了清政府对台湾的开发与管理日益加强，也表明了台湾在赴台拓垦的大陆移民及当地少数民族的共同努力下生产经济的日益繁华和社会秩序的日益规范。由于台湾对于清政府的地位日趋重要，所以，象征着清政府对台湾实施全面管理的衙署的数量也随之增加，所设立的州、府、县均由官府衙门司政，如清康熙二十五年（1686 年）前后设立的台南府巡道署、由明郑后期的承天府改建的台湾府署（曾是代表清政府治理台湾两百年有余的台湾行政中心）等，其中台湾巡抚刘铭传在台北所建的巡抚衙门、布政使司衙门及筹防局等规模最为宏大，同时也是在台湾衙署的近代史中最受重视的地方所在。

甲午风云之后，台湾落入了日本侵略者的魔掌，在日本帝国主义践踏台湾的五十年里，不光台湾人民饱受了日寇的欺辱与迫害，就连象征清政府对台湾行使行政管理权的各级地方衙署也几乎被损毁殆尽，致使台湾原有的古代衙署建筑几乎荡然无存。直到现在，仍能在台湾各地看到散落在乡间院落间的旧时衙署的遗址与遗物。唯有台北的布政使司衙门因先后做过日本侵略者的总督办公处和兵营，才算是“幸免于难”，终于在日本宣布投降、台湾重新回到祖国怀抱的时刻留存了下来，成为台湾现存唯一的中国古代衙门建筑。

位于台北市古亭区南海路台北植物园内西侧的台湾布政使司衙门，建于清光绪年间。现有的衙门建筑只是当年衙门署下的筹防局建筑的一部分。其原址在台北市中山堂附近，曾因城市建设原因而面临被拆除的厄运，但台湾人民精心保留了这一古迹，将布政使司衙门的大堂及部分厢房移至现在的位置。如今的布政使司衙门经过修缮，面貌簇新，现成为文物馆，馆内陈列了许多的图片、文物及相关的文字资料，详细展示了中国历代官场体系在台湾行使权力的沿革过程。

布政使司衙门坐西朝东略偏北，它格局方正，室内宽敞，展现出从前官场的威严与气魄。整体为三进式七开间建筑，第一进为头门，中央辟三门，共有六扇门，是有官阶的官员进出的主要门户；第二进为仪门，是让访客下轿及整理仪容的地方；第三进为大堂，是官员办公论断的地方。布政使司衙门的正立面开了四扇石雕的竹节窗，窗条的数目都是三，因为三是奇数，即取“奇”与“吉”的谐音，含有祈福之意。正门两侧的壁面为木质构造，其造型模仿人体的头、身、腰、裙、脚五个部分。正门的两侧各有一座石雕的抱鼓石，上段朝外的一面均雕成外凸的螺纹线条，朝内的一面则是左雕龙、右雕虎，正应和了中国传统建筑中的位序观念。屋脊采用燕尾式翘脊，从中央缓缓地向两端扬起，极具庄严大方的美感，体现了中国南方沿海地区传统建筑的鲜明特色。

现在的布政使司衙门其功能虽然早已由政治方面的作用转变为历史文化的作用，但其本身所具有的历史价值，却是早已超出了它现在的实际功用。

台北孔庙浴火重生

台北孔庙是祭祀中国历史上的孔夫子以及历代圣贤儒者的圣贤之地。

在台北的圆山西麓夹在基隆河和淡水河之间的十里平川上，尽是古老的传统闽式民房，这里是台北最早的居民区之一。就在这个居民区中，在圆山动物园西边不远的大龙峒街，全台孔庙中最大的“台北孔子庙”就建在这里。每年9月28日，全台最隆重盛大的“素王诞辰”大典都在这里举行。

台北孔庙又称“文庙”。早期的文庙建于清康熙四年（1665年），为郑成功参军陈永华倡建，原址在今花园街。光绪年间已扩建成占地两万多平方米，是一座有完整建筑群的大庙。日军侵台后，将孔庙霸占为兵营，把孔子牌位拆下做厕所踏板，把香炉移作尿缸。光绪三十三年（1907年），又借口办日文学校需要木材、石料，把文庙拆掉，搬走一切可用建材。这座具有两百三十多年历史的恢宏建筑，被日本侵略者毁于一旦。

1925年，备受日本欺害的台北爱国人士两百余人举行集会，决定以漳、泉两州文庙为蓝本，重建孔庙，1925年开始动工，后因各种原因，盖盖停停，终于在1939年竣工。再经不断修葺扩充，直到1956年9月才算正式全部完工。正当日本“皇军”野蛮摧残台湾各族文化的时候，台北民间却组织“崇圣会”祭典孔老夫子，自1930年起，每年农历八月二十七日都在孔庙举行祭孔大典，坚持不辍。因此，台北孔庙是台湾人民反抗外来文化侵略、坚持民族文化传统的最好见证。

大成殿内孔子牌位

孔庙现已恢复昔日巍峨崇宏的面貌，用地一万七千多平方米，建筑实用面积四千六百余平方米。建筑采用古代宫殿式样，以黄琉璃瓦盖顶，庄严中透出华丽。屋顶、屋檐、屋梁和墙壁等，都用非常艳丽的鲜艳五彩的瓷砖和精细夺目的雕饰，重檐翘角上雕龙欲飞、流云舒卷，山脊上宝塔挺立、双龙戏珠，下面石柱居中的一对则是蟠龙盘绕、云彩流动。并以石灰加红糖搅拌为原料，塑造烧制成各种瓷器，如人物、动物和花卉等，为台湾寺庙建筑的一大特色。孔庙的建筑手法严谨，按照中国传统古法进行建造，大成殿内的八角藻井被认为是台湾最典型的泉州木结构风格建筑，据说当年建庙总工程师是泉州人王益顺，他与制图师反复研究后确定仿泉州孔庙风格，做出全盘设计，所以台北孔庙的今貌恍若泉州孔庙，被建筑学家们誉为“正统南中国式的孔庙”的庙宇建筑，看起来庄严美观。

大成殿巍巍然坐北朝南，有黄色琉璃桶型屋瓦，柱子及门窗均未刻写文字，正门、棂星门和仪门经常关闭，大成殿地基比庙庭地面高一米多。孔庙的大门隔有万仞宫墙，入庙须从西边门的黉门或东边门的泮宫进入，再过礼门或义路；主殿叫作大成殿，奉祀着至圣先师牌位，左右分列着颜子、曾子、子思和孟子等“四配”神像。大成殿左右分别为“东庑”和“西庑”，奉祀有孔子 72 位弟子，以及 150 位中国历史上的贤人。圣祖殿内还有孔子的祖先五代灵位。

孔庙中的所有柱子及门窗皆无刻字，据说是无人敢在孔老夫子面前卖弄文字。孔庙内并没有孔子的塑像，均以牌位替代，也没有世俗的牲礼供品，香烟缭绕。在大成殿奉祀孔子牌位的神龛上方，有三方清代皇帝御赐的匾额：康熙的“万世师表”、同治的“圣神天纵”、光绪的“斯文在兹”。前方屋顶上有枭鸟的雕饰，枭鸟是一种极为残暴的鸟，但孔子仍对它施以教化，在孔庙中将枭鸟作为雕饰，来代表孔子“有教无类”的精神。

与台南孔庙一样，台北孔庙每年也都要举行祭孔大典。从 1952 年起祭日改为公历 9 月 28 日。自 20 世纪 60 年代起，祭礼由台北市政府主持，并于

1972 年 7 月由台北市政当局接手台北孔庙亲自管理。

台北孔庙的祭孔仪礼悉依古制，参祭者要穿古服，仪礼的乐曲、所表演的佾舞，都是参考明朝南雍志的“文武图谱”及明朝李文藻的“类官礼乐疏”而制定的，乐器为周制宋式，服饰为宋明式样。祭典以鸣炮为开始的信号，出席祭典的人员依序行释尊之礼，献牺牲，跳八佾之舞，奏雅乐和迎神之乐，由主祭官朗读祭文，然后行三跪九叩之礼。晋鼓再响起时，平常紧闭的仪门和棂门一一打开，依礼将三牲祭品埋于土中，接着奏“咸和之曲”，开始迎灵、献帛、奉祀官上香等。在鼓乐声与八佾舞中，逐一完成仪式，直到撤馔、关神、焚烧献帛、祝文，再度关上仪门和棂门，整个祭孔大典才告结束。

在台湾，将孔子诞辰的纪念日，即每年 9 月 28 日，作为台湾的教师节，是日，都要在大成殿举行庄严隆重的祭孔大典，而参加观礼者每每有数千人之多，使得孔庙真正发挥了“教化民心”的作用。

台北孔庙内举行的祭孔大典

台北名刹龙山寺

台北龙山寺建成于1740年，它以历史绵长、功能多变、精美富丽的装饰以及众多神明和各项仪典等特色，成为台湾闻名中外的名胜古迹。此寺坐落在台北市万华区（旧称艋舺）广州街上，坐北朝南，庙宇宏大，雕饰尤精，是全台四百四十多座龙山寺中最负盛名的大寺，也是台北三大古刹之一。其香火之盛堪比霞海城隍庙和北港朝天宫（台南妈祖庙），信徒亦以数十万计，信徒除台湾民众外，也常见海外人士前来焚香或观光。该寺现列为台湾省的重要古迹，凡到台北市旅游的人，莫不到此一游。在外国观光客心目中，它是古老中国文化艺术的代表作。

龙山寺是台湾保存得最完美、信徒众多、香火鼎盛的一座古老寺庙，也是福建省晋江市泉安乡的安海龙山寺的分寺。台湾众多龙山寺的总祖山庙在福建晋江安海镇型厝村。据说东汉时有高僧在安海题缘募捐，雕造佛像。唐武德年间（618—626年）建成龙山寺，至今已一千三百多年，是闽南著名千年古刹。清初，泉州人率先进入台北平原开垦，继之晋江、南安、惠安三邑人踵至，艋舺遂成人烟稠密之区。传说两百多年前万华龙山寺现址是一片竹林，有一天乡民在竹枝上发现一个香火囊，内书“龙山寺观音佛祖”，民众认为系佛祖显灵，乃争相拜，为祈神庇护，于是当时的信众们有了建庙的倡议，由聚居在当地的泉州、晋江和南安等三邑人士敛银两千余两，集资数万两纹银建寺，并由三邑代表渡海到安海龙山寺“恭请”祖家的守护神观音菩萨“分灵”赴台，于乾隆三年（1738 年）择址动土建寺，乾隆五年（1740 年）竣工，成为当时当地民众的信仰中心，鼎盛的香火和人群的往来，带动了四周商街的兴起，促使艋舺的发展从沿河一带逐渐往内地扩展，龙山寺也同时成为全台寺庙之冠。

清代中晚期，龙山寺已成为地方公庙，无论是郊商集会议事，仲裁地方纠纷，乃至郊拼、械斗，都以龙山寺为指挥、商议的总部，1884 年中法战争时，艋舺居民决议协助官兵协守台北，在交送刘铭传的决议书上，特意盖上龙山寺的大印，以表正式和慎重，可见龙山寺那时已成为当地民意的象征。

1920 年，因白蚁灾害严重，龙山寺进行了改造，由砖木结构彻底改建成木石构造。两百多年来，龙山寺历经三次大规模修建。焕然一新的庙貌被誉为当时最华丽的寺庙，大批观光客远渡重洋前来观瞻，从此，龙山寺由原先台湾北部地区的信仰中心，逐渐增加了兼具观光的性质。第二次世界大战期间，龙山寺曾遭炮火击毁，1953 年按照原有规模将它重建起来，现在，台北龙山寺继续扮演着民间信仰和旅游观光之地的双重角色。

龙山寺占地 6000 多平方米，殿堂 2000 多平方米，庙门口有用石板铺成的面积 3506 平方米大的大广场，在民居拥挤、尺土寸金的台北繁华市区诚属难得。此庙坐北朝南，庙貌红砖绿瓦，古色古香，整个建筑虽被岁月侵蚀得有些斑驳，但仍不难看出雕梁画栋的雄伟外貌。

从空中俯瞰，龙山寺的整个布局呈完整的“回”字型，由前殿、后殿、东西两护室再加上正中央的正殿，这种布局是极尊贵的做法，通常只有堂皇大庙才采用这种做法，由此可见龙山寺地位的特殊性。

在配置上，正殿台基较高，显得高耸突出，犹如鹤立鸡群。四周围绕的屋宇则以中轴线为准，离中心越远，屋脊就越低垂朴素，其所代表的地位就越低。殿堂建筑之外，寺前广场和正殿、后殿前面的天井，也配合祭祀的需求和视觉的协调，表现出开阔宽广和亲切适中的尺度。无论是空间次序还是建筑美感，龙山

正殿前雕刻精美的石柱

寺可说是从里到外，到处都有可观之处。

在建筑艺术上，前殿、正殿及后殿每一殿堂的建筑形式和门廊的雕刻物都不相同。前殿约有四百平方米面积，其最精华部分是殿堂大门左右两侧的石墙，是将一个巨大的岩石切割开后，再以巧夺天工的雕刻技艺，雕出立体的花鸟、动物和栩栩如生的人物。墙上石雕莲花瓣薄得就像真的一样，光滑得留不住一点水滴。人物手中持的木杖，细小得就像火柴棒。这些雕刻人物难以言喻的神态，蔚成精雕细琢的石刻精品、艺术杰作。在前殿穿堂走廊上竖有铜铸大圆柱，铸面刻有龙形图文，雕工精致细腻。

正殿又叫作大雄宝殿，由左右护龙围绕，采用歇山重檐式屋顶，顶上中央置有小宝塔，两旁翼角塑有龙凤，色彩华丽。正殿上的圆顶是整个建筑物中最艰巨的工程，圆顶上一根根木头，由下向右旋转而上，都贴有金箔，常年光亮如新。圆顶中央垂吊一盏大吊灯，更显建筑的宏伟。还有四对龙柱，雕工精细。藻井及神龛的木雕非常出色，楹联、题诗、匾额众多，富观赏价值。殿中主供观音菩萨像，肃穆而庄严，左右两边分别是文殊和普贤两菩萨。后殿门廊和石柱上，也都有精细的雕刻。

龙山寺建筑最突出的特点是雕刻装饰极集中，全寺好像是由千万件石雕、木雕、瓷雕、浮雕所镶成的宏伟的雕刻集合体，重叠堆砌，不留任何空隙。雕工最为考究的是大殿的藻井和神龛，蜂集其上的木雕精细到连人物服饰的衣褶细纹、鸟兽的羽翎趾爪、花木的叶瓣脉络都清晰可辨。大殿前有许多对蟠龙石柱，前殿还有一对盘龙缭云的高大铜铸龙柱，猛龙栩栩如生，似欲腾空而去。

艋舺龙山寺是当地居民宗教活动中心，所祀诸神，释、道、儒萃聚一堂。龙山寺内神明种类和数量非常多。一般的寺庙都只供奉主神和配祀神，而这里则包含了各种常见和罕见的神明。这是因为艋舺在开发初期，移民多以祖籍地相同而结合，排外性比较严重。为了满足聚落内各种祭拜的需求，因此就把不同的神明都奉纳在最主要的寺庙中，形成多神共奉的奇特现象。像龙山寺中，中殿的主神是观音菩萨，侧有文殊、普贤，左翼殿奉有文昌帝君，又称“文昌殿”，两旁陪侍大魁夫子和紫阳夫子，都是以前读书人敬拜的对象。每逢大考期间，总有许多考生和家长携带各种各样的祭品和准考证前来，祈求考试顺利。右翼殿主要奉祀关圣帝君，另外还有三官大帝、地藏王菩萨以及药师华佗。后殿左龛奉祀妈祖，两边分别供奉水仙尊王、注生娘娘以及城隍爷、土地爷、龙王等，各大宗派的神祇云集于斯，和平共处，共同维护千方百姓心理上的安宁。因此龙山寺成为台湾典型的神佛合一的寺庙。此庙信徒数十万，每天均有大量善男信女来此参拜，尤以中殿观音和后殿妈祖这两位来自福建的菩萨香火更旺。

这座大寺庙是财团法人组织，每年都有来自社会各界人士所捐献的巨额香火钱，加上基金利息，以及在台北市郊土地的租金收入等，经费充裕。这些钱除了用于寺庙的管理和维护开支外，都妥善地用于服务社会。每年捐助慈善事业和清寒学生奖学金的金额，约有数百万元。龙山寺不但平时香火旺盛，每月的农历初一和十五更有固定的香客来此膜拜。每年的元宵节，龙山寺都举行全台湾最大规模的花灯展，届时人潮涌来，如涛如澜，人山人海，热闹非凡。

东部史前遗迹多

台湾东部地区在台湾开发史上相对较晚，也是台湾少数民族聚居较多的地区。东部地区不仅自然风光壮美秀丽，更是史前文化遗址留存较多的地区，从北边的花莲到南边相邻的台东地区，就分别有“舞鹤石柱”“长滨文化遗址”和“卑南史前文化遗址”等著名历史文化遗址，给美丽的东部地区增添了深远的人文历史内涵。

花莲县玉里镇北约 15 公里处的瑞穗乡舞鹤村，位于一片广大平原上，这里是阿美族群的聚居区。当地人把山间广大平地叫作“扫叭占地”。台地中一片草地上竖立着两根巨大的石柱，这就是著名的“舞鹤石柱”，又叫作“扫叭石柱”。

关于这两根石柱，在花莲阿美人中流传着两个故事。

一个故事说：古时这里居住着一位名叫布东的预言家。有一天，族中有个妇人产下一对双胞胎，布东就预言当地将有巨大灾变，全村人若不立即离开此地，将全部灭亡。村民听布东的话，全部离开村子，果然村子所有房屋化为乌有，只剩下两根石柱。

另一个故事说：有一对神仙夫妇居住在舞鹤台地，过着狩猎、放牧和耕种的自由生活。他们生下一对小兄妹，哥哥名叫赐猎，妹妹名叫纳高。小兄妹长大了，他们的父母便离开他们，让其独立生活，对面山上的恶神从前曾被神仙夫妇打败，这时便大兴洪水，淹没台地以报旧仇，幸而神仙夫妇及时赶来搭救子女，但舞鹤台地上屋宇尽毁，仅剩下两根巨柱。

经考古学家鉴定，确认这两根石柱是史前文化遗迹。石柱分别高 20 余尺和 17 尺，基部宽均为 6 尺。两个石柱都是粘板岩结构。其中有一根原已倒卧，1971 年将其扶立，又在两个石柱周围设立矮铁桩，连以铁链，作为保护栏。立说明碑和小亭，供游人驻足参观。

舞鹤台地地势甚高，在此可远眺秀姑峦溪开阔的河谷和对岸群山。溪谷中芦苇遍布，秋来芦花盛开，金风吹拂，如白浪翻滚，令人赏心悦目。

长滨“八仙洞文化遗址”

长滨是台东县最北端与花莲县接壤的一个乡，东临浩荡汪洋，西倚起伏群山，因海边有一道狭长的砂砾海滩而得名。乡北的樟原村偎山临海，在樟原村后山冈岩壁上，有许多形状大小各异的洞穴，人称八仙洞，其实并不止 8 个，现今已发现有 16 个，均为一座巨大石块岩上的洞穴，其中以“昆斋洞”最高，海拔约 130 米，三藏灵岩、观音洞等最低，海拔约 15 米。

以前这些荒山洞穴并不为人注意，只有阿美人常到洞中取活泉饮用，据说有祛病延年之效。五六十年前有个俗家名徐阿礼的和尚云游至此，见山青海碧，认为是“好风水”，就在靠近路边的“仙女洞”住下，奉观音菩萨，以洞为寺，取名“灵岩寺”(今仙女洞又名灵岩洞)。他又编造神话，说八仙过海曾驻跸于此，于是骗得善男信女纷纷来拜神佛，赚了不少钱。从此和尚道士竞相效尤，纷纷选洞开基。当年有大小八个洞建寺庵，故题曰“灵岩八洞”，又叫“八仙洞”，成为“台东十景”之一。

1968 年 3 月，台湾大学地质系教授到台东海岸做地质调查，发现八仙洞是岩层被海浪撞击侵刷而成的“海蚀洞”，因陆地间歇性上升而自海滨升到山上。接着，又发现散处石崖、岩隙、草丛、竹林中的这些洞各具特征，或燥或湿，或洞中有泉水或洞外有平坡，或较隐蔽，或有径可通，很适宜早期原始人类居住。进一步的探察发现，在若干洞穴中的堆积层中含有新石器时代文化层并有年代旷远的红土层，因此可能还会有更古的文化层。随后，台湾大学部分师生组成了“八仙洞考古发掘队”前往樟原试掘，他们在红土层下挖到先陶文化层，发现石片、石器、骨角器、兽骨、鱼骨等珍贵古文化遗物计六千多件。考古学权威非常兴奋地宣布这是台湾考古学上最重大的突破，并把这一古文化遗址命名为“长滨文化遗址”。经过二十多天的努力，长滨文化的秘密被首次揭开，惊动了世界考古人类学界。

根据近些年国内考古发现，在福建三明万寿岩船帆洞的旧石器遗存与长滨文化相似，而年代要早数千年。这说明长滨文化根源于祖国大陆。学者们经详尽研究证实，长滨文化至晚是五六千年前的古文化，因此长滨八仙洞是应予严密保护的极其重要的古文化遗址。

八仙洞岩洞大都位于海底火山岩内，由海浪侵蚀造成海蚀洞，这段海岸不断持续上升，海蚀洞便由海平面以下逐渐升至海平面上，因此愈上面的洞穴所形成的年代也就愈久远。

八仙洞也是东部海岸公路上最著名的风景点，不过因山势陡峭，走起来颇费体力，要完成全程需很大的毅力与体力。天气良好时登高远眺，整个东海岸美丽景致尽入眼底，其中尤以最高点的昆仑洞的远眺效果最好。

卑南文化遗址

位于台东新站旁的卑南文化公园，是全台第一座现地保存史前聚落与墓葬遗址的开放式考古遗址公园，园区旁更开放一处“遗址挖掘现场”供民众参观，人们可以就近观察考古工作队现地挖掘、记录采集的情形。

由于公园内所包含的卑南文化遗址目前已被指定为一级古迹，因此与别处以提供餐饮服务的公园游客服务中心不同的是，卑南文化公园特别设立了学习教室、多媒体视听室来对卑南文化遗址进行相关解说，并陈设了考古工作室的实景，让民众能轻松地深入了解卑南遗址所代表的史前文化意蕴，丰富自己的知识。

除了历史价值以外，卑南文化公园内广大的绿色草地，更是散步、放风筝、野餐的最佳地点，公园内设置的瞭望台，可远望卑南人圣山——都兰山，也是俯望整个公园景致的好地方，瞭望台下同时有原址复原的三口石板棺，更是参观公园时不能错过的重点。

在台东地区，这些史前文化遗址无疑极大地丰富了台湾的历史与发展、台湾与大陆文化的渊源、台湾历史文化的特色等研究课题的事实依据及资料来源。

云林北港朝天宫

北港旧名“笨港”，位于云林县南部，处于北港溪下流河曲处嘉南平原上，这里河川纵横，开发较早，是台湾最古老的港口之一，也是台湾开发史中早期的繁荣之地。但经过数百年的历史沧桑，现已成为距海岸线远达十多公里的河湾，岸上的街市亦成了台湾西南部沿海平原的中心。

北港镇上的“朝天宫”又称“天后宫”，位于北港镇中山路 178 号，在台湾四百多座妈祖庙中被冠以全台妈祖庙“总庙”，也是全省最富有的庙，每年捐助慈善事业的赠款多达数百万元，每年吸引上百万香客前来朝拜。这座本省规模最大、香火最盛的妈祖庙，是全台妈祖信徒的圣地。

此庙相传来自福建省莆田县湄洲岛的朝天阁，据说康熙三十三年（1694 年），福建莆田湄洲岛朝天阁的佛教临济宗第 34 代禅师僧树璧和尚奉“天上圣母”的神像来台（神像来自湄洲岛的朝天阁，并非出自正妈祖庙的“天后宫”），路经北港，因当地闽籍人崇拜妈祖者极多，神旨欲永驻此地以保佑境民。此时漳、泉移民多聚集于此，平时就崇信妈祖，见到僧人树璧和尚奉故乡妈祖神像莅港，本着怀乡虔诚之心，由众人决议，建立小祠奉祀，敦请树璧主持祀事，这就是北港朝天宫的前身。自此至今，这里便成为台湾唯一的以佛教礼仪祭祀妈祖的庙宇。建庙之初，仅搭盖茅屋为祠，后因妈祖非常灵验，信徒日增，香火更盛。

清康熙三十九年（1700 年），由信士敬献庙地，募集居民与绅商筹款，以瓦易茅，号“天妃庙”，此后参拜信徒日增，香火鼎盛。至清雍正八年（1730年），再次动工重建，渐具规模，易名“笨港天后宫”。之后乾隆、咸丰年间两次扩建。到了乾隆十六年（1751年），第二代住持僧人能泽见宫内丹青斑驳，乃予以重修。乾隆三十六年（1771年），笨港县丞率先捐奉重建，并请人募捐巨款，于两年后实施大规模扩建，历时三年方才完工。庙宇共分两栋佛殿，正殿奉祀妈祖，后殿尊祀观音菩萨，东室六栋均为僧房。至道光年间，为纪念妈祖奉自祖庙朝天阁，又在原庙旧址上重修，改号“朝天宫”，以示饮水思源。清嘉庆年间，因妈祖显灵，助措爵太子王保王得禄平定海寇蔡牵有功，礼部奉准钦差官候补道王朝纶，即王得禄的后裔赍御书诏诰，加封妈祖为“护国庇民妙灵昭应宏仁普济宏佑群生诚感威孚显神赞顺垂慈笃佑安澜利运泽覃海宇天后”。

咸丰四年（1854年），世袭子爵特授江安十郡储粮道王朝纶返台运米石，与台湾各官员士绅共议扩建妈祖庙，将此庙扩建为四进宫殿式建筑，前殿为拜亭及东西两室，二进祀天宫，三进奉观音菩萨，四进祀圣父母，东厢为注生娘娘殿，西厢为福德正神殿。不料光绪三十二年（1906年）又遇大地震，全庙皆被震坏。于是地方人士发起募捐，集资重建。这次重建工程浩大，庙宇占地达2000平方米，除正殿外，前有毓麟宫，后为双公庙，余有聚奎阁、凌虚殿、文昌庙、三界公祠等，形成庞大而严整的建筑群，称冠全台。1959年因屡遭风雨侵蚀，庙貌略有损坏，经管理委员会议定重修正殿屋顶，至1963年完成，是年11月后动工修葺三门屋顶，经两年完工。经过三百多年来不断翻新，这座庙宇现占地三千多平方米。现今的朝天宫富丽堂皇，建筑巍峨的庙貌，也奠定了它在台湾寺庙艺术史上的崇高地位。朝天宫庄严肃穆，壮观华丽，巍峨不凡，信徒不计其数，成为台湾妈祖信仰中心。

朝天宫内的八卦形藻井

朝天宫坐北朝南，正面宽38米，进深约56米，共分四进，各进间都包含有中庭，地面铺石，周环矮墙，并有精工雕琢的石雕人像，入口处左右有一对石狮，护卫山门。建筑规格全依古式，庙背拱起，屋檐飞伸，门柱墙壁天花板的雕镂相当精巧，油饰彩画更是鲜艳夺目。规模虽不是全台第一，但富丽堂皇的装饰为全台之冠。

前殿分为三段，中央为“三川门”，辟有三个门。屋顶是“歇山架硬山”的重檐式。东、西翼分别为“龙门”和“虎门”。门前各有一对石厝，屋顶皆重檐歇山式。屋脊上布满金碧辉煌的各种装饰，有假山风景、天宫赐福等，屋上一律铺瓦筒。第二进为正殿，正殿为全庙最重要的建筑。该殿前为大拜庭，白石砌地，殿前建拜亭，为卷棚式顶颇称华美。大殿非常宽敞雄伟，顶为硬山式屋顶，而重叠三层，脊尾高翘凌空。屋脊装饰极为繁藻华丽，有飞龙飞凤凰、麒麟、宝塔以及种种花草图案。装饰繁复的屋顶是台湾寺庙传统风格，但硬山叠起三层，却是其独特处。屋檐高达三重，顶上装饰有麒麟送子及凤鸟，耀眼夺目，内奉天上圣母、镇殿妈、湄洲妈，此外尚有三十多尊妈祖分身；妈祖两侧有千里眼、顺风耳两神侍立，据说是桃花山妖怪，被圣母收为部属，帮助妈祖“眼观四海、耳听重洋”，发现海上遇难者。东西厢房分祀福德正神（土地公）及注生娘娘（送子妈），也是香火鼎盛的殿堂。第三进为中殿，主祀观音菩萨，左右殿各祀三宫大帝和文昌帝君，拜亭各设三门，中门有石鼓，左右两门各设石枕，并有卷棚的走廊相通。第四进中室很有特色，该殿主祀妈祖的父母兄姐，一家皆神，团聚一堂，殿前石柱题联：“朝感圣母封增父母，天嘉后德荣及姐兄。”过去每年“妈祖诞”，大甲妈祖要到这里“回娘家”拜父母，这座殿便成为全庙最热闹的殿堂。左室是开山堂，奉祀历代主持的神位；右室是南华阁。屋顶装饰较为朴素大方，中室正脊单檐跷脊，上有双龙戏珠，左右有双凤，无垂脊。从第四进开山堂往后走，是接连庙宇四周围墙而建的“武城阁”。1957年，庙的前面增建了一座崇圣台，分三层，下层属摊贩场地，中层为戏台，上层为露台，立于台上，北港风光一览无遗。

朝天宫内精致的格门

朝天宫既为全台妈祖之“总庙”(鹿港天后宫则称为“祖庙”)，因此每年此宫有两次祭典最热闹，一次是农历元宵节，一次是农历三月二十三日妈祖诞辰。每年妈祖诞，全台便以这里为祭典中心。从正月十五日起，每年举办元宵节花灯展览，便有香客自各县市远道而来，直至三月底达到高潮（农历三月二十三为妈祖诞日)，举行祭典的当日，各地前来的善男信女多达 30 万人，锣鼓喧天，香火弥漫，突显传统的宗教精神。其间拥入北港的香客可达四五十万之多，年年如此。妈祖诞前后几天，民间祭神队伍游行不断，锣鼓喧天，整个北港弥漫着香火烟雾。各地来向妈祖拜寿的大大小小神佛坐在神轿里，由脚佚扛着从人群中挤向朝天宫。到处是持香祷拜的人，触目是一张张虔诚的脸，全年到北港来的游客多达两百多万人次。

北港朝天宫的古物也多不胜计。从二进起，古匾有雍正年间的“神昭海表”、光绪帝颁题的“慈云洒润”、道光十四年（1834 年）的“海天灵贴”，左右墙壁上咸丰二年（1852 年）状元庄俊光题的字、二等子爵王得禄所献钟鼓等。第三进古物有一道光丙申年的梯形古桌，上刻“永镇在宫不许人借”八个字。正殿乾隆四十年（1775 年）的盘龙石柱，由陇石雕成，石珠呈八角形，上刻花草虫兽图案。另外右厢文昌殿的龙壁古朴工精，是台湾少数精品之一，上刻“道光庚子年阴月立，泉郊新德泰敬捐，船户周益喜栽”等字。殿内并有“文明气象”匾一块。

最多的就是历代皇帝御赐的匾额，但是由于香火鼎盛，这些匾额早已被熏得黑黑的。在 1984 年增建的“历史文物馆”中，陈列的神像和精细的雕刻品，都是数百年的古文物。

据堪舆界的说法：朝天宫之所以香火鼎盛，是因地处龙穴之故。府番里北侧的沙丘是龙尾；龙口在庙前中山路的南方，吸取四面八方之灵气；左右两口古井是龙的眼睛。庙内正殿前有古井，为龙喉穴。后因道路拓宽在马路中央被封，还有一口龙井在民宅中，端午时常有大批民众到此抢着汲取午时水。

安平古堡话沧桑

安平古堡旧称台湾城，是台湾岛上历史最悠久的一座城堡，也是目前在台湾少数留存的荷据史迹之一，在台湾的历史上占据相当的地位。

三百多年前，目前已是繁华街区的台南市西区还是个海湾，外有九个沙屿自北而南纵列环绕，护住内港。按当地民间的习惯，将沙屿称为“鲲鯓”。于是这些沙屿依次被称为“一鲲鯓”“二鲲鯓”……

明万历三十二年（1604 年），荷兰人为寻找东南亚贸易根据地进占澎湖，后被沈有容谕退。天启二年（1622 年），再度登陆澎湖，与此同时，荷兰人发现当时位于台湾中南部的台江外海地势优良，适合筑港，遂在翌年转而进据安平。1623 年，荷人用砂竹建立一座简单的砦城，这就是安平古堡的前身，称为“奥伦治城”（为纪念荷兰国父奥伦治威廉一世），此举开启了荷据时期。明朝天启四年（1624 年），一再侵略澎湖的荷兰军队被清大臣沈葆桢率领的清军打败后，转窜到台湾，在安平港外的一鲲鯓沙屿建立炮台，并于崇祯三年（1630 年）扩建为城堡，称“热兰遮城”（热兰遮，为荷兰七州之一）；老百姓则叫它为“红毛城”或“台湾城”。1634 年又将城堡改建为规模宏伟的砖石城，成为荷兰占据台湾的中枢地方。

城堡于崇祯七年（1634 年）竣工，为欧式城堡建筑。分内城与外城，依山筑成内城寨，外围再围以外城，墙垣用糖水调和灰土堆砌砖石而成，楼有三层，上下两层及地下室，高九米多，非常壮观。楼屋曲线玲珑，四角均有棱堡，规模雄伟。城堡不但扼守台江出入要塞，更是荷兰人统治台湾全岛和对外贸易的枢纽。此后，为增强军事防御能力，又在附近沙丘高地（今安平公墓一带）另筑有乌特烈兹堡（乌特烈兹堡，荷兰七州之一）作为前卫地。

永历十五年（1661 年），郑成功率军东征登陆鹿耳门，数日后，普罗民遮城（今赤嵌楼）投降，但荷兰长官揆一则坚守热兰遮城，与郑军展开长达九个月的战斗。1662 年 1 月，乌特烈兹堡沦陷，加上弹尽无援，揆一终于在 2 月订立城下之盟，退出其经营 38 年的城堡，郑成功的复台大业，正式宣告完成。郑成功在接收热兰遮城后立即将台湾改称“安平镇”，将热兰遮城称为“安平镇城”。除在外城南墙新辟一城门与护城濠外，城堡大致仍维持荷兰时期的原貌。自此城堡便成为郑氏三代的宅第。郑成功在此居住五个月后逝世，直到永历三十七年（1683 年）郑克塽降清前的这期间，城堡一直成为郑氏三代的宅第，故又称作“王三城”，此外，古堡也是明郑政权筹策反清复明大业的司令部。

安平古堡中的郑成功塑像

康熙二十二年（1863 年），清廷收复台湾。台湾归清后，政治重心移至府城内，城堡的重要性日减，仅在此设水师衙门，或做仓库，虽有修缮，但墙垣多倾圮失修。据台湾县志的记载：署废而不居，台风飘摇，连年地震，终至倾圮。甚至潮水直冲城基，形势岌岌可危。直到雍正十一年（1733 年），安平水师奉命整修堤防，才使城堡免于崩坏。道光二十年（1840 年），鸦片战争爆发，台湾兵备道姚莹为军事需要，修建城堡为军火库。由于城堡距离海岸已远，仅作为后勤补给站，军事地位日减，又缺乏维修，四角棱堡逐渐崩毁。同治十年（1871 年），英军派兵炮轰安平，重创安平水师，并炸毁城堡内的军装局及其军火库，城堡的内城破坏殆尽。后台湾水师重建军装局，当时所立一方石碑，目前仍存于安平古堡二楼的露台。

同治十三年（1874 年），因牡丹社事件，沈葆桢来台筹划海防，决定在海边建造炮台（即今亿载金城）。当时因军情紧迫，加上材料运送不易，遂拆除城堡外城北面城墙砖石修建新炮台，以致城堡更加颓毁……此外，安平居民亦常挖掘砖石修筑公私房舍，城堡外城因此荒倾残破，仅余断垣残壁。

日本统治台湾时期，改称城堡为“荷兰城”，并将内城城垣产平，改建红砖平台，平台上建日式海关宿舍，平台下建民房与宿舍，城堡风貌发生巨大变化，荷兰时期的建筑几乎毁于一旦。1908年，内城高地上加建一安平灯塔。1930年，日本人将官舍改建为新式洋楼，作为游客招待处及展览场所，即为今日安平古堡的形貌。当年曾叱咤风云的城堡，只留下班驳的残壁，供后人凭吊。

战后改名为“安平古堡”。安平灯塔改建成瞭望台，日据时的洋楼则成为今天的古迹纪念馆，城堡建筑又一次经历蜕变。1983年被列为一级古迹，在经历三百多年的世事变异后，如今已成为游人如织的观光胜地。

阳光下的古炮

经过三百多年的变迁，荷兰人、郑成功都已远逝。展现在面前的已不复当年那座宏伟壮丽的海岸堡垒，取而代之的是历经多次整修的“安平古堡”，日据时期海关宿舍改建的“安平古堡古迹纪念馆”、象征安平新地标的“瞭望台”、热兰遮城外城南城壁遗迹开辟成的“古壁史迹公园”以及部分古城壁的遗迹。

安平古堡古迹纪念馆是1930年由日本海关宿舍改建而成。1975年，经重新整修后辟为展示空间，分别介绍荷据时期至今的安平历史和风貌。内容包括：安平庙宇古迹分布图、荷兰人的对外贸易、郑氏史迹、郑荷条约、沈葆桢在台事略、荷郑时期文物及台湾历史任务等图文资料。古堡内遗门，古趣斑斓，同时还展有热兰遮城、德记洋行、东兴洋行的模型。台湾光复后，这座古迹曾被数度整修，成为今日的纪念馆，并正式改名为“安平古堡”。现古堡下由渔民集资建有圣母安澜庙，雕梁画栋，刻石泥金，颇具规模。

瞭望台为红顶白墙的高塔建筑，是安平古堡的新地标。1908年，日本人在此建筑安平灯塔，原为白色圆形塔，高五米余。“二战”后，安平港位置迁移，于 1975 年在原塔身外加盖新式瞭望台。现在，登上塔顶，除可俯瞰热兰遮城的半圆堡遗迹外，还可远眺安平街景。而当年热兰遮城的外堡——乌特烈兹堡，也就是现在的安平公墓，也都能一览无遗。瞭望塔视野极佳，登塔远眺夕照，壮阔的台湾海峡上渔舟点点，颇有当年全台八大美景“安平晚渡”的情调。

古壁史迹公园位于古堡西北侧，1979 年辟建而成，是当今最能引人追忆起当年热兰遮城风貌的部分，主要以保存较完整的热兰遮城外城南侧城壁为主体规划而成。斑驳苍劲、高耸坚实的古城壁，兀自屹立在新式公园一侧，红墙上古榕树盘根虬结，壁面古榕盘缠，老根新叶交错，古意盎然，充满岁月沧桑的美感。古壁上还可看到“铁剪刀”的遗迹，又称为“壁锁”，是当初为了稳固梁壁，预防脱离而设。靠近史迹公园的北面，有一排凹穴，据推测为当年置梁的凹穴。古壁中间一小门，是为方便外城南边的出入。

除了古壁史迹公园外，古堡附近还有几段城壁的残迹，即外城城壁、外城西南侧棱堡和内城北侧半圆城遗迹。其中，前两段大部分隐住民宅中不易看到。而内城半圆堡的残迹，前在古堡北侧的平台下方，由层层红砖浑厚扎实地堆叠而成，中间可清楚看到由栅栏围成的圆形基址，应为一古井遗址。现在堡内有一古井，是荷兰人所筑内城四井之一，外城南壁高 9.1 米，古以糯米、糖浆、蚵壳灰和三合土砌砖而成。

沧桑斑驳的古城墙

安平古堡曾是荷兰据台的统治中心，目前仅存几段断垣残壁，供人发思古之幽情。不仅其名称在历史上历经多变，数百年来的命运，也如同现今留存的斑驳壁面般，坎坷而沧桑。在经历了三百余年的世事变迁之后，这座当年曾叱咤风云的城堡，只剩下斑驳的残壁，供后世凭吊。而在连天白云的映衬下，在红砖绿荫的环绕中，古堡白壁红瓦的瞭望台越发显得耀眼醒目。

台南名胜赤嵌楼

赤嵌楼俗称“番仔楼”，是台南市最具代表性的名胜，具有较高历史和文化价值，迄今已有三个半世纪的历史。

17 世纪初期，台湾西面的海岸被沙滩分成几个内海，其中最大的内海就是台江内海。在台江内海的西南边，有七个相连的细长沙洲，最北面的一个沙洲最大，又叫大员屿。荷兰侵略者入侵台湾后，于 1624 年在这个沙洲上动工兴建城堡，并以“热兰遮”命名（现称为“安平古堡”）。而后，又于 1632 年在台江内海东岸修建了一座“普罗民遮城”，两城隔着波平流静的台江遥遥相望。热兰遮城扼守着进出台江的港口，是荷兰官员的住宅。普罗民遮城为内城，是荷兰侵略者的“政务机关”，这就是通常所称的“赤嵌楼”。

“赤嵌楼”得名有两种说法：一说此地昔日为平埔人“赤崁社”所在，荷兰人在此筑城，外观像座高楼，所以称“赤崁楼”，“崁”字却混淆成“嵌”字；另一说此地为临水的小高地，闽南语称“磡”，后来误为“嵌”，荷兰人在台筑城惯用赤色砖瓦，阳光照射下，宛如虹霞，所以有“赤嵌楼”的称呼。又因当时洋人也被呼为“红毛番”，所以又有“红毛楼”或“番仔楼”之称。

17 世纪荷兰人占据台湾后，以台南为据点，不断剥削居民，终于激起郭怀一率领的抗荷民众起义。1653 年平乱后，荷兰人害怕再有暴动，便在主要市街（今民权路）之北修筑城堡，以供防御，也作为商业与行政中心。荷人称此堡为“普罗民遮”，有“行政区”及“永恒”之意。该座城堡高约 10.5 米。城墙以糖水、糯米粉搅拌石灰、蚝壳灰，叠砌红砖而成，坚如磐石。城堡主体为四方形，而在东北与西南角各有一座凸出的棱堡，上有瞭望亭。中央为呈阶梯状的阁楼，这是当时荷式建筑最明显的特征。

郑成功收复台湾后，安平港与大陆的贸易往来更为密切。然而由于海陆的变迁，1822 年，鹿耳门水道淤塞，台江内海渐渐变为陆地。日本侵略者占据时期，安平港外又出现了岸外沙洲和沙嘴，自此港势渐次萧条，终被南面的高雄港取而代之。“赤嵌楼”也在近两百年的岁月沧桑中逐渐失去了它本来的作用，走向老化、损毁。

清代集庙、殿、祠、阁、院于一处的鼎盛时期

同治初，在倾颓的荷式城堡上开始出现中国式的建筑。先是民众盖了一所“大士殿”，奉祀观音菩萨，俗称“番仔楼佛祖”。光绪十一年（1885 年）左右，中法战争期间，大士殿受到波及，被拆毁。光绪十二年（1886 年）台湾知县为振兴文教，在赤嵌楼北侧建“蓬壶书院”。同时在城堡残基上盖起“五子祠”、“文昌阁”，供书院学生参拜。此外，从光绪元年即准建却始终未见踪影的“海神庙”也在此时此地完成。隔年，因中法战争已结束，应民众要求，又在文昌阁前方重建大士殿。到此，赤嵌楼一带同时存有五座中国传统建筑，集庙、殿、祠、阁、院于一处。由老照片里尚可略见其盛况。

日本侵占台湾后，把赤嵌楼改为陆军卫戍医院。而五子祠却在 1911 年被台风吹垮。1935 年，因赤嵌楼被指定为重要史迹，除拆毁大士殿外，也开始挖掘荷式城堡遗迹并修建既存建筑。这时的建筑仅剩海神庙、文昌阁与蓬壶书院门厅。

1945 年抗战胜利，台湾回归中国。1965 年台南市地方政府再度整修赤嵌楼，把原有的木结构改为钢筋混凝土结构。同时，开辟海神庙南侧的庭园，主要入口也由西向改为南向，就是今日的赤嵌楼。

如今的赤嵌楼园区面积广阔，游人如织，不但是国际著名的观光地点，也是台南市民平时喜爱的休闲去处。园区里除了老树成荫的庭园外，高大壮观的乾隆御龟碑、纷然林立的石碑、石兽与石器、巍然耸峙的海神庙与文昌阁、充满传奇色彩的红毛井、砖石斑驳的普罗民遮城堡遗迹，以及残存的书院门厅等，都值得细细浏览。

现在的赤嵌楼庭园

走入庭园绿地，可以发觉整片庭园大致由中央红砖步道分为两部分：左边老树林立，赤须低垂，石椅上三五成群的老人在闲话家常，十分悠哉；右边则是绿色草坪，还有假山、凉亭、流水潺潺，旁边耸立着“郑成功受降”铜像，游人漫步其间颇感畅意。这一片占地近千坪的绿地，原为日治时期的防空用地。1965年赤嵌楼修建时才成为其中一部分。整个赤嵌楼的入口也因此由西向成为南向。

由于老树成荫，闹中取静，这座庭园已成为赤嵌楼主体建筑与喧嚣市街的重要缓冲地带，不但游人常在此歇脚，与赤嵌楼拍照留念，此处更是台南市民最喜欢的休憩场所：每天清早，便有许多民众扶老携幼到此散步、运动，其他时间里，也不时可见到许多老人聚集在树荫下泡茶、下棋，安享闲适的一天。

从赤嵌楼庭园的老树浓荫里向前走，目光焦点立刻被竖立在海神庙旁的“御龟碑”吸引。这些龟碑外表高大厚实，排列整齐，仿佛是拱卫赤嵌楼的九位勇士，形成台湾地区最壮观、最具特色的碑群。

清乾隆五十一年（1786年），在台湾发生天地会成员抗清大起义，全岛闻风响应，清兵溃败。清朝统治受到威胁，便命令当时陕甘总督福康安率军渡海平乱。福康安登陆后，很快将乱事平定。乾隆皇帝接获捷报十分高兴，亲自动笔写了诗文来纪念此事。同时下旨将这些诗文以满、汉文字镌刻制碑，竖立在台南、嘉义两地敕建的福康安生祠内。这就是“御龟碑”的由来。

由于当时台湾的石材过于松脆，不堪大用；官方先在盛产花岗石的金门开凿上好巨石，将龟座与碑石分别离制后，再运到台湾来组合。当时载着龟碑的船只，浩浩荡荡直驶到今天保安路西边的港道卸载。谁知碑石过于沉重，其中一具龟座竟不慎掉落海底。主事官员唯恐获罪，便隐瞒此事，急忙用台湾土产砂岩补刻一座。目前这座“真碑假龟”的御碑被立在今南门路附近的福康安生祠里。

有趣的是，掉落海底的龟座，沉没百年后，因台江淤浅竟然重见天日。在 1911 年被渔民捞获，并被尊为“白灵圣母”，目前供奉在保安路的保安宫内。

赤嵌楼一字排开的御龟碑是研究台湾史的重要史料。由于造型、石材乃至雕饰等都是台湾地区极为少见的，极具历史与艺术价值。以下便分别加以说明。

碑额：正中为一团龙，口衔刻有篆体“御制”字样的长方额牌。“御制”与“龙”都是旧时皇帝专属的图样，说明此碑的来历不凡。

碑身：高约 317 厘米，宽约为 142 厘米。石材来自金门，属于花岗石的一种，质地特别细腻，纹理致密异常，十分少见。

碑文：共刻有五篇诗文，主要叙述福康安剿灭天地会，生擒林爽文等人的经过。其中四篇分别以满、汉文字各刻一次。另一篇则是满、汉文同刻一碑，为台湾少见满、汉文对照刻写的碑文。其中附加的注解文字体纤细，却笔画鲜明，一丝不苟，可见雕刻匠师的功力与石质的坚硬。

雕饰：除了居中的团龙外，两边及碑缘还攀附着八条行龙。团龙圆目怒瞪，须发俱张，造型十分威严；行龙则大小、姿态各异，却均具动感。此处的龙足为五爪，与一般寺庙三或四爪的造型不同。根据旧制，五爪的为“龙”，是皇帝专属的图样；三或四爪的称为“蟒”，民间才可以使用。此种真龙的造型较为罕见。

龟座：以花岗石制成。高约 80 厘米，宽约为 180 厘米。石龟名为“赑屃”，据传是龙所生的九个儿子之一，天性喜欢背重物，故常被当作碑碣的基座。此处赑屃的造型浑朴憨厚，线条简洁有力，与碑石龙纹的细腻飞扬，恰成强烈对比。

看完御龟碑，走过拱桥、月门，便来到“小碑林”所住的庭园。婆娑摇曳的椰影之下，古碑残碣，倚墙林立，述说着府城过去社会的种种。此外，这里还有不少有趣的石器，更有珍贵的城堡遗迹。细细浏览，思古幽情不禁油然而生。

提到赤嵌楼，一般人很容易就想到“海神庙”与“文昌阁”的影像。这两栋前后毗邻、左右相伴的楼阁建筑，历经百年风霜后，已成为赤嵌楼、甚至是整个台南最鲜明的标志。海神庙显得宽大饱满富雄厚感，文昌阁则是轻巧内敛富温和感。两者下层的书卷窗，透露出振兴文教的目的。两栋建筑目前被规划为文物陈列室，使其在历史意义之外又增加一份文化传承的功能。

三百多年来，赤嵌楼历经沧桑，建筑外貌与用途几经变迁：从荷据时期的西式城堡到清代的传统楼阁；从日治的陆军医院到战后的文物馆；活生生就是一部台湾史的缩影，也是 17 世纪以来台南历史变迁的最好见证。无怪乎被列为台湾地区一级古迹，也成为台南市最著名的历史名胜与精神象征。

亿载金城古炮台

亿载金城，又称“二鲲鯓炮台”。亿载金城的创建，原是为了对抗因牡丹社事件而犯台的日本军队，后虽因牡丹社事件及早平息而未派上用场，但台湾的海防军事却因此跨出近代化的一大步。

牡丹社事件是指清同治十年（1871 年），有艘琉球船只在海上遭遇飓风，漂落到八瑶湾（今天屏东县满州乡九棚一带）。船上有 60 余人，上岸后因不谙当地民情，误闯排湾人牡丹社的部落，导致 54 人被杀害。幸运生还的 12 人，在居民杨友旺、杨天保的帮助下，经凤山县衙门护送到福州，受到福建官员的优厚抚恤后，隔年安全遣返琉球。

这原本只是一桩单纯的中国内政事件，但在居心叵测的日本人眼中，却成为向中国挑衅的良机。同治十三年（1874 年），日本借口琉球为其保护国，大举发兵攻打台湾，占据恒春一带长达半年。后虽和平解决，但让清廷认识到海防空虚的问题，因此促成亿载金城的建设。

日军侵台后，清廷一方面对外严词谴责日本人侵略行为，一方面对内调派沈葆桢为钦差大臣，命其火速赴台勘察战情，并全权筹办对日防务诸事。沈葆桢奉命来到台湾后，先抵达台南的安平，巡视沿海攻防形势之后，认为依台湾绵延亘长的海岸地形，应以府城为巩固之本。因此建议在安平海口建立炮台，起到遏阻敌舰、保卫府城的功效。

同治十三年七月，沈葆桢选定当时的三鲲鯓为炮台所在，旋即展开设计制图、修路架桥、洽购建材等工程。三鲲鯓因地处沙洲，建材的取得和运送都极困难。据说，除了远从厦门、泉州等地购运砖材外，还大量搬用当时已倾圮的热兰遮城（今安平古堡）的墙砖。光绪二年（1876年）八月，全台第一座西式炮台终于完成，城上置有5门大炮，8门小炮，并派水师副将率300兵员防守，门额上有沈葆桢亲自题写的“亿载金城”四个字。从此在三鲲鯓临海担负起保国卫土的重责大任。

亿载金城占地广达三公顷多，由法国工程师设计完成。形制上，属于西洋棱堡式的方形炮台，四角凸出，中央内凹。炮台四周有护城濠，炮台上分置大、小炮，中央为操练场，台下有兵房、弹药库及仓库，是一座具有完整配置的西式大炮台。

亿载金城虽未能在牡丹社事件中发挥功能，后来却分别在中法之役和乙未割台之役中大展雄威，有效遏阻了敌军侵入，发挥了出色的功效，展现出固若金汤的临海防御力量。

日本统治时期，炮台因军事价值丧失而逐渐倾圮，大炮被日本人变卖，木桥断裂，城门被砌砖封闭，景象残破。抗战胜利后的初期，亿载金城炮台中被违建户进驻，挖墙掘土搭盖屋舍，炮台更是残破不堪。1975年，台南市政府为庆祝炮台建成100周年，进行大规模整修，始成今日面貌。

亿载金城位于今天安平区的二鲲鯓，又称“安平大炮台”“二鲲鯓炮台”或“三鲲鯓炮台”，其名称的由来和地理环境有极密切的关系。为什么当初沈葆桢会选择在此创建这么重要的全台第一座西洋式大炮台呢？

亿载金城内的古炮台

现在的安平原来是府城外的“七鲲鯓”沙洲之首，即一鲲鯓所在地，隔着台江和府城遥遥对峙，东西相望约十里。早期的台江虽只是沙洲线环成的内海，但却辽阔浩瀚，形如汪洋。康熙年间，郁永河的《裨海纪游》曾对安平附近海域有如下的描述："风大作，鼓浪如潮，盖自渡洋以来所未见"，可见其壮观景致。在这样的滔天巨浪底下，竟尽是浅沙细礁，"得水则坚如石，舟泊沙上，风浪掀掷，舟底立碎矣"，足见安平地势之险峻，堪为府城之天险，因此要守住府城，需先住守安平。

清道光年间以后，由于河道淤浅，导致台江积沙成地，安平几乎与府城接镶。而七鲲鯓中的二、三鲲鯓也渐渐合拢，二鲲鯓的地势因此改变，形成海疆攻防要地，为兵家必争之处。

当年沈葆桢的奏折中，曾经描述三鲲鯓"下临大海，计去安平一千三百九十三丈有奇，去郡城七里有余，为海滨离城最近之所，外可遥击敌船，内可近卫郡治"。不难看出炮台所在的位置，"外为大海，内为大港"，的确充分具备进可攻、退可守的天险地利条件。显然守安平，必先守三鲲鯓。沈葆桢因此决定在此兴建大炮台，"使海口不得停泊兵船，而后郡城可守"。后来，因为三鲲鯓和二鲲鯓合而为一，原来的"三鲲鯓炮台"就称为"二鲲鯓炮台"了。

亿载金城是安平的第二大古迹，现在的这座城堡城门呈拱形，有桥可通，城垣和城堑还相当完整，城门右边的纪念碑上，记载着亿载金城的建筑历史。城内有沈葆桢铜像，供后人凭吊、题咏。用以纪念这位清代名臣、爱国外交家。

亿载金城在台湾炮台史上具有十分重要的开创性地位。亿载金城不仅是台湾第一座现代化西式炮台，也是全台第一座配备英国阿姆斯壮大炮的炮台。形制完备、规模宏大，加上大炮之威，真可说是在台湾南北炮台中，极具划时代意义的重要里程碑。

台南大天后宫

在台南市众多的历史遗迹、古街古庙中，有一处不可错过的地方，那就是大天后宫。它在台湾民间妈祖信仰的信众心中，具有非常“神圣”的地位。

台南大天后宫，俗称“大妈祖宫”。在台湾近四百座妈祖庙中，具有宛如皇室贵族般的尊贵地位。它是台湾第一座官建妈祖庙，也是唯一列入官方春秋祭典的妈祖庙，而它精彩、丰富的建筑特色、神明塑像，以及历史文物，使其成为民间艺术的殿堂，难怪会被列为台湾地区的第一级古迹。

台南大天后宫的前身是明郑时代的宁靖王府，其建筑虽已大部分改建，却仍依稀可见当年王府的布局，而它内蕴的深阔庄严、典雅尊贵，更与寻常庙宇大不相同。

那是在明末清兵入关，烽火连天之际，已经病逝的民族英雄郑成功之子郑经，接替其父经理台湾。郑经邀请明太祖的九世孙，明宁靖王朱术桂，以“监军”的身份来台定居，成为明代王室在台香火的象征。

郑经为表示礼遇，于永历十八年（1664 年），为宁靖王在当年台江内海岸边的高滩地方建造了一座气势宏伟的宁靖王府。王府前为正宅，后有寝宫，中有两座神明厅，分祀玄天上帝和关圣帝君，还有一座布置了亭台楼阁、广植奇花异草的大庭园，称为“元子园”。整座王府基地东西长约 300 米，南北宽约 150 米。

清康熙二十二年（1683 年），清大将军施琅率军攻台，此时已接替父亲郑经治理台湾的郑成功之孙郑克塽眼见大势已去，决定交出印玺，向清廷投降。宁靖王闻讯后自缢，其五位姬妾在寝宫内悬梁殉主。宁靖王死前曾交代舍王府为观音庵。今日大天后宫的后殿仍存有“明宁靖王舍产神位”可为佐证。

施琅攻占台湾后，立即进驻宁靖王府，将观音神像移置正宅右侧的“监军府”（今观音殿）内，且将原附属王府的“宗人府”（处理来台的明室皇族事务的机构）拆除，以消除岛民的“思明”之念。后来，因得知康熙皇帝对其有“恃功骄纵”的评语，唯恐惹来杀身之祸，于是赶紧撤出王府，并托言攻台时曾得到妈祖庇助，奏请康熙皇帝将王府改建为妈祖庙“大天妃宫”，以示不居功之意。

康熙二十三年（1684 年），妈祖被清廷晋封为天后，大天妃宫随即易名为“大天后宫”，这是在台湾的妈祖庙中最早称“天后”者。康熙二十九年（1690 年），巡道王效宗将原府中后方的关帝厅改建为武庙，分立门户，成为现在所看到的祀典武庙。康熙五十九年（1720 年），一并列入官方春秋祭典，并派礼部官员主持祭典，奠定了大天后宫卓尔不凡的尊贵地位。

这个时期，台湾各地庙宇纷纷前来分香，慕名前来祈福、献匾、勒石者亦络绎不绝，你来我往一派兴盛景象，大天后宫香火达到鼎盛。

乾隆三十年（1765 年），台湾知府蒋允焄首次整修全庙，并于偏殿前建官厅一座（今三宝殿），作为致祭官员更衣休息的地方。乾隆四十年（1775 年），知府蒋元枢再次集资做全庙整修，历时三年。重修后的规模与今天已十分相近。嘉庆六年（1801 年），妈祖的父母分别被朝廷追封为“积庆公”“积庆夫人”，因而在大天后宫后殿设“圣父母厅”。嘉庆二十三年（1818 年）春，大天后宫不幸发生大火，正殿四进“几乎夷为平地”，偏殿前二进损毁也相当严重，康、雍、乾、嘉四朝匾额付之一炬。灾后，由当时台湾的大商行组织北、南、港三郊，主导整修工作，至道光年中，历经三阶段大修，是大天后宫有史以来，规模最大、施工最精的修缮，其主要栋架及雕刻都保存至今。

清末同治年间后，由于三郊没落，已没有能力继续维修大庙，结果庙埕渐被民间侵占，甚至搭寮出租谋利。官府因此曾在庙前立碑，警示军民不得违法侵占庙庭。光绪二十年（1894 年）甲午战后，台湾割让日本。在日本统治时期，台湾的经济受到重创，由于三郊益发衰微，原属三郊管理的大天后宫不仅年久失修，颓败不堪，甚至面临被拍卖的命运。就在即将拍卖之际，台湾总督府文教局的宗教调查官刚好来台南视察古迹，与拍卖竞标人在大天后宫不期而遇，当了解大天后宫的历史背景后，向上司呈报，下令停售，这才解除这场可怕的文化危机。不过，当时一起被标售的海神庙、水仙宫却难逃厄运，庙屋顿失，主祀神明四海龙王、水仙尊王无座可栖，被信徒将其附祀于幸免于难的大天后宫正殿内。

1946 年，台南新化发生大地震，大天后宫也遭波及，三川门南墙倾斜、龟裂，遂重建南墙。1960 年趁整修之便，信徒们商议拆除原有木栅式门面，并在素朴的单檐三线脊上加一假四垂顶，成为重檐屋顶，以增加气派。但就历史与美学的角度来看，却不免有画蛇添足之感，也有影响安全之虞。1971 年，应信众提议，将偏殿原官厅改为三宝殿，奉祀三宝佛。同年，在观音殿后又增建一座现代化香客大楼，此举却使庙宇的环境气质与原庙景观格格不入。1985 年，大天后宫以其历史与文化地位，被列入台湾地区第一级古迹。2001 年，台南地方机构对大天后宫再度进行了修复整建，在恢复原貌的原则下，力图再现昔日风采。大天后宫的建筑虽历经修护，但其主要的栋架结构仍维持着清嘉庆年间大火后重修的规模。配合着地势，建筑由前往后级级升高，典丽宏伟；尤其是拜殿，因拥有台湾最高大的卷棚式屋架，配上重檐歇山的屋顶，以比例优美，曲线昂扬，气势宏大，成为庙宇建筑中的最佳构筑。此外，大天后宫的建筑细部，如石刻、木雕、彩绘等，都相当可观。而丰富的历史文物，如古碑、御匾等，更是弥足珍贵的文化资产，这里典藏丰富，美不胜收，不容错过。

大天后宫内的已被熏黑的金身妈祖像

大天后宫的石刻作品主要集中在三川门前，不管是石狮、门枕、抱鼓石、廊墙或壁堵石刻，尽管风格不一，却都雕工细巧，精致可赏。而拜殿、正殿各有一对清代中期的石刻龙柱，简洁遒劲，与近代龙柱的繁丽夸炫，形成明显对比；另外，柱子下面的柱珠造形变化相当多，有方形、圆形、八角形、梅花形和鼓形等，配上各种图案的美妙浮雕，虽是小品，却也丰富可喜。

大天后宫屋檐下方的梁架，有各式各样镂刻贴金的木雕细作，其中，三脚金蟾、仙女飞天造型的雀替，文质彬彬的“憨番擎大杉”，及以瓜果盘承托的举梁，更属于匠师们的独特创意，别致少见。壁面彩绘潇洒清雅、气韵生动，有一种独特的画风。

大天后宫内保存有清代皇帝御赐的匾额两方，而历代赠匾之丰，更是称冠全台。清将施琅所立的“平台纪略碑记”则为台湾现存最古清碑，极为珍贵难得。

大天后宫的神明种类不算非常多，但神像的艺术价值却是全台数一数二者，称它为传统神像雕塑的殿堂亦不为过。大天后宫的神像从两人高的大神到尺来高的小神，从尊贵的妈祖到平凡亲切的侍神，在艺匠卓越的手艺下，展现出不同层次、不同情致，却都是属于中国人心目中“美”的典型。

一座末代郡王府邸，旋身之间，变成了官方祀典的妈祖庙。台南大天后宫，这座身世奇特的庙宇，自创建后，曾历经香火畅盛，众庙争来分香的盛景，也曾面临庙产屡被侵占，甚至险遭拍卖的窘况，而今则以其历史、艺术地位，卓立于群庙当中，享有一级古迹的殊荣。细数大天后宫三百多年来的历史演变，竟仿佛是一部贯穿古今的“神庙传奇”。

大甲镇澜宫绕境巡游

每年的农历三月，是台湾全岛庆祝妈祖诞辰的重要节日，届时，岛上各地都会举办最盛大的仪式进行祭典，在所有庆典活动中，要数台南大甲镇澜宫的活动最隆重、影响力最大，已成为岛上不可或缺的重要民俗活动。

香火鼎盛的大甲镇澜宫，是大甲镇附近 53 个村庄乡民的精神皈依。以前，镇澜宫也同岛上其他地方一样被称为“天后宫”，大甲镇民众习惯称它“妈祖宫”，而庙中的科仪则尊称为“天上圣母”。据镇澜宫庙志记载：“相传清雍正八年，福建人林永兴，自湄洲祖庙天后宫请得神像，来台定居大甲，雍正十年，兴建小庙，历经圣迹灵验，香火鼎盛，而不断扩建。”苗栗县志上记载：“乾隆三十五年林对丹等捐建，五十五年，吴偏等捐修，光绪十八年林凤仪等又捐资重修。”日本侵占台湾之前，淡水厅所辖奉祀妈祖的庙宇，都称为“天后宫”，大甲“镇澜宫”当时也记录为“天后宫”。日本侵占台湾后，许多文献资料都记录大甲妈祖庙为“镇澜宫”，至于何时因何而改，至今也没有人能说得出，直到 1988 年有人在附近掘出“天后宫”的界址碑，才又唤起人们对“天后宫”的认知。

“镇澜宫”的名字，应是指“镇住海浪，以供海上往来人船平安”的意思。由此也可看出大甲妈祖信仰的兴盛与附近大安港有很大关系，以及一百多年来这里沧海桑田的变化。大安港自雍正九年（1731 年）开辟为贸易港，历经乾隆至光绪年间久而不衰，高峰时期，每天进出港口的船只高达 70 艘左右。

镇澜宫内精美的藻井

光绪二十年（1894年），每天仍有47艘船只出入的记录。后大安港逐渐被泥沙淤积，在第二次世界大战期间，曾发生过被盟军击伤的日军飞机企图迫降港边泥滩的事件，可见当时港口已基本丧失功能了，到抗战结束前夕，这里已形同废港。

然而无论历史如何发展，每年的“大甲妈祖回娘家”的活动依然照旧进行，过去，这个活动是在每年的农历三月，上千人的妈祖信徒组成团队，乘船渡过台湾海峡，护送大甲镇澜宫的妈祖回到湄洲祖庙去进香，年年如是，场面十分壮观。后因日据时期被日本统治者下令隔绝两岸交通、被强行禁止举办，妈祖的信众无法回到湄洲妈祖祖庙进香，不得不改为绕境进香。以前每年的绕境进香的目的地是北港朝天宫，之后再返回大甲镇，后于1987年将目的地改为新港的奉天宫，但不管是到哪里去进香，到达目的地后，在第二天的早晨都会举行“祝寿”大典，晚上则进行“回驾典礼”仪式，寄予民众祈求“风调雨顺，国泰民安”的美好祝福。这个活动从抗战胜利一直延续至今，年年举行，而大甲镇澜宫妈祖巡游参加的人数最多，行程最远，声势最浩大，从而形成“天上圣母”绕境进香的标志性纪念活动，吸引了众多信众参加。

农历三月举办“天上圣母”绕境进香活动，是大甲镇澜宫一年当中最大最重要的活动。在年初元宵节的晚上就要择定绕境进香的时日，之后开始筹备。进香当天，几十万妈祖信众，风尘仆仆地从全岛甚至岛外各地赶到镇澜宫汇集，组成声势浩大的队伍，陪同妈祖神像，步行三天三夜，走到新港奉天宫，举行盛大仪式后，再步行三天三夜，回到大甲镇，整个活动持续八天七夜，往返三百多公里，区域贯穿中部沿海台中、彰化、云林、嘉义四个县市，十五个乡，沿途经过三十余个村庄，参拜大小庙宇六十余座，整个活动队伍逶迤几十里，成为全省规模最大、人数最多、范围最广的徒步绕境进香，气氛极其隆重、虔诚，在整个绕境巡游的过程中，大甲妈祖所到之处，当地信众无不自备香案、香烛、花果虔诚迎接。由此可见“大甲妈祖”在民间受人景仰的程度。

大甲镇澜宫的绕境进香队伍中有“天上圣母”神轿班、轿前吹、三十六执事、庄仪团、神童团、弥勒团、太子团、绣旗队、开路鼓、头灯、头旗等阵头，均由各地信众自行组成，随同“天上圣母”绕境进香，众多香客也跟随着进香的队伍之后一同绕境。以前，所有的参加人员一律徒步行走八天七夜，不仅显示信徒的虔诚理念，还考验了人们的体力和毅力。如今，随着社会的逐步发展，香客中不仅有步行的，还有使用自行车、机车、轿车、游览车，甚至牛车等交通工具的，但他们的虔诚之心并未因此而改变。多达几十万人的进香队伍一路走来，沿途热闹庄严，所经乡间小路或市街大道，民众无不驻足观看，赞叹此全省罕见、隆重的传统民俗活动，展现了强大的民间信仰的力量。

大甲镇澜宫特有的妈祖信仰绕境进香的民俗活动，不仅在台湾全岛影响巨大，在世界上也颇具影响，因为它的参加人数之众多、活动声势之浩大、影响范围之广远，有人将它列为世界三大宗教活动之一。大甲镇澜宫每年举办的“大甲妈祖国际观光节”，也使大甲的镇澜宫成为全省乃至世界有名的妈祖信仰重地。

英贤俊杰

葬我于高山之上兮，
望我故乡；
故乡不可见兮，
永不能忘。
葬我于高山之上兮，
望我大陆；
大陆不可见兮，
只有痛哭。
天苍苍，
野茫茫，
山之上，
国有殇。

于右任：《望大陆》

开发台湾的组织者

在嘉义县水上乡三界村附近，有座山叫作尖山。尖山山顶景色秀美，景致迷人，西边望去是一片绿油油的平野，向南可看到高耸入云的阿里山……来到尖山的人会在山顶上看到一块黑色的无字石碑，这座碑的主人是一位被台湾同胞津津乐道的人，他叫颜思齐。颜思齐去世后，就埋葬在这里。人们敬重他，是因为他一生中充满传奇的色彩，并为开发台湾做出重要的贡献。

颜思齐是明末时福建漳州龙海一带人，相传他是个裁缝，又精通武艺，身强力壮。年轻时因替人打抱不平，得罪了权贵，不得已离家逃亡海上，后流落到日本的平户，继续以裁缝为业。由于他为人慷慨大方，仗义疏财，结交义士，在身边陆续聚集了 28 个兄弟，这其中就有一名叫郑芝龙的闽南人，他就是后来的民族英雄郑成功的父亲。因为这些人经常聚在一起，引起了日本当局的注意，明天启四年（1624 年），因传闻这些人要起事推翻日本德川幕府，故日本政府下令缉捕他们，幸有人提前报信，颜思齐匆忙带领这些人分乘 13 艘船只利用夜色掩护逃离日本，在海上漂行八天八夜后，船在台湾西海岸的中部靠岸，他们在笨港（今天的北港、新港）一带登陆，随即来到诸罗山（今天的嘉义）一带，看到这里土地肥沃，地广人稀，欣喜不已，安顿下来后，便立刻垦荒播种，打猎捕鹿，解决了生计上的燃眉之急，同时，颜思齐还带人安抚附近的少数民族，开展海上贸易，不多久，一个新的部落在台湾出现了。

消息很快传到大陆，漳（州）、泉（州）一带的乡民闻讯纷纷渡海来到台

早期垦拓图

湾投奔颜思齐，郑芝龙的几个兄弟和堂兄弟也在郑芝龙的父亲去世后都来到台湾，据记载，那时到台湾的人数达三千多人。在这之前，虽早在宋、元时期就已有人到台湾，但都是零零星星到台湾，他们或从事捕鱼、或与少数民族进行贸易交往，也有前去耕作的，但大多数都属于季节性行为，虽有少量定居下来，毕竟人数不是很多，所以，人们说，中土之民（汉人）入台湾，自颜思齐始，是有一定道理的。这批人来到台湾，颜思齐将他们分别安顿、组织起来，从事耕作、打猎、捕鱼和贸易等。这些人将大陆先进的耕作方法带到了台湾，又与当地原住民友好往来，为台湾后来的发展打下良好的基础。不久，颜思齐又组织了海上军事队伍，从此，台湾的开发进入一个新的阶段。

一年后，颜思齐率众上山打猎时，不幸染上伤寒病，弥留之际，颜思齐召集郑芝龙等人，对他们说："不佞与公等共事二载，本期建立功业，扬中国声名。今壮志未遂，中道夭折，公等其继起。"郑芝龙与同伴一起将颜思齐葬在三界埔的尖山上，至今墓仍在。1953 年，台湾当局指定颜思齐墓为台湾古迹。曾有人作《颜思齐墓怀古》，诗云：

一腊匆匆竟不还，斜阳埋骨古尖山。
朱家久已无残土，未及荒丘墓姓颜。

又诗云：

侠骨埋坟草独青，尖山何姓葬英灵。
倭奴未灭身先死，饮恨长留墓志铭。

如今倭奴已逐，颜思齐英灵当可欣慰于九泉之下。

颜思齐死后，郑芝龙被众人推举为首领，率领大家继续开发台湾。郑芝龙是福建南安人，他身材魁梧，才智超人，其父任职于泉州太守府，其母是澳门商人的女儿。郑芝龙因与父亲不和离家出走到了日本，又因与颜思齐意气相投，遂结为好友，生死相交。被拥戴为首领后，他进一步树旗买马，扩大势力，天启六年（1626年），福建大旱，郑芝龙在海上截获粮船并救济灾民，于是，更多的饥民前来投奔，很快，他手下兵源益盛，拥有数百艘船只。由于郑芝龙严禁属下焚掠奸淫，勒迫富人捐粮助饷，很得民心，所以，他能指挥战船屡败官军，纵横东南沿海，并通市于琉球、朝鲜、南海诸国，在这样的情况下，沿海大批破产农民纷纷加入，他的队伍迅速扩张至万余人，其中一部分人后来移民台湾，成为开发台湾岛的主力军。

郑芝龙画像

郑芝龙以台湾为根据地，除了积极招抚移民来台，加强对台湾的垦荒开发和对居住在台湾的大陆移民进行管理外，便着重实现他自己“海上霸王”的雄心大志。事实也果然如此，他在海上屡屡击败前来镇压他的明朝军队，鉴于郑芝龙在与明军多次交手中屡战屡胜，明王朝只有用“招抚”之策来收降郑芝龙。明崇祯元年（1628年），郑芝龙接受了“招抚”，但他真正的目的是自己能名正言顺地进行和控制海上贸易，而明政府也想利用郑芝龙的力量平定东南沿海的海盗骚扰。实际上，郑芝龙降明后，的确也屡屡战败闽粤海盗，击败荷兰人的入侵，因此明政府又升任他为都督，郑芝龙更加“威名震于南海”，航行于东南沿海的船只，只有挂了郑氏的令旗，才能正常航行。

郑芝龙在经略台湾方面，确实取得了极大成功，尤其是他奖励移民垦殖，意义最为重大。郑芝龙在受抚之前，就已招来不少闽南饥民渡台开垦，受抚之后，赶上1630年福建更严重的干旱，“谷价腾涌，斗米百钱，饥馁载道，死亡横野”，灾害令社会更加动荡不安，见此，郑芝龙向福建巡抚建议招募饥民到台湾去垦荒，发展生产，每人给银两三钱，每三人给牛一头，用海船载他们到台湾去垦殖。福建巡抚接受郑芝龙的建议，于是好几万的福建灾民由郑芝龙组织集中运往台湾，从此，大陆移民到台湾开垦荒地的人更加多了起来。

郑芝龙组织大批移民到台湾的举动，有着极其重要的意义。其一，这是中国官方第一次有计划有组织大规模地向台湾移民，在这以前均为私人的活动。这次大规模移民，对大陆汉人在台湾的基础之奠定，裨益自然不小。其二，中国政府仍然认定台湾是中国的领土，虽然此时荷兰殖民者的铁蹄早已踏上台湾本岛多年，但台湾真正的占有者是郑芝龙，而郑芝龙归附明政府后，台湾顺理成章地归并明政府管辖之下，这才有了经福建官府同意组织的大规模移民之举。直至后来，明清更替，郑芝龙又归顺清政府，而清廷又一时不了解台湾的地位，才发生了台湾真正被荷兰全部占据、郑芝龙于 1661 年被清廷斩杀和郑成功于 1662 年率大军收复台湾等后事。

但不管怎么说，郑芝龙是台湾历史上第一次大规模有计划组织移民的第一人，也是把大陆封建经济关系推行到台湾的第一人，可以说，郑芝龙对台湾的开发做出了极大贡献。自此以后，大陆移民前往台湾拓垦的人络绎不绝，为台湾的迅速发展提供了大量人力，成为台湾经济发展的主要生产力。

最早指挥抗倭的将领

中国人民不但用自己的双手开发了台湾，而且一开始就在同外来侵略者的斗争中，保卫了台湾。这种斗争，最早主要是反对倭寇对台湾的骚扰。

倭寇多是来自日本的浪人。16 世纪前，日本有些没有正当职业的人以及在封建藩侯战争中因失败而失掉军职的武士，靠抢劫和其他非法手段生活。人们把这些人称作“浪人”。这些浪人同一些潜伏于日本沿海地带进行活动的日本商人结合起来，形成一股武装力量，在海上从事抢劫活动。他们不仅在日本，而且在中国沿海抢劫。与此同时，日本的“藩侯”和寺院的大地主，由于在明朝政府的“海禁”中没有捞到同中国贸易的机会，也常常指使自己境内的上述浪人与走私商人即“倭寇”，到中国私行贸易或抢劫，这便造成了中国沿海的“倭寇之患”。这种“倭寇之患”给中国的沿海各省带来了很大的麻烦，使中国沿海地区的人民遭受极大损失。

明中期后，倭寇南侵，台湾岛成为他们骚扰的主要目标。那时，倭寇把台湾称为“高砂”。明嘉靖四十二年至四十三年（1563—1564 年），侵犯我国福建、浙江一带的倭寇，在抗倭名将戚继光等的抗击之下，纷纷溃逃到澎湖、台湾，在鸡笼（基隆）等地大肆抢掠。同时他们还以台湾、澎湖为据点，继续骚扰闽粤浙沿海地区，为患长达四五十年，使东南沿海地区尤其是台湾同胞深受其害。明万历三十年（1602 年），倭寇窜入台湾岛，以今天的台南一带为据点，四处剽掠，使台湾人民饱受苦难。

倭寇盔甲

1602年冬天，泉州都司沈有容奉命率中国军队进入台湾，消灭倭寇。明万历三十年农历十二月初八（1603年1月8日），经过一番准备和布置后，沈有容率部直捣窜入台湾的倭寇巢穴，并在一场短暂战斗后，将倭寇全部歼灭。正是：神兵飞出鬼不觉，谈笑成功人始知。这件事在《明史·沈有容传》中有记载：沈有容守石湖（即福建晋江石湖，当时沈有容在此驻守），谋歼敌，以二十一舟出海，遇风，存十四舟，过澎湖，与倭斗，格杀数人，纵火烧沉来舟，斩首十五级，夺还男妇三百七十余人，倭去，海上平息十多年。曾经亲自参加这场战斗的宁波人屠隆在其《平东番记》中记载得更详细生动："部署既当，推牛飨士，赶日出师。时腊月，非出海候，诸将及舵师皆有难色。"沈有容说服了大家后，才发舟进攻。是夜大风，巨浪滔天，众舟漂散，各不相领，次日再行，过澎湖，再行一天达台湾。倭望我军，出师迎战。沈有容带领大家与倭作"殊死战，无不以一当百，贼大败；尽出辎重，投之于海，令我军拾而姑少援师。我军无一人取其秋毫，战尽力，斩馘火攻，须臾而尽"，沉敌舰六艘，斩首十五级，夺还男女三百七十余人。

这是历史上中国军队第一次在台湾本岛进行的反侵略斗争。在这次战斗中，中国军队取得了重大胜利，人们曾将这次大胜比喻为"海上扫倭尘"。

明代抗倭图

收复台湾的民族英雄

郑成功（1624—1662年），原名郑森，福建泉州南安人，出生于日本平户县。7岁时回到南安原籍，15岁就中了秀才，在当地以“英物”“奇男子”“命世雄才”著称。年轻时恰遇国家动荡，朝政更替，25岁那年，清兵渡长江攻占南京，明唐王（隆武帝）在福州即位，进行抗清运动。郑成功因在1646年坚持反清、力保南明而备受隆武帝的恩宠，被赐姓朱，改名成功，所以后人常常称郑成功为“国姓爷”。之后，南明王朝灭亡，郑成功仍旧在闽粤江浙沿海各省坚持抗清，就在这个时期，郑成功做出一个名垂千古的决定：收复宝岛台湾。

从16世纪开始，随着世界海上贸易日益开展扩大，西方殖民者相继染指东方，抢占殖民地，进行掠夺性贸易，亚洲地区的东南沿海成了他们横行海上的“走廊”，台湾由于其地理位置的重要，更引起西方列强尤其是荷兰人的垂涎，1624年，荷兰侵略者在屡次侵占东南沿海的漳州、泉州等地以及澎湖列岛后，遭到中国军队的痛打，仓皇逃窜至台湾，他们在台湾南部登陆上岛，荷兰侵略者对岛上少数民族首领说，他们只需要一张牛皮那么大的土地，等少数民族首领同意后，侵略者就把牛皮剪成细丝，一圈就圈去了上千亩土地，然后或把土地上的少数民族赶走，或留下来奴役他们，强迫他们成为殖民者的奴隶，自此，荷兰侵略者强行霸占台湾达38年，掠夺了岛上大量珍贵的资源。

1661年4月21日，在经过充分的战斗、物资准备并详细探明台湾岛屿沿海水道、港口的情况后，郑成功亲率25000名将士，分乘数百艘船只，从金门料罗湾出发，浩浩荡荡，直趋澎湖，于次日到达并稍事休整后，便直向台湾岛驶去。4月30日黎明，郑军船只来到鹿耳门外，正赶上月初大潮，水位上涨数尺，大小船只乘潮鱼贯入港，毫无阻碍，岛上民众看到祖国大军从天而降，大喜过望，争先恐后赶来迎接，帮助郑军船队顺利登陆。完成登陆的郑军立即抢占要冲据点，很快将荷兰军队围困在两个相互隔绝的据点内。

5月18日，郑成功向荷兰守军送去一封公开信，信中说台湾是中国的领土，岛上的中国人自古以来就拥有并耕种这块土地，现在我们要索回自己的土地，你们当立即归还。如果你们能用友好的方式退出城堡，（你们）的性命和财产安全将受到保障，否则，所有人将难以幸免。但荷兰殖民者凭借着精良武器和高大船只负隅顽抗，拒不投降，郑成功下令对荷军进行猛烈的打击，一举击沉或烧毁荷军的战舰并消灭荷军数百人，损失惨重的荷军企图拖延时间等待援军到来。但先后两次前来救援的荷军一次是见到郑氏军队势力强大，壁垒森严，不敢应战，悄悄溜走了，第二次试图强行打开一条水路接应岛上守军，但被同仇敌忾的郑家军队予以重创，再也不敢主动出击了。与此同时，郑成功将荷军据点重重围困，城内水源断绝，粮食和弹药也难以维继，荷军士气低落，斗志消退，伤亡不断，许多士兵先后出降，郑成功根据这些情况，重新部署兵力，于1662年1月2日，向荷军发起猛烈的攻势，郑军居高临下，可用大炮轰击荷军的每一寸守地，在郑成功军队的强势打击下，荷兰人斗志丧失殆尽，全线崩溃，决计投降。经过几天的谈判，荷兰人于2月1日正式签订了投降条约，交出所有的武器、弹药、粮食、装备物资、守地及大量珠宝，在最后一任长官的带领下，分乘八艘船舰退出了台湾，临行前，将荷军城堡的钥

郑成功受降图

匙交给郑成功的代表。至此，荷兰殖民者在台湾 38 年的统治宣告结束，台湾重又回到祖国的怀抱。

郑成功收复台湾后，一面整顿政治，训练士兵，肃清侵略者的残余势力，一面奖励农业，兴办学校，积极推动台湾经济的开发和文化的发展，迅速而有力地掀起发展台湾的新高潮。

郑成功首先确立了一套有效的管理系统实行新政，还严格实行法治，不分亲疏，内外同法，律人律己，不徇私情。又颁布了开垦条例，鼓励垦荒，实际上，在登陆攻荷不久，郑成功就很快抽调部分官兵就地屯垦，开荒种粮，补充粮饷以备军需，驱逐荷兰人之后，他进一步采取“寓兵于农”的方法，除留勇卫、侍卫两旅担任防线外，其余各部均按地开垦，“农隙则训以武事，有警则荷戈以战，无警则负耒以耕”。

郑成功还积极鼓励沿海民众移居台湾，在收复台湾之初，算上郑军将士家眷的三万多人，岛上共有十三万多人，而可开垦的荒地极多，于是，在郑成功的鼓励与帮助下，闽粤浙等东南沿海居民纷纷渡台，“烟火相接，开辟芜土，尽为膏腴”，这些从大陆来的移民，带来了比较先进的农业技术，极大地促进了台湾的农业发展，同时，也带动了手工业、制糖、制盐、烧瓦等各行各业的相继发展，还推动了台湾岛与周边地区与国家的贸易往来，使岛上的经济得到迅猛的起飞与发展。

1662 年，年仅 39 岁的郑成功在台湾病逝。台湾同胞悲痛万分，纷纷建庙祭祀，台湾同胞将郑成功尊称为“开台始祖”“开台圣王”“开台之神”等。在台湾民间，为纪念郑成功而建造的各种祠庙达一百四十多座，其中最著名的是台南市东区开山路的“延平郡王祠”。

台南延平郡王祠

延平郡王祠又称“开台圣庙”，最早建于清康熙年间，是一座福州式的庙宇建筑。郑成功去世后，先葬于台南，清康熙从郑经手中收复台湾后，批准将郑成功迁葬于祖籍福建的南安。康熙皇帝还赐挽联云：“四镇多贰心，两岛屯师，敢向东南争半壁；诸王无寸土，一隅抗志，方知海外有孤忠。”郑成功的墓迁回大陆后，台湾同胞对他更加怀念，不断建祠恭祭，“开台圣王庙”就是在这种情况下建造的，之后台湾百姓又自发募款进行扩建，清光绪元年（1875年）十月初十，清政府批准在台南原开台圣王庙的地方建造郑成功专祠，称“延平郡王祠”，台湾民间百姓则称这里是“国姓爷庙”。建成后的祠庙里留下大量历史名人的各种对联，其中有福建船政大臣沈葆桢的对联：“开万古得未曾有之奇，洪荒留此山川，作遗民世界；极一生无可如何之遇，缺憾还诸天地，是创格完人”，有台湾历史上第一任巡抚刘铭传的对联：“赐国姓，家破君亡，永矢孤忠，创基业在山穷水尽；复父书，词严义正，千秋大节，享殂豆于舜日尧天”。日据时期著名的抗日领袖丘逢甲也写下这样的对联：“由秀才封王，主持半壁旧河山，为天下读书人顿生颜色；驱外夷出境，开山千秋新世界，愿中国有志者再鼓雄风。”每年的农历十月十六，延平郡王祠以及台岛各地奉祀郑成功的庙宇，都会举行隆重的祭祀活动，纪念这位民族英雄。

郑成功是中国历史上一位杰出的人物，他不仅为祖国从荷兰人手中收回了台湾，更为台湾岛的建设和发展奠定了良好的基础。

在台湾传播中原文化的开拓者

在台湾早期的开拓发展中，人们还只是致力于开垦荒地，捕鱼获猎，发展生产，然而有一个人的到来，使还处在文化荒芜的岛上初现了文明文化的曙光，随着历史的变迁、时间的推移，在他的周围逐渐聚集了一批人，这些人在一起抒情言志、吟诗道文，将古老的中原文化展现在台湾，进而传播开来，从此台湾便有了诗歌、散文、骈体、檄文……使得岛上绽放出传统文化的花朵。这个人，就是被誉为“在台湾传播中原文化的第一人”——沈光文。

沈光文（1612—1688 年），字文开，号斯庵，浙江宁波鄞县人。沈光文出生在一个读书人的家庭里，自小受到博大精深中华文化的熏陶，加上他聪明好学，胸怀大志，因此他的才学与名气名震一方，曾参加南明朝科举考试后得以进入太学学习。但沈光文生长的年代正逢中国历史上明、清朝代更替的动荡年代，时局的艰难，使沈光文投笔从戎，投效南明政权，在南明小朝廷中任职，授太常博士，还参与军务，晋升为工部郎，从事抗清活动，此时，清朝已占据了大半个中国。未久，南明政权覆灭，沈光文又到广东肇庆一带投奔明桂王，被桂王授予太仆寺卿，监广东军。后清兵抵达广东，灭了明桂王政权。明桂王消亡后，沈光文拒绝到清政府内任职，便四处云游。清顺治六年（1649 年），沈光文携家人由潮阳乘船抵达金门，滞留期间，他感到尚存的明朝势力大势已去，根本无力支撑残局，无奈之下，于 1652 年登船起锚，欲举家前往泉州居住。不料行驶中突遇强风，船只随风漂流，竟然流落到了台湾，当时，台湾还在荷兰人的占领之下，荷兰人限制岛上的人员与大陆往来，就这样，沈光文滞留在台岛上，并与大陆方面失去了联系。

12 年后的清顺治十八年（1661 年），民族英雄郑成功率 25000 名将士，分乘数百艘战舰，浩浩荡荡跨越台湾海峡，经过九个多月的浴血奋战，终于在次年（1662 年）2 月从荷兰殖民者手中接过了投降书，结束了荷兰殖民者在台湾 38 年的殖民统治。当郑成功听说沈光文也在台湾时，非常高兴，立即与沈光文取得了联系，并以极隆重的礼仪召见了他，还赠送田地、屋宅。此时，许多追随郑成功的明朝遗老遗贤们也纷纷慕名来到台湾，郑成功还引见这些人与沈光文相识，其中有些人与沈光文早有交往，老友相见不禁感慨有生之年幸能重聚，使沈光文感受到郑成功对自己的敬重和关心。随后，这些来到台湾的文人墨客便常常聚在一起。由于郑成功收复台湾，以沈光文为主加上这些不愿归顺清朝的文人学士陆续到台，使台湾崇尚文化的风气有了很大提高，他们共同开办学校，读诗咏经，推广和宣传传统的中原文化，以传统的诗文形式写下台湾最早的一批文学作品。

沈光文在台湾不遗余力地倡导中华文化，成为台湾文化文明的开拓者，将中华文化的种子播洒在富饶美丽的宝岛上，他不仅身先士卒，积极提倡文教为先，而且身体力行，不倦著述，卓然成家，先后写下了《台湾舆图考》《草木杂记》《流寓考》《台湾赋》《文开诗文集》《芳草赋》《东吟社序》等著作，对台湾文化和方志都有很大的影响。他在台湾生活了三十多年，从荷兰占领下的台湾到郑成功收复台湾，从郑氏家族的强盛到衰变的过程，他都亲眼目睹并真实地将其记录了下来，保存至今。由于后来台湾历经数次历史变迁、硝烟战火，有许多记述岛内历史的文字都遭到损毁甚至丢失，所以沈光文保留下来的这些历史记载也因为后人研究台湾历史提供真实宝贵的资料而愈加显得弥足珍贵。

收复台湾之后不久，郑成功在台湾溘然病逝。之后，其子郑经继位，起初，郑经尚能继续执行郑成功的政策，为开发和建设台湾做了不少好事，到后来便逐渐沉溺于酒色之中，甚至到了不关心政治，助长邪气的地步。这些都引起许多人的不满，沈光文也运用作赋讽刺的方法以尽言责，因而得罪了郑经，竟几遭不测，险些引来杀身之祸，为避免麻烦，沈光文不得已化装成僧人，隐居在诸罗的罗汉山一带（今高雄县内埔乡一带）。后来虽得郑经的赦免，但他从此不再复出，只在山中收徒、讲学，同时兼以行医，为周围的乡民施医治病，以聊补由于生活困难所带来的艰辛。沈光文在教学和行医中，向当地少数民族宣讲传播中原文化，使这些少数民族开始了解并接受了传统的中原文明，人们说当地少数民族最早接受中原文化，应从沈光文开始。清初台湾诸罗知县说的“台湾无文也，斯庵来而始有文矣”指的也是这个。直至晚年，沈光文始终对此孜孜不倦、乐此不疲。

1683 年，清政府统一管理台湾。清政府派到台湾的官员，都非常尊重和重视沈光文，但他均以年事已高为由，不再为官，继续从事讲学、行医的事业。在沈光文的周围，又渐渐汇集了一些名儒贤士。后来，沈光文组织了“东吟诗社”，当时台湾著名的文人学士均来参加，这是台湾文学史上第一个文学团体，他们的诗文被结集成册，给台湾文学界带来很大的影响，被人们称为是中原文化在台湾结出的第一颗美好的硕果。自此，人们推崇沈光文为台湾的“文献初祖”，有人曾为此写道：“海峤风骚传一脉，元勋合颂沈文开。”

1688 年，沈光文在台湾诸罗去世。在他最后的日子里，仍与同道们一起诗酒唱酬，留下许多上佳的诗作。为纪念沈光文在台湾传播中华民族文化的功劳，后来台湾同胞于清道光四年（1824 年）在具有“开台重镇”美名的彰化县鹿港镇建立了以沈光文名字命名的“文开书院”。文开书院建成后，不但聘请大陆的学者前去讲学，教育台湾子弟，还花重金购置了两万部三十多万册的书籍，建起当时看来规模很大的图书馆，在当地掀起读书的文风，成为鹿港文化的摇篮。

文开书院

沈光文被公认为是将中原文化传播到台湾的第一人，还有人将他比喻为“开拓台湾文化的先锋”，他对中华民族文化的贡献是不可磨灭的。

传承中华文教的贤士

陈永华（1634—1680 年）辅佐郑氏祖孙三代，鞠躬尽瘁，为台湾的建设树立良好风范，造福于台湾百姓，绵延数百年，成为台湾发展历程中一位不朽的贤人。陈永华在台湾早期发展史上究竟起了什么样的作用？他何以被称为“堪比诸葛”“忠肝义胆”？

著名史学家连横在《台湾通史》中写道：“汉相诸葛武侯，抱王佐之才，逢世季之乱，君臣比德，建宅蜀都，以保存汉祚，奕世称之。永华器识功业与武侯等，而不能辅英主以光夏汉室，彷徨于绝海之上，天也！然而开物成务，体仁长人，至今犹受其赐，泽深哉”。《台湾史事概说》中这样表述：“永华对台湾贡献之大，关系之钜，仅次于郑成功。郑成功收复了台湾，可惜他统治的期间太短，台湾的经营建设，与台湾的彻底内地化，均有待于陈永华来完成。台湾经济基础的奠定，文化教育的推进，几均出于他的一手”。在台湾当代享有盛誉的史学家、民俗学家林衡道在《台湾一百位名人传》中说过：“说起台湾以往的伟人都是推郑成功为第一，刘铭传第二，依我浅见，陈永华的名次至少在前五名之内。”可以看出，陈永华曾为台湾的发展建设做出过卓越贡献。

陈永华字复甫，祖籍福建同安县，父亲陈鼎曾任明末同安县的教谕，后清军攻入同安城，陈鼎死于战乱。陈永华自幼受父亲严格教育，勤奋读书，兵法易经，天文地理，无所不晓，闻父亲死讯，非常悲痛，因而放弃儒生学业，专心研究天下事，以经国济世之宏观来激励自己。后来，郑成功在厦门广揽人才，经人推荐，陈永华与郑成功谈论时事，终日不倦。郑成功对陈永华独到的济世见解非常赏识，说道："久仰公博学多才，孝声远播，今天助我，如鱼之得水也。"郑成功赞陈永华为"复甫是当今的诸葛亮"，授陈永华参军之职务，以宾客礼相待。

郑成功收复台湾后不久，就因病逝世，此前他对长子郑经说："陈永华是当今名士，我让他辅佐你，你应当以老师之礼待他。"遵照父亲嘱咐，郑经在军国大事上必定询问陈永华之后，才付诸实施。明永历十八年（1664 年），郑经驻守的金门、厦门相继落入清军手中，陈永华随郑经一起回到台湾。翌年，被晋升为勇卫，并加封监军御使之职。回到台湾，陈永华竭智尽忠，励精图治，辅佐郑经建设台湾。陈永华辅佐郑经建设台湾的卓越功绩，最令后人称道的，主要有以下几个方面：

一、规划政权建制。郑成功收复台湾时，仍沿用明朝政制，推行郡县地方行政制度。郑经执政台湾后，陈永华协助郑经，进一步加强地方行政管理制度，在中央官制方面，仍遵守郑成功的规制，设吏、户、礼、兵、刑、工各部外，又另设置都事都吏、察言承宣等官职，加强政务管理；在地方行政方面，进一步详细划分政制区域，施行乡治，治理民事，提高了统一管理能力，将一应行政管理权利掌控在吏官手中。

二、推广垦政。陈永华担任勇卫职务后，不辞劳苦，走遍岛内各地，相度地势，详细规划开垦方案。此时，当年郑成功施行的屯垦政策已见成效，岛上人们的生活安定舒适，相比大陆沿海地区要好很多，因此吸引了更多大陆移民来到台湾谋生，陈永华即时安置移民，设立管理机构，从大陆请来烧制砖瓦的师傅，大量建造民舍，并按计划有秩序地进行开垦，还组织农民在农闲时期训练武艺，将垦荒种植与强身练武有效地结合起来。除组织好民垦外，陈永华还要求郑氏官兵参加农垦劳动，陈永华本人也不例外。

三、建立保甲制度。在开垦之初，岛上人员鱼目混杂，社会安定问题成为首要问题。陈永华严整社会组织，在各地推行保甲制度，定十户为牌，牌有牌首，十牌为甲，甲也设首，十甲为保，保有保长，掌理户籍，劝事农桑，禁淫赌，诘盗贼，"于是使开发各地，皆地无游民，社会安定"。

四、开拓对外贸易。陈永华在开垦之初，先后教授移民种植甘蔗，制作蔗糖，围海晒盐，很快地使糖、盐自给有余。接着又与日本、南洋、东印度公司等开展贸易，于是所需日用品及军火武器等战略物资源源不断运往台湾，而台湾特产的蔗糖、海盐、鹿皮、樟脑等贸易出口也为台湾带来数十万的盈利。所以，郑氏家族统治台湾的 39 年时间里，台湾物资丰盈，军力强大，始终与陈永华全力进行开垦和贸易有很大关系。

五、展开文教。台湾始有中华文教，自沈光文开其先河。郑成功收复台湾后，注重开垦，无暇教育，郑经治理台湾后不久，人民亦安居乐业，此时，陈永华就奏请郑经发展文教事业。开始郑经不以为然，以台湾孤悬海外，地狭民寡作为缓行的理由。陈永华耐心地向他讲解古代一些开明国君求贤若渴，培养人才，成就大业的历史，并强调发展教育的重要性。他说："现在我们已经丰衣足食，剩下来的当是教养。如果人民只是安逸地生活而不受教育，与禽兽又有何异？所以必须择地建立圣庙、设立学校，以收人材。国有贤士，邦本自固，那么它的国运就会越来越繁荣昌盛。"郑经接受了陈永华的建议，择地建学校，立学院，聘请名儒以教秀士。学校建成后，郑经还率文武百官行施大礼。

在陈永华大力倡导下，台湾的教育事业很快发展起来，并逐步形成了一整套较完整的教育体系。学校设有学院、府学、州学和社学三级制，学院相当于高等教育，府学、州学相当于中等教育，社学相当于初等教育。并规定各社必须设立小学，鼓励少数民族儿童入小学，主要学习经、史、文章。

陈永华方印

陈永华还制定了考试升学的科举制度。在天兴、万年两个州举行考试，三年两试。参加州考成绩好的送到府学，参加府试有名的升到学院，参加学院考试取中的话，可以进入太学学习，仍然月月参加考试。三年一考，考中的可以补任六官内的都事。上述科举制度的推行，对于中华传统文化在台湾的传播起到一定的促进作用。

在施政管理上，陈永华主张为政应以宽济猛（这有别于郑成功严刑峻法的做法），注重经济开发和文教建立。在实行一系列举措之后，使台湾岛上辟土日广，文教渐行，社会安定，经济发展显著。

明永历二十八年（1678 年），大陆上发生“三藩事变”，郑经乘机率船队开赴东南沿海与清军进行长达五年的拉锯战。临行前，郑经命子郑克臧监理台湾，又委任陈永华辅佐帮助郑克臧。此时，郑克臧已成为陈永华的女婿，大小诸事尽悉听从陈永华，而陈永华执宽为政的政策卓有成效，因此，在郑经西征作战的几年中，台湾治理愈见成效，显现百姓安居乐业、路不拾遗的太平盛世之象。

清康熙帝也以“忠义”两字称赞陈永华的完美。陈永华辅佐郑氏三代，在台湾施政最让人称道者，是他的“为政以宽之”的做法。郑成功时期用法严峻，最大的缺失是株连全家，郑成功昔日的旧属部将因过失遭遇斩杀者不少，连他们的家眷也都株连被杀。陈永华对郑成功的做法进行修整，实行“为政以宽之”，也就是宽济严法。他认为收复台湾之初，在社会动荡不稳的情况下，严法是必须和有效的，但当地方秩序趋于稳定，人民经济繁荣的场合下，再要拘于峻法就不合适了，故陈永华在台湾民生渐入佳境的时刻，“为政以宽之”，对时政适时调整，并收到极好的效果。但陈永华也不是一味地“宽济”，如对军队官兵，就强调“法严”，他最讨厌赌博，认为人们一旦丰足，赌博的毛病极易发生，故下令“严禁之”，加上陈永华本人就清廉行正，台湾的百姓有目共睹，自觉遵纪守法，造就了一方路不拾遗、夜不闭户的安乐之土，这不能不归功于陈永华的成功治理。

永历三十四年（1682 年）3 月，年迈的陈永华在台湾病逝。郑经亲自吊丧，谥文正。陈永华的墓在今台南市柳营区果毅里。陈永华在郑氏父子统治台湾时期是一个举足轻重的人物。听到陈永华去世的消息后，翰林学士向康熙帝上疏道：“台湾长久以来没有被收复，主要是由于陈永华经营有方。今上天讨厌战乱，让他殒命，从此台湾的收复将指日可待。”从清廷对陈永华逝世的欣喜态度，也可说明陈永华在台湾的重要地位。果然三年之后，台湾即被清政府收复。

祀奉陈永华的台南永华宫

台湾归属清朝后，陈永华被移葬福建同安家乡。但果毅村的人们将墓前石碑精心保存了下来。1945 年台湾重新回到祖国怀抱后，当地人民又重建陈永华墓园，并将石碑重置原位。

在台南市中西区府前路一段 196 巷 20 号，有一座奉祀陈永华的永华宫，相传建于永历年间。后因台湾收归清政府，当地百姓为避讳清政府的追问，就以奉祀同安乡民的保护神广泽尊王为掩护，在神殿的一隅供奉陈永华的雕像，后又新建永华宫，殿门上悬有“永华宫”的匾额，殿堂内供奉陈永华的参军神像。

台南市永福路二段 152 巷 20 号，相传是陈永华于永历年间设置的总府的遗址，清政府理台湾后，当地乡绅集资修缮，将此处改为陈氏家庙。日据时又改为陈德聚堂，但这里一直不断地在奉祀着陈永华。

陈聚德堂

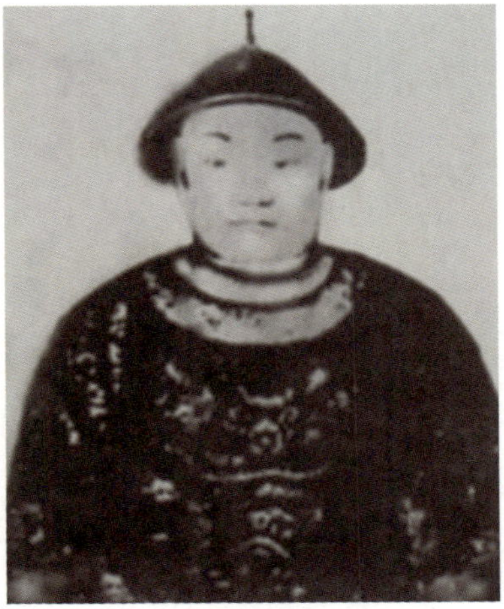

底定台湾回归国图的功臣

1662年，郑成功收复了台湾，在当时明、清朝政交替的背景下，打出“反清复明”的旗帜，吸引了大陆上许多明朝遗老遗贤纷纷投靠旗下，但不久郑成功就因病谢世，其子郑经、其孙郑克塽相继统领台湾政权达22年，这一时期，被称为“明郑时代”。在这一时期，郑氏三代祖孙在台湾实行屯田垦荒，发展农业，兴办工商业和对外贸易，帮助原住民同胞改进农业生产方式，提高生活水平，使台湾得以快速发展，由此招致大陆沿海居民渡海入台的人数急剧增加，令岛上的经济实力和军事实力有了很大的提升，这一切进一步助长了郑氏政权与大陆清廷对峙的信心。与此同时，清朝政府也大致完成了在大陆上实施统治，唯有台湾郑氏公然与其对抗。在这种局面下，时任福建水师提督、挂靖海将军印的施琅，向清政府康熙帝上奏，请求出兵收回台湾。

施琅（1621—1696年），字尊侯，号琢公，福建晋江人。他自幼长在海边，熟悉海情，少年时代从师学剑，武艺高强，壮年从戎后，转战疆场，屡建战功，是一位智勇双全、功勋卓著的战将。

施琅曾追随郑成功多年，在这期间立下汗马功劳，但因个性极强，逐渐与郑成功产生了嫌隙，1651年，因施琅捕杀一名改投郑成功的亲兵，导致两人关系公开破裂，施琅的父、弟为郑成功所杀，一气之下，施琅投降了清朝，被委以同安副将，迁总兵，后来，又在康熙元年（1662年）被任命为福建水师提督，封靖海侯将军。

施琅在向康熙帝进上的奏折中指出：清朝已建立全国政权，唯有台湾仍为郑氏集团所盘踞，与全国统一的局面极不相称，对台湾郑氏集团，虽朝廷已屡次前往招抚，但其仍无归抚之意，妄图恃险固守。台湾同胞多为闽人，早已人心思归，只是迫于海峡分离，难以越海西渡，因此必须大军压境，迫使郑氏政权归诚。况郑氏的兵力并非讹传的强大，且缺乏训练，其实不堪一击，只要清军大兵压境，郑军必不战自溃。

但当时清王朝并没有看中台湾这个“弹丸之地”，施琅的主张非但没有被朝廷重视采纳，他本人也因一些朝臣的竭力反对而遭降职使用，由福建水师提督降为内大臣。

清代表现施琅收复台湾的“涌泉济师”图

康熙十三年（1674 年），大陆上发生“三藩之乱”，踞守在台湾的郑经乘机起兵，率军角逐东南沿海。数年中，清、郑两军在战场上呈拉锯状态，双方的关系也不断以战争与和谈的形式交替出现，在长达五年的拉锯战里，消耗了台湾本岛大量的财力资源，严重干扰了沿海百姓的正常生产和生活，因而引起两岸黎民对郑氏政权的不满与抱怨。康熙二十年（1681 年），清政府彻底平定了“三藩之乱”，形成大陆基本统一、多民族的中央集权国家体制日益巩固的格局，而台湾郑氏政权在郑成功逝世后，因连年战乱，内部纷争，已逐渐丧失其原有的朝气，成为阻碍全国统一的绊脚石，对清政府而言，消灭郑氏政权，巩固海防，完成统一大业，成为当务之急。

1681 年 2 月，郑经病逝，清政府认为平定台湾的时机到来，在康熙帝的诏书中写道：“宜乘机规定澎湖、台湾……将绿旗舟分领前进，务期剿抚并用，底定海疆。”此时，朝廷中主战派占了上风，施琅也被恢复福建水师提督一职，出任攻台主帅。

清康熙二十二年六月十四日（1683 年 7 月 8 日），施琅率领水陆官兵两万余人，战船两百余艘，从铜山（今东山岛）出发，向澎湖、台湾扬帆进发，此时，驻守在澎湖的郑军精锐官兵亦有两万余人，大小船只两百余艘，还在周围的岛屿、要冲地点加筑炮台，筑造壕沟，安设铳炮，试图凭借天险与清军决战。7 月 10 日，清军向澎湖岛上的郑军发起攻击，一举击沉、焚毁郑氏船只十四只，焚杀郑氏官兵两千余人，但郑军却把作战胜利的希望寄托在可遇却不可求的海上风暴上，因此错过了最佳作战时机。

清军初战告捷，大鼓士气，在进行充分的休整、准备后，于 16 日兵分三路，以奇兵夹攻、疑兵牵制、后援保障的作战部署，向澎湖的郑军发起强势进攻，经八九个小时的激战，仓皇出兵应战的郑军全线崩溃，清军先后焚毁、击沉和俘获郑军大小船只近 200 艘，杀死郑军将领头目 300 余人，士兵 12000 余名，另有 165 员将领和 4800 名士兵倒戈投降，郑军主帅逃回台湾，清军仅以伤亡少量官兵人数的极小代价而大获全胜。

施琅歼灭郑军后，立即安抚民众，抚恤降兵，对郑军将领以礼相待，兵士给银米，伤者给予医治，欲见家眷者派小船送归台湾，有意愿还农者，经查明原籍后送回所在府县，施琅的做法在台湾广为传述，使“台湾民众莫不解体归心，唯恐王师之不早来”，郑经之子郑克塽眼见大军压境，大势已去，于 9 月 17 日向清军递送了正式降书。自此，中华版图实现了真正的完整统一，台湾的历史也掀开新的一页。

虽然收复了台湾，但清王朝对台湾的重要地位仍缺乏清醒的认识，连康熙帝也说：（台湾）“弹丸之地，得之无所加，不得无所损”，多数朝臣也主张：“守澎湖，徙台湾人民而弃其地也”。施琅得到消息后，坚决主张留守台湾。当年 12 月，施琅呈上一纸《恭陈台湾弃留疏》，详细陈述了台湾与东南沿海的重要关系，并对各种错误的观点一一驳斥。

位于晋江的施琅墓

他首先谈到台湾战略地位的重要。台湾北连江苏、浙江的大都会，南接广东的高山，绵延数千里，山川陡峭，海岸线漫长，是江苏、浙江、福建、广东四省的“藩篱”，施琅指出台湾是东南四省的天然屏障，台湾的得失关系到东南沿海的安全与否，一旦台湾被外国侵略者或海盗占领，那么东南沿海四省及国家的万里海疆将永无宁日。

其次，施琅以自己亲身到过台湾的经历，陈述台湾到处是肥沃的农田，丰富的物产，特别是鱼类和海盐更是充足，各种日用必需品像硫磺、水藤、蔗糖、鹿皮等处处都有，台湾的的确确是中国东南海域的“肥沃之区，险阻之域”。

接着，施琅一一指出假若对台湾弃而不守的各种危害：（1）若将众多的台湾百姓迁离台湾，他们将面临流离失所，无所事事的窘境，对黎民百姓的生计产生严重影响，而政府也须花费大量的人力、物力来安置这些人。（2）政府的船只有限，要把数目巨大的台湾人民运回大陆，势必花费很长一段时间，但如果没有全部运完的话，那些藏在深山密林中的人繁衍生殖，组成叛贼乱党成为海盗，骚扰沿海地区，无疑是“藉寇兵而赍盗粮”。（3）外国侵略者时刻都贪涎着台湾这块宝地，假若清廷舍弃台湾，一旦让入侵者再踏足台湾，若要赶走恐怕就不能像郑成功驱荷那样容易了，况日后沿海各省又将面临“天无宁日”的危险，成为中国的百年大患。

施琅还指出，如果放弃台湾而今留守澎湖，那么孤悬在海上的澎湖就像一棵无根草，无法长远，更何况澎湖土地贫瘠，是不能够安安稳稳地长期守下去的，只有守住台湾，才是守住澎湖的根本。最后，施琅再次强调了台湾的重要性，“台湾虽属外岛，实关四省之要害。勿论彼中耕种，尤能少资兵食，固当议留，既为不毛之壤，必借内地挽转运输，亦断断乎其不可弃”，“弃之必酿大祸，留之诚永固边圉”，强调在任何情况下都不应该放弃台湾。康熙帝看过《恭陈台湾弃留疏》，权衡利弊之后，说：“台湾弃取，所关甚大……弃而不守，尤为不可。”康熙二十三年（1684 年）4 月，清王朝决定在台湾设立府治，成立台湾府（原承天府），隶属福建省台湾厦门道。下设台湾镇台（总兵）和台湾府（知府），分辖台湾、凤山（万年州）、诸罗（天兴府）三县，此外，根据施琅的提议，清政府派兵一万人驻守台湾澎湖地区，以防外患。台湾此时成为福建省的一个府，直到光绪十三年（1887 年）成为台湾省。从此，台湾在清王朝的全国政权统一管辖之下并得到进一步的发展。

历史事实证明了施琅的论断：确保台湾，有助于东南沿海各省的和平生活环境的稳固，而清朝统一台湾后，也促进了台湾各方面的发展，加强了与大陆之间的密切联络，台湾人民与全国人民从此更加息息相关，成为不可分割的一体。在当代看来，更进一步地验证了当年留住台湾，对于今天中国的发展和建设是多么的重要，从而使我们不能不对三百多年前施琅头脑之清晰，眼光之远大深感佩服和敬重。

首开台湾现代化先河的第一任巡抚

清光绪九年（1883 年），中法之间爆发了战争，史称“中法战争”。战争起因是法国人首先在安南（今越南）挑起事端，接着又仗其强船坚炮的余威，在中国东南沿海各大城市不断制造炮击事件，连当时的台湾基隆也不放过。为抗击法寇，加强台湾的防务，清政府在这一年任命刘铭传为督办台湾事务大臣，后又授予他福建巡抚加兵部尚书之衔。1884 年 7 月 16 日，刘铭传抵达基隆，第二天便巡视要塞炮台，检查军事设施，并下令增筑炮台、护营，加强台北的防务。在他到达基隆的第 15 天，法军舰队便耀武扬威地开来，不可一世地强行登陆。刘铭传指挥坚守大沙湾炮台的守军向法国入侵者猛烈开炮，气焰嚣张的法军根本就没有料到刚一上岸便“饱吃一顿”土炮钢弹的打击，丢下一百多具尸体和大量武器狼狈逃窜。刘铭传指挥台湾军队取得了对法战争的第一场胜利。在这之后，他继续领导台湾军民顽强战斗，苦战数月，经历大大小小的战斗。最后，在全国人民支持和台湾军民的英勇抗击下，法国侵略者侵占台湾的企图以失败而告终。刘铭传作为战场最高指挥官，为中法战争取得最终胜利做出重大贡献。身为台湾当时的最高长官，刘铭传在领导台湾军民抗法时身先士卒，在激烈战斗的关键时期，他始终亲自坐镇在第一线指挥部中指挥战斗，他的行为，不仅使作战军队士气高昂，奋勇杀敌，更赢得台湾百姓对他的衷心爱戴。

经过中法战争，清政府于 1887 年准奏，决定在台湾建省，改福建巡抚为台湾巡抚，同时，任命抗法有功的福建巡抚刘铭传为第一任台湾巡抚。

刘铭传是清末洋务运动中比较具有时代眼光、改革思想和富于实干精神的杰出人物，他为推动台湾社会经济的发展，加速台湾迈向近代化的步伐付出了不懈的努力，在各方面成就斐然。刘铭传就任台湾第一任巡抚后，就立即着手对台湾的国防、行政、财政、生产、交通、教育等方面进行广泛而大胆的改革，竭力全面推动台湾近代化的发展进程，使台湾的社会面貌发生极大的变化。

其一，加强军备。他先后购买了一些船只，用于缉捕、运输兼通达文报等事项，在台北建造机器厂，自制枪弹，还准备续建大机器厂制造炮弹，设立军械所和火药局，重建被炮火击毁的数处炮台，配备强劲大炮，使炮台的火力数倍增强。他还大力进行整军、练兵，加强训练，摒弃土枪，全部换用新式钢枪，在台北设总营务处，统辖全台军务。在这一系列具体措施和建设下，台湾的海防实力得到了加强，筹防御外的能力大大提高，台湾整个的军事防务日见充实。

其二，建立交通。在刘铭传推行自己的新政中，指定了以“兴造铁路为网纽，辅之以电线邮政”的提高交通、通信能力的大政方针。经他亲自筹划领导，于 1889 年始建工程浩大而艰险的铁路，历时六年，建成了基隆至新竹全长 106.7 公里的铁路。这条铁路成为中国人自办自建的最早的铁路之一，而刘铭传也成为中国近现代早期大力提倡并兴建铁路的重要人物。

当年营运的火车机车头

当初建造铁路时，刘铭传不惜重金引入当时世界最优秀的材料、设备和技术，铁路建成通车后，增强了岛内和外界海运的沟通能力，提高了台湾对外进行贸易的效益，也使基隆从一个北部偏远的小渔港一跃成为台湾北部第一大港口，更重要的是，对促进台湾岛内经济发展与提高发挥了重要作用。目前，这条铁路因年代久远已经停运，但它当年对台湾经济发展的深远影响一直延续到现在。在台北市新公园中的省立博物馆内，还保留着一部当年运营的火车机车车头；在基隆南部已废弃的狮球岭隧道道口，当年刘铭传亲自题写的“旷天开宇”石刻门匾仍依稀可见，刘铭传还留下了一副对联：“十五平生而独开，羽毂风轮，从此康庄通海屿；三百大岩腰斩劈，天梯石栈，居然人力胜天工。”目前，隧道虽已封闭，无法进入，但这些遗迹仍向人们追述着当年刘铭传开发铁路、推行现代化的政治眼光和信心。

狮球岭隧道旧址

其三，发展通信。在刘铭传的筹划领导下，于1886年在台北设立电报总局，架设的水陆电线共有七百多公里，此举大大改善了岛内外的电信联络能力，1888年又创立台湾新的邮政制度，相继在台北市和岛内各地设立邮政总局和支局，发行邮票，不仅如此，还有两艘邮船定期往来于台湾与大陆之间，邮路远达厦门、福州、广州、上海、香港等地。这是我国历史上最早的自办邮政业务，比清朝政府成立的邮政官局还要早八年。

其四，兴办企业和开发商务。刘铭传上任以后，陆续设立了诸如煤矿局、硫磺厂、锯木厂、煤油局等一批官办企业，组织商人成立兴市公司，兴建商店，设置专管卫生的市内机构，还先后装设电灯，开凿公共水井，组建警察等大量公益设施以及维护社会治安的举措。1886年，又进一步设立商务局，购买商船，设立轮船公司，发展与大陆，以及新加坡、菲律宾、越南等周边地区和国家的贸易，并获利颇多。

其五，抚番与垦荒。刘铭传采用的抚番政策和严厉打击汉人凌虐番民、侵占番地的行为，使少数民族消除对移民的敌意和疑虑，还广招大陆移民前来拓垦，鼓励少数民族与内地人民共处杂居，逐渐影响并改变少数民族的生活习俗，同时也提高了少数民族的生产能力和经济状况，还在各少数民族主要居住区组织设立抚垦分局，局里有医生和教耕、教读人员，开义塾，在台北特设番学堂，专门招收少数民族子女，教授他们闽南语、官话、起居礼仪及科学等知识，常让他们与汉人接触以起到潜移默化的作用。在桃园大溪镇，至今还传诵着当年刘铭传将这里的子弟送到台北的番学堂学习，这些前往就学的少数民族孩子在毕业返乡后对家乡的建设做出很大贡献的故事。这一切都极为有利于台湾社会的近代化发展。

其六，提倡新式教育。刘铭传深知培养人才的重要性，要想让台湾有较大的发展，必须有一大批专业人才，他于 1887 年在台北创立西学堂，聘请西方教授讲授英语、法语、数学、理化、地理、历史等课程，还兼学中国的经史文字，相继培养出一批通晓近代科学善于对外交涉的人才，在刘铭传的积极倡导下，台湾的教育事业跃进到一个新的历史时期。

除此以外，刘铭传还清点财政，整理税收，使岛上的财政收入从 90 多万两激增至 300 万两，最高时达 450 万两之多，从而保证了台湾在国防、交通等多方面建设经费始终是充足的。刘铭传在任期间，还通过增设府县，划疆分守，为今天的台湾行政区划奠定良好的基础。总之，刘铭传的改革涉及军事、行政、经济、文化等各个领域，而这些建设又始终以巩固国防、增强防卫为中心，从这个中心又辐射出诸如发展交通、倡办实业、创办邮政通信、普及深化教育、清理田赋、增加税收等多项改革措施，并且多数都卓有成效。

在刘铭传担任台湾第一任巡抚的六年（1885—1890 年）间，他对台湾的国防、行政、财政、生产、交通、教育等多方面，进行了大胆而有效的改革，对全面推进台湾的近代化发展起到了重要作用，甚至在某些方面走在了全国的前面。刘铭传倡导的改革，使当时的台湾社会风貌发生了明显而深刻的变化，呈现出焕然一新的欣欣向荣景象。所以说，在台湾近代化发展的历史中，刘铭传功不可没，他为台湾近代化发展所做的一切一直为后人所景仰。

为除陋俗抛头颅的“阿里山忠王”

中华文化在台湾的继承与发展的历程中，有许多先驱者和历史人物为海峡两岸关系的发展，为汉族与台湾少数民族关系的融合与发展等方面，做出了伟大的探索、牺牲与奉献。吴凤就是一个富有代表性的先驱者。他为使台湾少数民族革除旧习，不惜牺牲自己的生命，对于促进民族团结，推动台湾少数民族思想文化的进步与发展，发挥了积极、重要的作用。因而受到了海峡两岸人民的尊敬和永久的纪念。

吴凤（1699—1769 年）字元辉，祖籍福建省平和县大溪镇壶嗣村，自幼随父母到台湾，居住在位于阿里山麓的诸罗大目根堡鹿麻村（今嘉义县中埔乡）。那里是台湾少数民族的聚集区。吴凤少年时常随父亲到番社经商，在与当地少数民族的交往中逐渐了解山胞，精通番语，熟悉了当地少数民族的习俗。那时，当地有“栗祭”的陋俗，即新谷登场时，一定要“出草”猎取人头祭神。

由于历史的原因，在早期由大陆赴台进入阿里山区垦拓的移民中，有一部分大陆汉族移民与当地的少数民族发生了纠纷与矛盾，由于没有得到及时公正的解决，致使少数民族认为是受到了汉族的侮辱，为发泄被侮辱的愤怒，当地少数民族利用自己特有的举办“出草”祭活动的机会，杀死汉人取下人头做供品，而这种做法反过来又加剧了少数民族与汉族移民之间的对立与矛盾。吴凤从小目睹了这种“怨怨相报”的情景，立志长大后一定设法改变这种野蛮落后的习俗。

吴凤24岁时当上了“阿里山理番通事”，正是这种基层管理人员的职务，为吴凤实现自己少年时期的志向提供了条件。他上任后采取了许多保护少数民族、改善少数民族与汉民之间关系的措施，如：降低对少数民族所征收的税赋的份额；严格管理汉民开办的各种商社，要求他们做到买卖公平，不准欺负少数民族；将那些屡教不改，欺压少数民族的汉民赶出阿里山地区；等等。不仅如此，吴凤还鼓励、支持少数民族学习汉民先进的耕作技术，派人为少数民族人民治病、救灾，开展番族教育，解决汉番纠纷，提高和改变了原住民的生活状况和思想观念。吴凤还对一些不理解他的做法的人讲过：我保护他们（指少数民族），就是保护汉族人，汉族人欺负他们（指少数民族），实际上就是在杀害自己的同胞。在长达四十多年的任期里，吴凤恪尽职守，办事公道，力促汉族与当地少数民族的贸易往来，为番社做了许多好事，深受少数民族的信赖，赢得了他们的尊重。

吴凤上任后也一直力劝当地少数民族改掉“出草”的陋习，吴凤教育他们：猎取汉人的头祭神是一种犯罪的行为。如果汉人用你们的头祭神，你们能愿意吗？最初少数民族不肯，说这是祖宗传下的习俗不可改变，但后来接受了吴凤的建议：改用死人的头作祭祀。这样，少数民族猎取汉人的头祭神的旧习被改变了，汉民的生命安全有了保证。乾隆三十四年（1769年），阿里山地区的农业生产取得了大丰收，按当地少数民族的习惯，是一定要大祭一番的。适值原有的死人头也已用完，不料当地又发生了瘟疫，人们执意要猎取人头祭神。吴凤千般劝阻无效，就与他们议定：只准杀一个夜间经过林边的骑红马穿红衣的老人，且只能杀一次，从此不再猎取人头作“出草”祭。当地少数民族如约行事，而当他们发现被杀的骑红马穿红衣的老人，竟是他们非常敬重的年已七十多岁的吴凤时，大吃一惊，后悔不已，悲痛至极。遂聚议商定埋下“誓石”，永远废除“出草”陋习。吴凤用自己的生命终止了这一野蛮落后的习俗，实现了自己少年时期的宏图大志。

吴凤以牺牲自己教育山胞，革除陋习，为融合“汉番关系”打开了新局面，是台湾垦拓史上可歌可泣的一件大事。吴凤舍身成仁七天后，被安葬在故居之村口，其墓地现扩大为一座古式大陵园。人们为他的陵墓题联为：

秉浩然气，以救世心，为生民定命，立德立功同不朽

捐百年身，树千秋业，受万家尸祝，其人其事永流芳

后人为纪念吴凤义烈，还在其牺牲处建一纪念园地，其中吴凤骑马大铜像，英姿勃勃，若威灵犹在。

清嘉庆二十五年（1820年），当地又建“吴凤庙”，因人们尊称吴凤为“忠王”，故庙名为“阿里山忠王庙”，又名“成仁庙”，后几经修葺，现成为宏伟壮观的大祠。殿内塑吴凤像，红面黑颜，戴红盔披红甲骑红战马，右手执剑，精神焕发，犹见当年英姿。

每年的农历八月初十（吴凤成仁日）之“忠王大祭日”，台湾各地的少数民族同胞及台湾各界人民都会赶来，在“忠王庙”祭拜忠王，缅怀忠王。

在吴凤的祖籍地福建省平和县壶嗣村，亦在每年的八月初十吴凤的忌日举行祭祀，在村里的吴凤宗祠“报本堂”内还开设了“吴凤陈列馆”，以弘扬先人精神，激励后人奋进。

报本堂内景

海峡两岸人民之所以怀念吴凤这位先驱者，不仅仅在于吴凤以孜孜不倦之精神，融合民族之关系，以铮铮作响之铁骨，剪除野蛮落后之陋俗，还在于吴凤用毕生的精力宣传中华文化理念，使传统中华文化、优秀的道德观念为当地少数民族所理解和接受。同时，吴凤用宝贵的生命供献于其所追求的“促进民族团结、倡导文明社会”理想的惊世之举，深深地感动和教育了人民。他的英勇事迹与高尚品格激励着人们学习和树立一种良好的道德风尚，提倡和形成新的文明进步的社会秩序，对促进并提高当地民众的思想进步、文化进步和社会进步，产生了重要的影响。从根本上来说，反映了台湾地区文化风俗与祖国大陆文化传统有着密不可分的关系，可以说是同根同源，一脉相承。

杰出的爱国抗日诗人

被誉为爱国抗日诗人的丘逢甲，1864年农历十一月二十八日出生于台湾省苗栗县铜锣湾，其祖先是广东嘉应州镇平员生（今广东蕉岭县文福乡印山村）人。其曾祖父携家眷随一批粤籍客家人漂洋过海，迁徙到台湾谋生，到丘逢甲这一代，丘家在台湾定居已有四代、近百年的历史了。

丘逢甲出生在一个具有浓厚爱国爱乡思想、生活上保持清朴风尚的乡村塾师家庭里，其父爱好读书、善于诗词、毕生从教，使丘逢甲从小就受到清朴刚直家风的熏陶和艰苦生活的磨炼，丘逢甲从小就渴望报效国家民族，这对他后来的人生道路产生了积极有益的影响。

丘逢甲4岁时就在父亲的教读下进行学习，6岁能作诗，7岁能写文、吟读属对，14岁时赴台南参加童子试，并一举考中秀才。当时的主考官是闽抚兼台湾学政丁日昌（时台湾隶属福建管辖），他见丘逢甲小小年纪便来应考，甚为惊异，有意要试试他的才学如何？便出一个对子考他："甲年逢甲子"，丘逢甲稍加思索便答道："丁岁遇丁公"，丁日昌惊叹奇才，再经若干考试后，丘逢甲果然获得第一名，丁日昌特地赠一枚"东宁（台湾的别称）才子"的印章给丘逢甲，以示惜才之心，这在当时成为一件极其荣耀的大事，丘逢甲也因此闻名全台。后来，丘逢甲参加福州乡试，考中举人，第二年春天，26岁的丘逢甲赴北京参加会试，考中进士，成为我国历史上少数台湾籍进士之一。

在丘逢甲的青年时代，正是封建清王朝日益衰败消亡，中华民族危机四起不断的时刻，孤悬海外的台湾岛成为世界上帝国主义侵略者、殖民者野心膨胀，垂涎三尺的地方，面对这些，丘逢甲忧心忡忡，痛感民族、国家祸患累累，他益发关注中外事变，“毅然以天下为己任，恒为大吏陈国家大计”。虽然中了进士，还被钦点为工部主事，但丘逢甲无意在腐败无能的朝廷中做官，认为还不如“专意养士讲学，或为民间仗义执笔，反有意义”。于是，他告假回台湾省亲。回到台湾，他谢绝一应出任地方官职的邀请，于 1889 年开始其教职生涯，担任台中衡文书院的主讲，同时，在新竹五峰乡创办山庄书院，后又相继担任台南府罗山书院、嘉义县崇文书院的主讲。丘逢甲为学生传授新学，还让学生在课余时间关心国事，勤读报章，激发学生们的民族意识和爱国情感。

1894 年中日甲午战争爆发，腐败无能的清朝廷战败后，与日本签订了割弃台湾给日本的《马关条约》。消息传出，举国震惊，这是中华民族有史以来整省割弃之奇耻大辱，引起全国民众的痛心与愤怒。一致谴责与痛斥这一丧权辱国、割地求和的卖国条约，台湾人民也为这一消息而震骇和悲愤。在京的台湾举人联名上书督察院，反对割让台湾。丘逢甲闻讯后痛心疾首，食不甘味，憎日寇之蛮横，痛清廷之无能，惜国力之衰竭，悼斯民之不幸。他召集台湾乡绅，联合致电清政府，坚决反对割台，要求清廷废约抗战，保国土护黎民。怒不可遏的丘逢甲刺破手指，用鲜血书写“抗倭守土”以明大志，在不到一个月的时间里，他先后三次啮血上书，表达“桑梓之地，义于存亡”的强烈呼声，率领绅民请求清廷废约再战。当得知清政府不顾台湾人民死活，决计放弃台湾时，义愤填膺的他决定自主保台，与胆敢入侵的日本强盗决一死战。丘逢甲毅然投笔从戎，在台湾人民“无主可依”的情况下，倾尽家产，组织五万余人的抗日护台大军，与踏上台湾土地的日寇进行殊死的战斗。他亲自率领一部义军，在新竹一带与日寇浴血奋战二十多个昼夜，这是日寇入侵台湾后遭遇的最激烈最坚强的阻击。但毕竟仓促组织起来的义军在兵力、兵器上都不敌敌寇，义军终因势单力薄，饷尽粮绝，死伤过重，不得已而后撤，接着又在台中转战月余，经过近一个月的激战，义军伤亡惨重。牺牲将领中许多是丘逢甲的学生，在部将的劝谏下，丘逢甲挥泪内渡大陆，回到祖籍广东省镇平县文福乡淡定村。兵败内渡、久居故里的丘逢甲，时刻不忘割台之耻，以“台湾遗民”自称，每与人谈起割台耻事，“辄虬髯横张，怒发直竖，须眉嘘嘘欲动，气坌涌而不可遏”。

劫后余生返回家乡的丘逢甲，报国无门，壮志未酬，痛定思痛，认为抗日护台失败的主要原因是民众缺乏应有的教育，不懂得国家利益、民族利益与自身利益的关系。他认识到，不造就一批具有爱国思想的新军，就不足以获得成功，这给予丘逢甲返回大陆后大力提倡教育、创办新学、开发民智以极大的动力。1887 年，丘逢甲应聘于潮州韩山书院院长，后又主讲于潮阳县东山书院、澄海县景韩书院，这当中，他发现这些旧式书院不能很好地传授新知识，若想造就可以振兴国势的人才，就必须创办新学。于是，他约上好友，创办了东文学堂，后又与粤东开明乡绅一起在广东汕头创办了岭东同文学堂，仿照天津北洋学堂分校分班教学的做法，除教授国学、经学、史学外，还开设算学、物理、化学、外语、生理卫生、兵式体操等课程。学堂坚持“取欧西法教育青年，以维新鼓舞士气”的办学方针，以尽快了解通晓日本维新之道和西方学术，达到强国强民的目的，丘逢甲在岭东办学仅十余年，就见到了成效。除此以外，还在广东各地办校，为培养小学教师他办了“镇平初级师范讲习所”，仅所办的小学、中学，“闽粤之间就不下十数”，为办学堂，丘逢甲经年辛勤劳作，或草定章程，或筹措经费，或安排课程，或聘请教员，种种事务均亲自为之，以致“鸡鸣不寐”。丘逢甲用新思想创办教育，造就了一大批“瑞志励学”的新人，其中不少人因爱国走上了革命道路。他数年间致力办新学，取得了显著成效，成为广东乃至全国有声望的教育家。

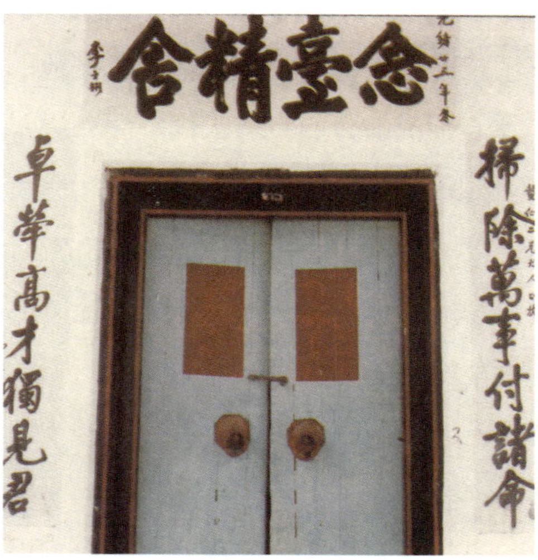

丘逢甲将广东祖屋中的一间命为“念台精舍”

虽然身在大陆，可心始终牵挂着故乡台湾。丘逢甲无时无刻不在思念着曾经养育过他、现在却沦为异域的故土，作为一个少年便得志的爱国诗人，便将那一腔浓得化不开的台湾情结，倾洒在自己的诗篇中。丘逢甲的诗作，主要有《台湾竹枝词》《柏庄诗草》《岭云海日楼诗钞》等，作品多以时政为主题，尤其是内渡后，丧土亡家之痛使他肝肠俱断，对故乡的深情眷恋让他寝食难安，“百事不能执笔”，只能慷慨悲歌，通过诗作来抒发心中的悲痛和愤懑。在《十四夜月》中有：“山河终一统，留影大瀛东”的诗句，表现了台湾终会回到祖国怀抱的坚定信念。《送颂臣之台湾》中“王气中原在，英雄识所归，为言乡父老，须记汉官仪”，以牢记汉官仪，珍存汉衣冠来寄语台湾同胞。其《重送颂臣》中“恻恻重恻恻，行人适异域。华夷忽易地，何处为乡国”以及“一幅千秋家国泪，不堪齐洒岭云边”，“相逢欲洒青衫泪，已割蓬莱十四年”等诗句，倾诉了台湾沦亡的悲愤。还有《元夕无月》里“三年此夕月无光，明月多应在故乡。欲向海天寻月去，五更飞梦渡鲲洋”及《对月书感》里“明月出沧海，我家沧海东。独怜今夜月，犹与故乡同。丧乱山河改，流亡邑里空。相思只垂泪，顾影愧归鸿”，《春感次许蕴伯大令韵》里“新年莺燕他乡感，落日鲸鲵故国情”的诗句，都抒发了丘逢甲思念故土的深深愁情；而“卷土重来未可知，江山亦要伟人持。成名竖子知多少，海上谁来建义旗”“年年乡梦阻归鞍，恨不随风化羽翰……地老天荒留此誓，义旗东指战云寒”“世间蛟龙如不斩，腰间长剑欲何为?”“曾从剑侠传中来，十万戈船梦里开”等，更重申了丘逢甲恢复失土的豪情壮志。他的名篇《春愁》：“春愁难遣强看山，往事惊心泪欲潸；四百万人同一哭，去年今日割台湾”，也因代表当时400万台湾人民对沦陷敌寇之手的痛苦和悲愤而广为流传，在海峡两岸引起极大的反响。以台湾情结表现爱国主义情怀，以激越雄迈的诗句表达自己的心声，丘逢甲的诗作正表达了“无人堪比”的台湾地区文学史的价值，也代表了台湾晚清文学的最高峰。

1912年2月25日，丘逢甲因病溘然长逝，在弥留之际，他遗言“葬须向南”，曰：“吾不忘台湾也。”

丘逢甲的一生，是爱国的一生。他一生都在为国家为民族的团结统一而奔走呼号，为挽救民族危亡而大办教育，他切盼“大九州当大一统……溶溶四海一家春”。台湾人民崇拜他、景仰他，以他的名字命名学校、村镇、道路。在他的祖籍地，家乡父老也将他的故居精心修缮，并在其中陈列大量珍贵文物、照片、手稿、文献，向人们讲述抗日志士、教育家、爱国诗人丘逢甲光辉的一生。

为逐日寇英勇献身的勇士

罗福星 1884 年生于广东嘉应州镇平县（今梅州市蕉岭县），1902 年与父母一起跟着祖父来到当时在日本统治下的台湾谋生，居住在苗栗县丰湖村。在学校读书时，他目睹了日本统治者的暴虐，饱尝了奴化教育的痛苦，由此对日本统治者产生强烈的不满和反抗思想，立下了一定要赶走日寇收复国土的大志。后因不满日本的压迫和不愿当日本的奴隶，罗福星一家于 1906 年抛弃家产，内渡返回广东老家。

归乡途中，罗福星在厦门加入孙中山领导的同盟会，投身革命斗争。他先后在家乡、新加坡、爪哇等地执教，以兴办华侨教育为掩护，向华侨宣传革命道理，动员华侨关心祖国革命事业。1911 年 10 月 10 日，孙中山领导的辛亥革命震惊中外，罗福星闻讯后组织两千多名华侨回国参加斗争，12 月，他带领的民军到福州后，恰逢南北议和成功，于是队伍奉命解散。罗福星回到家乡继续执教。

辛亥革命后，祖国大陆人们更加怀念和关心在日本统治下的台湾同胞，许多人提出要派人到台湾，帮助台湾同胞赶走日本占领者，民国政府福建都督也计划派人到台湾，听到这个消息，罗福星自告奋勇，以自己到过台湾，熟悉台湾情况为理由，积极申请，很快，罗福星告别家中妻、子，于 1912 年冬天再度来到台湾。

到台湾后，罗福星以台北为活动基地，集结抗日同志，联络抗日爱国志士，向他们介绍祖国大陆革命的情形，组织同盟会台湾支部，并派人分赴台湾南北各地，号召台胞勿忘祖国，宣传抗日复台的革命道理，明确提出“驱逐日人，恢复中华”的口号。与此同时，大陆到台湾参加斗争的也有很多人，他们分散在铁道、邮政等各个部门，积极进行革命工作。在罗福星等人的努力下，台湾的抗日斗争形势发展很快，短短几个月时间里，就有一大批人加入同盟会台湾支部。1913 年 3 月 5 日，罗福星在苗栗召开了台湾同盟会支部的代表大会，动员革命同志做好准备，迎接抗日起义。在会上，以 12 名志士的名义发表了《大革命宣言》。宣言书中列举了日本帝国主义占领台湾后对台湾同胞血腥统治的种种事实，指出：“自日本亡我台湾以来，夺我财产，绝我生命，其苛暴恶政，无所不用其极”，“台湾人民，刻以翻然觉悟，均当以鲜血一洗前此之耻辱矣”。“吾人今已决心，虽粉身碎骨，亦绝不稍萌退志。古谚云：‘杀头相似风吹帽，敢在人间逞英雄’，为国家雪耻，为同胞复仇，义之所在，更当视死如归也。”宣言书中特别提到，台湾同胞的抗日复土斗争，得到孙中山等革命党人的关怀和支持，得到大陆人民的支持与配合。宣言书号召台湾同胞团结起来，共图大事，以完成赶走日本侵占者、光复台湾的大事。

宣言书秘密散发到台湾各地后，立即受到台湾各阶层人民的热烈拥护，影响极大。一时间，“赶走日本侵略者”的口号蕴于广大台胞的心中。人们精神振奋，斗志昂扬，有钱的人出钱捐资筹经费，无钱的人出力组织“决死队”。人们都拿出实际行动，为赶走日本侵略者收复国土贡献自己的一份力量。

在这前后，大陆革命党和广东都督府亦派人到台湾，了解台湾同胞抗日斗争情况，转达祖国人民和革命党对台湾同志的支持。这一切，都给罗福星及其台湾同胞以极大的鼓舞，抗日斗争形势发展很快，武装抗日起义的队伍也组织了起来，他们按照大陆的军队建制建立起正规的军事体制。

宣言书散发之后，引起了日本警方的注意。日寇急忙加强防备，暗中四处打探消息，并突然在台湾各地进行大规模搜查和抓捕，还严刑拷打被捕的台湾同盟会支部成员和被捕的民众。面对突如其来的恐怖形势，罗福星毫不退缩，他坚定地表示：“男子以名为重”，“名誉者，吾人事业之支柱也”，“今余即令粉身碎骨，意志仍不屈也！”“若我不幸被捕，我必以坚强之意志，断不泄露机密，为革命献身，慰三百余万之同胞。”在艰难逆境中，抱定坚强意志的罗福星仍在加紧工作。他冒着随时被日警抓住的危险，不停奔波于台湾南北各地了解情况，还不顾个人安危秘密召开同盟会支部成员会议，研究举行全岛抗日起义等事项。但终被日寇探明行踪，1913 年 12 月 18 日，他在淡水被捕。

即使在牢中，罗福星也仍继续坚持斗争，揭露日本占领者在台湾的罪恶行经，还利用敌人让他写交代“罪行”的机会，书写了许多充满革命乐观主义精神和革命必胜信念的诗句，如“独立彩旗汉旗黄，小万横磨剑光吐。齐唱从军新乐府，战云开处阵堂堂。海外烟氛突一岛，吾民今日赋同仇。牺牲血肉寻常事，莫怕生平爱自由”。“军乐扬扬裂唤鹅，天风情长感慨多。男儿开口从军乐，可唱台疆报我仇，东走客族雷我原，驱逐夷蛮我国尊。白种更傅黄祸事，何难今日此争存。”罗福星在祝民国词中写道：“中土如斯更富强，华封共祝著边疆。民胞四海皆兄弟，国本苞桑气运昌。孙真国手著初唐，逸乐中原久益彰。仙客早沽灵妙药，救人千病一身当。”寓于“中华民国，孙逸仙救”。诗词中表现出他对祖国的耿耿忠心、对敌寇的视死如归和对孙中山的崇敬之情，爱国主义精神是他英雄气概不竭的动力之源。

罗福星就义处——台湾监狱绞刑台

1914 年初，日本侵略者在台湾对罗福星和五百多位抗日志士进行了“审判”，3 月，罗福星等被判处死刑。他和许许多多的抗日志士为争回祖国土地流尽了最后一滴血，他的心，永远留在了台湾。他曾对人说过：“我辈事败，我功不成，我身将化为台湾抔土……不遗污名于后世焉!”罗福星这种为赶走日本侵略者、为台湾回归祖国而不畏强暴、视死如归的英勇献身精神，永为台湾同胞所怀念。

著名的爱国史学家

“台湾之人，中国之人也”这振聋发聩的声音，是从一本名为《台湾通史》的书中传出来的。《台湾通史》是台湾历史上第一部按通史体例编写撰修的史书，其作者是台湾历史上著名的集史学家、文学家、诗人为一身的连横先生。

连横（1878—1936年），字武公，号雅堂，别号剑花，祖籍是福建省龙溪县（今龙海市）。早年其祖先远离家乡，渡海到台湾发展，定居在台南市，到连横出生时已是第七代人了。连横出生于一个书香世家，家教甚严，自幼便受到良好的教育与严格的约束。连横从小聪颖好学，对所学过的东西过目成诵，因此深得其父的喜爱。一次，其父将购到的一部《台湾府志》送给连横，并告诉他说“汝为台湾人，不可不知台湾的历史”，父亲的这番话对连横影响至深，可以说连横后来编撰《台湾通史》，也源于父亲的此番话语。

连氏宗祠

连横在翻看《台湾府志》时，觉得其中记载历史的东西很少，有的寥寥几句，交代不清，有的谬误种种，更有些对台湾及祖国大陆产生重大影响的事件与人物，如荷兰侵占台湾、郑成功亲率大军收复台湾等重大事件竟然提也不提，由于

《台湾府志》重修于清乾隆二十九年（1764年），所以在这以后发生的英、法、美等西方列强对中国及台湾的侵略，都没有记载下来，更不用说在台湾本岛上发生的开发、拓垦等情况了。目睹的这一切，及父亲对自己的嘱托与厚望，极大地激发了连横动手编撰《台湾通史》的信念和勇气。但当时连横手头的资料很少，加上那时在台湾几乎无法找到可以借鉴、参考的文献，连横欲编撰《台湾通史》，遇到极大的困难。

1894年，中日甲午战争爆发，清政府无能战败，签订了《马关条约》，将台湾和澎湖列岛割让给日本。消息传来，引起台湾人民的极大愤怒，由此爆发了反割台反投降的英勇斗争。时值连横因父亲突然去世而在家守制，面对国破家难，连横的悲愤之情无以抒怀，于是他一面写诗抒发家国凄凉之感，一面密切注视岛内抗日力量鼓励民众抗战到底的活动和舆论，多方收集抗日的文告、檄文及相关材料，这些均成为日后撰写《台湾通史》最宝贵最真实的第一手资料。

日本侵略者妄图使台湾同胞成为日本的顺民，施行所谓“同化政策”，欲在台湾抹去中华民族文化历史，为此连横愤怒说道：“古人有言‘国可灭而史不可灭’”，“然则台湾无史，将无以昭示后人，又岂非今日我辈之罪乎？”正是在这个时期，连横开始动笔撰写《台湾通史》。

1911年，连横无法忍受日本侵略者在台湾实行的残酷的掠夺政策和民族压迫，再次回到大陆，由台湾乘船到达上海，这次他沿长江西溯至武汉，又北渡黄河入东北，最后到达北京，历时两年，游历了上海、杭州、南京、苏州、扬州、九江、武汉、张家口、营口、沈阳、长春、吉林、北京等城市。途中他纵笔为文，以文会友，遨游于山川大河中，对祖国的文化和民俗民情有了广泛的涉猎，更增添了对祖国山河的热爱。到达北京后不久，连横应约入清史馆任名誉协修，正是有了这样一次机会，连横得以尽览馆中所藏的有关台湾的档案，并将这些内容全部收入其后来编撰的《台湾通史》中。

1914年，连横辞去清史馆的工作返回台湾。经过数十年的搜集、积累和整理，在掌握大量有关台湾的中外文献、档案及古籍书目等资料后，连横到家中不久便闭门不出，潜心著述其早已开了头的《台湾通史》。历经数年寒霜酷暑，竭尽心力，终于在1919年完成了这部共计60万字的《台湾通史》，并于1922

年分三册出版发行。

《台湾通史》仿照司马迁《史记》的体例，全书包括纪四、志二十四、传六十，人物包括从最早经营台湾的开拓者到清中后期抵抗日本侵略的仁人志士，时间跨度起于隋大业元年（605 年），止于清光绪二十一年（1895 年）日本帝国主义侵略台湾，凡有关台湾的政治、军事、经济、物产、风俗、人物等都有列论，对大陆人民开拓台湾及台湾人民抗击荷、英、法、日等帝国主义的侵略战争叙述得尤其详细。连横在《台湾通史》的自序中说："我祖宗渡大海，入荒陬以拓殖斯土，为子孙万年之业者，其功伟矣。"在记述郑成功收复台湾的壮举中，记录了郑成功义正词严地对荷兰殖民者说："台湾者，中国之土地也。久为贵国所踞，今予既来索，则地当归我。"（摘自《台湾通史》卷一）堂堂正气，跃然纸上，表达了中国领土不容侵略者踏足的坚定立场。连横在《台湾通史》卷二十七中写道："嘉庆时，有柯朝者归自福建，始以武夷之茶，植于鲒鱼坑，发育甚佳，即以茶子二斗播之，收成亦丰……"阐明了台湾的茶叶及制茶技术是由大陆移民赴台垦拓时传入台湾的这一史实。当说明一个地区、一个国家的民风民俗反映的是一个民族的历史及由这个历史决定的民族心理特征、文化特质，反过来，民俗又表现出文化的影响力和凝聚力时，连横说道："风俗之成，或数百年，或数十年，或远至千年，潜移默化，中于人心，而萃为群德，故其所以系于民族者实大……台湾之人，中国之人也，而又闽、粤之族也。"（摘自《台湾通史·风俗篇》），短短数语，道理至深。

《台湾通史》的编撰与出版，无论在当时还是现在，都具有十分重要的意义，它以大量翔实的资料，讲述了台湾的历史变迁，以无可争辩的事实，说明了台湾是中国的领土，是中国人民披荆斩棘、艰苦奋斗开创出来的，为后人研究台湾历史提供了较为丰富的史料。连横的名字也随着《台湾通史》的出版载入了史册。

连横家照。其中左一为长子连震东

1931 年，饱受日本殖民欺辱的连横写信给他从日本东京完成学业已两年的儿子连震东说："欲求台湾之解放，须先建设祖国。余为保存台湾文献，故不得不忍居此地。汝今已毕业，且谙国文，应回祖国效命，余与汝母将继汝而往。"连震东听从父亲的话归国，在西安从事抗战工作，1945 年随陈仪返台受降，从此与岛内政治结下渊源。1933 年，连横携家眷回大陆定居在上海，以遂其终老祖国之志。他对其子说："余自台湾沦陷，吾家被毁，三十余年靡有定处……今余著作已次第告成……一家均居国内，余心稍慰矣。余虽年事渐高，而精神尚在，此后当继续著作，以贡献于国家也。"1936 年春，连横因病在上海去世，弥留之际，仍告诫其子震东："今寇焰迫人，中日终必一战，光复台湾即其时也。汝其勉之！"连横看出日本侵华的野心，中日必将一战，而台湾回归祖国也要靠这一战，因此为即将出生的孙子取名"连战"，寄托着他希望自己的孙子将来能为祖国而战，与日寇奋战到底的决心。

山英海魂

余尝谓："探奇揽胜者，毋畏恶趋避，游不险不奇，趣不恶不快。"……况蓬莱在望，弱水可掬，藉令祖龙、汉武闻之，不将褰裳恐后乎？

（清）郁永河：《稗海纪游》

名扬四海阿里山

在台湾流传着这样一句话："不到阿里山，不知台湾的美丽，不知台湾的伟大，不知台湾的宝藏。"这话向人们传达了阿里山气势的雄伟、景色的壮丽、资源的丰富以及人们对阿里山的无比热爱。

阿里山是对阿里山脉中心群峰的统称。阿里山脉风景区内，群峰参差，溪壑纵横，既有悬岩峭壁之奇险，又有幽谷飞瀑之秀丽，其山光岚影千姿万态，茂林清泉各尽佳妙，是人间难得的胜境。

这里是台湾三大原林产区之首，是中国少见的原始林区之一。高山处处是茂密森林，满溢着逼人的"原始野趣"，较之黄山、庐山、"五岳"等，更具粗犷而壮伟的美。主峰阿里山在拥有几十座3000米以上高山的台湾虽然只能算是"二级山"，但因其具备全国诸名山难以企及的四大胜景（云海壮丽、林涛神木、遍野樱花、祝山日出），所以驰誉全球。要在"高山之岛"遴选最具代表性的"风景山"，实非阿里山莫属。

嘉义至阿里山的森林铁道与阿里山四大胜景合称为"阿里五奇"。它始建于1912年，是世界铁路建筑史上的"奇迹"，其"螺旋形铁道"和"伞形齿轮直立汽缸式火车头"为铁道史上之创举，曾被说是"疯狂的设计"。在阿里山铁路机车库中有一部已有超过一百年的火车头，它是1914年出厂、由美国莱玛公司制造的直立式汽缸级蒸汽火车头，目前仍可正常运作。

乘火车上阿里山是一次奇妙的森林之旅，只需几个小时，就可以历览热带、亚热带、温带和寒带四大类型植被景观。车出嘉义，平原上榕树、槟榔、芒果、茄莓等常绿阔叶树木点缀其间，间或出现大片相思树林或龙眼果园，直到海拔 800 米的独立山都是热带植物的天下。过独立山后，地形变得复杂：森林越来越密，大片竹林、台湾肖楠、油松、罗汉松等密盖群山，越入深山，植物种类就越多，错综参差生长在山峦峪峡中的亚热带植物如楮、柯、栎、樟、榉、枫等无不苍郁旺茂，悦人眼目。在海拔 1405 米的奋起湖有原始柳杉林，海拔约 2000 米的屏遮那有柏杉群。车过此处，就渐入温带林区，连天云浪中现出大塔山、小塔山的雄姿。火车飞越峻岭，触目尽是“阿里山五木”(红桧、扁柏、亚杉、铁杉、松树)，林涛澎湃，壮阔无边。山势更加陡峭，经过多处“之”字形急升轨道才到达游览中心区的神木车站。从神木车站再向高处去，就进入寒带林区，到处都是举世闻名的台湾冷杉。

台湾是个森林资源十分丰富的海岛，享有“森林之海”的美誉。几百年前，岛上山地和大部分平原几乎都覆盖着茂密森林。经多年采伐，现在森林面积已大为缩小，但仍占全省土地总面积的一半以上，是中国森林覆盖率最高的一个省份。其间林木茂密，树种繁多，成为巨大的森林宝库。

一百多年前，阿里山森林主要作为邹人部落的狩猎场。当时，这里漫山遍野都是郁郁葱葱的原始森林。日本侵略者占领时期，阿里山成为日本人对台湾森林大搞掠夺式采伐的重点地区之一。这里的红桧巨材被大量运往日本。至 1945 年，阿里山林区的木材已被砍伐 9000 余公顷，共 400 多万立方米，剩余的可供采伐的天然林已为数很少。目前，在阿里山建有森林公园。公园最下方的铁路旁，有一棵树龄超过 3000 年、高 50 多米、树围 20 多米、15 个人才能合抱的巨大红桧树，被称为“阿里山神木”。1956 年秋，此树因遭雷击而成枯木，后来接种新生代寄生红桧，才使古树树梢再现绿意。在它的东南方，有棵高 40 米、树龄 1900 余年的千年桧，由于它最早生长于汉代光武年间，因此又称为“光武桧”。再往东南，约

阿里山“三代木”

在公园区的中央，还有一棵奇异有趣的“三代木”。第一代树龄已逾千年，在它老死干枯的躯体中出生的第二代，也已根老壳空，残存的树干上又生出第三代，枝叶繁茂，青翠挺拔，高达重丈。如此三代，同一根株，树中生树，枯而复荣，是世间罕见的奇树。如果说三代木是重孙树，那么在阿里山，还有根与根相连、枝与枝牵拉的“姐妹树”，有棱角分明、青筋突露、比肩而立的“兄弟树”。另外，在溪头和阿里山之间，还有一棵“眠月大神木”，又叫“安兰狄娘”，树高约 48 米，树围约 7 米。据推测，它已经活了 4100 多年，被称为“台湾树王”，其树龄之长，在世界上也是名列前茅的。

云海是阿里山最负盛名、最有代表性的美景奇观。“阿里云海”被列为台湾八景之一。每当黄昏，雪白的云朵从空山灵谷间慢慢升起，顷刻间，便笼罩住连绵起伏的山头。只见那滚滚白云，像汪洋大海，万顷波涛，又像大地铺絮、山谷堆雪，看去似是很远很远，又像近在咫尺，轻拢慢涌，瞬息万变，气象雄浑，把山谷遮掩得若隐若现。人立山峰，遥望脚下银光奔腾的云海，平添虚无缥缈、身居广寒之感。有时，阿里山又满山满谷浓雾弥漫，置身其间，飘飘欲仙，令人陶醉。

与云海同享盛名的还有阿里山日出。在阿里山公园东南方，有座海拔 2460 米高的祝山观日峰，是观赏日出的绝佳场所。黎明时分，登临山顶的观日楼，可看到远远的玉山轮廓在微弱的晨曦中逐渐显现出来的奇景。只见天空忽而墨蓝，忽而淡青，忽而灰白，忽而殷红。不一会儿，墨绿色的山影渐渐清晰，周围似乎镶上一条金丝花边，由窄到宽，使玉山诸峰宛如海上仙岛。天空白云，千变万化，使人感到群山荡漾，巨龙腾飞。接着，红彤彤的朝阳蓦然烘托升起，像个断了线的大红火球，跳上山头，腾向空中，跃升于白云之上，放射出万道金光，给危岩、山坡、森林和花草，涂上瑰丽的色彩。最后，云霞逐渐隐没，天上一片白色光芒，开始照射青山翠谷，真是五光十色，气象万千。

晚霞也是阿里山的一大美景，特别是在远望如塔的塔山观赏晚霞，更是美妙绝伦。夕阳斜射，落日余晖通过如絮的白云，现出破碎的彩虹与霞光，一抹红、一簇紫、一团黄、一层绿、一堆青，层叠交织，七色纷飞，艳丽迷人。

阿里山一带是台湾的“樱花王国”，冬春之际来此，每个枝头都开满了樱花，片片樱花落在身旁，美得犹如走入画中一般。艳红的台湾山樱花、雪白的吉野樱和花团锦簇的八重樱，加上罕见的富士樱，吸引无数慕名而来的游客。阿里山樱花以宾馆前的吉野樱最美。元月时，红艳的台湾绯寒樱、粉红的琉球绯寒樱和白色绯寒樱在寒风中亮丽登场，为萧瑟的寒冬增添勃勃生机。阿里山花季于 3 月下旬正式开始，多数集中在阿里山宾馆和警光山庄后方火车站的铁道一带。当粉白的吉野樱和殷红的山樱花交相辉映时，令游人忍不住这份绝美的诱惑，纷纷与樱花合影。4 月初是花色最美的时候，万紫千红，馥郁绚烂，较台北阳明山公园更为出色。阿里山成为台湾热门的赏花地点。

阿里山区还有慈云寺、树灵塔、姊妹潭、受镇宫，以及高山博物馆、高山植物园等名胜游览地。

慈云寺建于 1919 年，当初因阿里山之钟灵毓秀犹如印度之灵鹫山圣地而建造。红檐绿瓦掩映于青山绿野之中，环境清幽，香火极盛。正殿供奉 1918 年泰国国王所赠的外为铜铸、内装金砂的释迦牟尼主佛佛像，还供奉文殊菩萨、普贤菩萨。这里面临深谷，观赏云海、晚霞，景色极佳。寺院内外花草葱郁，是个远离世俗的清修之地。

倒影如画的姊妹潭

姊妹潭是两个相距一百来步彼此相依相偎的小湖，湖水清澈如镜，终年不涸。环潭树木倒影如画，并有凉亭、小桥点缀其间。高山植物园中种植有不同气候带的植物数百种。

想深入认识阿里山，必须到高山博物馆走一回。博物馆建于 1912 年，馆中陈列有各种高山鸟兽、草木标本、矿物化石标本、高山族同胞的服饰用具以及阿里山开发史料、阿里山地理模型等。高山植物园内展示有数百种植物，游客可经指示牌逐一辨认。这些植物是暖、温、寒三带植物，如台湾扁柏、云杉、红桧和刺柏等，是台湾唯一的高山植物园。

受镇宫是在 1969 年改建的区内规模最大的寺庙，供奉玄天上帝、福德正神与注生娘娘。相传以往每年农历三月三日的前一周，会有三百多只蝴蝶飞来朝拜，停留在神像上，不吃不飞，大约一周后离去。

树灵塔

树灵塔是高约 20 米的石塔，乃为纪念当初遭大量砍伐之树灵而建于 1936 年。它是区内重要的历史建筑物。侵略者竟为树建立树灵塔，听起来多少有些滑稽，但毕竟是真的。相传，日本占据台湾时期疯狂砍树，砍到树神哭泣，夜间鬼哭神嚎，其中一棵 2000 岁以上的巨树被砍伐慢慢倒地时，竟然发出犹如人之哭泣的“吱吱”声，日本人大恐，夜晚入睡时噩梦相随继而生病，日本人唯恐遭报应，为安抚其恐惧内心，于是为树神建立了灵塔。老一辈的阿里山长者也证实了这段传说。树灵塔实际上已成为日本侵略者榨取台湾资源的一个明证。

蒋介石行馆位于离阿里山铁路火车站不远的地方，每周三开馆，让游人看看这个曾被列为禁区的行馆。它建于日据时代，为木屋挑高建构，门前有数十年之久的几株野樱和梅花。

在阿里山与玉山之间的新中横公路，近来出现台湾猕猴成群结队跑到公路上索取食物的特殊景观。大猴带小猴，母猴抱幼猴，见到游览车就围住，手心向上讨吃的，比动物园的猴子还大胆。虽然在公路旁有玉山公园管理处立的“禁止喂食”标志，但这种独一无二的标志反引起游客的好奇，大部分车辆都会特意放慢速度寻找猕猴的踪影。观光车辆则是固定于清晨 6 时许经过，每辆车都备有一条吐司面包，不让游客下车，只由司机丢面包，胆大的猴子会到车旁伸手索要。怀中抱小猴的母猴最有趣，若是没有汽车经过，好几只母猴就排队蹲在公路旁护栏上等，彼此吱吱喳喳，好像在唠家常。

名胜景观日月潭

闻名世界的日月潭位于台湾省南投县中部，是台湾最大的一个天然湖泊。平时水深三十多米，四周群山环绕，由玉山和阿里山山涧的断裂盆地积水而成，是中国少数著名的高山湖泊之一。日月潭水面海拔760米，潭的周长为35公里，水域面积9平方公里。在环湖皆山、碧绿澄清的湖水中，有个天然小岛，远远看去，好像浮在水面的一颗珠子，因此过去有人称之为“珠子岛”，后改称“光华岛”，但人们更喜欢叫它“珠仔岛”。岛的东北面，湖水形如圆日，称“日潭”，南面的湖水成弯月形，称为“月潭”，合起来称为“日月潭”。三百多年来，日月潭就凭着这“万山丛中，突现明潭”的奇景，成为宝岛诸盛之冠，名扬天下。

日月潭周围原是邵人的聚居地。相传日月潭的发现是因一只“神鹿”的出现。三百多年前，部落里的几十名猎人集体捕猎时，突然发现一只巨大的白鹿在奔跑，众人紧紧追赶了三天三夜，白鹿却忽然在高山密林中失去了踪影，人们在山中寻找了三天三夜，当第四天穿过山林时，面前竟然豁然开朗，只见千峰万岭、翠绿森林的重重围拥中，一池澄碧湖水在阳光下静静地闪烁着宝蓝色的光芒，猎人们又惊喜地发现，碧水中有一个树木茂密的小岛，小岛将大湖分成宛如太阳和弯月的两部分，于是他们就把这大湖叫作“日月潭”，将那小岛称为“珠仔岛”。猎人们还发现湖的周围水足土沃，森林茂密，宜耕宜狩，于是决定将自己的部落迁居此地，带头的就是今天邵人酋长的祖先。他们平日里驾着独木舟泛于潭上，水面杵声回荡，舟影摇曳，人在画中行，形成一幅天人合一的自然美景。

日月潭之所以优美，是因为它四周皆山，峰峦重叠，郁郁葱葱，群山环湖，湖面辽阔，水面如镜，一年四季早晚景色各异，水面变幻无穷。人们把这里比作人间仙境，说这里是“十里如画，四季皆春”，赞美它“青山拥碧水，明潭抱绿珠”的美丽景致，形容它“山中有水水中山，山自凌空水自闲”“但觉水环山之外，居然山石水之中”的奇特神韵，日月潭就凭着“万山丛中突现明潭”的奇景而成为宝岛诸胜之冠。

日月潭风景处处，早有人列出八景：潭中游屿、点点渔火、潭口九曲、独木行舟、山水拱秀、湖上杵声、荷叶重现、水社朝舞。后来，由于新的建筑物和风景点的出现，人们又列出新六景，即孔雀园、玄奘寺、光华岛（后改名为拉鲁岛）、德华社、石印岛、文武庙，现在，人们大多在游潭后，观览新六景。

自嘉义县搭车，只需一个多小时就可到达日月潭。环湖有游览公路，道旁绿树成荫，宜行宜憩，许多游人更喜欢仿照古人“泛棹出渡”的方式，充分领略湖光山色。

“出渡”先上珠仔岛。小舟一荡开浆，人便置入明镜似的湖水中，上下天光，碧水鳞粼，令人顿生凭虚凌空，飞入仙境之感。舟泊珠屿，上岛游览，小小的珠屿与广阔的潭水相衬因应，更给人以“一屿孤浮四面空”的扩朗感觉，它既是点缀湖水的绿珠，又是欣赏日月潭的极佳地方。

泛棹往北，小舟可停泊在山麓崖边，沿石阶上山，共计365级，俗称“走一年”，便来到山上的文武庙。这文武庙内集中国各路神仙之大成，济济一堂，居中为孔子，还有文昌帝君、关公、神农大帝、三官大帝乃至城隍、土地、海龙王等，据说有一百多位神明都在这里相聚呢！在山门前远眺潭景，但见绕岸皆山，云水四合，美景直扑眼底。

日月潭侧畔的文武庙

循文武庙山后的羊肠小道迂回，可抵日月潭东北角的孔雀园，这里一百多只孔雀竞相向游人开屏争艳，博人赞叹！

自孔雀园可前行来到德化社（现名忠孝村）。这里有邹人文物陈列馆，展示邹人的生活用具、艺术雕刻，游人在这里可以买到独具特色的邹人工艺品，还可以观赏到富有民族特色的歌舞表演，其中的《杵舞》表现了邵人妇女丰年杵米时的欢愉之情，乐曲节奏明快、歌声清越动听、表演者舞姿曼妙，是邵人歌舞中最佳的传统节目。

从德化社环湖往南，就可到达玄奘寺。这座于1964年按照中国传统建筑式样修造的寺庙，因供奉中国名僧玄奘而享有盛誉。玄奘世称“唐三藏”，即人们所说的唐僧。664年2月，唐僧圆寂于长安（今西安）玉化寺，遗骨藏于长安终南山的石塔中，该塔在唐末遭焚毁，自此遗骨失踪。三百多年后的988年，可政和尚从终南山的紫阁寺中找到唐僧遗骨中的头顶骨，将它移至南京长干寺的东风塔，后又再移到南风塔。1942年抗战时期，在南京中华门外山上意外发现了装有唐僧头骨的石函。石函上有唐僧遗骨的铭文，内装唐僧头骨17片，后来这石函被日本侵略者掠去，唐僧头骨的大部分被带到日本。直到1955年，有人从日本运回一片到台湾。台湾佛界如获至宝，专为此头骨建造了玄奘寺。寺中的正殿供奉玄奘金身塑像，两耳佩带大型耳环，左手持梵文经卷，右手持半月形戒刀，背负经架，俨然刚从印度取经返国的情景，显得庄严气派。大殿三层内有一座小塔，曰“玄奘塔”，玄奘法师的头骨就安葬于塔内。玄奘寺自建成之后，立即吸引了国内外无数游客前来参拜。

玄奘寺

玄奘寺后的青龙山巅，有一座仿宋辽时期的塔，叫作“慈恩塔”，为九层八角宝塔。据说塔基至塔顶高45米，算上青龙山高955米，加起来刚好 1000 米，登塔眺望，日月潭风光尽收眼底。

环湖游至西北岸山脚，远远就可听到水流怒吼雷鸣，这就是日月潭的水源口。这里水流湍急骇浪排空，高达四五十米的浪花势若蛟龙出水，非常壮观。再往前行，有一个探向湖中的小半岛，这里居住着许多原来在“珠仔岛”上生活的邵人乡民。现在，半岛上已建成充满现代化气息的旅游中心。这里也是环日月潭游览的起点和终点。

人们喜爱日月潭。日月潭早已成为台湾标志性的名胜景观。

日月潭雨雾

钟灵毓秀八卦山

彰化东约一公里，有一列遍长相思树、榕树和凤凰木的土岗，自平地孤立隆起，像翡翠屏风般三面环拱彰化。土岗最高处海拔仅 96 米，但在平原垣荡的彰化县境内，却是难得的军事制高点，历来为兵家必争之地。其上曾建“镇番亭”，后改建砖寨，设炮台，名曰“定军寨”（简称“定寨”），土岗也名为“定军山”。嘉庆间彰化知县改定军山为“八卦山”，沿用至今。钟灵毓秀的八卦山因取义于易经的“太极生两仪，四象生八卦”而获名。一百多年前，这里还是“邑中八景”中著名的“定寨望洋”所在地。登临眺望，近观县城全景，远览全县风貌，视野极佳。

八卦山既与市区成犄角势，又是区内高地，因此彰化一有事变，八卦山就跟着卷入战争旋涡。举其大者，像乾隆五十一年（1786 年）林爽文抗清起义，清廷调集大军与天地会大战于彰化，血染八卦山，历时一年半。光绪二十一年（1895 年），清廷割让台湾，日军占领台北，向南推进，八月末，中部民军和黑旗军以吴汤兴、徐骧等为首，据八卦山抗敌。日军以榴弹炮轰击，义军誓死不降，血战到底，五百余人壮烈牺牲。日本侵略军攻入彰化即大肆屠杀，血溅山河，鬼哭神嚎，是台湾人民抗击外国侵略史上极其惨烈悲壮的一页。

如今，使八卦山上闻名遐迩的则是建于“定军寨”废址上的“彰化大佛”。八卦山大佛竣工于 1966 年，是八卦山最醒目的地标，也是彰化的象征，占地约 281 平方米。佛高 21.4 米，肩宽约 4 米，胸围约 13 米，所坐的莲花座直径约5米，其巨大超过日本奈良大佛和印度卧佛。大佛是一尊释迦牟尼的塑像，周围用石栏围住，栏内定为净土，莲台趺坐，宝相庄严，仰之弥高，莲座四周有门，可肚中空，由莲座至佛顶，共分为五层，底层为小佛堂，二三层供奉释迦牟尼佛陀，陈列其一生伟绩，四五层供游客俯瞰市区风景，可远眺台湾海峡。地下层设有电动圣贤史绩馆，展现古圣贤的善行伟绩，包括岳飞精忠报国、花木兰代父从军和孟母三迁等；殿内还有佛陀出家成道彩图19幅，精工绝伦。大佛殿后方还有两座八层宝塔，坐落于凤凰木及相思林中，分外宁静幽雅。此殿于1976年底安座开光，如今的大佛稳坐八卦山，俯视世间芸芸众生，格外慈祥庄严。

在佛像前台阶下九龙池中，有九条栩栩如生的龙，常被游客当成许愿池。池的前方设有诗情画意的圆弧状观景回廊，错落的白色墙面上有飞舞书法题诗，过中式牌楼便可抵达。其中抗日烈士纪念碑记述了中日甲午之战，清廷战败签订《马关条约》割让台、澎两地后，吴汤兴等义士和各地仁人志士纷纷组织义军抗日，聚集于八卦山的有近万人，由守将吴彭年率军据守八卦山炮台。当时日军为抢渡大肚溪而进攻八卦山东侧高地，与义军发生激战，后义军弹尽援绝而有近5000名志士壮烈成仁。1965年，在彰化八卦山坑子内山发现700具烈士骨骸，1983年纪念公园竣工后，烈士灵骸便移奉至此，并兴建了纪念碑，四周被1.5公顷的公园所环绕，园内有两座该战役的古炮、纳骨塔和祭祀殿供人凭吊，还设有巍峨牌楼、步道、海亭和花架等。经抗日烈士纪念碑公园继续往上行，出现一片茂密的相思树林，那是健康步道公园。林中长达百余米的健康步道，是由黑白鹅卵石铺成，步道中段还有奇特的石头展示。

八卦山游乐花园位于八卦山大佛南方的卦山路上，原名静态公园，园区占地总面积约4.4公顷，结合公园和游乐园的设计形态，设有动物园、鸟园、儿童立体游乐天地、冷泉谷瀑布、原野乐园、荷兰花坊和风车等设施。园内的花园造景颇具匠心，首先映入眼帘的便是一个大型欧式花园，在翠绿的草坪上遍植着各种五彩缤纷的鲜花，争奇斗艳，令人目不暇接。左侧山坡上以矮灌木拼成“八卦山花园”五个大字，特别显眼。园内散置着以单一植物集中栽植的花圃，包括杜鹃花区、樱花树区、金针花区、桃花区、状元红道、枫林道、兰花谷、香花植物和奇花异卉区等，每逢花季，百花齐放，幽香四溢、娇媚无比。

园内还有人造瀑布和喷泉，环池四周的凉亭和长廊爬满了绿色植物，垂枝蔽日，幽雅凉爽，闲坐亭中，聆听水声淙淙，欣赏水中鱼儿悠游、白鹅戏水，顿觉心旷神怡。其中奇禽异兽动物园和鸟园是最吸引人的去处。鸟园内宝冠鸟是目前台湾仅存的稀有鸟类。园中的儿童乐园部分，有碰碰车、飞行车、迷宫、原野乐园、海底世界和多项益智游乐项目，可供亲子同乐。

八卦山台湾搜奇博物馆是台湾首创第一家，专门搜集各种珍奇趣味、惊异展品的博物馆。馆内到处充满惊奇，有100公斤重巨蟒、双嘴怪鱼、四只脚的鸽子、重60公斤的大象鱼和八只脚的猪等。此外，还有特殊收藏展品，如天山雪莲、5公斤重的大豌豆和夜明珠等。在这里还可触摸恐龙大便化石和各式各样的鬼脸，令人惊叹不已。

从大佛山下旧牌楼的公园路往山上走，约十分钟车程可达赏鹰平台。八卦山在清明节前后，有相当数量的北返灰面鹫和赤腹鹰可供欣赏。此外，八卦山还有天然温泉，水质澄清，内含丰富的碳酸和铁质，除可沐浴外，还具有医疗健身功效。红毛井位于八卦山下，距今已有三百多年历史，井水甘美清洌，常年不涸，是台湾中部硕果仅存的古井，市民争相取用泡茶，深受嗜茶人士的喜爱。

在八卦山周边，还有一些人文和自然景观令人驻足流连。

台湾民俗村位于八卦山风景特定区内，占地52公顷，以建筑为最大特色，并搭配民俗技艺和特产小吃的现场制作，以多元化面貌呈现台湾的历史文化和特色。

园区内分为昨日台湾区、今日台湾区、山林胜迹区等，昨日台湾区内以台湾传统建筑为主，保存了一些濒临被拆除的精美古厝，如嘉义一条龙、鹿港古厝、北埔客家庄，并模拟重建鹿港不见天街、澎湖蔡进士第等具有艺术价值的古建筑。园区内还保留了多种即将没落的传统行业，如打棉被、制面线、打铁、制樟脑、彩绘等，均由老师傅们在工作坊中亲自操作，让游客目睹这些古老的技艺。为营造欢乐的气氛，园区内还不定时举办各项具有特色的游艺活动，如踩高跷、古代婚礼、戏曲、阵头等。今日台湾区主要展现今日台湾的各种富庶景象，有设置现代游乐机械设备的山地历险乐园及1997年隆重推出的水上乐园。山林胜迹区则是以一条赏樱步道为主体，沿途有蜿蜒清溪潺潺相随，可享受森林浴，或是参观位于其侧的历史性建筑，如新北投车站、留月山庄（斗六蔡宅）、杏林雅筑（嘉义廖氏诊所）等，都有独特的风韵。自然教育区中有水族馆、奇石馆、蝴蝶馆、生物馆、农作物馆等设施，一可以让人们认识大自然之美，二也是体验台湾原野风貌的好机会。休闲度假区采取闽南式四合院建筑，风格典雅大方，内部除精美套房之外，还有游泳池、多功能娱乐中心、会议室、儿童休憩室等，是结合度假与休闲所设计的度假饭店。

清幽宁静的虎山岩

虎山岩为中部三大名岩之一（另二岩为碧山岩及清水岩），建于清乾隆初年，距今有两百多年的历史，位于八卦山西北麓，占地广大，四周清幽，茂林修竹，起风时，竹林沙沙作响，别有一番滋味，“虎岩听竹”自古即为彰化八景之一，散步于此享受另种竹林风情。寺庙中奉祀观世音菩萨，每年农历二月十九日、四月一日、六月十八日、九月二十九日为该寺祭日，各地涌至的香客增添热闹气氛。寺庙外的“听竹亭”旁有一长约十米的巨龙卧池，“祈雨亭”旁则有石雕的老虎塑像，颇具龙盘虎踞之姿。虎山岩的风水相传属虎穴，乡民惧怕未至此来砍伐，所以岩后的相思树林保持得相当完整，树木苍翠蓊郁，增添些许传奇色彩！

百果山风景区因遍植各类果树花木，故名百果山。园内风景点包括水源地、游览区、广天宫三部分，区内花团锦簇，景致清幽，游览区内以百果桥及阶梯连接忠烈祠与果园。两旁的假山、瀑布和荷花池也将园区点缀得更加美轮美奂！拾级而上，可见“浩然亭”，登顶俯瞰，园林街景一览无遗。而水果造型的游乐园是园区的另一特色，也是小朋友的最爱。

广天宫位于游乐园后方，又名恩主宫，左祠三山国王，右祠玄天上帝，占地颇广。该庙附近的杨桃观光果园盛产美味多汁的杨桃，每年 12 月至隔年 4 月为生产期，届时不妨前往品尝，一享采果之乐！

清水岩森林游乐区林木茂密，苍翠蓊郁，是许多鸟类栖息的场所，其中不乏珍贵的鸟类，斑鸠、乌秋、夜莺、白鹭四处可见，漫步林间，悦耳的鸟语声，芬芳的泥土香、四溢的芬多精，唾手可得，是享受森林浴的最佳场所。游乐区内的观音峰适合登山健行，峰顶适合远眺，社头乡及田中镇的风光尽收眼底，令人流连忘返。

田中森林游乐区环境优雅，风景怡人。由鼓山寺后侧循着步道即可见到大片的相思树林，适合登山健行及享受森林浴。林中人工设施不多，林荫浓密颇具原始风味。漫步林间，令人身心舒畅，沿途古朴的凉亭平添乐趣，是赏景、远眺的好据点。

鼓山寺

坐落于彰化县田中镇的鼓山寺，四周溪流、树林环绕，格外清静幽雅。古朴的庙貌，浓密的林荫，别有一番静谧与清闲，是当地居民信仰中心。寺内供奉释迦牟尼佛，香火鼎盛，寺前左右两旁的圆形花圃，花团锦簇、色彩缤纷、花香扑鼻，每逢春暖花开时，百花齐放，好不热闹。寺前的道路旁，遍植龙眼树，果实累累，为静穆的鼓山寺带来别样情致。

宝藏寺与鹿港龙山寺同为昔日彰化“三岩二寺”的著名古刹，建于清雍正年间，是汉人从彰化进入南投开发内陆的重要据点。宝藏寺为两殿式建筑，前殿宽三间，正殿颇高，覆以金黄色琉璃瓦，光彩夺目。寺内的雕刻，巧夺天工，精致华丽，且保存多项古物雕刻，巧夺天工，精致华丽，且保存多项古物，如正殿中的“宝山第一”古匾、西厢的“重建宝藏寺碑”等，均散发思古之幽情，深具历史价值。

东台湾的“山水走廊”

人们通常用“山水走廊”四个字，来形容贯穿台湾东部南北的省道台九线。台九线从台北市依序串联起宜兰、花莲、台东与屏东四县市，全长476.072公里，是全台最长的公路，因为它几乎是从台湾头走到了台湾尾。所以人们又将这么长的路程划分为北宜公路、兰阳平原、苏花公路、花东纵谷及南回公路五个路段。这每一个路段，又都拥有其独特优美的自然景致：北宜公路的迂回曲折则带来了些许传奇神秘；兰阳平原因悠远历史与人为努力而交织淬炼出丰美文化；苏花公路依山临海、造就举世称奇的壮丽风景；纵谷公路的丰饶沃土营造的是质朴田园风情与四时变化景致；南回公路展现山海交错的清秀韵致。所有这些，都为这条“山水走廊”披上了浪漫温情、惊险峻峭、丰富华美的奇异色彩，也因此吸引着人们竞相一睹这条纵贯公路的不凡景观。

就随着我们一一欣赏体验这条别样的“山水走廊”吧！

串联台北与宜兰的北宜公路，是宜兰地区对外联络的重要门户，追溯它的身世，不难发现早在一个世纪前，这条路线就已肩负起两地的交通要务。清光绪十一年（1885年）刘铭传开辟淡兰便道，从台北城经景美、深坑、坪林到达宜兰城，是清末兰阳地区对外的主要交通要道之一；日本殖民统治时期以淡兰便道为基础，拓建新店到坪林的路段，日本投降之后再经整建，便成为今日的北宜公路。

这段路程上有处“九弯十八拐”。因特殊景观与奇闻而被笼罩了一层神秘的雾纱，其实，就是早期许多驾车的人坚信遇到过“鬼打墙”，也就是开了老半天的车，发现自己还在原地。对此，科学的解释是，因北宜公路上有许多大转弯路段，加上早期路况不佳，从台北连续开两小时山路到达九弯十八拐时，驾车人已相当疲累，很容易因精神恍惚而误以为遇到鬼打墙。后来，随着路况大幅改善，车祸发生率逐年下降，所有的传奇故事与行车禁忌则渐行渐远。平顺的路况让驾驶人也更有闲情逸致欣赏北宜沿路明媚的风光，不论是深邃的溪谷、满山遍野的芒花，还是俯观兰阳平原的田园景致，都足以令人一路逍遥。

北宜公路风景变化多端，自新店到坪林为止，沿途依山傍溪，公路曲折蜿蜒，封闭的山谷、开阔的坡地茶园、峡谷间流动的小溪，这些完全不同的景致往往只在一转弯间即已变换，带给路人无限的惊奇。此段种植各式花卉，春天时色彩斑斓，令人目不暇接。坪林乡素以好茶出名，公路两侧尽是茶行，喜好茶艺者不妨在此稍停品茗，或尝尝当地的风味茶餐后，再继续上路。

石牌即台北、宜兰交界处，这里是北宜公路上的最后一个休憩处，有不少小吃摊供游人补充体力，其中一家贩售卤得入味的五香茶叶蛋配上一碗微辣的八仙汤，独特的香味直沁心脾，是北宜公路上不可错过的风味小点。县界所在是公路的最高点，此处满山遍野芒草随风摇曳的壮丽景致，足以令人精神振奋。之后，公路急转下行，就是人们所说的“九弯十八拐”，每转过一个弯，都会变得阔朗，兰阳平原的田园风光、孤悬外海的龟山岛，都可尽收眼内。经过几个转弯之后，道路渐趋平直，也离开山区，来到平原，这儿是北宜公路的终点——礁溪。素以温泉闻名的礁溪，有着各式各样的温泉汤池与饭店，最能舒缓旅人的疲惫，补足元气再出发。

进入礁溪，就逐渐进入台九线的第二段路程——兰阳平原。宜兰至苏澳的这一段公路风景，自有它独到的风韵，值得细细品味思量。

宜兰碧霞宫内的岳飞神像

沿台九线穿行过兰阳平原，平坦开阔的土地上，依着季节更迭，翠绿的秧苗、金黄的稻穗，各自展现不同风姿。错落其间的屋宅，有隐身竹围中的传统四合院，有欧式斜顶乡间小屋，也有揉合噶玛兰人建筑工法的“宜兰厝”，宜兰的乡间，格外有着清丽的田园风韵。

兰阳平原进化了此地，它让人类的智慧结晶在此地慢慢凝结，继而灿烂生光。不论是至今依然留存于庶民生活之中的传统戏曲文化，或是特产的金枣在酒香菜肴中沉淀，抑或者一乡一节庆的欢乐景象，前人的文化在此得到保存，而现代的智慧也继续传递。

喜爱各式传统戏曲的游客，请千万不要忘了到“宜兰戏剧馆”一游，馆内丰富的典藏品绝对让你大呼过瘾。仅仅三层楼的建筑，宜兰戏剧馆却有超过4000件的典藏，布袋戏、歌仔戏、北管、傀儡戏等各式地方剧种，都是戏剧馆收藏的范围，除了静态的展示，戏剧馆还收录许多传统戏曲，只要戴上耳机，就可以听到众名伶献唱，让参观者能够更贴近地欣赏传统戏曲的美。戏剧馆还别出心裁地搭设了一座布袋戏彩楼与歌仔戏台，不但所有的戏偶戏服免费出借，并仿照野台戏形式在戏台下摆了许多长板凳，只要你敢秀，随时可以亲自粉墨登台，一显身手！

在台湾声名远扬的“苏花公路”，指的是台九线省道自苏澳至花莲的路段，由于东临太平洋、西倚中央山脉的北段东斜面，依山临海，位置高悬，加上沿线悬崖峭壁耸立，因此无疑是九号省道全线最壮观的一段公路。

自苏澳沿着苏花公路南行，依序经过苏澳港、南方澳、东澳乌石鼻、观音瀑布后，来到公路上最壮观的景观——清水断崖。清水断崖为断层海岸，自和平至崇德绵亘于清水山东侧约21公里，由于其绝壁平均高度在800米以上，以90度直角直插入碧浪滔天的太平洋中，气势雄伟，号称世界第二大断崖，更是世所罕见的海岸断崖奇观，其中位于清水站一带的清水山

开在峭壁上的苏花公路

东南大断崖尤其险峻，绝壁临海面长达五公里的壮观景致，迄今仍是苏花公路上必赏的绝景。

车过崇德之后即进入七星潭风景区，原本曲折而坡度甚大的苏花公路在此逐渐变得平缓宽直，道旁山势不再高峻，道路两侧亦出现住家与树林围篱。随着怒涛惊岸的太平洋被如诗如画的田园小镇渐次取代，标志着充满艰辛开发史的苏花公路走到了终点。

北起花莲市、南至台东卑南的台九线，因东临海岸山脉、西倚中央山脉，地形上是狭长的平原谷地，人们称它为“纵谷公路”。与前段依山临海、峭壁耸立的苏花公路相比，纵谷公路虽没有壮观出奇的景致，却另有一番田园之美。它不仅是贯穿花莲、台东的交通要道，更因其多变而清丽的景致，以及沿线丰富的旅游景点，使它名副其实地成为一条旅游公路。

人们将“纵谷公路”的两侧，主要指中央山脉与海岸山脉之间的狭长地带，称作“花东纵谷”。花东纵谷近年来成为人们休闲放松的首选之地，是因为这里平阔的田园绵延伸出山边，稻秧生长时将大地织成成片的绿毯，结穗时，又将纵谷染成炫目的金黄色，早春时分，油菜花上演黄澄澄的派对，山坡上，整齐划一的茶园奉送出鲜嫩翠绿的新芽，季节的更替为花东纵谷平添了视觉上的享受，而那股农家怡然自得的平凡和喜悦，更是带给平日紧张劳碌的人们一种欣喜若狂的感觉。在花东纵谷中，无论是绿荫下一幢幢木造黑瓦房，还是青山环抱间桧木汤池中优质的温泉水，抑或一群群黑白分明的乳牛漫步在明媚阳光下闪动碧绿光辉的草原上，这里没有都市中高楼林立、车水马龙的喧嚣浮躁，也没有大型游乐场带来的欢声与惊叫，这里处处散发着浓郁的田园气息、赏心悦目的自然风光，安详自在的休闲方式，将人们带入悠然自得、放松身心、怡情养性的良性生活状态中。凡到此一游的，莫不为这里的佳景、温泉、美食以及轻松的休闲方式所吸引，他们像识途的老马一样，一而再、再而三地来到这里，享受花东纵谷中难得的悠然和轻松。

台九线的最后一段路程，是东起台东市，西迄屏东县枫港，全长约一百零七公里的南回公路。南回公路是联络南部台湾东西之间的重要走廊。不似其他的台九线路段，南回公路并没有一个单独而鲜明的特色，但其地形复杂多变，形成南回公路前后两段迥然差异的奇丽变换。

仙境般的山谷

位于台东境内的前段，面临大海，景致开阔，像是常在电影里出现的热带风光。依山恋海的南回公路，显得温和开朗，灿烂的阳光洒在如明镜般的海洋上，反射出粼粼波光，右侧山脉下，新芽初冒的平原农田，甜美的嫩绿色昭告着春天降临的信息。车行在这段公路上，你所有的神经都会在不知不觉间完全放松下来，看着海岸旁洁白闪亮的沙滩和澄净的海水，只会巴不得停下车来好好地与海洋亲近一番再上路，因为此处景色实在太美了！

后段则逐渐进入屏东县境内，眼看着海岸线越退越远，山脉越靠越近，不知不觉间就进入了山区路段。此时依山环绕，车子在一座座苍茫大山间盘旋上下，傍晚飘起的云雾让整座山仿若脱离人境。南回公路山区路段，每到下午三四点就开始飘起薄雾，看着远处原本清晰的山脉轮廓渐次模糊，大片的雾气自车窗外飘过，最终整个公路陷入一片白茫茫中。暮霭苍茫下行驶在这段山路上，只有靠着其他车辆的灯光，及隐约可见的城镇指示牌，稍微辨识自己究竟身在何方了。直到公路不断地向下蜿蜒，雾气慢慢跟着散开，等到车子终于行驶在一段平直的大道上时，远处火红的夕阳与彩霞简直让人无法逼视，此时的南回公路既不亲近海洋，也不隐匿于群山之间，它只是安详地躺在平原中间，仿佛要为长达近五百公里的台九线，画上一个平静的尾声。

这就是南回公路，在山与海的交会间，一段奇丽多变、风姿万千的故事，一段全台最美的公路。从台北绕过雪山山脉北端的山头，来到东台湾，展开一段山光水色的公路之旅，沿途时而壮美时而清丽的风光，绝对会令人由衷感叹：原来台湾竟有这么一条景致醉人又风情万种的多元化情趣之路！

旷世奇观太鲁阁

太鲁阁是台湾东部山区最著名的风景胜地。一位手持相机拍遍台湾的老者曾说过：在台湾所有的自然景致中，最能让人感触良多，最能令人心灵震撼的地方，就是太鲁阁大峡谷。走遍全台湾的胜景，如果没到过花莲的太鲁阁，那可是一大憾事了。如果说台湾是美丽的宝岛，那么太鲁阁则是美上加美的奇景。自这里于 1986 年成立太鲁阁公园以来，每年都吸引着无数的游客争相饱览大峡谷奇冠天下的幽峡胜景。

太鲁阁公园横跨花莲、台中、南投三县，包括太鲁阁峡谷、立雾溪流域、中横公路沿线风景和部分临海的苏花公路景观。它的全部面积为 9.3 万多公顷，立雾溪为区内最主要的水系，流域面积涵盖了全境的 2/3，总面积达 92000 公顷，仅次于玉山，名列第二。

太鲁阁公园以其高山及峡谷最负盛名，尤其是中部横贯公路太鲁阁至天祥一带的立雾溪谷，两岸全是大理石岩层，可以想见最初开发之艰难！太鲁阁公园内名列百岳的高山多达 27 座，其中南湖大山为区域内最高峰，山容壮大，周围比列着大小副峰，独具帝王气象。奇莱连峰则包含了北峰、主峰、南峰、卡罗楼山等山峰，素以断崖峥嵘著称，其中又以北峰最高，山势也最险恶。合欢山区是知名赏雪胜地，非雪季时是一片绿野柔和的高山草原。此外，公园东侧的清水断崖、三栈溪峡谷，也都是以地质之美著称的风景点。而 20 公里长的太鲁阁大峡谷是世界上最大规模的大理石峡谷，能目睹此景的人是幸运的。

立雾溪发源于台湾中央的奇莱山主峰，从海拔3449米的源头一股蛮劲直冲大海。恒古千年万载，水石互相纠缠。水作刀，切出了险峻雄伟；石为料，呈现着深邃壮丽。百万年来，丰沛的立雾溪水不断向下侵蚀，切开了厚度超过1000米的大理石层，形成今天中横公路太鲁阁到天祥间垂直壁立的U型峡谷，造就出公园中最撼人心弦的地景。

太鲁阁大峡谷位于立雾溪的下游，靠近中横公路的入口处。到太鲁阁，从东西横贯公路的牌楼进入后，便处处是美景，花东纵谷的地形，在此展露无遗！惊艳之余，不仅要赞叹与感恩那些早期开发这条道路的前人，应该更能领会太鲁阁的原始与美丽吧！

太鲁阁大峡谷

从中部横贯公路沿立雾溪南岸向西伸展入谷，渐行渐窄，只见绿林红墙环绕着一座祠堂，就是入峡第一景“太鲁长春”的长春祠。祠前紧临溪崖，两股飞瀑自山墙前奔泻直落崖下溪涧，水沫迸溅，声震山谷，名为“怒瀑长春”。祠后有一道380级的天梯叠到岩顶，上建“太鲁阁”。建阁石料皆就地取材，填基、台座、阶石与立墙均用灰色大理石，雕栏则采用雪白大理石雕琢而成。阁分两层，下为石砌，形若方城；上层为木阁，全部丹漆，楼门木板壁饰以雕花，上覆黄琉璃瓦攒尖方顶。远看太鲁阁雄峙岩顶，黄白朱墨映衬于苍林蓝天，炫目耀眼，气派非凡。

自长春祠复入深谷，循溪盘旋经过一座又一座岩崖，高高低低，参差高耸。转过一个岩角，面前突然出现一座高插云天的笔直大断崖，就像一座无比巨大的屏风垂直壁立在奔腾湍急的立雾溪边，人们猛一见不禁会“阿唷”一声大叫起来，所以当地太鲁阁人把这断崖叫作“阿唷”，汉人则以其状貌称为“屏风岩”。自阿唷大断崖再进峡，立雾溪被石岸夹缩成狭窄急流。两岸皆垂直石壁，无路可通，唯有凿岩钻道，所以由这里起隧道绵延不知几公里，尽在岩崖之内。隧道太长，就在傍谷一侧打开巨大的通气采光大洞口，通常高五六米，长十几到二十几米不等。在谷中看不见隧道，只见百丈石壁上开着一个个长方形大洞口，好像摩天大厦外壁上的一个个大窗户。这种奇观自阿喑大断崖直到天祥，比比皆是，在世界高山公路建筑史上也是一个创举。

隧道暂断处距太鲁阁峡口已有八公里之遥。再进地势愈高，而崖峡愈险愈奇。其间有一段二公里长峡，峭壁相对，像巨斧劈成。崖上小洞累累，是地下水沿岩层石纹侵蚀成小孔穴，聪明的燕子便以这些小洞为巢。春暖时节，不知有几千几万只燕子到此卜居，但见燕翔狭谷，羽影交织如网，呢喃啾鸣不绝于耳，蔚为天下奇观。人们把这里叫作“燕子口”。

循峡再入，到“迎宾峡”。这是峡中之峡。峡门之一扇是一座拔地冲天的大断崖，高达1660米，状如长锥，又像一支锐利的长剑直刺青天，这就是驰名全球的全大理石断崖，名曰“锥麓大断崖”。断崖上半部直凌云霄，下半部则直插深涧，所谓公路只是绕岩腰硬凿出的一道凹槽，旁立石栏护住，以防不测。据说全长约九公里，最险处长约一公里多，其险峻难以想象。峡门之另一扇便是塔山北麓大峭壁，也是陡直险峻，令人胆战心惊，被形容为“蚂蚁也爬不上”。两扇峡门中开一缝，立雾溪在其下翻腾咆哮，滚滚而下。

进入迎宾峡便是太鲁谷中最壮丽的“虎口线天”。这里断崖紧接着断崖，一座座密密相迫，好像猛虎张口，锐牙剑齿密列如锯。人在峡中，只见三面石壁，一面深谷，俯视深渊万丈，仰首仅见青天一线而已。由于峡谷石层断裂线左右扭曲毫无规则，所以对峙的险崖如犬牙交错，狭谷曲折迂回，左旋右转，越向前越曲折得厉害，其状真是“如肠之回，如河之曲”。钻进岩腹的隧洞一个接一个，也多忽左转，忽右拐，人称之为“九曲洞”。

出九曲洞，雄伟险峻壮景仿佛在刹那间突然消失无踪了。这里是荖西溪汇入立雾溪的河口，虽然两岸青山连绵，但涧碧崖绿，云树迷茫，其间径道迤逦盘曲，幽深宁谧。此景曰“太鲁合流”，是全峡别具一格的一段。两溪汇流处有一小岩，人称“青蛙石”，青蛙石的中层为白色大理石岩，上下层则为深绿色的青色片岩。一座独立巨石屹立于立溪旁，

逼真的“青蛙石”

宛如伏在溪中的大青蛙。在青蛙石上建有一亭曰“兰亭”，兰亭恰似青蛙王子头顶的皇冠，在远山的碧绿、近水的蔚蓝、石头的粉白中，平添着一抹橙红。亭下有一石桥名叫“慈母桥”。传说中，慈母桥上，一位慈祥的母亲曾久久地站立凝望。她不相信自己的儿子已经在洪水中死去，只要她活着，她就要把他盼回家。附近河边及河床到处是被溪水及雨水冲漂得洁白雪亮的大理石，两岸山青林秀，翠映绿波，非常悦目。

再行两公里便到了太鲁峡谷终点天祥村。从峡口奔来的两脉山岩在此集结，仿佛两手相握，于是在溪畔就形成一片开阔的河谷台地，天祥村就在这台地中。山麓中疏疏落落有几户太鲁阁人搭建竹屋居住。整个地带青山环护，溪流清浅，宁谧安详。在经历峡谷险崖的紧张惊险旅程后，来到这个幽静美丽的小山村，那种轻松愉快的感觉是无法用语言表达的！

太鲁阁公园原始森林覆盖面积广大，从海拔最低的清水海滨到最高的南湖大山，落差达 3742 米。从亚热带的樟楠林，温带的混合林、桧木林，寒带的铁杉、云杉、冷杉，到高山草原、寒原，呈现垂直分布，并有特殊的岩壁植群，及因地形陡峭所造成的“植被压叠”现象，造就了层次复杂的植物群相，植物种类达 1100 种以上。公园内裸露的白灰岩地表多，因此山地石灰岩植被成为另一植物特色，珍稀的清水圆柏就生长在此特殊环境中。太鲁阁公园植群完整，自然就提供了野生动物栖息活动的空间，因而野生动物的种类也极其繁多。

太鲁阁人约三百年前由水溪上游东迁进入立雾溪河谷定居，并以焚山开垦、狩猎、捕鱼及采集维生，纺织技术也相当发达。

除了大峡谷，太鲁阁公园还分为生态保护区、特别景观区、史变保存区、游览区及一般管制区五个区域。生态保护区为公园的主体，共有三处，分别位在南湖山区、奇莱山区及清水山区；史迹保存区目前仅锥麓古道一处；中横、苏花公路沿线及合欢山区皆列入特别景观区，并于太鲁阁、神秘谷、布洛湾、天祥、合流、下梅园、关原、大禹岭、合欢山等多处设立游览区。

美不胜收的太鲁阁公园！

沧溟绿岛好风光

绿岛位于台东县东十六海里的太平洋中，行政上属台东县的一个乡。全岛南北长约四公里，东西宽约三公里，面积约十六平方公里，仅次于马公、兰屿，为台湾第三大离岛。绿岛是一座火山岛，仿佛是镶嵌在太平洋上的一颗小珍珠，四季如春，是旅游度假的好去处。

绿岛是个开发不算久的小岛。相传在1804年，福州商人陈必先与同伴五人因航海遇风，漂流到岛上，才发现这个达悟人居住的“海上仙岛”。后来陈必先带了数十人来此，伐木造屋，发展渔业。当时绿岛上的木材是百年大树，陈必先等大力经营木材生意，涉足福州、泉州等地，因此，他们成为开拓绿岛的第一批汉族人。由于这里林、渔丰富，来岛求生的人日益增多，由北而南，岛屿逐步发展了起来。

绿岛原名鸡心岛，是因其岛形好像鸡心。后来叫作火烧岛，关于“火烧岛”的名称由来，众说纷纭。有人说，明末清初时，岛上曾发生一次大火灾，几乎烧遍全岛，因而得名；另一种较为普遍也较有人情味的说法是，岛民出海捕鱼，有时会碰到浓雾，为引导渔船归航，渔民家属常在山头烧火作为指引，每到夜间，岛上火光一片，而得“火烧”之名。此后又有人称它为鹿岛，是因岛上家家户户饲养梅花鹿，锯角取茸售卖求利，是台湾最重要的“鹿茸”供应源。1949年8月，当时台东县第一任县长到岛上巡视，认为火烧岛名称不雅，因提倡造林保林，绿化全岛而将岛名改为“绿岛”。称它为绿岛，也恰如其分，因为岛上一片葱茏，林木繁茂，就像点缀在碧海中一颗闪亮的绿钻石。

日本侵略台湾时期，殖民当局将绿岛作为关押政治犯和重刑犯的地方。台湾光复后，当局在该岛上设了三座监狱，也是关押台湾政治犯和重刑犯的地方，因此给人以恐怖之感，有“神秘之岛”和“死亡之岛”的称呼。

绿岛属火山岛。岛上丘陵起伏，平地极少，最高的火烧山海拔281米，位于岛中央，数条小溪向四周辐射注入太平洋。只有岛的西北部有一块狭小平地，为居民集中居住区。

绿岛乡耕地很少，加上多变的海洋性气候，夏季常有台风肆虐，在这种气候条件下，水稻不易生长，全岛年产稻谷不敷两个月食用，岛上居民多以甘薯为食。全乡粮食、蔬菜基本上靠台湾本岛供应。过去岛上养鹿业很盛，饲养的梅花鹿最多时达一千余头，后因台湾本岛一些地方兴起养鹿，鹿茸价格比绿岛便宜，致使岛上的养鹿业受到影响。

绿岛附近海面有太平洋暖流（黑潮）经过，鱼藏量丰富，尤其盛产龙虾、贝类。附近海域盛产鲣鱼、鲭鱼、飞鱼、龙虾、海鳗、大目鱼、八卦鱼、飞鱼等。沿岸盛产椰子蟹，这种蟹因以椰子果为食而得名，外形似蟹又似虾，其肉鲜美，为该岛上一大特产。绿岛上还盛产椰子以及治疗风湿症的中草药——海芙蓉等。正所谓靠海吃海，绿岛居民也不例外，80%岛民都以捕鱼为生。

绿岛海滩

绿岛四周的海岸为珊瑚礁岩，有高峭的台地、海蚀崖及形状嶙峋怪异的天然礁石，风景瑰丽，景观独具。其东南角的景色最为美丽。沿着海滨公路徒步行进不到一小时，可到白沙尾。这里是一片洁白的沙滩，对属于火烧岛地形，四周以岩礁海岸为主的绿岛来说，这一片白沙滩是十分奇特的美景。

从白沙尾再走不到十分钟，就是整片的珊瑚礁海岸了。隆起突出在地面的珊瑚礁石很像一大堆尖尖刺刺的海参。这一带面临太平洋，三面都被“高山”所包围，当然，海拔两百多米的火烧山、阿眉山，搬到台北盆地不过是个小土丘，但在这小岛上却有“高山”的称谓。这两座山都有火山口的遗迹。海边也

绿岛上的朝日温泉

可以观赏到珊瑚隆起的各种情形，这里有一个形状像睡美人的巨岩，惟妙惟肖。徜徉在这里，享受宁静而无人的海岛风光，非常惬意舒适。

绿岛是火山岛，岛外有海水温泉。全世界只有几处海水温泉，其中一处就在绿岛，即朝日温泉。温泉自海参坪南端的海底冒出，属硫磺泉，泉温可达54℃，涨潮时即被淹没，水量甚丰，盐分却很浓，仅供沐浴，不能饮用。近年修筑了三个大小不同的温泉池，可供游客洗沐。再往南就是船舰鼻，是平坦的海岸边突然冒出的一块小石山，状似舰船。奇形怪状的礁石还有将军石、楼门洞、龙虾洞、乌鬼洞等，都是隆起的珊瑚礁。

绿岛上还有一种珍奇的动物，叫狐蝠，又名大飞狐，是台湾特有的一种大蝙蝠，属哺乳类动物。由于其极为珍贵，近些年来不断受到滥捕滥杀，以制成标本出售谋利。有关人士指出，再滥捕下去，狐蝠将被赶尽杀绝。

在环岛公路的东北角，可看到一座小牌楼，上书“观音洞”，右边门联上写着“绿水青山观音圣地”，左边写着“岛上风光菩萨洞府”。从这里往里走，便来到一处天然深邃曲折的溶洞，这里为钟乳石岩洞，因常年流水浸湿而成，洞内有一尊观音石像，香烟缭绕，旁边流水潺潺，神秘而幽静。相传早年渔民在捕鱼时，常在黄昏之际，看到一团火球不断在山边滚动，民众在上山寻找火球时，发现了这个观音洞的奇观，这里也因此成为岛上的圣地，居民们竞相膜拜视为精神寄托。

绿岛灯塔是岛上最惹人注目的建筑物，纯白直筒状的灯塔高约十米。这灯塔有一段感人的故事：1937 年 12 月的一个夜晚，美国邮轮“胡佛总统号”由基隆开往马来西亚途中，在绿岛附近触礁。虽时值深夜，绿岛居民闻讯即纷纷冒着风浪下海抢救乘客。后来邮轮沉没，但五百多名不同国籍的旅客全部获救无恙。次年，美国为纪念该次事件和感谢绿岛人民的义举，特捐款建了这座灯塔。

绿岛仿佛是镶嵌在太平洋上的一颗小珍珠，当游客踏上绿岛心头立刻会感到一阵沁凉。岛民们言行举止中流露出来的那种悠闲、自在和与世无争的气氛，也会使外来游客消除心中的忧烦。

东海胜景龟山岛

龟山岛在台湾东部海域，宜兰县东约 12 公里的波涛汹涌的西太平洋上，行政上隶属宜兰县头城镇。岛上有两个圆峰，东边的小峰好似龟头，西边的大峰好似龟尾，岛上有高低不等的若干岩峰相连，远看酷似一只巨大的石龟浮在万顷碧波上，正向东游去。据测量，龟头高 254 米，龟背最高处 401 米，龟尾露出海面的仅 3 米，是一处布满安山岩石砾的、宽约 200 多米的沙洲，却长达 1 公里左右，迤逦入海。所以人们称之为“龟山岛”。

龟山岛为火山岛，全岛东西长约 3.3 公里，南北宽约 1.7 公里，周长约 9 公里，面积约 3 平方公里。最高点在中央偏南，海拔 401 米。由辉石安山岩和集块岩构成，有硫铁矿、石膏矿。中央“龟体”部分多系断崖，形同龟甲，龟山岛西端有一石质沙尖向西北伸出，酷似龟尾。说起这条“龟尾”，亦曾经是一个谜，长久地为人们津津乐道。当地人说，龟尾春夏指向西北，秋冬则拨转西南，在海水中往复拨动的距离达数十米之宽。人们对此莫名所以，因此传说这岛是一只神龟，是天帝派来驮住台湾岛的大龟之一，五万年轮休一次，现在正是它休息期间呢。后来，在若干年前，有个年轻的植物学家上岛考察，才揭开这个“谜”。原来，龟尾上布满的石砾经千万年海浪冲刷，都成滚珠状。春夏风从东南来，浪打龟尾，把石砾冲向北去，秋冬风从北面来，浪打龟尾，把石砾又冲回南边来。如此这般，露出水面的沙砾自然方向不同，难怪人们就说这龟岛的尾巴竟会自己摆动了。

从头城镇远望外海的龟山岛，犹如“龟头”在冒烟，“龟尾”在左右摆动，岛边四周的零岩碎石时浮时沉，有如龟爪在游动。因而，许多人在游记中称之为“吐烟摆尾的龟山岛”。何以会出现吐烟摆尾的现象？所谓“龟头”，实际上是一个火山锥，昔日的喷火口，迄今仍有硫磺气孔时常喷发，形成一股烟雾，直到半空才消散，远远望去，好像“龟头”在吐烟，至于尾部，上文已经说过，由于“它”是由安山岩和卵石所组成的条带，成为岛上渔港的天然防波堤，延伸一千多米，高三米。上面的卵石很不固定，当海上刮南风时，往往把卵石推向北面，如果刮北风，从北面涌来的巨浪，又把卵石慢慢推向南面，这样龟尾就很难稳定在一个固定方向上，当地渔民把它称为会摆动的尾巴，使得龟山岛俨然成了一个会吐烟摆尾的活生生的巨龟了。

岛上古时曾有居民，传清道光初年，有10多家人家移居此地，以捕鱼为业，后逐渐增多。组成一个小渔村。据1970年统计，这里有100余户居民，650人居住，在行政区划上，龟山岛属屏东头城镇的一个里，称为龟山里。20世纪60年代末期，当地居民曾开设龟山渔港，利用岛上池塘，连结“龟尾”，构成了防波堤。但渔港建成后，受到台风的破坏，把防波堤冲毁，使航道淤塞，渔船不能入港停泊。自1975年后，当地居民纷纷迁出。如今岛上还留有他们的房舍、寺庙和校舍等。现在岛上仅有驻军而已。

龟山岛上岩石峭立，土地贫瘠，对农业耕种不利。唯在龟体西端与龟尾的结合部，地势较为平坦。龟山岛上盛产硫磺、石膏、鸟粪层。在崎岖山头上有矮树丛，岩谷中有树木，也有野生花草，景色不差，但硫气甚重，常弥漫于小山谷的低处。岛中央凹陷处汇水成潭，清澄见底。据说风雨来时，全岛山谷响应，声如千军呐喊、万人擂鼓，加上嘘雾咽雷、雨脚如麻，漾漾一片，迷茫无穷，凡亲历其境者无不惶惶然、凄凄然，似无可容身之地。

在龟山岛西南有一小群岩屿，离龟岛之尾颇近，外形酷似龟卵，被称为龟卵岛。龟卵岛四周的海水中，还有一些没有露出水面的大块岩石，民间传说这些都是巨龟所生的蛋。这些沉在海里的岩石，成为一个个暗礁，因此渔民们驾船经过这一带，都十分小心谨慎，避免撞到海中的“龟蛋”而出事故。

龟山岛上景点不少，要看它的最佳角度有两处：一处是北宜公路下头城的九弯十八拐山上；另一处是驱车走北部滨海公路，过了三貂角在石城一带观看，最具龟相。

岛上主要有十景，列数如下：

第一景便是列为兰阳八景之一的龟山朝日，旭日初升时，太阳缓缓从龟山后方浮现，朝霞掩映，堪称一绝。第二景为龟岛硫烟，由于它是晚近火山作用所形成的年轻岛屿，海下仍有大量硫磺喷气孔，靠近岛屿时，还可以清晰地看到缕缕硫磺烟直往上飘。第三景为绵延一公里的神龟摆尾，它是由安山岩砾所磨蚀堆积而成的细长砂嘴，是海上灵龟的尾巴，每逢海潮冲刷后，龟尾会自动转向，台风后又会自动回位，因而，宜兰人深信龟山岛是活的神龟。第四景是龟岩绝壁，在龟山岛龟背向北展开的山麓，一面以大断崖临海，落差极大，气势惊人；有机会搭船环绕龟山岛，千万不可错过此一绝景。第五景是神龟戴帽，指的是岛上罩着云雾时，讨海人就知道要变天了，因此只要观察岛上的气候变化，就能预估出海的渔获量。俗话说“龟山戴帽，大雨浩浩”，可见龟山与当地渔民的生活已密切结合。更奇的是第六景龟卵观奇，传说龟山岛是母龟，龟尾许多卵石就是它产的龟卵，其中最大的卵石已经毁坏，据说是被鱼雷摧毁；又有一说是基石被水冲坏，至今岛上仍留有很多小的龟卵石，列为保护区。有趣的是，每年5月间，真的有海龟登上龟尾产卵，印证了神龟之说。第七景是眼镜洞钟乳石，就在岛的周边，从前是海上夜市，走私渔船都在此相会交货，洞内的钟乳石景观是台湾所罕见的。外形酷似眼镜的海蚀洞，洞内受温泉作用，将岩壁熏蚀得五彩缤纷，格外好看。第八景是出名的海底温泉，在靠近龟头附近的海域，海水的颜色转为乳白色。据说海底温泉的温度高达110℃，pH值在2以下，属于强酸，与海水中和后酸碱度约在8左右，涌出的温泉力量极强，使海面看起来波涛汹涌，蔚为奇观。第九景是神龟撒尿，在鱼尾湖潭附近有一处冷泉，涨潮时泉水由石缝涌出，退潮时泉水流出

观龟山岛

外海。泉质冷度与苏澳冷泉相近，当地人视为治疗眼疾的圣泉。最后一景是绝对不可错过的龟尾夕照，看着落日从地平线消失的那一刹那，别有一番奇特感受。

龟山岛是一个观看日出的好地方，有人甚至认为在龟山岛看东海旭日初升比在祝山、玉山看日出更美。其实，看旭日升起于万山之“海”与看旭日从海面腾起，两者意趣各有千秋。每当朝阳初升时，站在头城镇海岸遥望龟山岛，犹如巨龟朝日而行。“龟山朝日”的美丽景色，被列为“兰阳八景”之一。宜兰诗人李静斋《龟山晓日》一诗写得好，诗曰：

龟蒙耸翠锁中流，万顷烟波濯素秋。
天为我兰开半面，好观海日滚金球。

神奇海岸野柳岬

台湾岛位于我国的东南沿海，在东海与南海之间，它东临太平洋的浩渺烟波，西隔台湾海峡与福建省相望，宛如一只巨大的鲲鱼，遨游在万顷碧波之上。

尽管台湾岛四周都被海水环绕，但由于地理位置的不同，岛的四周形成各不相同的海岸景观，海岸风光最奇特的是台湾北部的海蚀地貌，这里多为粘板岩、砂岩、页岩等软硬不同的岩层交互构成的岩岸，有部分海岸为火山岩覆盖。由于地质构造在继续变动，加上海浪的冲刷、海风的刮蚀，大自然将这里的地表层造就成奇岩怪石，成为一种极为罕见特殊的地貌，地质学家将它称为“对置海岸”“沉降海岸”等。游人们在这里看到的是只有神话故事里才有的奇特风光，因此，给了它“陆上龙宫”的美誉，其中最美最奇特之处，便是基隆市西北部的野柳岬风景区，每年都吸引着上百万的观光客前来这里观赏。

野柳岬距基隆市西北约十五公里，是一条延伸入海的狭长岩岬，宽有两百多米，长约一千七百多米，好似一道远伸入海的长堤。它背负苍岩，面临大海，从基隆山顶远望，野柳岬好像一只巨大的海龟蹒跚离岸，昂头拱背游向大海，因此人们又将这里称为“野柳龟”。很多游客怀着极大的兴趣赶来观看这里的奇石怪景，感叹大自然的鬼斧神工。

野柳岬早在两千多万年前就开始堆积，又经数百万年前造山运动的推挤和长久的海水侵蚀，才使得深埋地底的岩层显露出来，并形成各种各样的奇岩怪石，展示了大自然的威力和鬼斧神工，今天的人们能够看到大自然的神奇杰作，实在是非常的难得和幸运。

来到野柳岬，映入眼帘的首先是削立断崖，苕绕巉岩，几道深深刻削的“海蚀沟”平行斜割石岸，看上去就像刚刚犁开的垄畦，奇形怪状的岩石布满狭长的海岬。由于这些沟渠都是海水侵蚀出来的，因此称为“海蚀沟”。每当海浪汹涌而来，溅起的浪花和冲击的闷响声，都令人感受到大海的巨大威力。因为海蚀沟的纵横交错，地面变得凹凹凸凸，起伏不平，行走时必须上上下下，增加了许多游玩的乐趣。野柳岬的平台上布满深深浅浅的海蚀沟，有的地方被海水切得太宽了，得搭桥才能通过。

“蕈状石”在野柳岬的地形景观中显得非常醒目。远远看去有一百多个的蕈状石，长得好似菇类，又极像许多人头排列在海岸上。走进一片蕈状石中，犹如进入一片石头森林中。最值得注意的是，在海边往陆上看，可看到蕈状石由诞生到断头其“一生”的变化过程，在不长的海岸上，将这些蕈状石一生的“诞生期”“无颈期”“粗颈期”“细颈期”以及“断头期”的五个变化过程同时展现在人们的面前，直令人感叹造物主神奇的安排了。在这片蕈状石中，最著名的便是斜缓石坡上突起两米多高的“女王头”了，她就像个髻发高耸的中世纪贵妇，微微昂首，美目远盼，无论从哪个角度看，面目轮廓都是那么端庄优美，神态极像昂首静坐的尊贵女王，在这片蕈状石中是最受人注目和欢迎的，它已成为野柳岬的代名词了。

已成为野柳代名词的“女王头”

仔细观看蕈状石的头部，会发现上面布满大大小小的坑洞，犹如蜂窝一般，因此蕈状石的头部又有一个特别的名字——“蜂窝石”。在蕈状石旁，有一排长得和蜂窝石极为相似的“风化窗”——外形扁平，一片片地铺在地表上。表面上尽是大大小小不规则的坑洞，像在地上开出的一格格小小的窗户，因此得名“风化窗”。蜂窝石和风化窗的形成原因是一样的，都是岩面上或岩石里生物碎屑被海水溶解形成小洞，再经海水的不断侵蚀将小洞扩大，于是逐渐形成蜂窝状。穿梭在蕈状石和蜂窝石之间，常会看到石头上、地表上，镶嵌着白色或红褐色的化石碎片，有的很完整，有的破碎成堆，这些都是2000万年前被泥沙掩埋而留存至今的“海胆化石”。野柳岬的海胆化石数量很多，十分容易观察，是人们认识海胆化石的最佳地方。

在靠近海岸的地方，有一排和海岸平行排列的岩石，仿佛是一块块的“巨姜”，相当引人注目，不规则的外形，加上表面粗绉、有裂纹，简直就和老姜一模一样，“姜石”的盛名因此而流传开来。外形酷似老姜的姜石，实际上就是岩石在海水的侵蚀下，四周较软的部分被侵蚀消失，使坚硬的部分露出地面，时间一久，岩石表面也逐渐被海水侵蚀得更加粗糙，加上地形抬起，就形成今天所看到的“姜石”了。姜石的造型各有不同，但它们都受到人们的喜爱，不少游客都会好奇地上前仔细观看触摸一番。

走过姜石继续向海边前行，一定要注意看脚下，否则一个不小心，就可能会掉入一些积满水的深穴中，有的深穴甚至大到可以淹没一个人，这就是野柳岬的又一处地貌——壶穴。这些壶穴散布在野柳岬四处，个个都是自然天成，十分有趣。仔细观看，还可在壶穴中见到小鱼、小螃蟹等，水中生物在这里已形成一个小小的世界。在壶穴的前方，稍稍远离海岸的平坦地方，人们可以轻松地找到一个个浅平的“盘子”散布在这里，就好像在等着什么人来这里野餐。这些奇特的平浅凹穴，远远望去就像月球表面的凹洞，它们是被退潮后残留的海水溶蚀出来的，因此被称为“溶蚀盘”。

野柳岩石中最奇特的，要属“烛台石”了，全台湾只有在野柳岬才能看到。烛台石聚集在临海的岩石上，由于终年受到海水的冲洗，显得光滑圆润。其造型一如它们的名字，上细下粗，表面光滑的圆锥体是烛身，中央顶上嵌着的圆球，就是烛火了。海浪打来，再由烛身流下来，好像是蜡烛燃烧后流下来的蜡油。这不能不让人们对大自然奇巧的雕琢功夫佩服得五体投地。

“烛台石”——大自然的奇迹

除了上述这些奇岩怪石，在一千多米长的海滨地带，还有数不清的岩石高低屹立，有的似人物雕像，有的如巨兽蹲伏，有的却好比各样器物。人们根据不同的形状，将其分别命名为“仙女鞋”“梅花石”“象石”“地球石”“大石龟”“石蘑菇”“豆腐石”等，看起来无不惟妙惟肖，逼真传神。“象石”就像是一只顽皮可爱的小象，正卷着鼻子在海岸边戏水；“仙女鞋”造型轻巧、精致，宛若仙女下凡时，不小心将鞋子遗落在野柳岬的海岸上；“地球石”，浑圆的岩石球体顶在四周的岩石上面，像是一具特意立在海边的地球仪；还有“情人石”，就像一位盼望着爱人归来的忧郁姑娘，默默无语地伫立于岸边，远望着碧海归帆……人们啧啧称道这些大自然造化神工之奇妙，并深深地感谢大自然赋予人类如此美妙的景象，眼前这嶙峋奇石、碧海渔火之处被称为“陆上龙宫”，果然是名不虚传。

当人们漫步于圆滑的乳房石上或钻到巨大蘑菇石的“蕈盖”下，或在“蜂巢”密布的岩石中穿行时，都会感到自己步入了美妙的、如梦如幻的神奇世界。

和平岛海蚀景观

和平岛为基隆市郊的旅游景点，原名社寮。本是孤悬海外的一座岛屿，后因修建和平桥，将和平岛与基隆市相连，成为陆连岛。

依基隆市志记载，明天启年间（约 1626 年），西班牙人自菲律宾入侵基隆，屯兵港口东侧的社寮，并在其上筑寮集社，名为圣萨尔瓦多城，并设置炮台与教堂，以防当时占有台湾的荷兰人对其攻击。崇祯二年（1629 年），西班牙人继续入侵淡水，建筑红毛城。13 年后，西班牙人被荷兰人驱逐，圣萨尔瓦多城被毁。

1662 年，荷兰人被郑成功赶出台湾，在撤出之前曾在社寮的岩石洞上刻写纪念文字，当地居民称之为“蕃字洞”。洞内岩壁所刻字迹，系记载年代及荷兰守军官兵的姓名，现已残缺模糊。甲午战争后，台湾被日本侵占，日本人攻占台湾时，岛上各地民众奋起抵抗、殊死保台，曾有几十个人死守这个岩洞，最后在洞内壮烈牺牲。

和平岛距基隆市中心区约 6 公里，面积 1.1 平方公里，海拔 70 米，全岛长约 4 公里。东望鼻头角、西眺野柳岬、西北与基隆屿遥遥相对，是较接近港口的 3 个小岛之一。全岛北高南低，向来以渔业闻名。

和平岛景观得天独厚，早在 20 世纪 50 年代便因嶙峋怪石，犹如满朝王臣拱护皇帝之状而被游客称为“皇帝殿”。每年吸引无数游客在这里流连忘返。岛上的海蚀地形特别发达，沿海有蕈状石、千叠敷、豆腐岩、海蚀平台及许多奇形怪状的石头。因此基隆市有关部门特别将它规划为和平岛滨海公园。顺着岛上环山步道，还可看到被誉为基隆八大美景之一的“社寮银澜”，一波波白浪拍打海岸煞是壮观，岛周围，一艘艘渔船满载着渔货，岛上渔港向游客提供最新的海产。在岛上，有一座创建两百五十多年的天后宫，奉祀被渔民尊为海上保护神的妈祖，是基隆地区最早的妈祖庙。

欣赏和平岛的地形景观，一方面可从海崖上观赏日落，另一方面从不同的岩石结构及形状窥探大自然的演变与发展。从各种节理在海蚀平台上构成的几何图案，可以欣赏大地的线条之美；从一些较为坚硬、形状不甚规则的石灰质结核或块石，在差别侵蚀下形成的各种奇形岩石中，可以领略诡异的形态之美。由于此地属沉降海岸，加上气候影响与海水侵蚀，这里的岩石发育极富特色，其中最著名的景观当属千叠敷、豆腐岩、万人堆、蕈状石和蕃字洞等，可谓是海神与风神的雕塑巨作。

千叠敷就是岛上的海蚀台地，这些砂岩在长期海潮侵蚀下，落潮时露出海面的面积达一万平方米，涨潮时大部分沉没海中，形成如榻榻米般覆盖在海岸边。远望像一片片梯田林立散布，蔚为奇观。

岛上的豆腐岩景观

豆腐岩是指在海蚀平台上，由节理发育的砂岩被海浪侵蚀后，形成的块块略呈方直的岩石。这种奇特的岩石景观，近看好似刚刚做成的一桌桌的豆腐，被长刀切成了一块一块。大多在涨潮时淹没于海中，退潮后水落石出。和平岛岸边的豆腐岩范围很大，形成独特的景观。

据有关专家研究，豆腐岩发育的条件十分严格。首先地层要有低角度的倾斜，并有两组相互直交的节理，使海水能够顺着节理流动把砂岩切割成大小差不多的方块；其次地层须为砂页岩互层，砂岩厚度约在半米以上，太薄了容易崩落成碎块；此外海水高潮时，激起的浪花要能够腾起一定高度，即越过海蚀平台，使落下的碎浪可以流刷岩层的斜面。台湾岛北海岸其他地方虽然也有砂页岩互层，但或是升起太高，或是在海平面以下，或是地层没有两组互相直交的节理，或是倾斜的角度不尽适合，因而无法形成豆腐岩。唯有在和平岛和野柳岬两处，上述甚为苛刻的条件兼而有之，才能发育成良好的豆腐岩，这堪称大自然鬼斧神工的一大杰作。

万人堆也叫“蜂巢岩”，在和平岛北端，是海蚀平台上满布的蕈状岩群，这些位于海蚀平台上的岩石因岩质的坚硬程度不同，下方较软的岩层遭风力、海水侵蚀逐渐消失后，上方较硬的岩层便形成如蘑菇状的岩石露头，一眼望去，上面还穿有蜂巢般的洞孔，犹如在海蚀平台上排列着一颗颗人头，“万人堆”之名便由此而来。岩石千奇百怪，包括石菇、蜂巢岩和乳石等，区域连绵广阔。经过几万年的风化及海蚀，形成许多稀奇古怪及造型独特的“雕刻艺术品”，整个景观壮丽堂皇，令人赞叹大自然造化之美。

蕈状石又称“蘑菇岩”，底部为一较细的石柱，上面撑托着一块粗大的球状岩石。

和平岛沿岸嶙峋怪石，过去由于军方管制，原始景观得以保留如初。此外，和平岛海滨公园的入口处，可欣赏到海上巨舶进出基隆港的情景，尤其是傍晚时分，从蕃字洞附近山坡远望大海，一片汪洋，狂澜怒涛，奔腾澎湃，基隆八景中的“社寮银澜”就是指此地。

另外，“社寮晓日”也是基隆八景之一，曾有诗描绘晴天和平岛日出的情景：“旭日东升彩凤鸣，云雾散漫晓风生，天开曙光曈曚映，水国清光入画明。”

和平岛公园内展出的一尊古炮，是由基隆东南扶轮社捐赠的。颇具“战争与和平”的意义。炮身上刻有“光绪二年奉献铸造，台协之营大炮重捌佰斤匠首林茂升副匠首林国琉”等字。这尊古炮是1984年8月间，由挖泥船在澎湖海域浚港施工时挖出的。光绪十年中法战争中，因法军发动攻势袭击澎湖，澎湖沿港炮台尽毁，此古炮因此沉没在澎湖海域。

岛上还留有几口古井，也是明朝遗迹，在四周环海的情况下，涌出的泉水竟是可口的甜水，甚至在干旱季节，井水仍然源源不绝。美丽的和平岛四季都有其独特的景观，在春天里，紫色小花开满山坡，不知名的小白花和小黄花等点缀其间。在低矮丘陵平地有麻雀、白头翁、小弯嘴、绿绣眼等鸟类活跃其间，向阳的草坡上则有斑纹鷦莺和灰头鷦莺，在芒草枝头上高声鸣唱。海蚀平台及浅水区为矶鹬、翻石鹬、黄石鹬等水鸟提供了觅食之地，海岸礁石提供岩鹭、白鹭、蓝矶鸫栖息，海面上空在夏季有凤头燕鸥、白腹鲣鸟飞越而过。岛上至少有 35 科 94 种鸟类，其中留鸟占 60%，候鸟占 40%，是赏鸟的好去处。岛上盛产可以制成石花冻的原料——石花菜，另一特产为头发菜，生长在公园内潮线带岩石上，两者都曾是当地居民重要的收入来源。

在和平岛的东北方，有一个咸水湖，即“鱼湖”，湖里有各种颜色鲜艳的小鱼，在假日里，游客常带着小鱼网到湖边网鱼为乐。在夏季，岛上的人工海水游泳池吸引许多游客前往戏水避暑。

选择一个晴朗的日子到岛上游玩，金色的阳光洒满海面，远方的基隆屿就像一只浮在海面上的小海龟，屿上的树木清晰可辨。夕阳西下时，回航的小渔船点缀在海面，海天一色，一叶扁舟，其中意境，妙不可言。在雨漾漾的天气里，也可以享受海边的另一种情趣，特别是在涨潮或强风来袭时，海浪敲击着岩石，激起千层浪花，白色的海浪不断灌入岩石间，令人百看不厌。秋天来临时，钓客悠闲自在地享受海钓乐趣。冬天里，虽然天气寒冷，但和平岛的景色依旧引人入胜。

风光卓绝数垦丁

垦丁公园位于恒春半岛的南侧，三面环海，西有台湾海峡，南临巴士海峡，东濒太平洋，领域涵盖海陆两部分，兼具山海之美、沼原之胜。

垦丁公园是台湾珊瑚礁地形最发达的公园，园区内外遍布奇形怪状的珊瑚礁石，有些和树根盘错在一起，有些是天然的礁石岩洞。这里山陵嵯峨、巨木参天，海洋一望无际，美景多彩多姿。垦丁海岸日光充足，海水温暖清洁，珊瑚沿着岩岸生长，形成最具特色的裙状珊瑚礁。据调查统计，垦丁公园海域里，有 150 多种石珊瑚、50 多种软珊瑚和 50 种柳珊瑚。

园区内另一景观是热带树木，包罗万象，应有尽有，是台湾第一座热带植物林，也是世界八大林场之一。目前垦丁的热带植物林共分为椰子类、热带果树、药用植物、单宁染料科植物、油脂植物、橡胶植物、香料植物和纤维植物八区。

园内多姿多彩的生态环境，蕴藏了无数昆虫，有独角仙、锹形虫和金龟子等甲虫类，还有美丽的彩蝶和蝉、蟋蟀、蝗虫等鸣虫。这里气候温暖、四季花开，是蝴蝶繁衍的天堂，蝴蝶种类众多，除了常见的蝶类，黄裳凤蝶是垦丁公园特有的品种，外形极为高贵华丽。每年 10 月以后是候鸟过境时节，候鸟成千上万成群出现，场面蔚为壮观。垦丁海域海拥有一千多种珊瑚礁鱼类，是台湾沿岸鱼种最丰富的海域。

垦丁森林游乐区一带，充满了丰富多样的高位珊瑚礁植群、热带雨林和热带季雨林的动、植物群。

游乐区的第一区，有最负盛名的石灰岩溶洞——石笋宝穴，可看到一大片白榕的“一树成林”现象。第二区则有较原始的高位珊瑚礁植群，以及许多珊瑚礁裂隙形成的峡谷，如第一峡、一线天、垂榕谷等。

进入第一区不久，就可看到一片人工栽植的毛柿林。毛柿俗称台湾黑檀，其生长速度很慢，而树干质地异常坚硬，可做成品质极佳的木剑、手杖、饭匙或筷子等工艺品，是极富经济价值的热带植物。

全台湾仅有的银叶板根树

银叶树是海岸林的树种之一，果实靠漂浮在海上进行传播。这棵银叶树的年龄已超400年，最吸引人的地方就是树干底部的巨大板根，像屏风般挺立，十分特殊。板根是热带雨林特有的生态现象。热带地区雨水冲刷强烈，因此土壤稀薄，加上冬天的强烈季风吹袭，植物为了站稳，突出长长的板状构造，既可扩张抓地面积，又可吸收地面的空气，所以板根有支撑及呼吸两种功能。银叶板根树系热带植物，因叶背面呈银白色而得名，根部常积水，必须伸出地面呼吸空气，因此形成放射状板根，如木板般排列，奇特怪异，是全台湾唯一的一棵，人们戏称它为“南国佳人”。

在林相较为原始的第二区里，著名景观有第一峡、一线天、迷宫林、垂榕谷及“一树成林”等。

第一峡与一线天都是高达十余米的珊瑚礁裂隙，宽仅容两人并肩而过。第一峡较宽，峡壁上蔓藤植物交错，人行其中十分阴凉。一线天则隘道高深，非到正午不见日头，自裂隙向上望，只见一线阳光自此下泄，故称“一线天”。走在峡谷中，能感受到不同的光线、温度与声音。

迷宫林是榕树繁多的支柱根所造成的特殊景观，气根从枝干往下垂直生长，一旦落地就快速“增肥”，和主干无异，犹如树林。穿梭在众多支柱根之间，饶富趣味。垂榕谷是一个宽大如谷地的珊瑚礁裂隙，这里最明显的景观，就是一株白榕高达十几米的支柱根，从岩壁顶垂下来，十分壮观。支柱根可以吸收水分、养分，还有稳固的作用，使植物可以牢牢地攀在礁岩上。

密密麻麻的白榕气根

看白榕“一树成林”：热带地区潮湿多雨，土壤流失得很快；尤其是珊瑚礁的土壤层更为浅薄。榕类植物正好可以在这种浅土、礁岩裂隙中生存，其中，以赤道为分布中心的白榕，发挥支柱根、缠勒与绞杀等工夫，充分扩张地盘，最后“一树成林”，令人啧啧称奇。

在公路右边，有一片用铁网围起的森林，它是台湾最低海拔的森林，也是仅存最完整的天然海岸林，又称漂流林。顾名思义，其树种几乎都是远从南洋漂流而来的，十分珍贵，因而被划为生态保护区。

垦丁公园第三游览区的正式名称叫作“珊瑚礁热带雨林保护区”，也称它为“垦丁的幽冥幻境”，区内充满原始、浪漫的情调，气氛诡异却多彩多姿。

南湾是台湾最南方的一个海湾，因海水湛蓝又名蓝湾，又由于沙质洁净细白而称金湾，早以“金沙白浪”名列恒春八景之一。其水域与南海及太平洋相连，深海处盛产软珊瑚，北面水草丰盛，是台湾唯一的海底牧场，也是台湾最有名的潜水胜地。这里分区栖息着形形色色的海洋生物，如寄生蟹、海参和海星等，潜入其境如入水底市场。此地海滩平直细白，长约六百米，海水清澈见底，深浅适度，冷暖合宜，是夏日弄潮的好地方，而岸边的珊瑚贝石，是收集贝类的好去处。南湾海岸一段，是台湾最美的海水浴场。著名的青蛙石成为这里的特征。

垦丁牧场占地 1168 公顷，是目前台湾最大的肉牛养殖场，拥有最大的空间和最多的牛。牧场周围以木麻黄围绕，草原以竹篱隔开，这里采用放牧式经营，可欣赏到“风吹草低见牛羊”的塞外风光和欧洲农舍田园的景象。大尖山是垦丁公园最具代表性的地理标志，海拔 317 米，全山由砂岩及页岩中的砾石块组成，因侵蚀作用，造成三面绝壁，仅余东面为陡坡，其形状随眺望角度不同而各异其趣，近看像块大石板，自鹅銮鼻方向远眺则雄伟高耸。山顶上视野极广，碧绿的牧场、清澈的南湾海域、猫鼻头和鹅銮鼻沿线各景点，皆可一览无遗。

后壁湖是台湾最南端的渔港，黄昏时可见本地民众、观光客争购海鲜，场面极为热闹。码头附近的海域，是潜水玩家公认的海底景观最美的区域之一。这里的游艇港是全台湾第一座游艇专用港，掀起了海洋休闲风潮，将海上休闲事业发展至大洋深处。

猫鼻头是台湾海峡与巴士海峡的分界点，与鹅銮鼻同为台湾最南端的两点，由于这里有一珊瑚岩，外形如猫咪蹲坐之姿而得名“猫岩峙海”。后壁湖与猫鼻头之间的海域，是垦丁公园海域特别景观区。这一带海水蔚蓝清澈，海面下处处是瑰丽的美景，各种珊瑚遍布海底，五彩缤纷的热带鱼、海鳗、虾、贝类、海藻等海洋生物种类繁多，堪称台湾沿海之冠。

惊涛拍岸之佳乐水

佳乐水位于恒春半岛东侧海岸，旧称“佳洛水”，原为水掉下来的意思；后蒋经国来这里参观，取“安和、乐利”之意，更名“佳乐水”。由于在强劲的海侵作用下，这段海岸被侵蚀成各式各样、千奇百怪的造型，并发展出各种抗风姿态，因此又称“海神乐园”。沿途可欣赏各种奇岩怪石和海蚀平台；步道尽头的山海瀑布是著名景点，由三条溪流汇聚而成，为台湾罕见的临海瀑布。

港口村为依山面海的小渔村，以长有巨大白榕、出产港口茶及为台湾最南端的蝴蝶避冬谷而闻名。白榕园是全台湾唯一可见到白榕树的地方。园内种有相思树、美人蕉、白榕树和南洋桉等，林相非常优美壮观。这里清幽的凉意，鸟儿嘤嘤成韵的美妙音符，加上附近佳乐水澎湃的海涛之声，带给人们感官上极大的享受，令人驻足流连。整个榕园最引人注目的是百株以上的丛生白榕，树干呈咖啡色，须根为奶油色，须根都长达十米以上，万缕细丝整齐有致地垂落地面，阻隔大部分强烈的阳光，“横柯上蔽，在画犹昏；疏条交映，有时见日”，是榕园美景最佳的写照。

南仁山生态保护区位于垦丁公园东北角，是台湾仅存的低海拔原始森林，拥有一千多种维管束植物、六十余种鸟类和蝶类，哺乳类与两栖爬行类动物繁多。保护区北部南仁山腰的原始林中，有五六十个排列整齐的石板屋，由砂岩层层堆砌而成，高度仅约一米，并留存一些祭石、石盆等古物，它被发现于百年前，来源不明，现这一带已被划为公园内的史迹保存区。

龙坑珊瑚礁风景区位于太平洋和巴士海峡的交界处，是台东县海岸最南的一段。在海岸前方，有个被称为“基隆石”的巨大礁石，矗立在太平洋上。沿岸海域水质清澈洁净。登临龙坑狭谷的顶端，太平洋及巴士海峡等海天一色的壮丽画面一览无遗。“乱石崩云，惊涛裂岸”是这里最好的写照。

猫鼻头和鹅銮鼻

打开地图来看，台湾岛最南端有两个小小半岛伸向巴士海峡，西边的小半岛名叫“猫鼻头”。另一个名叫“鹅銮鼻”，这两个半岛就像台湾的一对触角伸向南方大洋。

猫鼻头，是台湾海峡与巴士海峡的一个分界点，与鹅銮鼻同为台湾最南端的两点。由于这里有一外形如猫咪蹲坐之姿的珊瑚岩而得名。“猫岩峙海”是著名的恒春八景之一。猫鼻头半岛长约5公里，宽约3.5公里，地势西高东低，位于半岛的东南部，呈典型的珊瑚礁海岸侵蚀地形，沿岸珊瑚礁连绵，曲折延伸，鸟瞰时如百褶裙，有“裙礁海岸”之称。因长时间的海浪侵蚀、沙粒钻蚀、长期盐粒结晶及溶蚀作用，形成崩崖、壶穴、礁洞、层间洞穴等奇特地理景观，极具地形教学与研究价值。这里的冬天非常适合藻类繁殖，海藻种类繁多，岸边处处可见油绿的石莼、褐色的马尾藻、红藻等随波摇曳，与湛蓝的海水，五彩缤纷的热带鱼及狰狞的珊瑚礁岩相互辉映。登猫鼻头，看那洁白的浪花吻着沿岸绛色的珊瑚石，万顷碧波衬托着蓝天白云，使人顿时觉得无比的清爽。

鹅銮鼻和猫鼻头东西遥遥相对。中央山脉蜿蜒南来，到这里形成一条山脊，直插波涛汹涌的巴士海峡，成为太平洋和巴士海峡的分界标志。“鹅銮”是排湾语的音译，本意为“帆”，附近海中有一石，高50米，极似船帆，取名船帆石。这里北接恒春丘陵，衔山环海，突出如鼻，故得名“鹅銮鼻”。又由于这里是台湾本岛的最南端，又有“南岬”的别称。它长5公里，宽1至2.5

公里，最高处海拔 122 米。这里四季如春，平均气温 20℃以上，终年草木葱翠，一面背山，三面濒海，椰风蕉雨，碧波白浪，时见鲸鱼戏水海上，风光旖旎，为最佳避暑胜地。每年 5 至 9 月为雨季，阴雨绵绵，当地人称之为骑秋雨；10 月至翌年 4 月，落山风开始吹袭，每秒达 10 至 17 米。

鹅銮鼻以灯塔和珊瑚而闻名。

鹅銮鼻灯塔

在鹅銮鼻半岛南部，有座高 94 米的孤立山峰。在陡坡的西南，有个也叫鹅銮鼻的小村庄，在村庄南方 200 米处，矗立着一座白色圆柱形的灯塔，非常醒目，这就是著名的鹅銮鼻灯塔。鹅銮鼻灯塔以全台湾 53 座灯塔中最著名、建立最早、光程最远、塔身最高、参观者最多、是独一无二的武装灯塔而驰名，被誉为“东亚之光”。

鹅銮鼻附近多暗礁，过去常有不熟悉附近水域的船只触礁。清光绪元年（1875 年），灯塔开始筹建，因当时此地掌控在少数民族手中，清廷就特别派了 500 名士兵保护施工，灯塔至光绪九年（1883 年）完工，共花费白银二十多万两。这是一座高二十多米的六层建筑物，塔本身是用白铁铸造，内部设备用黄铜制。建造之初，有一盏一等定光五芯煤油灯，光力为 6500 烛光。当时为防少数民族进扰，灯塔特别建成炮垒形式，以塔基作炮台，围墙上装有枪眼，墙外四周有壕沟，灯塔的两个角落设有碉堡，内可驻兵守卫。碉堡上方的凹凸小墙——雉堞，可掩护射击，增强防御能力，并备有枪械，派遣武装士兵守卫，是世界上少见的武装灯塔。

中日甲午战争时灯塔曾受损，1910 年改装为煤油白热灯，光力 2.6 万烛光。1931 年又改装灯塔，光度更强。第二次世界大战时灯塔被美军炸毁，只有塔身奇迹般地屹立无恙。1962 年灯塔重建后，塔高 21.4 米，塔顶装置了新式大型四等转透镜电灯，1500 烛光的灯泡，透过特制水晶玻璃的聚光，使光度高达 180 万烛光，每 10 秒一闪，照射距离达 27.2 海里，是台湾地区光力最强的灯塔，也是远东最大的灯塔。鹅銮鼻灯塔的照明，成为这一带海域安全航行的护身符。

鹅銮鼻灯塔南面巴士海峡，与菲律宾的吕宋岛遥遥相对。视野辽阔，是眺望巴士海峡的最佳地点。鹅銮鼻公园位于灯塔旁，面积59公顷。当地属珊瑚礁和石灰岩地形，在珊瑚礁内还含有贝类及有孑孓虫化石，由于受到海浪、雨水和强风的侵蚀，形成巨礁林立、怪石嶙峋的奇特景观，公园内有好汉石、妙妙洞、沧海亭、迎宾亭、猎猪石、清淳一滴、相逢谷、冤家路、幽谷、虬榕、送风岬、非非洞、鹅銮礁等18处胜景。园内动植物颇多，如黄裳凤蝶、恒春大白斑蝶、乌头翁、红嘴黑鹎和树鹊等较为常见。每年9月间红尾伯劳过境时，鹅銮鼻公园是最佳赏鸟处。公园附近的海底，各种珊瑚、藻类和热带鱼争奇斗妍，美不胜收。珊瑚礁之间有象牙树、黄槿、海柠果、毛柿和林投等热带海岸树种。此外，园区内还发现距今5000年、属旧石器时代晚期持续型文化的史前遗址。

关于鹅銮鼻灯塔及附近的美景，有两首著名的诗。清代诗人钟天佑有诗云："鹅銮山势扑涛头，力挽飞篷眼底收。日午青波沈暑气，夜深月明滚寒流。危楼百尺灯常耀，巨石千寻影半浮。碧海汪洋迷远眺，痴情偏欲问闲鸥。"日人尾崎白水亦有诗赞咏："绝南一角屹灯台，落日登临海色开。奇胜如斯今始见，激涛高蹴九天来。"

宝岛南部这一对触角，不但因地理位置重要而闻名，也是风光旖旎的风景区。这里四季如春，远近山峦遍布香蕉林、椰子林。蕉风椰雨、碧海白浪的热带海滨情调，素享盛誉，人们都说这里是"台湾的夏威夷"。

南部风光

风光迤逦兰屿岛

兰屿是屹立在太平洋中的一个小岛，西北距台东县49海里，北距绿岛45海里，西南距鹅銮鼻41海里。兰屿乡由兰屿岛与小兰屿组成，其中，兰屿岛面积在满潮时为45平方公里，仅次于澎湖岛而成为台湾的第二大岛屿。小兰屿在兰屿岛东南约3海里处，面积为1.5平方公里，因缺乏水源无人居住。兰屿全乡人口约2500人，人口密度为每平方公里53人，是全县也是全省人口密度最低的乡镇之一。居民以达悟人最多，占90%以上，另有少数汉族人口。

兰屿原名“红头屿”，据清朝屠继善著的《恒春县志》上说：红头屿上“多杂树，蔚然深季，浮疏日出，无树不红，此其名之所由也”。还有一种说法，说是由于岛上的红山岩中含有大量硫化铁，呈赤红色，远望时尽是一片红色的山岭，因而取名红头屿，后因岛上盛产驰名世界的名贵花卉——蝴蝶兰而改称兰屿。

兰屿是海底火山喷发隆起而形成的火山岛，岛上地质多属于火山岩构成的珊瑚礁，也是沉降海岸隆起的地形，大部分为山地，仅海岸附近有较缓和的平地。岛中央的红头峰海拔548米；北部有海拔438米的青蛇山，海拔494米的杀蛇山；东南部有海拔480米的大森山。全岛周长38公里，海岸线十分曲折，多被珊瑚礁所环绕。

兰屿岛地处热带，年平均气温为22℃，全年月平均气温在20℃以上的时间长达九个月，其中七八月的月平均气温高达34℃以上；全年多雨，年降水量高达3055毫米，降水季节分布比较平均，没有明显的雨季、旱季之分。夏季和秋季多台风，冬季东北季风强劲。

达悟人是台湾少数民族中唯一居住在岛上的族群。中日甲午战争后，兰屿随同台湾岛被迫割让给日本。1897年3月，日本人组织的“红头屿调查队”，在经过五天勘探后，认为兰屿岛无开发价值，将此岛列为人类学原始民族研究地区，禁止外人移入，使其与外界隔绝。至台湾光复时，达悟人基本上仍然保持原始的生活方式。现在，岛上的达悟人依然保留着传统和原始的生活习俗。他们性格温和，忠厚纯良，能歌善舞。

达悟人沿着海岸边缘的小山坡居住，他们大部分都是一户有三房，主房穴居于地下，较为宽大，工作房与路面平，另在路基上搭盖凉台，房前的竹竿晾晒鱼干，地上堆积着成捆的烟叶。他们的住房大都建在两米深的洞穴中，四周用石头堆砌，房顶与地面齐平，上铺石板，向海的一面留有出入口，刮风下雨时用一块门板将洞口遮住，这种住房不仅能防台风，还可避高温。现在兰屿已建起许多现代的水泥结构住宅，但除少数青年人居住外，大部分人仍喜欢住在洞穴中。他们不分男女老幼，抽香烟，嚼槟榔。

兰屿岛耕地不多，居民不习惯种水稻，而多种甘薯、芋头，岛上的人以地瓜、水芋及鱼干为主食。到了收获季节，整个部落的人几乎全部出动采收水芋，带回村落存放一大堆，家家户户拿着容器排队等候分配，高高兴兴地带回家食用。其他还有藤豆、瓜类、生姜、柑橘、菠萝、龙眼、芒果、椰子、槟榔等，多为以大陆籍老兵为主的农场所经营。

鱼是达悟人获得蛋白质的主要来源。兰屿海岸丰富的珊瑚礁蕴藏着无数的鱼群、龙虾、九孔（即鲍鱼）、贝类等，成为他们主要的食物，尤其是九孔和龙虾，在人们的眼里是海鲜中的名贵佳肴，但在兰屿，却只是日常生活中的普通食物而已。

兰屿地处离岛，环境特殊，山高坡陡，河流短急，在气候、土质方面表现了南洋热带的风情，甚多奇花异木以及热带原始森林，尤其适合可可和椰子的生长，岛上可可和椰子的种植多达两万多株，洋溢着特有的南洋情调。

由珊瑚礁石和石灰岩组成的海岸经过长时期的自然风化，显得嶙峋怪异，

栩栩如生的狮子岩

惟妙惟肖的军舰岩

美不胜收，这些完全未经过人工雕饰的岩山奇石，展现出自然的庄严和壮丽。有状似双狮对卧的双狮岩，那一对大狮子头对头蹲伏在海边，形状极其亲昵，后面还跟着一只小狮子，简直栩栩如生；有犹如母鸡展翅孵抱小鸡的鸡母岩，好似妙龄少女，风姿绰约的玉女岩；有仿佛张嘴要吃人的鳄鱼岩；有好像生火待发的坦克岩；等等，形象逼真，惟妙惟肖。其中，位于岛东北的军舰岩，形状酷似两艘军舰，一前一后，第二次世界大战期间，美国空军实施拂晓进攻，飞机在黑暗中曾将此岩误认为是两艘停泊在海上的日军军舰，予以猛烈轰炸，浪费了不少炸弹。直到东方晓白，才知道被大自然戏弄了一番。

兰屿以其美丽风光和特殊的民族风情，每年吸引的游客都在 20 万人次以上。一般人来此多为观察达悟人的社会形态。因孤处海岛，他们的文化传统保持得相当全面。达悟人的精美雕刻、高超的造船技术、妇女的“头发舞”、男人爱穿丁字带的穿着习惯、低矮的棚屋等，无不是研究台湾达悟人古代社会生活形态的极好实证。

兰屿有小型飞机场，有环岛公路，交通十分便利。

来到岛上，首先看到的是沙滩上排列着一艘艘新月形画着五彩花纹的达悟独木舟，色彩鲜艳美丽，与蓝色的天、湛蓝的海，构成一幅美好的图画。岛上风景优美，椰风蕉雨，一派热带风光，有世外桃源之称。

兰屿的东清湾是岛上最美丽的海湾，只需沿着东清湾，就可看到兰屿的自然景观和达悟人的人文风情，看到达悟人保存最完整的原始部落、最原始的生活状态。

在东清村的北端，有一处高约五丈的石门岩洞，四周岩石嶙峋，草木不生，而海水澎湃冲击成潭。这就是“情人洞”。洞内冬暖夏凉，洞中有一个小水池，水质清澈，还可看到七彩的热带鱼在水中嬉戏。在情人洞听澎湃的海涛，眺望无垠的海洋，别有一番风趣。

在红头岩附近的海边上有座小小的土地庙，高不过五尺，小巧玲珑，庙口面向台湾本岛，这是岛上唯一的庙宇，由来岛上兴建环岛公路的筑路工人所建，如今，环岛公路已经竣工，只留下土地公“镇守”着公路。

过了红头岩，山崖竟是千仞峭壁，非常壮观。在附近，可以看到一座很像坦克的珊瑚岩，雄伟峻拔地坐落在碧波白浪边，真像是刚刚从海中登陆的坦克车，只可惜欠缺了一根炮管，否则的话更是惟妙惟肖了。

距坦克岩不远，有一座高约二十米的中空岩礁，呈人字型，里面夹着一条圆形的细长岩石，形式怪异，因此人称“夫妻岩”。到此一游的人们无不会心地一笑。

岛上的热带雨林

到过兰屿岛的人都觉得岛上居民无忧无虑，悠然自得，这里民风淳朴，与世无争。四周尽是碧波白浪，蕉雨椰风，景色自然秀丽，没有一丝人工雕琢的痕迹，住在岛上，犹如身处世外桃源。住在都市繁忙劳碌的人们，来到兰屿岛上，感受到了大自然最纯真的呼唤，并留下一段难忘而愉快的美好时光。

主要参考书目

安倍明义：《台湾地名研究》，台北武陵出版社 1987 年版。

陈孔立：《台湾史纲要》，九州出版社 1997 年版。

蔡敦祺：《台湾风物志》，福建人民出版社 1985 年版。

陈丁林：《南瀛艺阵志》，台南县立文化中心 1997 年版。

陈瑞隆编：《台湾民间年节习俗》，世峰出版社 2002 年版。

董芳苑：《认识台湾民间信仰》，长青文化事业公司 1986 年版。

古继堂：《台湾文学的母体依恋》，九州出版社 2002 年版。

高灿荣：《台湾古厝鉴赏》，台北南天书局 1995 年版。

何锦山：《台湾的建筑》，九州出版社 2003 年版。

何锦山：《中国民俗大全·台湾民俗》，甘肃人民出版社 2004 年版。

何伟：《河南历史名人地图》，中州古籍出版社 2006 年版。

黄文博：《台湾风土传奇》，台原出版社 1989 年版。

黄丁盛：《台湾节庆》，木马文化公司 2003 年版。

黄荣路：《台湾客家民俗文集》，新竹县文化局 2000 年版。

黄文博：《台湾民俗趣谈》，台原出版社 1998 年版。

黄金钟主编：《台湾行脚》，大拇指出版社 1981 年版。

洪进峰：《台湾民俗之旅》，武陵出版社 1990 年版。

居阅时、张玉峰：《今日台湾民俗》，福建人民出版社 1999 年版。

李志鸿、陈芹芳：《从唐山祖到开山祖》，九州出版社 2002 年版。

刘子民：《寻根揽胜漳州府》，华艺出版社 1990 年版。

林衡道：《鲲岛探源》，台湾稻田出版社 2001 年版。

连横：《台湾通史》，商务印书馆 1996 年版。

姜义镇：《台湾的民间信仰》，武陵出版社 1985 年版。

林茂贤：《台湾民俗记事》，万卷楼图书公司 1997 年版。
姜义镇：《台湾的民间信仰》，武陵出版社 1985 年版。
林衡道述、陈秀芳记：《台湾古迹概览》，幼狮文化事业公司 1977 年版。
林衡道、邱秀堂：《台湾风情》，联经出版事业公司 1996 年版。
李乾郎：《台湾传统建筑匠艺》，燕楼古建筑出版公司 2005 年版。
刘还月：《台湾四时民俗祭典》，常民文化事业公司 2001 年版。
刘还月：《台湾民间信仰小百科》，台原出版社 1994 年版。
林川夫主编：《民俗台湾》，武陵出版有限公司 1991 年版。
林承会：《台湾传统建筑手册》，艺术家出版社 1989 年版。
李秀娥：《台湾民俗节庆》，台中县晨星出版有限公司 2004 年版。
娄子匡：《台湾民俗源流》，台北东方文化书局 1972 年版。
全国台湾研究会编：《台湾问题实录》，九州出版社 2002 年版。
丘秀芷：《丘逢甲传》，近代中国出版社 1985 年版。
石万寿：《台湾的妈祖信仰》，台原出版社 2000 年版。
温宗仁主编：《同源一脉》，解放军出版社 2004 年版。
吴腾达：《台湾民间阵头技艺》，台湾东华书局公司 1998 年版。
吴玉贤主编：《海神妈祖》，外文出版社 2001 年版。
温丽香：《原住民祭典》，小豆芽文化公司 2005 年版。
吴德明：《台湾布袋戏表演艺术之美》，太百台湾学生书局有限公司 2005 年版。
吴炳辉：《台湾传统民宅的人文风貌》，稻田出版有限公司 2003 年版。
谢德锡：《台湾布袋戏》，台北县稻田出版公司 2000 年版。
姚同发：《台湾历史文化渊源》，九州出版社 2002 年版。
杨丽华：《根在海这边》，国际华文出版社 2001 年版。
杨孟哲编著：《台湾历史影像》，艺术家出版社 1996 年版。
张廉熙、李敏、晓兰等：《话说台湾》，九州出版社 2000 年版。
郑惠聪：《水仙故乡的儿子》，海峡文艺出版社 1998 年版。
张幼雯主编：《台湾热门庙会民俗》，户外生活图书公司 1989 年版。

后　记

2002年，我参与了由军事科学院、军事博物馆、解放军出版社联合编著的大型图文集《同源一脉——台湾文化根系中华》一书的编辑工作（此书获军队科研成果二等奖）。在工作当中，我产生一种强烈的意犹未尽且不吐不快的冲动——我想用自己的视角、自己的方式，将台湾的历史对自己的震撼、台湾的风景对自己的诱惑、台湾的民情对自己的感动全部记录下来，表现台湾同胞与祖国大陆人民不可分割的亲缘、地缘、情缘的关系，以期使人们在阅读之后，能同我一样，对台湾有更多的了解。

真正开始撰写，却是在2003年“非典”肆虐北京时期。当时的情势使人们生活节奏慢了下来，我也得以有时间捋顺自己的想法并开始动笔。几经冬夏与春秋，终于完成了这部书稿。写一本书经历了数年之久，应该说时间长了些，但终究是利用业余时间来进行的，况这些年里还有接二连三的家事纷扰。

然而台湾的山山水水、风土民情，厚重的中华文化积淀以及丰富的地方风俗特色，又是那样深深地吸引着我，令我痴迷不已，使我一旦有了片刻的时间和精力，就又开始着手写作。我喜欢坐在图书馆中查阅资料、读书做笔记的感觉；喜欢在煦日和风中或夜深人静时听到笔下发出沙沙响声的感觉；喜欢忘却身外一切闲杂琐事，只有自己与文字进行交流的感觉；更喜欢那种让自己对台湾的认识和热爱从笔端一字一句流淌在纸上的感觉。这就是我几年来坚持不懈、乐此不疲的动力和原因。

衷心感谢东方出版社的李斌先生，是他慧眼识珠，给予热心的支持和肯定，使本书有了面世的机遇；衷心感谢好朋友黑薇薇，是她以极大的热情和不懈的努力，成功地向出版社推荐了本书；衷心感谢东方出版社的杜丽星编辑，对书稿进行了周详细致的修改编辑，使本书质量得以保证；衷心感谢军事博物馆王聚英研究员，是他对我的指导和鼓励，才有这本书的产生和形成。衷心感谢厦门大学台湾研究所，我有幸从那里得到大量的图片史料；衷心感谢中国中央电视台的王乐先生、北京公园协会的姚天新先生和福建漳州文管局的杨丽华女士以及我的堂弟赵嘉璈先生、我的身居台湾的至亲至爱的亲人们，感谢他们热情无私地帮助并为我提供许多珍贵的图片，感谢一直给予我鼓励和支持的同学和好友，还有本书中无法联系到的图片作者，在此一并表示深深的谢意！

由于个人水平所限，书中难免会有偏差失误之处，敬请广大读者，专家学者赐教指正。

作　者

2015 年 11 月 7 日于八一湖畔